Johann-Heinrich Königshausen

Ursprung und Thema von Erster Wissenschaft

Johann-Heinrich Königshausen

Ursprung und Thema von Erster Wissenschaft

Die aristotelische Entwicklung des Problems

Rodopi

AMSTERDAM — ATLANTA, GA 1989

ISBN: 90—5183—117—X

Printed in The Netherlands

Inhaltsverzeichnis

Anhang

Vorwort

War es Zufall, daß ein *Philosoph* Skepsis gegenüber der schriftlichen Fixierung des λόγος vorbrachte? Und betrifft diese Skepsis, die Platon Sokrates im Phaidros vorbringen läßt, die Schriftlichkeit als solche? Betrifft sie zuletzt jede menschliche Ausdrucksmöglichkeit, da ja Schriftlichkeit nur Modus ihrer ist, oder nur eine bestimmte menschliche Ausdrucksmöglichkeit und damit auch nur eine bestimmte Form der Schriftlichkeit?

Die platonische Schriftkritik schließt sich im Phaidros an die Kritik der Rede an. *Gute* Rede geht aufs *Wahre*, hat Kenntnis dessen, worüber in der Rede die Rede ist, ist nicht bloß schöne Rede. Wie im Symposion Sokrates die Frage nach der *Natur* des Eros stellt, nach seiner Bestimmtheit, muß der gute Redner im Phaidros zudem die Natur der Seele im allgemeinen und derjenigen seines Gesprächspartners kennen, dem er seine Rede anbringt. Die gute Rede *zielt* auf das Wahre, auf das Wahre der Sache sowie auf die Beschaffenheit der jeweiligen Seele, der etwas als so und nicht anders *seiend* mitgeteilt werden soll. In diesem Kontext steht Platons Schriftkritik im Phaidros: Nicht jede Schrift, sondern die auf das Wahre zielende Schrift steht also zum Thema. Die Rede *und* die Schrift, die etwas als etwas kundgeben, hat Platon im Blick, den — wie Aristoteles sagen wird — λόγος ἀποφαντικός. In welcher Beziehung stehen Rede und Schrift zur Wahrheit?

Was ist dies für ein λόγος, der wahr *oder* falsch sein *kann*? In diesem λόγος wird nicht nur etwas kundgegeben. Der Mensch kann etwas (im Gegensatz zur Bitte, dem Gebet, dem Befehl etc.) *als etwas seiend* kundgeben, etwas anderem zustellen („Prädizieren" sagen wir heute) so, daß er das, was er da einem zustellt, als ein von sich her Zusammenstehendes (τὸ σύστημα) behauptet. Damit *eröffnet* er allererst die *Möglichkeit* der wahren wie der falschen Rede. Hieran entzündete sich die Skepsis.

Zunächst sah sich Platon in der Frage nach dem Wesen der Sophistik mit der Frage nach der Möglichkeit von falscher Rede konfrontiert (Platon im Theaitetos, ohne daß diese Frage hier einer Lösung zugeführt wird). Wie aber wollte man diese Frage beantworten, wenn nicht *vorher* Einblick genommen wurde in den Sachverhalt, daß etwas *überhaupt* etwas *sein* kann, daß ein ὄν einem ὄν überhaupt zugestellt werden kann[1], wenn also Antwort auf die Frage nach *dem* λόγος gefunden ist, der etwas als etwas seiend, als So-bestimmtes zeigt (Platon im Exkurs des Sophistes, *nachdem* sich der Sophist als so Vieles, eben als so vieles *seiend*, zeigte)[2].

Wer nur irgendetwas versteht, sei es im alltäglichen Kennen der Dinge oder im wissenschaftlichen Verstehen komplexer Sachverhal-

1. Nachdem Platon im ersten, noch aporetisch endenden Teil des Exkurses im Sophistes den eleatischen Fremdling mit anscheinend paradoxen Fragen Theaitetos traktieren läßt (*wem* man τὸ μὴ ὄν zusprechen und was man *vom* τὸ μὴ ὄν sagen können), wird die entscheidende Aporie gestellt (238 a 5): Τῷ μὲν ὄντι που προσγένοιτ' ἄν τι τῶν ὄντων ἕτερον — wie dem ὄν ein anderes ὄν zukommen könne. Von dieser Frage, wie nämlich etwas *überhaupt* etwas sein kann, heißt es unmittelbar vorher, daß sie τῶν ἀπορῶν ἡ μεγίστη καὶ πρώτη — die größte und sachlich-erste der Schwierigkeiten — sei, denn: Περὶ γὰρ αὐτὴν αὐτοῦ τὴν ἀρχὴν οὖσα τυγχάνει — sie betrifft den ersten Anfang (so Schleiermacher), also das *Prinzip* der ganzen Frage. Wenn später in der den Text von Met. Γ 2 durchgehenden Interpretation immer wieder auf Platons Sophistes hingewiesen wird, so nur deswegen, um den Blick auf die ins Auge fallenden Problemparallelen zu lenken. Da dies naturgemäß den genauen philologischen wie sachlichen Vergleich nicht ersetzen kann, soll diesem bedeutungsreichen Zusammenhang in der vorliegenden Arbeit auch nicht weiter nachgegangen sein. (Ich hoffe, diesen wesentlichen Punkt näher ausführen zu können.)

Daß dieses Vorwort ausgerechnet Bezug nimmt auf Platons sog. Schriftkritik, mag man auch als Hommage an Thomas A. Szlezák lesen, dessen ebenso philologisch wie philosophisch sorgfältige Durchdringung von Platons Schriftkritik (s. Anm. 3 dieses Vorwortes) mir leider erst nach Abfassung des vorliegenden Konzeptes vertraut wurde und mich auf den sachlich engen Zusammenhang dieser Problematik mit der hier leitenden Idee aufmerksam machte. Ihm sei an dieser Stelle herzlich gedankt.

2. Man mag sich mit gutem Grund fragen, ob Platon in der Frage nach der Bestimmtheit des Sophisten hinreichend bedachte, daß ihn die Frage nach dem ψεῦδος, mittels deren Beantwortung Antwort auf die Frage nach dem Sophisten gesucht wird, zunächst auf ein tieferliegendes Problem führen mußte, der Frage nämlich, wie etwas *überhaupt* etwas-seiend sein kann, daß jedoch selbst eine zureichende Klärung dieses tieferen Problems *nicht* zugleich auch schon eine Klärung der Frage nach dem ψεῦδος *im Gegensatz* zum Wahren sein kann.

te, prädiziert. Wenn wahrheitsdifferentes Prädizieren im ursprünglichen Sinne ein Zusammenstellen von etwas mit etwas als Wiedergabe des von sich her Zusammenstehens von etwas mit etwas darstellt, wird deutlich, daß niemand, der wahrheitsdifferent redet oder schreibt, nicht „systematisch" denkt. Was heißt dies also, daß wir etwas immer *als etwas seiend*, als *bestimmt* begreifen? Was tut der Mensch, wenn er sich zu etwas *so* in Beziehung setzt, daß er etwas als mit etwas zusammenstehend begreift?

Diese Frage zu stellen bedeutet auch heute noch, zuletzt den *möglichen Sinn von Systematik* zu thematisieren. Und *notwendig* ist diese Frage, da wir alle zweifellos *irgendeinen* Sinn von Systematik in allem wahrheitsdifferenten Reden und Schreiben voraussetzen, ohne doch Anspruch erheben zu können, im vollendeten Besitze der Wahrheit zu sein.

Diese *tiefere* Skepsis gegenüber der eigenartigen Beziehung, in der sich der Mensch zu dem bringt, das er als etwas seiend versteht, *muß* daher, da sie selbst offenbar die Gründe gegen den Wahrheitsanspruch der aussagenden Rede und Schrift versteht und erkannt hat und also *selbst* apophantischer Natur ist, in eine σκέψις (Betrachtung, Überlegung, Untersuchung) desjenigen λόγος übergehen, der wahr und falsch sein *kann*.

Platons σκέψις der Möglichkeit wahrheitsdifferenter Rede äußert sich infolge des abgeschlossenen Charakters der schriftlich fixierten Rede nur *insbesondere* als Schriftkritik. Der Frage nachzugehen, ob er *nur* in der lebendigen Rede der Dialogsituation das vorwärtstreibende Prinzip des notwendig zu vertiefenden wahrheitsdifferenten λόγος sah, ist hier nicht der Ort.[3]

3. Vgl. zu dem *Prinzip*charakter tragenden Theorem vom βοηθεῖν τῷ λόγῳ die breitangelegte Studie von Th. A. Szlezák, Platon und die Schriftlichkeit der Philosophie, Berlin 1985. Prinzipcharakter hat dieses Theorem, weil in ihm eine Erkenntnis zum Ausdruck gebracht ist, die *jede* wahrheitsdifferente Rede wie *jede* wahrheitsdifferente Schrift (und für sie gilt dies infolge ihrer schriftlichen Fixierung wie gesagt nur a fortiori) betrifft. Es ist also keineswegs so, daß Platons sog. Schriftkritik die Schrift *im Gegensatz* zur lebendigen Rede abwertet, sondern daß der Schrift — infolge ihrer Verselbständigung vom Schreibenden und Adressaten — nur a fortiori eine Mangelhaftigkeit eignet, die *auch* der gesprochenen Rede zukommt, welche wie die Schrift *prinzipiell* ihrer Erläuterung bedürftig bleibt

Daß also die folgenden Untersuchungen in engstem Zusammenhang mit einer bereits von Platon initiierten Problemstellung stehen, ist hiermit angedeutet. Von welch näherer Bestimmtheit dieser Zusammenhang ist und welche Folgen dies für unser Verständnis der aristotelischen Problemstellung der πρώτη ἐπιστήμη haben muß, steht heute noch weitgehend offen, obwohl mit diesen Fragen auch die Frage nach dem Verstehensleitfaden für die aristotelischen Ausführungen zur πρώτη ἐπιστήμη in der sog. Metaphysikschrift aufgeworfen ist — insbesondere von Met. A, B und im eminenten Sinne von Met. Γ (und es ist noch zu zeigen, weshalb wir eben diese Bücher hier nennen).

Gerne nehme ich an dieser Stelle die Gelegenheit wahr, all denen zu danken, die zum Entstehen der Arbeit auf vielfältige Weise beigetragen haben, meinem Kollegen Herrn Dr. Thomas Neumann, Frau Kirsten Wießmann, Herrn Dr. Gerhard Schrader, Frau Ilse Brors, sowie denen, die die Abfassung durch ihre geschliffenen Einwände gefördert haben, — besonders den Studenten, die in all den Jahren Mut und Engagement bewiesen, Fragestellungen in der Lektüre der Texte mit langem Atem zu verfolgen und zu schärfen. Frau Maria Kroll, Herrn Dr. Josef Posch, Frau Susanne Schmitt und Frau Gabriele Stern habe ich darüber hinaus für die Hilfe beim Lesen der Korrekturen sowie Frau Dr. Marion Onodi für die Abfassung des Literaturverzeichnisses und des Registers zu danken.

Meinem Bruder Theodor und seiner Frau Maria ist die vorliegende Arbeit zugedacht.

(dieser bedeutsame Punkt sollte gegen die neuere, dieses systematische Problem unterlaufende Interpretation festgehalten werden, siehe Ernst Heitsch, Platon über die rechte Art zu reden und zu schreiben, in: Akad. d. Wiss. und Literatur, Abhdlg. d. geistes- u. sozialwiss. Kl., Jg. 1987, Nr. 4). Szlezáks Buchtitel sollte man pointiert auch so lesen: Platon und die Schriftlichkeit der *Philosophie*, da es ja gerade ihr um das Problem von Wahrheitsdifferenz zu tun ist. Es sei auch auf die Rezension dieses Buches durch Hans-Joachim Krämer verwiesen, in: Perspektiven der Philosophie, Bd. 14, 1988.

Vgl. zum Problem der Wahrheitsdifferenz von Rede und Schrift im Kontext der sog. Schriftkritik Platons, in der es ja um den *φιλόσοφος* λόγος geht, auch den Aufsatz des Vfs., Grundsätzliches der platonischen σκέψις von guter Rede und guter Schrift — im Anschluß an Ernst Heitsch, Platon über die rechte Art zu reden und zu schreiben, in: Perspektiven der Philosophie, Bd. 14, 1988.

Der Ansatz der ganzen Fragestellung erwuchs aus dem philosophischen Gespräch in der gemeinsamen Arbeit mit Herrn Prof. Rudolph Berlinger und Frau Prof. Wiebke Schrader. Ihnen gilt mein besonderer Dank.

Die vorliegende Arbeit entstand in mehreren Schritten über einen längeren Zeitraum hinweg. Sie stellt einen Teil einer umfassenderen Auseinandersetzung mit der Frage nach dem „Schicksal" der von Aristoteles sog. πρώτη ἐπιστήμη dar, die vor allem die Konzeption der prima philosophia bei Descartes verfolgte und die Bedeutung von Kants Einsicht in die Notwendigkeit einer „scientia propaedeutica" für diese untersuchte, die sowohl eine *scientia* propaedeutica wie eine scientia *propaedeutica* sein muß. Die vorliegende Arbeit war daher von Beginn an nicht als eine Auseinandersetzung nur mit Aristoteles gedacht, auch wenn nun dieser Teil aus sachlichen wie pragmatischen Gründen gesondert erscheint. Zwischen der Abfassung einiger Abschnitte liegt ein längerer Zeitraum; die Ungleichheit solcher Partien ist offensichtlich. Jedoch hier für Ausgleich zu sorgen, der Offenheit so vieler im Nachhinein zutage getretenen Fragestellungen zu begegnen und der Notwendigkeit ihrer differenzierteren Durcharbeitung gerecht zu werden, hätte eine Neugestaltung des Ganzen bedeutet. Die Arbeit an der Publikation mußte so warten, während die weitere Verfolgung des Themas es notwendig machte, sich zur spätplatonischen Philosophie zuzuwenden. So unzulänglich mir nun vieles an der vorliegenden Arbeit erscheint, hat doch gerade die Auseinandersetzung mit der spätplatonischen Philosophie die Bedeutung der hier leitenden Idee weiter deutlich gemacht und bestätigt. Neben der Ermunterung von kollegialer Seite war dies der Grund, die Arbeit mit einigen Ergänzungen nun aus der Hand zu geben.

Noch einmal sei an den Sophistes Platons erinnert, wo der eleatische Fremdling unmittelbar vor der positiven Erörterung der (bzw. einiger) μέγιστα γένη einschränkt (254 c 5 ff.): Auch wenn wir unser Thema[4] nicht mit völliger Deutlichkeit aufzufassen in der

4. Das Thema im Dialog ist hier das Seiende und Nichtseiende: τό τε ὂν καὶ μὴ ὂν εἰ μὴ πάσῃ σαφηνείᾳ δυνάμεθα λαβεῖν.

Lage sind, mag es uns wenigstens an einer vorläufigen Erklärung nicht fehlen, soweit es die Art der jetzigen Untersuchung zuläßt.

Mag die κοινωνία der Fragen nach *Ursprung* und *Thema* der Ersten Wissenschaft — *auch* bei Aristoteles — zum Anlaß werden, den nachstehenden Untersuchungen „zu Hilfe zu kommen". Der *Notwendigkeit* dieser Gemeinschaft der zwar unterscheidbaren, so doch untrennbaren Fragestellungen, dieser Idee des Ganzen selbst, läßt sich schwerlich zu Hilfe kommen. Sie hat statt oder nicht.

Würzburg, 1987 J.-H. K.

Einleitung
Das Problem

„Ursprung und Thema von Erster Wissenschaft — die aristotelische Entwicklung des Problems". Der Haupttitel stellt eine Verbindung her zwischen „Ursprung" und „Thema" von Erster Wissenschaft. Unter „Ursprung" von Erster Wissenschaft verstehen wir nicht den *zeitlichen* Beginn eines Denkens, das sich selbst explizit als Versuch versteht, derartiges wie „Erste Wissenschaft" zu entfalten. Der Terminus „Ursprung" zielt auf den *Sachanfang* der Ersten Wissenschaft. *Wenn* sich von solch einem Sachanfang von Erster Wissenschaft sprechen läßt, wird der Ausdruck „Erste Wissenschaft" nicht nur die historische Gestalt von Erster Wissenschaft bei Aristoteles bezeichnen können. Ein solcher Sachanfang müßte in einer systematischen Problemlage gründen, die allererst philosophische Gebilde, die sich als Erste Wissenschaft verstehen, aus sich heraustreibt.

Läßt sich also überhaupt mit gutem Grund von einem *Sachanfang* von Erster Wissenschaft sprechen?

Wird man nicht schon hier zurecht einwenden, daß in irgendeinem Sinne bekannt sein müßte, was „Erste Wissenschaft" eigentlich bedeutet, bevor wir nach ihrem Ursprung fragen? Müssen wir also nicht schon irgendwie um ihr Thema wissen, bevor wir uns eine solche Frage sinnvoll stellen können? Und woher sollten wir denn um das Thema von Erster Wissenschaft, um Sinn und Begriff dieses eigenartigen Wortgebildes wissen, wenn nicht mit Blick auf diejenigen historischen Entwürfe, die sich dieses Wortgebildes bedienten? Und heißt dies nicht, erst einmal möglichst textgetreu zur Kenntnis zu nehmen, was uns insbesondere die aristotelischen Schriften zur πρώτη ἐπιστήμη kundgeben?

Geraten wir aber damit nicht sofort in den Irrgarten der Fragen, was denn eigentlich „textgetreu" heißen mag? Haben uns nicht die hermeneutischen Theorien längst der Naivität beraubt, von der sogenannten „Objektivität" dessen ausgehen zu können, „was da im

Text steht"? Um wieviel mehr erscheint die Frage nach einem systematischen Anfang von Erster Wissenschaft unter dieser Rücksicht als ein Fragen in kindlich philosophischer Unschuld, — als ein „Glauben an die Wahrheit", das sich der Motive seines Glaubens nicht bewußt ist, wessen Nietzsche die Philosophen verdächtigt? Hat also nicht die *historische Orientierung* den unbestreitbaren Primat in der Frage nach dem Thema von Erster Wissenschaft? Und ist nicht gerade in neueren Zeiten die Auseinandersetzung mit dem Problem der Ersten Wissenschaft bei Aristoteles auch von philosophischer Seite immer mehr der Einsicht in diesen Primat der möglichst getreuen Orientierung am Text unterstellt worden? Woran jedoch liegt es dann aber, daß gerade heute die auch von akzentuiert philologischen Studien vorgetragenen Ansichten um Sinn und Begriff — und nicht nur um Einzelfragen — der Ersten Wissenschaft bei Aristoteles derart divergieren? Auch wenn die aristotelischen Aussagen zur πρώτη ἐπιστήμη in der sogenannten Metaphysikschrift nicht leicht als einheitliches Ganzes zu verstehen sind, bleibt es doch merkwürdig, daß trotz der mittlerweile unübersehbaren Versuche, mittels textnaher Interpretation, Parallelisieren von Textstellen, Diskussionen von Echtheitsfragen, Einordnung aristotelischer Gedankengänge in die philosophische Problemwelt der Akademie, Rekurs auf die erhaltenen Nachrichten seiner verlorenen Schriften, intensiver Rekonstruktionsversuche der Entwicklungsgeschichte des aristotelischen Denkens und dergleichen zu einem sei es auch nur im Grobschnitt allgemein anerkannten Gesamtbild zu gelangen, gerade das Gegenteil erreicht zu sein scheint. Wer wollte ernsthaft in Frage ziehen, daß die mittelalterliche Inanspruchnahme des aristotelischen Philosophierens als eines „systematisch geschlossenen Lehrgebäudes", die Thesen vom „Problemdenker Aristoteles", vom „Aporetiker Aristoteles", von dem „in die Seinsvergessenheit führenden Aristoteles", vom „Aristoteles, der sich von einem Platoniker zu einem Empiriker entwickelt", vom „Gegenspieler Platons", vom „genialen Fortentwickler der platonischen Philosophie", etc. — daß diese Gesamtbilder abhängig sind von der je eigenen philosophischen Position und damit auch abhängen von der je eigenen philosophischen Durchdringung sachlicher Fragen und der je eigenen *Beurteilung* sachlicher Zusammenhänge? Ist es nicht so, daß gerade die Reflexion auf die historische Vermitteltheit all unseren Verstehens auf die erstaunliche Tatsache aufmerksam macht, daß sich kein Verstehen vollzieht, ohne daß in ihm systematische Einsichten oder zumindest implizit vertretene Sachpositionen leitend sind? Und ist diese Tatsache, auf die wir da stoßen, bloß als Faktum hinzunehmen, oder kommt ihr selbst eine systematische Bedeutung zu?

Kann man ein Philosophieren verstehen, ohne selbst zu philosophieren? — Dieses alte Dilemma wird mit all diesen Fragen nur in anderen Wendungen erneut aufgeworfen. Nichts veranschaulicht die Aktualität dieser Frage mehr als gerade die wechselvolle Geschichte der seit dem letzten Jahrhundert herangewachsenen akzentuiert philologischen Platon- und Aristotelesforschung.

Auch Aristoteles selbst hat sich auf seine Weise mit diesen Fragen auseinandergesetzt. Als erster großer Philosophiehistoriker ist gerade er es, der zu Beginn von Met. A die *systematische* Frage aufwirft, weshalb es denn *überhaupt* zur sogenannten Wissenssuche kommt. *Nachdem* er diese Frage erörtert hat, wendet er sich in Met. A Kap. 3-9 der Darstellung und Kritik seiner Vorläufer, den Vorsokratikern, Platon und den Lehrpositionen der übrigen Vertreter der Akademie zu. Er betrachtet deren Aussagen von Beginn an als *Antworten* auf die von ihm in Met. A Kap. 1 und 2 erörterte Ursprungsfrage der Wissenssuche überhaupt. Er *bezieht* also deren Philosophien auf den Grund, weshalb man *überhaupt* philosophiert, und damit auf das Ziel dieser Wissenssuche. Dieser *Bezug* ist der aristotelischen Auseinandersetzung mit seinen Vorläufern wesentlich: Die faktisch vorliegenden philosophischen Aussagen sind ihm nur verständlich mit Blick auf die ihnen systematisch zugrundeliegenden Fragen und mit Blick auf das sich aus diesen ergebende Ziel (σκοπός). Die historische Orientierung steht also unter Leitung der systematischen Orientierung, auch wenn die eigene systematische Orientierung (in Met. A Kap. 1 und 2) deutlich ihrerseits „historisch vermittelt" ist, d.h. starke platonische bzw. „akademische" Züge trägt (das zeigt sich insbesondere bei einem Vergleich der in Met. A Kap. 1 und 2 entwickelten Lehre von der ὄρεξις τοῦ εἰδέναι und ihrer Mittelstellung zwischen Nichtwissen, Mangel, und Wissen, Ziel, mit der μεταξύ- und Eroslehre im Symposion).

Die historische Rückwendung und Orientierung und damit beabsichtigte Selbstverortung seines Denkens schließt sich bei Aristoteles also an die möglichst reine systematische Erörterung der Ursprungsfrage der Wissenssuche selbst an. Der Philosophiehistoriker Aristoteles zeigt sich als *philosophischer* Philosophiehistoriker, und die damit aufgegebene Frage lautet also, ob es überhaupt einen anderen als *philosophischen Philosophie*historiker geben kann.

Nach diesem kleinen Umweg kehren wir zurück zu unserer Frage, ob sich überhaupt von einem *Sachanfang* von Erster Wissenschaft sprechen läßt, denn hierauf zielt ja die Rede vom „Ursprung" von Erster Wissenschaft.

Der Ausdruck „Erste Wissenschaft" ist historisch zuerst bei Aristoteles gegeben. Er entwickelt die Frage nach den sog. *„ersten* Gründen und Ursachen" als die *eigentliche* Frage der ὄρεξις τοῦ εἰδέναι. Sofern diese ὄρεξις τοῦ εἰδέναι der Ursprung aller — auch der anscheinend nichtphilosophischen — Wissenssuche ist und aus ihr Sinn und Begriff des Philosophierens allererst verständlich wird, ist diese *Ursprungserhellung* aller Wissenssuche als ein Fragen zuletzt und anfänglich nach den πρῶται ἀρχαὶ καὶ αἰτίαι zu unterscheiden von denjenigen Partien im corpus aristotelicum und insbesondere der Metaphysikschrift, die das spezifisch aristotelische Verständnis, seine *inhaltliche Lehre* von den πρῶτα referieren. Auch diese aristotelische *Antwort* ist auf die *Frage* rückzubeziehen, auf die sie Antwort sein will. Wir machen uns also das aristotelische Vorgehen zueigen mit dem uns von Aristoteles voller Absicht geschenkten Vorzug gegenüber seiner Situation, daß er uns ausdrücklich die Frage referiert, auf die seine anscheinend uneinheitliche Lehre von der πρώτη ἐπιστήμη Antwort sein will.

Die *Ursprungserhellung* der πρώτη ἐπιστήμη aus der ὄρεξις τοῦ εἰδέναι ist — auch für Aristoteles selbst — unabtrennbar von deren *Themenbestimmung*!

So halten wir also fest, daß diejenigen Bücher der Metaphysikschrift, die im inhaltlich engeren Sinne die Lehre von der πρώτη ἐπιστήμη entfalten, nicht zugleich die *Notwendigkeit* der Suche nach einer solchen Wissenschaft darlegen müssen und in der Tat dort auch nicht thematisch erörtern. Solange man diesen Konnex von Ursprungserhellung und Themenbestimmung der Ersten Wissenschaft nicht zum sachlichen Leitfaden des Studiums der aristotelischen Lehre von der πρώτη ἐπιστήμη macht, bleibt die Auseinandersetzung mit diesem Kernstück des aristotelischen Philosophierens zuletzt notwendig ein Rekurrieren auf den sogenannten „faktischen Textbestand" mit den prinzipiellen, oben kurz angesprochenen methodischen Schwierigkeiten, wobei unter der Hand jedoch systematische Entscheidungen gefällt werden, die sich eben nicht bloß aus einem Rekurrieren auf den „faktischen Textbestand" rechtfertigen können.

Infolge dieser Fragestellung nach „Ursprung und Thema von Erster Wissenschaft" — soviel sei in dieser Einleitung angedeutet — ergibt sich sofort eine eigentümliche *Doppelbestimmtheit* der Ersten Wissenschaft bei Aristoteles schon von ihrem *Ansatz her*: Auf der einen Seite, von der Thematik der Ursprungserhellung her, zeigt sich die πρώτη ἐπιστήμη als ἐπιστήμη ζητουμένη[1], als die gesuch-

1. Met. A 2, 983 a 21-23: τίς μὲν οὖν ἡ φύσις τῆς ἐπιστήμης τῆς ζητουμένης, εἴρηται, καὶ τίς ὁ σκοπὸς οὗ δεῖ τυγχάνειν τὴν ζήτησιν καὶ τὴν ὅλην μέθοδον — Es ist nun (in Met. A 1 und 2) erörtert, was die ursprüngliche Bestimmtheit der gesuchten Wissenschaft ist, welches ihr Ziel, das die Suche erreichen muß, und insgesamt der Untersuchungsgang. —

Diesen resümierenden Abschlußsatz von A 2 hat man im strengen Sinne nie ernst genug genommen. Er behauptet nicht weniger, als daß in A 1 und 2 die *notwendige* und ursprüngliche Bestimmtheit der gesuchten Wissenschaft — sei es wie allgemein auch immer — erörtert wurde und (damit) ihr leitendes Ziel und der Gang der Untersuchung. A 1 und 2 haben also alles andere als *bloß* protreptischen Sinn. Nirgendwo sonst bei Aristoteles ist in dieser Ausdrücklichkeit ausgesprochen, daß gerade erörtert wurde: ἡ ὅλη μέθοδος. Hat der Untersuchungsgang, der zur ἐπιστήμη ζητουμένη führen soll, etwas mit deren φύσις zu tun? Ergibt sich aus dieser φύσις der gesuchten Wissenschaft, die das Ziel unserer Suche ist, die Bestimmtheit der Suche und der μέθοδος nach bzw. zu ihr? Und ist diese μέθοδος zur gesuchten Wissenschaft gar die μέθοδος der gesuchten Wissenschaft selbst? Läßt sich denn überhaupt von einer μέθοδος der ἐπιστήμη ζητουμένη sprechen? Oder ist das „Methodenproblem" gebunden *nur* an die *Suche* nach der ἐπιστήμη ζητουμένη? Wie gestaltet sich also das Verhältnis der ἐπιστήμη ζητουμένη und der ζήτησις selbst?

Schon die älteren Kommentare von Bonitz und Schwegler notieren zum letzten Satz von Met. A 2, daß „ μέθοδος " nicht im engeren Sinne z.B. von Rhet. I, 2. 1355 b 38 oder Pol. I, 1. 1252 a 18 verstanden werden dürfe, „sondern meist, te Wissenschaft, auf der anderen Seite entfaltet insbesondere Met. Γ (wie wir sehen werden), vorbereitet durch die einzelnen Fragestellungen im sogenannten Aporienbuch, diese ἐπιστήμη selbst[2]. Auf welchem Wege also gelangen wir zur Ersten Wissenschaft? Was ist dies für eine μέθοδος, die angeblich in Met. A Kap. 1 und 2 erörtert wurde? Gehört sie schon *selbst* zur Ersten Wissenschaft oder nicht? Wie zeigt sich das Verhältnis der ἐπιστήμη ζητουμένη zur ζήτησις selbst? Läßt sich diese Differenz aus dem Spiel bringen? Diese eigentümliche *Lage* (ἔργον bedeutet ja auch „wirkliche Sachlage" gegenüber dem „bloßen Wort") des Philosophierens zwischen der *Suche* nach der πρώτη ἐπιστήμη und ihr selbst als dem letzten τέλος aller Wissenssuche, das alle Wissenssuche anfänglich zugleich *initiiert*, bringt den Begriff der πρώτη ἐπιστήμη in eine *notwendig systematische Doppelbestimmtheit*, die von ganz anderer Art ist als die altehrwürdige und dennoch — isoliert genommen — viel zu vordergründige Problematik ihrer Doppelbestimmtheit als „Ontologik" bzw. „Theologik".[3] Diese eigentümliche Lage der Ersten Wissenschaft zieht sofort eine Reihe kapitaler Fragen nach

ohne Scheidung zwischen Form und Inhalt, die Untersuchung selbst, das was Aristoteles sonst mit ζήτησις oder πραγματεῖα bezeichnet" (A. Schwegler, Die Metaphysik des Aristoteles, Bd. 3, Tübingen 1847, Neudruck Frankfurt/M. 1968, S. 25; vgl. H. Bonitz, Aristotelis Metaphysica, pars prior, Bonn 1848, S. 58: „ Saepe vero hoc vocabulo non forma disputationis, sed ipsa disputatio vel disquisitio significatur, ..."). Beide verstehen den Methodenbegriff im engeren Sinne aus der Form/Inhalt-Unterscheidung und wehren zurecht diesen Sinn des Methodenbegriffs von unserer Stelle ab. Doch ist damit das Problem nicht einmal auch nur berührt: Weshalb die in Met. A 1 und 2 skizzierte μέθοδος nicht der Form/Inhalt-Unterscheidung unterliegen kann und man *dennoch* von μέθοδος sprechen muß, die eben nicht *identisch* ist mit der ἐπιστήμη ζητουμένη selbst (und beides ist an unserer Stelle gerade deutlich unterschieden), involviert das sachliche Problem, um das es uns zu tun ist. D. Ross vermerkt hierzu in seinem Kommentar nichts, ebensowenig auch Alexander, zur Zitation vgl. hier Anm. 23 und 24.

2. Der berühmte Eingangssatz von Met. Γ 1: Ἔστιν ἐπιστήμη τις ἣ θεωρεῖ τὸ ὂν ᾗ ὂν καὶ τὰ τούτῳ ὑπάρχοντα καθ' αὑτό (wir lassen diesen Satz hier noch unübersetzt) artikuliert indikativisch, daß es eine derartige Wissenschaft gebe, die dann zur Entfaltung ansteht.

3. Zu dieser später zu behandelnden Problematik vgl. die „klassische" Abhandlung Natorps von 1888 und unsere Kritik in Anm. 53 zu Kap. II, S. 265-273.

sich, von denen hier in der Einleitung wenigstens auf eine aufmerksam gemacht sei, die wir schon kurz berührt haben: Was eigentlich ist ihre „Methode", von der zu Ende von Met. A Kap. 2 die Rede ist und von der wir in den zentralen Partien zur Ersten Wissenschaft, sei es Met. Γ, E 1, K 3-7, nichts mehr hören? Gehört das Methodenproblem zur ζήτησις im identischen Sinne wie zur πρώτη ἐπιστήμη selbst?

Aristoteles spricht von μέθοδος, wie gesagt, im abschließenden Satz von Met. A 2, nachdem er die ὄρεξις τοῦ εἰδέναι als letztanfängliches Suchen nach den πρῶτα ausgewiesen hat.

Der „Einleitungscharakter" von Met. A, insbesondere jedoch von Met. A 1 und 2, ist immer wieder konstatiert und es ist oft auf den Zusammenhang dieser Passage mit den verlorengegangenen Schriften des Aristoteles, den Dialog „Über die Philosophie" und den „Protreptikos" hingewiesen worden, auch wenn diese Schriften im Gegensatz zum Lehrvortrag von Met. A einer anderen literarischen Gattung zugehören.[4] Seit der Entdeckung Bywaters, daß

4. Vgl. hierzu I. Düring, Aristoteles, Darstellung und Interpretation seines Denkens, Heidelberg 1966, S. 260 ff. Zum Dialog „Über die Philosophie" vgl. dort S. 185 ff. mit weiteren Quellenangaben. Zum Protreptikos s. auch die Übersetzung der bei Düring für aristotelisch geltenden Partien aus dem Protreptikos des Iamblichos ebd. S. 406-429, die Einführung S. 400-406 und die Erörterung S. 429-433. Zur ersten Übersicht über den Problemkreis vgl.: Frühschriften des Aristoteles, hrsg. v. P. Moreaux, Wege der Forschung, Bd. 224, Darmstadt 1975, vgl. auch zusammenfassend H. Flashar, in: Grundriß der Geschichte der Philosophie, Bd. 3, Basel/Stuttgart 1983, S. 279/80. Eine gute Übersicht über den klassischen Forschungsstand zum aristotelischen Protreptikos liefert G. Schneeweiss, Der Protreptikos des Aristoteles, M.-Dr., Diss. 1966, mit der zweisprachigen Ausgabe der aristotelischen Partien aus dem Protreptikos des Iamblichos; ab S. 114-139 mit Bezug auf die aristotelischen Pragmatien und dem Nachweis paralleler Gedankenläufe und dem einleuchtenden Ergebnis — mit Blick auf Ciceros Urteil über des Aristoteles Fähigkeit des „in utramque partem dicere" —, daß der aristotelische Protreptikos das erste greifbare Beispiel einer Diatribe sei, vgl. S. 238/39. S. auch H. Flashar, Platon und Aristoteles im Protreptikos des Iamblichos, in: Archiv für Geschichte der Philosophie 47 (1965), S. 53-59.

Zur Abhängigkeit des frühen Aristoteles von Platon vgl. Aristotle and Plato in the Mid-fourth Century, Papers of the Symposium Aristotelicum held at Oxford in August 1957, ed. by I. Düring and G.E.L. Owen, Göteborg 1960, insbeder Protreptikos des Iamblichos umfangreiche Exzerpte aus dem aristotelischen Protreptikos enthält, schoben sich Fragen nach der

sondere die Beiträge von Düring, S. Mansion und É. de Strycker. Allein schon Dürings Hinweis auf die Parallelität der aristotelischen Ausdrücke ἀλήθεια und φύσις im Protreptikos („The highest form of human activity in that kind of wisdom which θεωρεῖ τὴν τῶν ὄντων φύσιν καὶ ἀλήθειαν ", S. 40) ist mit Blick auf unsere spätere Auseinandersetzung mit Γ, wo das Thema explizit als „τῶν ὄντων φύσις", 1008 b 4-5, bestimmt wird, von weitreichender Bedeutung und weist auf den Zusammenhang mit unserer Problemführung hin. Diesen Zusammenhang und den Kontext des Protreptikos mit den übrigen Schriften und besonders mit Met. A erörtert in Breite auch Enrico Berti, La filosofia del primo Aristotele, Pubblicazioni della Facoltà di Lettere e Filosofia, 38, Padova 1962, Kap. VI, insbesondere S. 496 ff. Wenn der βίος θεωρητικός auf der einen Seite als Ausdruck der Seinsautarkie des Menschen verstanden wird, auf der anderen Seite das „am meisten Wißbare" auf die „göttlichen Dinge", einen bestimmten Seinsbereich also, zielt, stellt sich dann nicht die Frage, ob die direkte und harte Identifikation der πρῶτα der Wissenssuche mit einem kosmologisch vom sublunaren streng getrennten — durchaus gegenständlich verbildlichten — supralunaren Seinsbereich den Menschen nicht gerade „abhängig" macht von etwas, das er gerade nicht selbst ist, — ihn also zum δοῦλος macht statt „frei"? Der Sinn der Rede von den „göttlichen Dingen" entscheidet über den Sinn des alten Problems der ὁμοίωσις θεῷ als einer Angleichungsbemühung der Wissenssuche an das „Göttliche" in uns oder an ein dort im supralunaren Bereich lokalisierbares „Göttliches". Im Hintergrund der vielstrittigen Frage um das Verhältnis von Met. Γ und Λ, in dem es um die Themenbestimmung der πρώτη ἐπιστήμη geht, steht die Frage nach dem τέλος der ὄρεξις τοῦ εἰδέναι. Wie immer man die Frage nach dem Verhältnis dieser beiden Metaphysikbücher beurteilt, darin ist *notwendig* eine Entscheidung über Sinn und Begriff der ὄρεξις τοῦ εἰδέναι impliziert.

Über den sachlichen wie historisch-literarischen Hintergrund des akademischen Topos des Philosophierens als ὁμοίωσις θεῷ informiert Dietrich Roloff, Gottähnlichkeit, Vergöttlichung und Erhöhung zu seligem Leben, Untersuchungen zur Herkunft der platonischen Angleichung an Gott (Bd. 4 der Untersuchungen zur antiken Literatur und Geschichte, hrsg. v. H. Dörrie und P. Moraux), Berlin 1970. Sehr schön kommt die Problematik der Ein- oder Zwiegeschlechtlichkeit von Gott und Mensch in der unterschiedlichen Übersetzung des 1. Satzes der 1. Strophe der 6. Nemee von Pindar zum Ausdruck: ἓν ἀνδρῶν, ἓν θεῶν γένος — „Eines ist der Menschen, ein anderes der Götter Geschlecht" (E. Rohde und U. v. Wilamowitz) bzw. „Eines ist das Geschlecht der Götter und Menschen" (Roloff, vgl. S. 162/3). — Über das hier angesprochene sachliche Problem dieses Topos allerdings bemerkt Roloff nichts.

Rekonstruktion, Echtheit überhaupt (Rabinowitz), Anordnung und Aufbau, Vermischung platonischer und aristotelischer Gedanken sowie Fragen nach der zeitlichen Abfassung des aristotelischen Protreptikos derart in den Vordergrund, daß die naheliegende Frage, ob sich hinter der gebräuchlichen literarischen Gattung einer Werbeschrift nicht zuletzt ein *systematisches* Problem verbirgt, in den Hintergrund gedrängt wurde. Gerade wenn man jedoch den Protreptikos, und gerade ihn, in Zusammenhang mit Met. A bringt, bleibt es befremdlich, daß das hier offen zutage liegende systematische Problem einer „Einleitung“ in das Philosophieren, vor das Met. A 1 und 2 stellt und das es erörtert, vor lauter Wust von textkritischen Fragen nicht ins thematische Zentrum gerückt wurde. Daß die sogenannte „Einleitung“ in Met. A 1 und 2 mit der eigentümlichen Lagebestimmung des Philosophierens und damit der πρώτη ἐπιστήμη selbst in der Sache ein Vorspiel der systematischen Problemlage darstellt, die seit dem deutschen Idealismus das „Einleitungsproblem“ der Philosophie genannt zu werden pflegt und die schon Kants Transzendentalphilosophie zwischen „Propädeutik“ und „System“ verortete („Propädeutik *als* das System“ seinem Grundrisse nach, so Kants problematischer Versuch, jene Differenz von ζήτησις und prima philosophia, anklangsweise schon in seiner Inauguralschrift von 1770, zu überwinden)[5], beweist, daß wir es hier mit einem systematischen Problem des Philosophierens überhaupt zu tun haben. Da es uns um eben dieses systematische Ausgangsproblem, vor das die Ursprungserhellung der Ersten Wissenschaft stellt, in seiner genauen Gestalt geht, können wir uns auf den Durchgang von Met. A 1 und 2 beschränken, ohne die Parallelen zu den oben genannten Schriften, insbesondere zum Protreptikos, aufzugreifen, so sehr sie auch grundsätzliche Topoi über das Philosophieren aus Met. A 1 und 2 bestätigen, wie vor allem diejenigen über die Zielsetzung bzw. Zielgeleitetheit der Wissenssuche als solcher.

5. Vgl. hierzu v. Vf., Zu Kants Dissertation von 1770, in: Perspektiven der Philosophie, Bd. 6, Amsterdam 1980; ders., Apriorität des Denkens bei Kant, ebd., Bd. 10, 1984.

Die entscheidende Aufgabe mußte also darin bestehen, die aristotelische Ursprungserhellung der πρώτη ἐπιστήμη aus der ὄρεξις τοῦ εἰδέναι soweit zu verfolgen, bis deren Zielbestimmung, deren letztanfängliches Problem, der Nerv aller Wissenssuche als ein Fragen nach den πρῶτα deutlich und zwingend wird. Was ist das Kardinalproblem dieser ὄρεξις, worin besteht der ursprüngliche *Mangel*, der diese Bewegung aus sich heraustreibt? Worin zeigt sich dieser *systematische* Mangel, der die φύσις ἀνθρώπων *als* φύσις ἀνθρώπων antreibt zur Wissenssuche?

Als Inbegriff des Philosophierens läßt sich Erste Wissenschaft — auch in ihrem aristotelischen Verständnis — nicht isoliert von der Frage nach der ὄρεξις τοῦ εἰδέναι thematisieren und kann *nur* aus der ursprünglichen, d.h. systematischen Verfassung der φύσις ἀνθρώπων zureichend verstanden werden. Das Thema der Ersten Wissenschaft ist nur aus ihrer Ursprungserhellung her zu bestimmen, d.h. aus dem *zwingenden* Grund, daß es derartiges wie Erste Wissenschaft geben muß. Und daß es diesen zwingenden Grund gibt, genau das ist die aristotelische Lehre in Met. A 1 und 2.

Von hier aus wird verständlich, daß unser Titel lautet: „Ursprung und Thema von Erster Wissenschaft" und es erst im Untertitel heißt: „Die aristotelische Entwicklung des Problems".[6] Wir

6. Wir sprechen nicht von der „aristotelischen Problementwicklung", um von Beginn an dem Mißverständnis vorzubeugen, daß wir hier die zeitliche Entwicklung dieses Problems bei Aristoteles verfolgten. Das seit W. Jaeger, Aristoteles, 1923, intensiv diskutierte Problem der Entwicklungsgeschichte des aristotelischen Denkens klammern wir in unserer Untersuchung vollständig aus. Auch wenn die entwicklungsgeschichtlich orientierten Studien mit wichtigen Einzelergebnissen zu einem gegenüber Jaeger weitgehend veränderten Gesamtbild der Entwicklung des aristotelischen Philosophierens geführt haben, ist es zu begrüßen, wenn dieser Einzelgesichtspunkt der Aristotelesforschung heute nicht mehr derart dominiert. Vgl. dazu das abrundende Urteil von H. Flashar im Grundriß, loc. cit., S. 177 ff. Trotzdem wäre es gerade mit Blick auf das vorliegende Verständnis des Zusammenhangs von Met. A und Γ interessant, die sachlichen Folgen einer — sei es frühen, wie z.B. Jaeger glaubt, mittleren oder späten, wie es z.B. I. Düring von Γ annimmt, — Datierung von Γ durchzudiskutieren. Die anerkannt relativ frühe Abfassung von A wirft dabei, infolge ihrer „allgemein" gehaltenen Thematik, die man leicht als eine durchgängige Position des Aristoteles

lassen uns mit Aristoteles auf die Frage nach der *Notwendigkeit* des Philosophierens ein und zwar so, wie er in Met. A 1 und 2 beansprucht, den Grund dieser Notwendigkeit ganz allgemein in der systematischen Verfassung der φύσις ἀνθρώπων aufzuzeigen. Die

ansehen kann — naturgemäß weniger Fragen auf als die Frage nach dem Zeitpunkt der Abfassung und Konzeption von Γ, dessen Verhältnis zur Themenstellung in der sog. „Theologik" aus Λ nach wie vor umstritten bleibt (vgl. Anmerkungen zum zweiten Kapitel). Ph. Merlans Argument, daß allein schon die in Γ entwickelte sog. „Gegensatzlehre", die Aristoteles später ablehne, Hinweis auf die frühe Abfassung von Γ sei, setzt voraus, daß die in Γ entwickelte sogenannte „Gegensatzproblematik" überhaupt wirklich *identisch* mit der von Aristoteles abgelehnten Gegensatzlehre der Früheren ist, was fraglich erscheint, wenn man an die Ein- und *Unter*ordnung dieser Problematik in Γ unter das Thema der διαφορά und dieser Problematik unter das Thema der ἑτερότης denkt, vgl. Γ 2 und zu den jeweiligen Belegen die entsprechenden Anmerkungen. Wenn jedoch die Thematik vom ὄν ᾗ ὄν mit all ihren in Γ skizzierten, vor allem in ihrem inneren Bezug schwierigen Problemtopoi von Grund auf identisch sein soll mit der Frage nach jenem χωριστόν, das dann Λ als πρώτη οὐσία entfaltet — wie Merlan behauptet, exemplarisch rekurrierend auf die von einer Reihe von Forschern (auch von W. Theiler) athetierte berüchtigte Stelle K 7 1064 a 28-29 „ἐπεὶ δ' ἔστι τις ἐπιστήμη τοῦ ὄντος ᾗ ὂν καὶ χωριστόν" —, wird man sich umgekehrt fragen müssen, weshalb eigentlich die in sich relativ klare „theologische" Problematik jener Lehre von der πρώτη οὐσία Aristoteles überhaupt zur Abfassung eines derart vertrackten Γ hätte veranlassen sollen. Weshalb sollte — aus systematischen Gründen — zur Theologik *integral* die Klärung z.B. der Negation gehören wie sie Aristoteles wohlgemerkt schon im „ontologischen" Γ 2 der πρώτη ἐπιστήμη zuweist, vgl. Γ 2 den ersten klar erkennbaren Kontext 1003 a 33 — 1003 b 19, darin 1003 b 9-10? Geht es zuletzt — eben trotz manch terminologischer Parallelen — in Γ um ein systematisch *vergleichbares* Ganzes wie in Λ, ja finden wir nicht auch in der Problemführung insbesondere in Γ 2 mit den verschiedenen Lehrtopoi vom ὄν ᾗ ὄν, der Konvertibilität von ὄν und ἕν, der πρὸς ἕν-Lehre mit ihrer οὐσία-Thematik, der sogenannten Gegensatzlehre vom ἕν und πλῆθος bzw. ὄν und μὴ ὄν und der Reihenstufung der οὐσίαι (ἐφεξῆς), um systematisch zwar wohl zusammenhängende Problemführungen, die eben dennoch *nicht* alle auf systematisch gleicher Ebene stehen? Wie leicht ersichtlich führt der Versuch, diese Fragen in argumentativer Weise einer Lösung zuzuführen, auf ein Gebiet, wo der bloße Rekurs auf den faktischen Textverlauf nicht weiterhilft, da Aristoteles — jedenfalls explizit — diese Fragen nach der systematischen Abhängigkeit der angesprochenen Problemtopoi nicht erörtert. Und gerade *weil* er dies noch nicht tat, legte sich ihm wohl mancher *Vergleich* von Problemtopoi nahe, spezifisch aristotelische Gestalt der πρώτη ἐπιστήμη selbst, wie er sie am ausführlichsten und in der *argumentativ* entwickeltsten Form in Met. Γ vorlegt, machen wir uns erst anschließend zum Thema und zwar unter der *leitenden Fragehinsicht*, ob die dort in Met. Γ aufgestellten Bestimmungen der πρώτη ἐπιστήμη sich tatsächlich sachlich aus der Ursprungserhellung des Philosophierens ergeben. (Nochmals: Es sei ausdrücklich darauf hingewiesen, daß wir Met. Γ unter dieser leitenden *Hinsicht* untersuchen.)

der eben von der Sache her problematisch bleibt. Erörterungen eines systematischen Problems gehen auch bei Aristoteles — trotz seiner exemplarisch gemeinten Kritik an Platon, z.B. Met. A 6, insbesondere 987 b 10-14 — nahtlos einher mit der *Veranschaulichung* systematischer Gehalte mittels gegenständlich artikulierter — und dann wohl auch so verstandenen — Wendungen. Wir kommen darauf im Laufe der Untersuchung mehrfach zurück. Ein Verständnis des Ganzen — insbesondere von Γ 2 — bleibt wohl unmöglich ohne eine jeweilige systematische *Beurteilung* der Problemzusammenhänge. Und wo man glaubt, sich einer solchen Beurteilung enthalten zu können, ist sie gerade latent vorhanden, wie wir dies an einigen Beispielen aufzuzeigen versuchen. Wie immer man also die Frage der Abfassung von Γ beurteilen mag, für die Frage nach der Kohärenz oder Identität (besser Vergleich*barkeit*) des sog. ontologischen Themas und des sog. theologischen im Λ der Metaphysikschrift scheint die explizite Auseinandersetzung zumindest auch mit den vorstehend angedeuteten Fragen unumgänglich.

Auf den engen terminologischen wie auch problemtopologischen Zusammenhang von Met. Γ und den sog. Spätdialogen Platons — insbesondere mit dem Exkurs im Sophistes — kann hier nur hingewiesen werden. Einige wenige Hinweise finden sich bei E. de Strycker, Notes sur les relations entre la problematique du Sophiste de Platon et celle de la Métaphysique d'Aristote, in: Études sur la Métaphysique d'Aristote du VIe Symposium aristotelicum, Paris 1979, — die Hinweise beziehen sich allerdings nur allgemein auf die aristotelische Metaphysikschrift (man beachte die kurze Wiedergabe der anschließenden Diskussion dieses Vortrags, S. 65-67). Den Exkurs im Sophistes unter dem Thema „Lehre vom Satz" (besser: vom Urteil) zu verstehen, hat sich gegen Stenzels Deutung durchgesetzt. So weit ich sehe, steht eine Studie zum Vergleich der Urteilsthematik im Sophistes und zu Met. Γ noch aus, obgleich sie einigen Aufschluß verspricht sowohl über den Sachkontext von Met. Γ, für das Verständnis einzelner aristotelischer Ausführungen (z.B. der ὄν/μὴ ὄν-Problematik, der Bedeutung des Themas der Negation, der sog. aristotelischen Konvertibilitätsthese von ὄν und ἕν sowie über den Diskussionsstand der λόγος-Theorie in der späten Akademie und damit über die Abfassungszeit von Met. Γ).

Dabei ist von Beginn an einem Mißverständnis vorzubeugen, indem wir einige Ergebnisse, die erst im Laufe der Arbeit ihren Ausweis erhalten, vorweg andeuten müssen: Wenn wir auch infolge der aristotelischen Ursprungserhellung von einer „Grundlegung der πρώτη ἐπιστήμη in der φύσις ἀνθρώπων" sprechen müssen, so bedeutet dies in keinem Sinne eine „anthropologische Grundlegung", insbesondere nicht im neuzeitlichen, nachcartesianischen Verstande. Die aristotelische Inblicknahme der φύσις ἀνθρώπων vollzieht sich nicht in einem bewußtseinstheoretischen Horizont, da die „doxische" Verfassung des Menschen — von allem schon immer ein irgendwie geartetes Verstehen zu haben, das sich so, aber auch anders verhalten kann, was zur „Frage nach dem Grund" nötigt, daß sich etwas eben nicht *anders* verhalten kann — nicht wie die cartesianische Zweifelslehre zum *thematischen Ausschluß* desjenigen dient, was da je irgendwie verstanden wird. Insofern führt die aristotelische Thematik der φύσις ἀνθρώπων nicht zu einem Rückgang des Subjekts auf sich unter Ausschluß dessen, worauf der Mensch je schon gerichtet ist, sondern leitet auf die gerade entgegengesetzte Frage nach dem *Verhältnis* dieser φύσις ἀνθρώπων zu jedwedem. Das eigentliche *Rätsel* dieses Verhältnisses besteht darin, daß der Mensch schon immer jedwedes *als* etwas versteht — sei es als ein solches *kennt* oder *vermeint*, das sich auch anders verhalten könnte, sei es als solches *weiß*, das sich nicht anders verhalten kann. Insofern führt also die aristotelische Grundlegung der πρώτη ἐπιστήμη auf dieses *uranfängliche Verhältnis* der φύσις ἀνθρώπων zu jedwedem ὄν (zu allem, was wir „seiend" nennen)[7] *als* einem (immer so und nicht anders) bestimmten ὄν.[8] Weil dieses Verhältnis

7. Die ungewöhnliche Auslegung und Übertragung von ὄν mit „bestimmtseiend" steht thematisch im Kapitel Γ 1-2 im Vordergrund, und hierin kommt ein zentrales Problem der vorliegenden Arbeit zum Ausdruck.

8. Mit dieser Andeutung des Verständnisses der Aufgabenstellung, wie sie Met. Γ 1 artikuliert, aus der eigentümlichen Problemlage der φύσις ἀνθρώπων, wie sie Aristoteles in Met. A 1 und 2 darlegt, ist zugleich ein sachliches Ergebnis unserer Arbeit angedeutet. So quer dieses Ergebnis zur einschlägigen Forschung zu stehen kommt, so zwingend erscheint es, läßt man sich erst einmal auf den systematischen Sinn der aristotelischen Entwicklung des Problems einer Ersten

den systematisch nicht weiter rückführbaren Primat, nämlich das anfängliche Seinsverhältnis der φύσις ἀνθρώπων zu jedwedem ὄν, darstellt, kann die „Grundlegung der πρώτη ἐπιστήμη in der φύσις ἀνθρώπων" auch von Beginn an nicht auf einen Subjektsbegriff im neuzeitlichen Sinne (Subjekt bzw. Subjektivität als Konstitutionsgrund jeder nur möglichen Bestimmtheit) zuleiten. Hierin liegt der *eigentliche* Grund, weshalb jede sog. „logische" Überlegung *notwendig* „ontologische" Bedeutung hat und jede „ontologische" Überlegung „logische" Bedeutung.[9] So stellt es — wie im einzelnen dann noch zu zeigen ist — eine systematische Verkürzung ersten Ranges dar, wenn man, wie so häufig, die Ausführungen zum sogenannten „Widerspruchsprinzip" in Γ 3 und 4 als „logisches" Thema vom „ontologischen" von Γ 1 und 2 abtrennt. Hinter dieser Problematik verbirgt sich ein weiteres Thema von systematisch erstem Rang, das in der neueren Aristotelesforschung allmählich Kontur gewinnt: Die „Grundlegung der πρώτη ἐπιστήμη in der φύσις ἀνθρώπων" erweist sich ja im Durchgang der Seinslage dieser φύσις als eine Grundlegung der πρώτη ἐπιστήμη in jenem uranfänglichen *Verhältnis* dieser φύσις ἀνθρώπων zu jedwedem ὄν *als* ὄν, als einem immer schon bestimmten und begriffenen ὄν. So zweifelsfrei diese Frage nach der Konstitution der πρώτη ἐπιστήμη sich damit in der Sache als *„reflexiver"* Natur erweist, so offensichtlich jedoch *nicht* im Sinne eines neuzeitlichen subjektivitätsphilosophischen — zumeist bewußtseinstheoretisch substruierten — Reflexionsbegriffs. Den aristotelischen Ansatz dadurch zu kennzeichnen, daß in ihm die Bestimmtheit des Seienden selbst, *vor* allem Verstehen des Seienden, vorausgesetzt sei, heißt de facto, ihm eine neuzeitliche Position — nur eben mit negativen Vorzeichen — zu unterstellen. Die Möglichkeit einer solch radikalen, spezifisch neuzeitlichen Disjunktion ist bei Aristoteles noch gar nicht in den Blick gefaßt. Daß angesichts der modernen Aporien im Reflexions-

Wissenschaft aus der φύσις ἀνθρώπων im sogenannten Einleitungsbuch Met. A ein.

9. Daß man sachlich zurecht dennoch von „logischen" bzw. „ontologischen" Lehrbüchern und Partien im corpus aristotelicum sprechen kann und muß, gilt nur unter Anerkennung dieses Sachverhaltes.

begriff gerade diese von Aristoteles *faktisch vollzogene* Reflexion, die noch vor jeglicher subjektivitätstheoretischen Selbstdeutung des Philosophierens steht, von brisanter Aktualität ist, wird man trotz der Einsicht kaum bestreiten können, daß wir diesen aristotelischen Typus von Reflexion, der seine Reflexivität nicht selbst explizit thematisiert, nicht mehr als solchen wiederholen können. Jedoch zeigt die aristotelische Vorgehensweise schon als solche, wie problembeladen der infolge der cartesianisch eingeleiteten Tradition der Subjektivitätsphilosophie zumeist bewußtseinstheoretisch verkürzte Reflexionsbegriff ist, dessen man sich ebenso alltäglich wie akademisch zu bedienen pflegt.[10]

10. Wie abhängig die Auseinandersetzung mit dem Problem der „Reflexion" vom jeweilig selbst leitenden Reflexionsbegriff des Interpreten ist, zeigen z.B. die Arbeiten von W. Wieland, Die aristotelische Physik, Untersuchungen über die Grundlegung der Naturwissenschaft und die sprachlichen Bedingungen der Prinzipienforschung bei Aristoteles, Göttingen 1962, ²1970, der die aristotelische Prinzipienforschung — und zwar, was zumeist nicht in dieser Einschränkung beachtet wird, bezüglich der ἐπιστήμη φυσική und *nur* ihr — aus der Sicht eines sprachlogischen Reflexionsbegriffs thematisiert, also von Beginn an methodisch einem neuzeitlichen Konzept von Reflexion unterwirft. Thematisch behandelt den antiken Reflexionsbegriff vor allem K. Oehler, Die Lehre vom noetischen und dianoetischen Denken bei Platon und Aristoteles, in: Zetemata, Monographien zur klassischen Altertumswissenschaft, Heft 20, München 1962. Schon der Untertitel der Arbeit bestimmt, in welchem Sinne die Reflexionsthematik der Antike bei Oehler überhaupt zur Untersuchung steht: „Ein Beitrag zur Erforschung der Geschichte des Bewußtseinsproblems in der Antike". Der These, daß bei Platon-Aristoteles „keine Begründung der Selbstgewißheit im Sinne Descartes'", S. 256, vorliege, ist zuzustimmen. Ebenso, wenn Oehler mit gutem Grund auf die strenge Unterschiedenheit der antiken Ansätze zum Reflexionsproblem vom Reflexionstyp cartesischer Observanz hinweist. Und wenn Oehler S. 257 schreibt: „Die Haltung, die Aristoteles den Phänomenen des Bewußtseins gegenüber einnimmt und die in seiner Reflexion auf diese Phänomene zum Ausdruck kommt, ist die Einstellung, die der Zoologe, Botaniker oder Petrograph seinen Objekten gegenüber einnimmt." — so wird man im Falle περὶ ψυχῆς auch weitgehend zustimmen müssen. Nur *erschöpft* sich de facto, was wir aristotelische „Reflexion" nennen müssen, nicht in der Betrachtung der Phänomene des Bewußtseins. Es ist gerade die Frage, ob der Reflexionsbegriff nur bewußtseinstheoretisch verstanden werden darf. Liegt denn nur dort ein reflexiver Vollzug des Denkens vor, wo es Reflexion als re-flexio auf das Bewußtsein auslegt und sich

Die Ursprungserhellung der πρώτη ἐπιστήμη gelingt also nur in einem — dann näherhin zu bestimmenden — Sinne von Reflexion. Die Frage, die sich damit sofort stellt, lautet daher in unum-

dies auch noch zusätzlich bewußt macht? Und ist so etwas wie Bewußtsein und Reflexion letztendlich aus einem „rein" subjektivitätstheoretischen Ansatz her überhaupt verständlich zu machen? Oehler weist zurecht zum Schluß seiner Arbeit, S. 261, darauf hin, daß wir „dem neuzeitlichen Glauben an ein absolutes Fundament des Wissens im Selbstbewußtsein kritisch gegenüber" stehen — hat er also nicht einen Bewußtseins- und Reflexionsbegriff zum Leitfaden seiner Untersuchung werden lassen, dessen innere, d.h. *systematische* Unmöglichkeit von ihm selbst in Frage gezogen wird?

Wenn wir hier das Mißliche des neuzeitlichen subjektivitätsphilosophischen Ansatzes betonen, so bedeutet dies noch nicht, daß wir die Notwendigkeit und sachliche Berechtigung der Subjektivitätsphilosophie in toto in Frage ziehen, sondern nur auf deren Aporien innerhalb ihrer bewußtseinstheoretischen Einbettung aufmerksam machen. Wenn wir die aristotelische πρώτη ἐπιστήμη als Konstitutionswissenschaft auslegen — was hier noch nicht weiter auszuführen ist —, so bleibt dies selbst insofern ein problematisches Vorgehen, als eine „Konstitutionslehre" im neuzeitlichen Verstande notwendig — in welchen Spielarten auch immer — nur subjektivitätsphilosophisch verstanden wird und in einem bestimmten Sinne auch nur verstanden werden kann. Sicher ergibt sich *infolge* des noch unbestimmten Konstitutionscharakters des aristotelischen Konzeptes einer πρώτη ἐπιστήμη die sie latent durchgreifende Gefahr, Prinzipiensachverhalte gegenständlich auszulegen. Man denke nur an die in der klassischen Auslegungstradition immer wiederkehrende Qualifikation systematischer Sachverhalte mit temporalen Sinn einschließenden Ausdrücken, wie z.B. „ewig". Daß insbesondere die aristotelische Kosmologie und Lehre vom Supralunaren weniger „metaphysikalische" Themen (und „Gegenstände") erörtert als systematische (spekulative, wie es auch heißt) Probleme veranschaulicht, bedarf kaum der Erwähnung. Die aristotelische Theologik wird uns noch später beschäftigen.

Zur sachlichen Aktualität der Frage nach der „Reflexionsthematik" bei Platon als Frage nach der Möglichkeit einer „Wissenschaft ihrer selbst" vgl. neuerdings mit durchgehendem Bezug auf neuzeitliche Aporien im Reflexionsbegriff G. Schmidt, Platons Vernunftkritik. Oder die Doppelrolle des Sokrates im Dialog Charmides, Würzburg 1985. Schmidt konzentriert sich auf die kritischen Argumente Platons gegen Sinn und Möglichkeit einer „Selbstwissenschaft" im gen. Dialog und spricht von „Platons Vorahnung einer Philosophie der Subjektivität", S. 43, in der reflexionsthematischen Problematik vom „Sehen des Sehens", die bereits Platon zurecht grundsätzlich in Zweifel gezogen habe. Das Modell vom „Sehen des Sehens" trifft das Reflexionsproblem, wie wir es bei Aristoteles in der Grundlegung der πρώτη ἐπιστήμη in der φύσις ἀνθρώπων fingänglicher Konsequenz: *Muß das Thema der Ersten Wissenschaft nicht eben auch „reflexiver" Natur sein?* Mit dieser Frage wird die Eigenart des vorliegenden Untersuchungsansatzes mit Blick auf die Forschung deutlich markiert. Wir versuchen die Themenbestimmung der πρώτη ἐπιστήμη, wie sie argumentativ entwickelt streng genommen nur das vierte Buch der Metaphysikschrift vorlegt, aus der Ursprungserhellung der φύσις ἀνθρώπων, d.h. aus der Frage nach der *Notwendigkeit* eines solchen Unterfangens heraus zu verstehen. Der Kritik, daß wir die Untersuchung von Met. Γ damit von Beginn an unter einen Verstehensleitfaden stellen, können wir uns getrost aussetzen. Die sachlich entscheidende Frage lautet, ob der Untersuchungsleitfaden *notwendig* von der systematischen Lage von Erster Wissenschaft her *dieser* sein muß und — in zweiter Linie, unter philosophiehistorischer Sicht, — auch von Aristoteles selbst an die Hand gegeben bzw. nahegelegt wird.

Mit Blick auf die immense und kontroversenreiche Literatur zum Thema und angesichts der mannigfachen und so vielstrittigen Problemtopoi der aristotelischen Lehre von der πρώτη ἐπιστήμη erscheint unsere Aufgabenstellung nun wahrhaft als von philosophisch-kindlicher Unschuld. Schließlich geht es in der Frage nach dem Thema von Erster Wissenschaft um Sinn und Begriff des Philosophierens selbst. Aber kann sich ein Philosophieren vollziehen, ohne diese Frage — sei es auch nur implizit — zu berühren? Wer immer die Anordnung der sogenannten Metaphysikschrift vornahm:

den, nur bedingt, insofern Aristoteles nicht einfach die Möglichkeit des Wissens in dieser Grundlegung thematisiert, sondern die Bestimmtheit des anfänglichen Seinsverhältnisses der φύσις ἀνθρώπων zu jedwedem ὄν als einem immer *bestimmten* ὄν erörtert und hier also — wie es scheint — gerade nicht von einer Vorahnung einer Philosophie der Subjektivität gesprochen werden kann. Die Frage bleibt, ob Platons berechtigte Zweifelsgründe am Unterfangen einer „Selbstwissenschaft" den aristotelischen Begriff einer πρώτη ἐπιστήμη treffen, die sich nur in einem anderen — als (wie G. Schmidt es sieht) von Platon angezielten — Sinn als „Selbstwissenschaft" verstehen läßt. Jedenfalls kann man das aristotelische Konzept — und das sei vorweggreifend gegen den Schlußsatz der Anal. post. gesagt — einer „πρώτη ἐπιστήμη" gerade nicht als eine „vergessene Aktennotiz in der Geschichte der Philosophie" begreifen, wie Schmidt Platons Vorahnung nennt, S. 43, — wenn es denn eine solche ist.

daß er ausgerechnet Met. A 1 und 2 an den Anfang setzte, bewies sein Gespür auch für das Problem des systematischen Anfangs des Philosophierens.[11] Daß der hier vorliegende Versuch, die Themenbe-

11. Zur Problematik eines solchen Anfangs vgl. R. Berlinger, Vom Anfang des Philosophierens, Frankfurt/M. 1965, mit Bezug auf die griechische Philosophie insbesondere 93 ff.: „Zwar zeugen die gewaltigen Torsi der frühgriechischen Philosophie von einer fast unerreichten Tiefe der philosophischen Intuition, von einer Wachheit des Problembewußtseins, von einer Ungebrochenheit des Fragens und Suchens, die durch elementare Bilder in das Zentrum der Philosophie, in die Seins-Frage, weisen. Aber setzte damals im strengen Sinne des Philosophierens schon die philosophische Reflexion ein? War die Subjektivität als Voraussetzung des Philosophierens schon entdeckt?

Erst die ‚subjektive Reflexion' — nicht ein subjektivistisches Denken — ermöglicht die Frage: *Warum denke ich überhaupt?* Nicht allein die Welt im Ganzen, nicht allein Luft, Feuer, Wasser und Erde vermochten im Menschen die Frage nach dem Rätsel des Daseins zu wecken. Der Mensch mußte sich durch sich selbst in Verlegenheit bringen. So fängt mit dem sokratischen Selbstgeständnis der Fragwürdigkeit nicht nur des Wissens von tausend Dingen, sondern des Wissens überhaupt und des Wissens über sich selbst, das Philosophieren an. Darum ist der Imperativ: ‚Erkenne dich selbst' seit Sokrates zum leitenden Problem des philosophischen Selbstbewußtseins bis hin zur Philosophie des Kritizismus und Idealismus geworden.", ebd. S. 94/95. Auch wenn die „sokratische Entdeckung der Subjektivität als Ursprung des Philosophierens" sich als „maßgebliches Ereignis" erweist, „das nicht mehr hintergangen werden kann", ebd. S. 95, zeigt sich diese sokratische Entdeckung dennoch nicht als Aufdeckung einer Subjektivität *als* demiurgischer, aus seinem freiheitlichen Grunde anfänglich *gestaltender* Ursprung der Frage nach dem Sein. Die neuzeitliche Entdeckung der demiurgischen Seinsverfassung des Subjektes Mensch aber mußte die „Seins-Frage" umgestalten in die „Welt-Frage": Der Frage nach dem Ursprung der je zeitgeschichtlich entworfenen Weltgestalten aus der ontologischen „Welthaltigkeit" des Subjektes Mensch. Vgl. dazu die späteren Arbeiten R. Berlingers, Philosophie als Weltwissenschaft, Bd. 1, Amsterdam ²1982 und Bd. 2, Amsterdam 1980. Die antike Entdeckung der Subjektivität als demiurgisch verfaßtem Weltursprung zeigt sich noch als Entdeckung eines Problems *innerhalb* des kosmologischen Ordnungsgefüges und nicht als eines Ursprungsproblems *des* Ordnungsgefüges von Welt. Daß infolge dieser Sichtweise Ursprung, Grund oder Prinzip dieses Ordnungsgefüges durchgängig einer *auch* kosmologischen Auslegungsweise noch unterliegt, wird einsichtig mit Blick auf das innerhalb des antiken Horizontes dann notwendige Problem, sich diesen Grund — dieses *Prinzip* — *als etwas*, selbst zwar Supralunares, dennoch kosmologisch „Meta-Physisches" vorstellig zu machen, vgl. zu dieser hier später berührten Frage die beiden Aufsätze von W. Schrader, Wie stimmung der πρώτη ἐπιστήμη bei Aristoteles aus diesem Anfang des Philosophierens her zu bestimmen, wie ihn auch Aristoteles selbst skizziert, nur einen ersten Schritt darstellen kann, versteht sich von selbst. In einem solchen ersten Schritt war es unmöglich, auch die sachlichen Konsequenzen dieses Ansatzes thematisch einzubeziehen. Zunächst ging es nur um die Legitimität und die sachliche Frage nach der *Notwendigkeit* eines solches Ansatzes; es wäre ja hinreichend, auch nur die Sinnhaltigkeit eines solchen Ansatzes aufgezeigt zu haben.

Zur Vorgehensweise

Ein erster Blick auf die Literatur stellt den noch unbefangenen Leser vor die Frage, ob sich denn nicht am Text der sogenannten Metaphysikschrift sollte endlich entscheiden lassen, ob wir unter der πρώτη ἐπιστήμη — der nachmals „Metaphysik“ genannten Wissenschaft — nun eine „Theologik“, (allgemeine) „Ontologie“ (vom „Seienden als Seienden“ oder dem „Seienden als solchen“ — wie man zu übersetzen pflegt), eine „Prinzipienwissenschaft“ und/oder eine „Ousiologie“ verstehen müssen. Wie verhalten sich all diese unterschiedlichen Bestimmungen zueinander?[12]

kommt der Gott in das Denken? Ein Problemaufriß, in: Perspektiven der Philosophie, Bd. 10, Amsterdam 1984, und dies., Ob Aristoteles Gott hat beweisen wollen?, in: ebd., Bd. 11, Amsterdam 1985, Fortsetzung Bd. 12, 1986 und Bd. 13, 1987.

12. Die mannigfachen Positionen der Forschung seien hier nicht noch einmal angeführt, vgl. Kap. II. Eine Übersicht findet man bei E. Happ, Hyle, Berlin 1971, S. 310 ff. sowie die dort weiterführenden Literaturverweise in Anm. 5, S. 312. Das seit W. Jaeger, Aristoteles, 1923, ²1955, in Gang gesetzte Unternehmen, mögliche Differenzen in der Themenbestimmung entwicklungsgeschichtlich zu erklären, ist in der Breite mittlerweile dem Versuch gewichen, die unterschiedlichen Bestimmungen mehr sachlich-analytisch auseinander zu verstehen, wobei jedoch auch hier sich die je unterschiedliche Akzentsetzung insbesondere bei philosophisch orientierten Arbeiten niederschlägt, sei es nun, daß *eine* Themenbestimmung zum interpretatorischen Leitfaden der übrigen genommen wird, sei es, daß man die letztliche Identität oder Einheitlichkeit der unterschiedlichen Be-

Bevor man sich in die mannigfachen sachlichen, philologisch-textkritischen und methodischen Schwierigkeiten dieses Problems begibt, scheint es geboten, sich kurz die Bedeutung dieser Fragen zu vergegenwärtigen. Sicher wird man das Dilemma in der thematischen Auslegung der Ersten Wissenschaft bei Aristoteles als *das* Grundproblem der Aristotelesauslegung betrachten müssen, da in ihm der Begriff von Philosophie selbst zum Thema steht. Man wird keine Frage innerhalb der aristotelischen Philosophie behandeln können, ohne dieses Thema mitzubehandeln. Nimmt man diesen ebenso einfachen wie grundsätzlichen Sachverhalt in den Blick, wird sofort deutlich, daß sich der Interpret dem genannten Thema kaum wird nähern können, ohne *selbst* einen Begriff von Philosophie mitzubringen. In einem eminenten Sinne trifft hier der selbst notwendige Sachverhalt zu, daß jeder Text in Differenz zu dem steht, was er intendiert, und der Interpret den faktisch vorliegenden Text nur mit Blick auf dieses Intentum auslegen kann — und also selbst einen Vorbegriff desselben mitbringen muß. Weil das Intentum eines Textes andererseits der Leitfaden seiner Abfassung ist, sind philologisch-kritische wie sachlich-analytische Interpretation untrennbar verbunden. So wie jedes Sachverständnis der aristotelischen „Ersten Wissenschaft" die möglichst genaue Kenntnisnahme des Textes voraussetzt, so setzt jede scheinbar „bloße" Kenntnisnahme der Textvorlage — wie schon gesagt — ein mitlaufendes Sachverständnis voraus. Dies läßt sich gerade an den Interpretationen der keineswegs in sich geschlossenen Textvorlage zur πρώτη ἐπιστήμη im corpus aristotelicum zeigen, sei es, was das Verständnis des Ganzen oder einzelner sprachlicher Wendungen, sei es, was die Gewichtung und Auswahl der herangezogenen Textstellen betrifft. Der „bloße" *Vergleich* von Textstellen steht so latent in Gefahr, Aussagen auf unterschiedlich systematischen Ebenen für systematisch parallel zu nehmen, eine Gefahr, der sich die akzentuiert philologische Interpretation in besonderem Maße bewußt zu sein hat. Wer jedoch auf der anderen Seite kann vorweg über die Frage

stimmungen zu erweisen sucht, sei es, daß man alle als „Aspekte" (so Happ) ein- und desselben Themas auszuweisen unternimmt.

nach dem Unterscheidungs*prinzip* systematischer Ebenen befinden, die der Text nicht selbst explizit auseinander hält? Hier wird sich die philosophisch akzentuierte Interpretation ihrerseits vor vorschnellen Sachentscheidungen hüten müssen.

Niemand mehr wird heute die philologische und philosophische Interpretation philosophischer Texte gegeneinander ausspielen wollen.[13] Die Frage stellt sich eher, welchen Preis man für die gewählte Akzentuierung der Interpretation zu zahlen bereit ist. Will man sich nicht der Gefahr der Unbedachtsamkeit gegenüber dem eigenen methodischen Vorgehen aussetzen, ist das Mitreflektieren dessen, worauf die jeweilige Untersuchung gerade *nicht* ihren Akzent setzt, unumgänglich.[14]

Statt hier in der Einleitung derartige Methodenprobleme, in denen sich ja philosophische Sachprobleme niederschlagen, in breiterer Form zu diskutieren, sei die sachliche Schwierigkeit des Verhältnisses von philologisch und philosophisch akzentuierter Interpretation am Auslegungsproblem gerade einer einzelnen sprachlichen Wendung des Aristoteles veranschaulicht, an dem Paradebeispiel des Ausdrucks „τὸ ὂν ᾗ ὄν", der sich im ersten Satz des sogenannten „ontologischen" Hauptbuches der Metaphysikschrift findet und mit dem Aristoteles in kürzester Formel das Thema der gesuchten Wissenschaft bezeichnet. Die Unterschiede in den Übersetzungen sind beträchtlich schon im Wortlaut, sei es, daß man die Formel mit „das Seiende als Seiendes", mit „das Seiende, insofern es (bloß) seiend ist", mit „das Seiende als solches" wiedergibt, indem man das τό auf das erste ὄν bezieht, oder sei es, daß man das τό auf den Ausdruck ὂν ᾗ ὄν bezieht gleichsam als An- und Ausführungszeichen, wobei dann das erste ὄν mit dem zweiten sprachlich iden-

13. Vgl. den schönen Aufsatz von Kurt v. Fritz, Philologische und philosophische Interpretationen philosophischer Texte, in: K. v. Fritz, Schriften zur griechischen Logik, Bd. 1, Stuttgart-Bad Cannstatt 1978, S. 11-22.

14. Siehe auch die im — oben in Anm. 13 zitierten — Aufsatz wiedergegebene Anekdote über Sir David Ross, der auf die Frage einer Studentin, ob er die interpretierte Theorie des Aristoteles auch für richtig halte, geantwortet haben soll: „My dear child, you must not ask me such questions. I merely try to find out what Aristotle thought. To find out wheter what he thought is true or not is not my business but that of the philosophers."

tisch ist, was in den vorangegangenen Übersetzungen nicht der Fall zu sein scheint, wenn z.B. „das Seiende" (nur!, — nämlich *neben* anderen Bestimmungen, die ihm zukommen) daraufhin zum Thema steht, „insofern es seiend ist". Und suggeriert diese Auslegung des zweiten ὄν in der Formel τὸ ὂν ᾗ ὄν dann nicht, daß es hier um die Frage ginge, was es denn eigentlich bedeute, daß „das Seiende" — was es auch sonst immer sein mag — *ist*? Und wenn also demgemäß „das Seiende" *nicht* zum Thema steht, insofern es *nicht* seiend ist, steht dann nicht also die *Existenz* des Seienden zu Rede? Oder ist die Rede vom „*Sein* des Seienden", das dem Seienden das Sein verleiht (im Gegensatz also wohl zum Nichtsein)? Und in welchem Sinne ist dann hierbei die Rede vom sprachlich substantivierten *Sein*, das das Seiende als Seiendes ermöglicht (oder es in seinem Bestimmtsein ermöglicht, was aus der Wendung als solcher zunächst nicht entscheidbar ist)? Oder müssen wir das zweite ὄν im Gegensatz zu den genannten Übersetzungsbeispielen, die es in ein Widerspiel zum „nicht-seiend" bringen, in das Widerspiel von „dies-oder-jenes-seiend" und „überhaupt bestimmt seiend" bringen in dem Sinne, daß die Formel „τὸ ὂν ᾗ ὄν" auf die Frage zielte nicht, was das erste ὄν als ein jeweilig so und nicht anders bestimmtes bedeute, sondern was es bedeute, daß das ὄν ein notwendig (sei es was auch immer) *bestimmtes* ὄν bedeute? Und was haben wir überhaupt unter „ὄν" zu verstehen, dasjenige, was bestimmt *ist* (das Seiende), oder dasjenige, *was* das Seiende ist (die Bestimmtheit) — und auf diesen fundamentalen Unterschied macht uns ja Aristoteles bereits in Phys. A in seiner Kritik insbesondere an Parmenides aufmerksam — oder gar, daß es *seiend* ist, daß diesem Seienden („was bestimmt *ist*") diese Bestimmtheit („*was* es ist") *zukommt*?

Zielten die ersten Übersetzungen zumindest sprachlich auf das zweite ὄν im Gegensatz zum μὴ ὄν, so weist uns die letzte Überlegung auf das Problem der *Bestimmtheit* (überhaupt) von ὄν, sei es nun, daß es dieses oder jenes sei, sei es nun, daß es dieses oder jenes *nicht* sei, so daß sich also sofort die Frage nach dem systematischen Verhältnis von ὄν im Sinne von „seiend", „Seiendes" und „Sein" (im *Gegensatz* zu „nicht-seiend", „nicht-Seiendes" und „nicht-Sein") auf der einen Seite und von ὄν im Sinne von „bestimmt-seiend", also τι ὄν, auf der andern Seite stellt. Man sieht leicht, wie sehr die Übersetzungen in Verlegenheit führen: Mag in den Termini „seiend", „Seiendes" und „Sein" zwar auch implizit „bestimmt-seiend", „bestimmt-Seiendes" und „bestimmt-Sein" (oder „bestimmtes Sein") mitgedacht sein (was dann meistens gar nicht explizit gemacht wird und zu verwirrenden Folgen führt), die Termini „nicht-seiend", „nicht-Seiendes" und „nicht-Sein" schließen *keineswegs* das „nicht-bestimmt-seiend", das „nicht-bestimmt-Seiende" und „nicht-bestimmt-Sein" ein: Was nicht *ist*, kann sehr wohl bestimmt sein, wenn wir an das aristotelische Beispiel des τραγέλαφος, des fabelhaften Wesens eines Bockshirschen, denken. Geht es also in der Frage nach dem ὂν ᾗ ὂν um die Möglichkeit des Seiend-seins (im Gegensatz zum Nicht-seiend-sein) oder um die Möglichkeit bzw. die *Notwendigkeit* des Bestimmt-seins von ὄν, das sich dann immer *als* ὂν (als dies oder jenes seiend) erweist? Beide Male erhält das *Problem der Negation* — und das war in Kürze exemplarisch zu zeigen — einen *systematisch gesehen* völlig verschiedenen Ort.

Das vorstehende, auch terminologische Verwirrspiel sollte zumindest schon deutlich gemacht haben, welch fundamental *sachliche* Auffassungen (oder auch welcher Unterschied in der Tiefe der philosophischen Problemdurchdringung) die unterschiedlichen Übersetzungen der aristotelischen Wendungen im einzelnen leiten. Die Konsequenzen für das Verständnis des Ganzen sind — wie leicht ersichtlich — von weitreichender Bedeutung.

Unser gewähltes Beispiel verdeutlicht zudem anschaulich die Schwierigkeit der philosophischen Auseinandersetzung mit den Aussagen des Textes, da schon jede Übersetzung des ὄν, das — wie Aristoteles immer wieder betont — in mannigfacher Bedeutung ausgesagt wird, dessen implikative Fülle verkürzt. Übersetzt man ὂν mit „Seiendes", wie wir dies überall finden, wird man sich in unmittelbarem — auch schon sprachlichen — Widerspruch zu der Auflistung in Met. Γ 2 1003 b 6 — 1003 b 10 finden, da wir weder eine πάθη ουσίας („Affektion der Wesenheit"[15]), noch z.B. die Verneinungen (ἀποφάσεις) des Werdens, Vergehens, einer Qualität

15. So die deutsche Übersetzung von H. Bonitz, Aristoteles, Metaphysik, Rowohlt ²1968, S. 67.

etc. von einer οὐσία, noch die Verneinung der οὐσία[16] selbst ein „Seiendes" nennen können. Es läßt sich durchaus ὄν nennen, daß Sokrates *nicht dreibeinig* ist. Dies, daß Sokrates nicht dreibeinig ist, können wir im Deutschen als „*seiend*" bezeichnen, nicht jedoch als „Seiendes". Da wir nun dasjenige, dem Bestimmungen notwendig oder beiläufig zukommen, „Seiendes" nennen, z.B. den Sokrates, ergibt sich, welche Verkürzung die einsinnige Übersetzung von ὄν mit „Seiendes" herbeiführt.[17]

So ist man geneigt, leichthin zu sagen: Die textkritische Auseinandersetzung und die philosophische Sachanalyse „gehen Hand in Hand", „bedingen einander wechselseitig" oder „setzen einander voraus". Und doch sind derartige Bezeichnungen für das Verhältnis von Textkritik und Sachanalyse — wenn sich mit solchen Schlagworten denn überhaupt der vorrangig philologische oder der vorrangig philosophische Aspekt der Arbeit an den aristotelischen Texten bezeichnen lassen — eher von nur metaphorischem Aussagegehalt. Wie zwischen dem Zu-Bestimmenden und dem Bestimmenden im Urteil Differenz walten muß, damit uns das Urteil etwas als etwas zu erkennen geben kann, so muß man — wie gesagt — in jedem philosophischen Werk die Differenz zwischen faktisch vorliegendem Text und intendiertem Sachgehalt des vorliegenden Textes anerkennen (eben aufgrund dieses selbst notwendigen Sachverhaltes ist philosophisches Lesen ein Interpretieren) und für das Interpretieren, d.h. den Versuch, den vom Autor intendierten Sachgehalt als diesen in seiner näheren Bestimmtheit zu erkennen, maßgeblich werden lassen. Das philosophische Verstehen (insbesondere) muß

16. Wir lassen vorläufig Grundbegriffe unübersetzt.

17. Mit Bedacht für die ganze Arbeit, die sich thematisch in der Auseinandersetzung mit Met. Γ eben mit Verständnis von „ὄν" bei Aristoteles zuwendet, seien hier vorweg die Arbeiten zitiert von Charles Kahn, The Verb „be" and Its Synonyms, Part. 6, The Verb „be" in Ancient Greek, Dordrecht 1973, in: Foundations of Language, Suppl. 16, sowie ders., The Greek Verb „to be" and the Concept of Being, in: Foundations of Language, Vol. II, 1966, S. 248 ff., vor allem jedoch die in ihren grundsätzlichen Unterscheidungen für uns wichtige Arbeit von Uvo Hölscher, Der Sinn von Sein in der älteren griechischen Philosophie, in: Sitzungsberichte der Heidelberger Akademie der Wissenschaften, Phil.-hist. Kl., Jahrg. 1976, 3. Abhdlg., Heidelberg 1976.

den Text auf den intendierten Sachgehalt beziehen und setzt sich daher in besonderem Maße der Gefahr aus, dem Text gegenüber fremde, d.h. bloß eigene Überlegungen zu unterschieben. Das probate Gegenmittel hiergegen ist zurecht der Vergleich von Textstellen und einzelnen Wendungen, die in ihrer einzelnen Bestimmtheit mit dem vom Interpreten vermeinten intendierten Sachgehalt des vorliegenden Textes in Korrespondenz zu bringen sind. Wiederum trägt dieses probate Gegenmittel die Gefahr in sich, Wendungen, die aus ihrem jeweiligen Kontext eine nur dort bestimmte und eigengeartete Bedeutung tragen, mit anderen direkt zu konfrontieren, die ebenso gerade in ihrem Kontext nur jeweilige Bedeutung tragen. Zum Textvergleich gehört unabdingbar der jeweilige Hinsichtenvergleich und zu letzterem wiederum die *sachliche* Frage nach der *Abhängigkeit* unterschiedlicher Hinsichten.

Die vorstehend nur angedeuteten Schwierigkeiten betreffen nun die Auslegung der πρώτη ἐπιστήμη bei Aristoteles ganz besonders — wie der Blick auf die umfangreiche Literatur zeigt —, und hinzu kommt der für den nicht-philologischen Fachmann erschwerende Umstand so mancher textkritischen Unsicherheit auch an entscheidenden Stellen (man denke nur an den üblen Textverlauf im so wichtigen 2. Kap. von Met. Γ. Als Nebenbemerkung sei gesagt, daß textkritische Analysen, die von philosophischer Seite im Einzelfall vorgetragen werden, zumeist nur sehr punktuell vorgetragen werden; sie stellen in keinem Fall hinreichenden Ersatz für die Arbeiten von philologischer Seite dar, die ihre Einzelanalysen vor dem Hintergrund nicht nur des aristotelischen und platonisch/akademischen Schriftwerks, sondern der allgemeinen sprachgeschichtlichen Herkunft und Bedeutungsverschiebung philosophischer Grundbegriffe im literarischen Kontext der Zeit durchführen). Weder lassen sich die textkritischen Fragen nach Lesart, Interpolation, textlichen Brüchen oder notwendigen Ergänzungen etc. einfach vor die philosophische Sachaufhellung stellen noch kann allein die philosophische Analyse die Rekonstruktion des Textverlaufs bestimmen, beider Vermittlung bleibt prinzipiell eine *Aufgabe*.

Für die philosophische Auseinandersetzung um das Thema πρώτη ἐπιστήμη bei Aristoteles gilt im eminenten Sinne, daß sie ihr Augenmerk auf das eigene, immer schon vor- und mitlaufende

Philosophieverständnis legen und dieses soweit als möglich mit zum Ausdruck bringen muß. Aus diesem Grunde gehen wir nicht einfach direkt an die einschlägigen Bücher zur πρώτη ἐπιστήμη in der Metaphysikschrift des Aristoteles heran, sondern setzen uns in der Vorbereitung ausführlich mit dem Text von Met. A 1 und 2 und seinen philosophischen Implikationen auseinander. Der Akzent unserer Auseinandersetzung mit Met. A 1 und 2 liegt also auf der Explikation des implizierten systematischen Gehalts der dort getroffenen Aussagen. Dieses Kapitel ist mit „Vorbereitung" betitelt, eben weil in ihm der sachliche Horizont des weiteren abgesteckt wird. Da in diesem Vorbereitungskapitel der *unterschiedliche Sinn* von διότι (Warum, Grund) in seiner philosophischen wie in seiner üblichen (einzelwissenschaftlichen) Bedeutung zum Thema stehen mußte und damit auch der unterschiedliche Sinn von ἀρχή und αἰτία (und damit von πρώτη) in seiner philosophischen wie in seiner einzelwissenschaftlichen Bedeutung, sind zwei Zwischenkapitel angeschlossen, von denen sich das erste („das Problem der ‚Unbeweisbarkeit des Anfangs'") mit der entsprechenden Sachlage in den Anal. post. (Unterschied der philosophischen πρῶται ἀρχαί von den einzelwissenschaftlichen) auseinandersetzt und das zweite Kapitel („die elenktische Wissenschaft") mit der sachlichen Konsequenz des dort Gesagten für den Begriff des methodischen Beweisverfahrens der *philosophischen* ἀρχαί in Met. Γ 3-4. Diese beiden Kapitel behandeln den Sinn der aristotelischen Lehre vom ἀξίωμα und stehen — wie sich zeigen wird — im Dienste der Aufhellung und weiteren Präzisierung der *sachlich-systematischen Konsequenzen* der Ursprungserhellung der πρώτη ἐπιστήμη in Met. A 1 und 2.

Indem wir anschließend die „konstitutionstheoretische" Bedeutung der Axiomatik[18] für das Verständnis der skizzierten Aufgaben-

18. Weshalb wir der aristotelischen „Axiomatik" eine solche Stellung zuweisen — was von der üblichen Ansicht abweicht, da man sie als bloß „logisches" Lehrstück auszulegen gewohnt ist — und was wir näherhin unter ihr verstehen, ist hier in der Einleitung nicht darzulegen. Auf zwei Arbeiten jedoch, die von der üblichen Ansicht über die ἀξίωμα-Lehre divergieren, sei jedoch schon aufmerksam gemacht: auf die Arbeit von Leo Lugarini, Aristoteles e l'idea della filosofia, Pubblicazioni dell'Istituto di Storia della filosofia dell'Universitè degli studi di

stellung von Met. A 1 und 2 reflektieren, leiten wir über zur spezifischen Themengestaltung der πρώτη ἐπιστήμη in Met. Γ. Wenn alles Philosophieren — und als solches erweist sich jene im ersten Satz der Metaphysikschrift angesprochene ὄρεξις τοῦ εἰδέναι — in dem unumgänglichen und eben diese ὄρεξις antreibenden Sachverhalt gründet, daß wir jedwedes notwendig und immer *als* etwas verstehen, das Kernproblem der ὄρεξις τοῦ εἰδέναι sich also darin zeigt, daß das Begreifen von etwas *zuletzt* das Rätsel zu lösen hat, daß sich etwas immer *als* etwas zeigt, daß das Seiende immer ein *bestimmt* Seiendes ist, dann wird die in Met. Γ thetisch vorangestellte Aufga-

Milano, dirette de Mario dal Pra 5, Firenze 1961, die auf das systematisch zentrale Argumentationsglied für den Wissenschaftscharakter der πρώτη ἐπιστήμη selbst hinweist, nämlich auf die *begründbare Ausweisbarkeit* (nicht *apodeiktische* Beweisbarkeit) der ἀξιώματα, S. 201-205. Lugarini zählt zu den wenigen, die in der Auslegung der Themenbestimmung der πρώτη ἐπιστήμη mit *systematischer* Absicht auf Met. A 1 und 2 zurückgreifen (vgl. insbesondere Kap. 1 und 2 seiner Arbeit: ‚La filosofia come sapere dei primi fondamenti' und ‚Il carattere apofantico-teoretico del sapere filosofico'). (Nicht so eingehend findet sich der Kontext bei Lauri Routila, Die Idee der ersten Philosophie, Untersuchungen zur onto-theologischen Verfassung der Metaphysik des Aristoteles, Acta philosophica fennica, Fasc. XXIII, Amsterdam 1969, behandelt, dennoch sehr lesenswert S. 44 ff. Die Widerlegung der These Paul Thielschers, daß Met. A nichts mit der Lehre von Met. Γ zu tun habe, vgl. Zitat in Anm. 19 dieser Einleitung, ist hier geleistet, und wir kehren auf diese Frage nur kurz im Abschnitt „πρώτη φιλοσοφία im Buch A der Metaphysikschrift" zurück.) Die zweite hier vorab zu nennende Arbeit ist diejenige von I. Schüßler, Aristoteles, Philosophie und Wissenschaft, Frankfurt/M. 1982, die der aristotelischen Axiomatik ebenfalls eine für das Ganze grundlegende „ontologische" (Schüßler verwendet diesen Begriff in einem Sinne, dem wir uns im folgenden nicht anschließen) Bedeutung zumißt. Beide Studien, von Lugarini und Schüßler, kommen unserem Verständnis in manchen Sichtweisen systematischer Abhängigkeitsverhältnisse nahe, bei aller Differenz auch in grundsätzlichen Fragen, insbesondere mit Blick auf Schüßlers Anschluß an bzw. Ausgehen von Heideggers (Volkmann-Schlucks) Seinsverständnis. Es ist auffällig, daß pointiert philosophisch akzentuierte Studien eher dazu neigen, in der ἀξίωμα-Lehre in Met. Γ, mit Blick auf die Anal. post., den systematischen Fundierungsabschluß des sog. „Widerspruchsprinzips" in Met. Γ sehen, akzentuiert philologische Arbeiten hingegen dies eher in der Lehre von der πρώτη οὐσία zu finden glauben (nähere Angaben ab S. 89, insbes. Anm. 57 zu Kap. I, S. 214-227). Sollte dies nur Zufall sein?

be — und isoliert genommen erratische Formel —, die gesuchte Wissenschaft habe τὸ ὂν ᾗ ὂν καὶ τὰ τούτῳ ὑπάρχοντα καθ' αὑτό zu untersuchen, in den Horizont, Ziel und Sinn des Gesamtunternehmens der πρώτη ἐπιστήμη eingeholt und wird damit konsequent. Dies soll anschließend im Verfolg der Textlage im einzelnen gezeigt werden. Dieser Nachweis, daß nämlich der systematische Leitfaden der πρώτη ἐπιστήμη der zunächst so selbstverständlich erscheinende (Ur-)Sachverhalt ist, daß der Mensch etwas immer *als* etwas versteht, muß den Akzent der Untersuchung notwendig weiter in die Textanalyse setzen. Was leistet der erarbeitete Interpretationsansatz für das Verständnis der faktisch vorliegenden Textlage von Met. Γ, für das Verständnis der scheinbar in Met. Γ 2 nur *neben*einandergesetzten Problemtopoi der Lehre vom ὂν ᾗ ὄν, der sogenannten „Gegensatzlehre", der Reihenaufstufung der οὐσίαι, der Konvertibilität von ὂν und ἕν, was leistet er für das Verständnis der dort vorliegenden jeweiligen Erörterungen dieser Problemtopoi im ganzen sowie der sprachlichen Wendungen im einzelnen, was leistet er für das Verständnis des Kontextes, der systematischen Abhängigkeiten oder wechselseitigen Implikationen einzelner Lehrstücke? Der Interpretationsansatz soll also gewissermaßen auf die Bewährungsprobe gestellt werden. Jedoch können wir auch hier nicht beabsichtigen, die spezifisch philologisch-textkritischen Fragen der Forschung zu lösen, auf die nur an wichtigen Stellen aufmerksam zu machen ist. Unsere Frage richtet sich allein darauf, ob die — auch in der Behandlung durch die Forschung — de facto *nebeneinander*gesetzten Problemtopoi in Met. Γ 2 sich aus *einer* Grundfrage heraus verstehen lassen. Es wird sich dabei zeigen, weshalb Met. Γ — im Gegensatz zu E 1 und K 3-7 — ein solches Gewicht zukommt.

Eine kurze Bemerkung zum Verhältnis der beiden Begriffe „Erste Wissenschaft" und „Metaphysik" erscheint notwendig, da wir den Terminus „Metaphysik" durchgehend *nicht* verwenden. Der Grund hierfür liegt weniger in der Tatsache, daß der Terminus „Metaphysik" frühestens aus der zweiten Hälfte des ersten Jahrhunderts v. Chr. (Nikolaus von Damaskus) bezeugt und also nicht aristotelischen Ursprungs ist. Auch die Frage, ob die sogenannten bibliothekstechnische Herkunft dieses Terminus aus der Anordnung der aristotelischen Pragmatien nicht zuletzt eben auch eine Entsprechung der äußeren Ordnung mit der sachlichen indiziert, ist für uns nicht von maßgeblicher Bedeutung.[19] Denn wenn auch die πρώτη ἐπιστήμη als sogenannte „theoretische" Wissenschaft *nach* der Physik (und Mathematik) folgt, so wiegt diese — als solche ja noch höchst undifferenzierte und in gewissem Sinne eigenartige, weil ja mit πρώτη auf den erstanfänglichen Sinn dieser Wissenschaft hingewiesen ist, — Bestimmung nicht so schwer wie die Geschichte der Metaphysik und des Metaphysikbegriffs selbst. So umstritten beider Verständnis war und heute ist, so zeichnet sich jedoch die Tradition metaphysischen Denkens, soweit sie sich auf das aristotelische Philosophieren bezieht, durch den von den ersten Kommentatoren bereits vorbereiteten Versuch aus, das aristotelische Philosophieren als ein Lehrgebäude zu verstehen und als solches in

19. Die Entstehung des Metaphysikbegriffs ist häufig traktiert worden — immer wieder mit Blick auf Kants berühmtes Diktum zu dieser Frage, s. M. Heinze, Vorlesungen Kants über Metaphysik aus drei Semestern, Leipzig 1894, S. 186 (= Abh. d. Sächs. Akad. d. Wissensch. XIV, Nr. VI, Phil.-hist. Klasse, S. 666). Zu dieser Frage seien hier nur genannt: H. Reiners, Die Entstehung und ursprüngliche Bedeutung des Namens Metaphysik, in: Zs. f. philos. Forschung VIII, 1954, S. 210-237, und Ph. Merlan, Metapysik: Name und Gegenstand, in: The Journal of Hellenistic Studies, 77, 1957, S. 87-92. Beide Aufsätze sind wiederabgedruckt in: Metaphysik und Theologie des Aristoteles, hrsg. v. F.-P. Hager, Wege der Forschung, Band CCVI, Darmstadt 1969. Immer noch lesenswert Paul Thielscher, Die relative Chronologie der erhaltenen Schriften des Aristoteles nach den bestimmten Selbstzitaten, in: Philologus, 97, 1948, S. 229-265; Thielscher weist den Titel „Meta-Physik" *nur* Met. A zu, insofern dies „ein Nachtrag zur aristotelischen Physik" sei, und dieser Titel sei dann „mißbräuchlich auch auf die folgenden Bücher übertragen worden", S. 253. Mag dafür nach den aristotelischen Selbstzitaten in Met. A. 4, 5, 7 und 8 (985 a 11, 986 b 28, 988 a 21, 989 a 22) manches sprechen, so ist Thielschers Gesamtverständnis von Met. A dem unsrigen — dem auch heute üblichen — Verständnis von Met. A als einer „Einleitung in die πρώτη φιλοσοφία" geradezu konträr entgegengesetzt: „Mit der von Aristoteles so genannten ersten Philosophie hat das alles (Met. A) nichts zu tun; denn die erste Philosophie befaßt sich mit dem Seienden, mit dem ὄν oder mit der οὐσία", ebd. Auf diese äußere Sichtweise des Verhältnisses von Met. A und Γ brauchen wir hier noch nicht einzugehen. Vgl. dazu nochmals besser L. Routila, loc. cit., S. 44 ff. und die Zusammenfassung S. 51, daß Met. A in den ersten Kapiteln die vorläufige Aufgabenbestimmung der Ersten Philosophie entfaltet.

Anspruch zu nehmen. Damit wurde — wie immer man auch diesen Vorgang beurteilen mag — der Boden vorbereitet für die Sichtweise, daß es die Metaphysik mit bestimmten Inhalten neben anderen zu tun habe, ja sogar nur mit bestimmten „Gegenständen" (und also der Boden vorbereitet für die „spekulative" Entleerung der Metaphysik). Wie immer man auch diese — plakativ von Kant vorgetragene — Sichtweise beurteilen mag, die historisch immer wieder erfolgte Identifikation der sogenannten Metaphysik mit einer Wissenschaft bestimmter Lehrgehalte, die sich jedenfalls — und darauf kommt es an — nicht *eo ipso* als „Voraussetzungs"-Wissenschaft zeigte und nicht *als* diese Wissenschaft schon die Frage einbezog, wie man eigentlich zu ihr gelangt und *warum* sich ihr Grundproblem seit je dem Menschen notwendig stellt, war ja keine *beliebige* Identifikation und hatte ihren Grund in der Geschichte der sich ausdrücklich „metaphysisch" verstehenden Tradition selbst. Aus dieser Vorgeschichte wird verständlich, wenn Kant den „Kampfplatz dieser endlosen Streitigkeiten"[20] durch eine sich als Propädeutik verstehende Wissenschaft („Transcendental-Philosophie") vorabstecken will. Daß sich dabei die Propädeutik als „Vorbereitung" unumgänglich an die Stelle der vormaligen Metaphysik setzt, bezeichnet nur das systematische Problem von Erster Wissenschaft selbst. Was immer man also unter „Metaphysik" versteht, sei es z.B. in der beliebten Redeweise vom „Ende der Metaphysik", ganz selbstverständlich hat man dabei einen Begriff ihrer *bestimmten Thematik* vor Augen, und *nicht* billigt man ihr die Frage nach ihrem *eigenen* Ursprung wie selbstverständlich zu. Auch die — mittlerweile oft wie anerkanntes Allgemeingut wiederholte — These der „onto-theologischen Verfassung der Metaphysik" bestimmt deren Thematik, um den ihr selbst angeblich verborgen gebliebenen Ursprung aufzudecken.

Jedoch zeigt sich eben diese Frage nach dem *Ursprung* — die ja auch genau Kants epochemachenden Ansatz in der Frage nach der *Genesis* metaphysischer Begriffe schon in seiner Inauguralschrift von 1770 kennzeichnet[21] — als genuine, gerade der aristotelischen

20. I. Kant, K.d.r.V., Vorrede A VIII.
21. Vgl. dazu Anm. 5 dieser Einleitung.

Lehre von der πρώτη ἐπιστήμη *integrale* Fragestellung. Die Frage nach dem systematischen Anfang des Philosophierens *ist* die Frage nach dem Ursprung der πρώτη ἐπιστήμη. Und erst von diesem systematischen Anfang her wird das Thema der πρώτη ἐπιστήμη verständlich.

Damit ist der Grund angegeben, weshalb wir den Terminus „Metaphysik" nicht verwenden: Insofern der Ausdruck Erste Wissenschaft schon von seiner sprachlichen Form her aufgibt, den systematisch genauen Sinn des Adjektivs „erste" zu klären, und diese Frage *notwendig* auf die Frage nach dem Ursprung dieser Wissenschaft zurückleitet, steht der Ausdruck „Erste Wissenschaft" in sachlich einsichtigem Verhältnis zur Problematik, um die es geht — im Gegensatz zum Ordnungsbegriff „meta-Physik". Wollte man andernfalls sich mit einem Verständnis des Adjektivs „erste" als aus dem *Vergleich* resultierende „bloß zusätzliche", also als typisierende oder klassifizierende Bestimmung der gesuchten Wissenschaft beruhigen, hätten wir es ohnedies nur noch mit einem „Problem" der bloßen Namengebung zu tun. Ganz nebenbei bringt der ungebräuchliche und hölzerne Ausdruck „Erste Wissenschaft" zudem ins gedankliche Stolpern, solange man sich nicht den Grund einsichtig macht, weshalb es zu dieser — auch zu aristotelischen Zeiten — ungewöhnlichen Wortschöpfung bei Aristoteles kam. Gerade das Gegenteil scheint aber bei dem obsolet gewordenen Ausdruck „Metaphysik" vorzuliegen: Eben *weil* sich jedermann darunter leicht etwas vorstellen kann — man denke nur an die in Anm. 19 dieser Einleitung zitierte Aussage Kants: „Was den Namen der Metaphysik anbetrifft, so ist es nicht zu glauben, daß derselbe von ohngefähr entstanden, weil er so genau mit der Wissenschaft selbst paßt; ... Es ist eine Wissenschaft, die gleichsam außer dem Gebiete der Physik, jenseits derselben liegt." —, ist die Sache nicht mehr ungewöhnlich, schimmernd und neu genug, uns ins Stolpern zu bringen, und also ihr gängiger Begriff unscheinbar, abgenützt, abgetragen, gemein und alltäglich — kurz: obsolet — geworden.[22]

22. Vgl. dazu auch die Bemerkungen L. Routilas, loc. cit., S. 18-23, zu Reiners' Kritik am bibliotheksgeschichtlichen Ursprung des Metaphysikbegriffs.

Ließe sich also von einem „systematischen Anfang" von Erster Wissenschaft mit Grund sprechen, so zeigte sich bald ein Philosophieren, welches das „Ende der Ersten Wissenschaft" behauptet, als eine contradictio in adjecto. Dies jedoch eben ist die anstehende Frage.

Von den antiken Kommentaren wurde an einigen Stellen derjenige von Alexander zu Rate gezogen.[23] Neuere Kommentare wie diejenigen von Bonitz, Schwegler, Ross, Tricot, Reale[24] wurden im einzelnen einbezogen. Ein konzeptuelles Problem bestand in der Frage, wieweit die Auseinandersetzung mit der Literatur in den Gang der Untersuchung selbst mitaufgenommen werden sollte. Da im ersten Teil der sachlich-argumentative Duktus im Vordergrund

23. Alexandri Aphrodisiensis in Aristotelis metaphysica commentaria, ed. M. Hayduck, Berlin 1891. Es wird kein Anspruch erhoben, Entscheidungen in textkritischen Fragen zu entscheiden, wozu die umfassende Berücksichtigung der antiken Kommentare unumgänglich ist. Ob die ausführlichere Berücksichtigung der antiken Kommentare bei der leitenden Fragestellung hätte weiterhelfen können, scheint mir indes fraglich. Alexanders Bemerkungen zur heute sog. „Gegensatzlehre" des Aristoteles und zur πρὸς-ἕν-Struktur des πολλαχῶς λέγεται τὸ ὄν (insbesondere Alexanders Ansicht zum Negationsproblem, das Aristoteles in der Auflistung dessen, was man alles ὄν nennt, unter dem Problem der ἀπόφασις in Met. Γ 2 anrührt) waren eher aufschlußreich darin, was er nicht kommentiert (Alexander weiß z.B. im Kommentar zu Met. Γ 2 sachlich wenig mit dem Problem der Negation anzufangen). Die Ansicht der antiken Kommentatoren zur Themenbestimmung der aristotelischen Metaphysik ist hinlänglich referiert. Die „schul"-bildende Funktion von Alexanders Sichtweise von Problemzusammenhängen (insbesondere die Harmonisierungsversuche in der Themenbestimmung der Metaphysik; hiergegen wendet sich Natorp, vgl. Anm. 53 zu Kap. II, S. 265-273) ist deutlich.

24. H. Bonitz, Aristotelis Metaphysica I-II, Bonn 1848-49 (Nachdruck Hildesheim 1960); A. Schwegler, Die Metaphysik des Aristoteles (Text, Übers., Komm.), 4 Bde., Tübingen 1847-48 (Nachdruck Frankfurt/M. 1968 in 2 Bde.); W. D. Ross, Aristotle's Metaphysics I-II, Oxford 1924 (Nachdruck 1970); J. Tricot, La Métaphysique, Paris 1958; G. Reale, La Metafisica (trad., introd., comm.) I-II, Napoli 1968; nebenbei sei die kaum bekannte griech.-lat.-spanische Ausgabe von Valentin Garcia Yebra, Aristotelis Metaphysica genannt, die allein schon umwillen ihres Vocabulario greco-latino (Libros I-XII) philosophisch sehr aufschlußreich ist, da sie das lateinische Vokabular des Wilhelm von Moerbecke wiedergibt und damit die Sinnverschiebungen der lateinischen Übertragung der griechischen Begrifflichkeit auf einen Blick vorführt.

steht und damit die *Einheit* der Gedankenführung und das Bild des systematisch *Ganzen* ans Licht treten sollen (und auch textkritische Fragen hier nicht eine solche Rolle spielen wie in der Untersuchung von Met. Γ), andererseits im zweiten Teil die Bewährung des Interpretationsansatzes am faktischen Textverlauf gesucht wird, sind die ausführlicheren Anmerkungen — ausgenommen hier in der Einleitung — dem Text im Anhang beigefügt, zumal eine Reihe von Anmerkungen *ein* Problem durch eine Anzahl von Positionen der Forschung verfolgt und diese somit zu umfangreich wurden, um sie unter den Haupttext abzudrucken.[25]

Da es in der „Vorbereitung" um die Explikation eines sachlichen Zusammenhangs der aristotelischen Grundlegung der πρώτη ἐπιστήμη in der φύσις ἀνθρώπων ging und zwar in einer derart grundsätzlichen Konsequenz, wie sie bei Aristoteles *noch nicht* selbst explizit vorliegt, mußten insbesondere die einzelnen *Argumentglieder* als solche in den Blick gefaßt werden. Dies betraf vornehmlich die systematischen Unterscheidungen aus den Anal. post. Kap. 1-3 und Kap. 19, die ein eigener Abschnitt („Das Problem der ‚Unbeweisbarkeit des Anfangs' — die an-apodeiktische Wissenschaft") behandelt. Die Auseinandersetzung mit der Literatur konzentriert sich hier auf deren jeweilige Argumente für die jeweilige Sicht der entsprechenden aristotelischen Bestimmungen. Da sich die Forschung — mit wenigen Ausnahmen — einig ist in der folgenreichen These, es werde von Aristoteles die „Nichtbeweisbarkeit" im Sinne der „Unvermittelbarkeit" der πρῶτα als den Anfängen aller Beweise — und zwar von πρῶτα als θέσις, ὑπόθεσις *wie auch* ἀξιώματα — behauptet, prüfen wir die Stichhaltigkeit der Argumente für diese Sichtweise durch eine Reihe der einschlägi-

25. Bei der Behandlung der Literatur ist natürlich kein Anspruch auf Vollständigkeit erhoben. Den versagt sich selbst H. Happ, Hyle, Studien zum aristotelischen Materiebegriff, Berlin 1971; vgl. zu dieser Happschen Selbsteinschränkung die ausführliche Rezension dieses kompendiösen, fast tausend Seiten starken Buches durch Thomas A. Szlezák, in: Göttinger Gelehrten Anzeiger, 225 (1973), S. 184. Die nötige Muße zu haben, wie es nicht nur zum Philosophieren erforderlich ist, sondern wohl auch zur umfassenden schriftlich fixierten Aufbereitung der Literatur, ist nun einmal eine Sache, über die man nicht alleine entscheidet.

gen Positionen der Forschung. Im zweiten Kapitel, in dem wir die systematischen Konsequenzen des Bisherigen zum Leitfaden für das Verständnis der von Aristoteles in Met. Γ inhaltlich bestimmten Aufgabenstellung der πρώτη ἐπιστήμη nehmen, mußte die jeweilige Sichtweise der Literatur auch als ganze zur breiteren Darstellung gelangen. Diese Auseinandersetzung bezieht sich natürlich implizit zurück auf das erste Kapitel, insofern dort der Ansatz der Fragestellung dargelegt ist, von dem her sich das Verständnis von Met. Γ und damit die Auseinandersetzung mit der einschlägigen Literatur vollzieht.

Was an Scharfsinn, Akribie, Problemweite und einfach schlicht an Masse in den neueren Zeiten der Aristotelesforschung geleistet wurde, sucht in der Philosophiegeschichte wohl seinesgleichen. Hier bleibt jede Auseinandersetzung der Frage nach dem Auswahlprinzip der explizit besprochenen Literatur ausgesetzt.

Das Kapitel „Vorbereitung" versteht sich auch als eine „Einführung" im schulmäßigen Sinne des Wortes, will also mit einer Problemstellung vertraut machen — einer Problemstellung von „erstem" Rang. Die Auseinandersetzung mit Met. Γ mußte demgegenüber die strittigen Forschungspositionen namhaft machen, um im Kontext der Literatur Licht auf den vorliegenden Ansatz zu werfen. Da jede breitere Auseinandersetzung mit dem aristotelischen Philosophieren sich dem Vorwurf der Undifferenziertheit aussetzt, sei es, was die z.T. hochdifferenzierte akzentuiert philologische Forschung in der Analyse einzelner Partien und Textstücke betrifft, sei es, was die akzentuiert philosophische und philosophiehistorische Forschung über den Kontext des aristotelischen Philosophierens mit seinen Zeitgenossen und Vorläufern betrifft, wurde die vorliegende, nicht eben beiläufige Fragestellung eng an die Auseinandersetzung an einige im Vergleich zum Ganzen des corpus aristotelicum sehr überschaubare, jedoch nur auf den ersten Blick beliebig gewählte Bruchstücke dieses Ganzen gebunden. Auch wenn wir das Prinzip dieser Wahl zu begründen suchen, läßt sich hieran doch berechtigte Kritik geltend machen.

KAPITEL I

Vorbemerkung zu Met. A
πρώτη φιλοσοφία im Buch A der Metaphysikschrift?

Im Buch A der Metaphysikschrift findet sich der Terminus „πρώτη ἐπιστήμη", „Erste Wissenschaft", *nicht*. Findet sich dort auch nicht die umstrittene Sache, die mit diesem Terminus benannt sein soll?

Solange diese Frage nicht entschieden ist, läßt sich schwerlich einfach von einer „Grundlegung der πρώτη ἐπιστήμη in der φύσις ἀνθρώπων" bei Aristoteles sprechen. Hier müssen wir uns vorab ein wenig orientieren.

In Met. A 10, 993 a 15-16, taucht zwar nicht der Terminus „πρώτη ἐπιστήμη", jedoch der Terminus „πρώτη φιλοσοφία" zum ersten und einzigen Mal in A auf. Die These, daß damit nur die — zeitlich — erste, also früheste Philosophie gemeint sei, hat Lauri Routila[1] gründlich diskutiert und widerlegt. Daß A 1 und 2 nur den Begriff der σοφία im allgemeinen Sinne erörtere[2], wird man angesichts der in A 2 entwickelteren *näheren* Bestimmung gegenüber A 1 nur schwerlich vertreten wollen. Der Schlußsatz von A 1 — daß die σοφία eine Wissenschaft, ἐπιστήμη, *gewisser* Prinzipien und Gründe sei, περί τινας ἀρχὰς καὶ αἰτίας, 982 a 1-3, — wird ja

1. Lauri Routila, Die Idee der ersten Philosophie, loc. cit. S. 49 ff.

2. J. Owens, The Doctrine of Being in the Aristotelian Metaphysics. A Study in the Greek Background of Mediaeval Thought, Toronto ²1963.

im ersten Satz von A 2 ausdrücklich in der Frage nach der *Geartetheit* (περὶ ποίας αἰτίας καὶ περὶ ποίας ἀρχάς, 982 a 5,) eben dieser Gründe und Prinzipien aufgenommen und beantwortet. Und neben den die σοφία betreffenden Bestimmungen, daß dieser unter allen Wissenschaften das „alles wissen", 982 a 8, und das „um des Wissens selbst wegen"[3] am meisten zukomme, werden diejenigen αἰτίαι und ἀρχαί als Thema der σοφία ausgewiesen, die „am meisten wißbar" (μάλιστα ἐπιστητά, 982 b 1) sind: τὰ πρῶτα, die *ersten*. Und hätte Aristoteles ganz allgemein nur von der σοφία in Met. A 1 und 2 gehandelt, so könnte es schwerlich im Schlußsatz von A 2 heißen, es sei nun die φύσις dieser hier als „gesuchte Wissenschaft" apostrophierten σοφία erörtert worden — die *notwendige Bestimmtheit* dieser σοφία als einer Wissenschaft, die zwar scheinbar ganz ähnlich wie die übrigen Wissenschaften *auch* auf Prinzipien sich richte, nur eben — wie sich dann zeigen wird, ganz im Gegensatz zu den übrigen Wissenschaften — auf die ersten in einem ganz spezifischen Sinn (mit diesem spezifischen Sinn von „πρῶτα" in der Themenbestimmung der σοφία werden wir uns im einzelnen dann auseinandersetzen; vgl. auch die hier wie in den grundsätzlichen Distinktionen treffende Arbeit von Routila[4]).

Weder bei Bonitz noch bei Schwegler[5] äußert sich ein Zweifel

3. 982 a 15: αὐτῆς ἕνεκεν καὶ τοῦ εἰδέναι (wieder Infinitiv wie im ersten Satz der Metaphysikschrift) χάριν — wir heben diese beiden Bestimmungen hier mit Blick auf Späteres absichtlich unter den übrigen Bestimmungen hervor.

4. Routila, loc. cit., hier besonders S. 44-51. Routila gibt völlig zurecht zu bedenken, daß die konsequent angewendete These, in A sei von σοφία nur ganz allgemein die Rede, den „hermeneutischen Wert" des Buches A als einer echten *Einführung* in die Erste Philosophie des Aristoteles bestreiten würde.

5. Schwegler spricht im Kommentar, S. 16, ausdrücklich davon, daß in Met. A 2 vom „Charakter der πρώτη φιλοσοφία" gehandelt werde. Bonitz erörtert die Frage nach dem Verhältnis von σοφία und πρώτη φιλοσοφία in seinem Kommentar zu 983 a 20, S. 57/58, ausführlicher. Zwar vollziehe Aristoteles die Unterscheidung von σοφία und πρώτη φιλοσοφία an anderen Orten schärfer und skizziere in A 1 und 2 die Eigentümlichkeit wissenschaftlicher Erkenntnis nur allgemein, jedoch so, daß sich die ganze Erörterung auf die πρώτη φιλοσοφία *erstrecke*: „probabile videbitur, universam disputationem, licet cummunes quasdam omnis scientiae notas contineat, pertinere ad primam philosophiam".

daran, daß Met. A die Frage nach der πρώτη φιλοσοφία aufwerfe (und damit der πρώτη ἐπιστήμη); ebensowenig besteht hieran für Zeller oder Ross[6] ein Zweifel.

Selbst wenn man den „Epilog“ A 10, in dem der Terminus „πρώτη φιλοσοφία“ wie gesagt singulär auftaucht, auf A elatton (wie Alexander) oder auf B (wie Bonitz — im Gegensatz zu seinem Bezug auf A 3-6 bei Jaeger) beziehen wollte, ja selbst wenn man den Standort von A 10 im A gänzlich in Frage ziehen wollte, könnte doch kein Zweifel daran bestehen, daß A 1 und 2 zwar „einleitend“ oder „vorbereitend“ dennoch *integrale* Bestimmungsstücke der πρώτη φιλοσοφία entfalten. Die These, daß Met. A 1 und 2 nicht von der πρώτη φιλοσοφία handle, stützt sich nicht so sehr auf die Berufung auf inhaltliche Textaussagen als vielmehr bloß auf den philologischen Befund, daß hier im Buch A der Metaphysikschrift der Terminus πρώτη φιλοσοφία eben nicht vorkommt, wie Routila zutreffend bemerkt (S. 49, sofern man das πρώτη aus A 10 im temporalen Sinn versteht).

Die nächste Frage, vor die uns die Rede von einer „Grundlegung der πρώτη ἐπιστήμη in der φύσις ἀνθρώπων“ stellt, betrifft also das Verhältnis der Begriffe „πρώτη φιλοσοφία“ und „πρώτη ἐπιστήμη“, die Bonitz einfach schlechthin identifiziert.[7]

Bei allen Unterschieden in der Datierung von Buch Γ betrachtet man A durchgängig als relativ früh, das Buch Γ überwiegend nicht als gleichzeitig, sondern etwa 20 Jahre später. Daß Aristoteles bei der Abfassung von A 1 und 2 das Konzept von Γ schon vor Augen hatte, ist kaum anzunehmen. Routila bemerkt S. 50 zu dieser Frage, daß Aristoteles während der Abfassungszeit von A noch nicht die Auffächerung der σοφία vollzogen habe, die ihn „zu der Abgrenzung der Physik als einer zweiten Weisheit gegenüber der Ersten

6. E. Zeller, Die Philosophie der Griechen in ihrer geschichtlichen Entwicklung. 2. Teil, Neudruck Darmstadt 1963, S. 273 ff. („Diese Wissenschaft ist die erste Philosophie“, S. 274); D. Ross, Kommentar, loc. cit., S. 124, bezieht sich auf die Unterscheidung von Bonitz und identifiziert ausdrücklich die σοφία in Met. A 1 und 2 mit „metaphysic“.

7. Bonitz, Index aristotelicus, 279 b 53 f. unter Berufung auf Met. K 4, 1061 b 30.

Philosophie als der ersten Weisheit führte", so daß er die Schrift A *später* „ohne jede Korrektion als eine Einleitung in die *erste* Weisheit in Anspruch" nehmen konnte. „Nachdem er die Wissenschaft konzipiert hat, die *früher* ist als die Physik, wird nur von dieser Wissenschaft gelten, daß sie am meisten auf das Erste geht, und nachdem er die Wissenschaft konzipiert hat, die *allgemeiner* ist als die Physik, wird nun von dieser Wissenschaft gelten, daß sie die Wissenschaft von den πάντα ist." Routila bezieht also die Ausführungen von Met. A 1 und 2 a fortiori auf die spätere πρώτη ἐπιστήμη, wie sie Met. Γ dann in Abgrenzung zu den übrigen „theoretischen" Wissenschaften explizit aufführt — zurecht, wie wir meinen. Nur hätte Routila dann eine Bemerkung zum Verhältnis von Met. A 1 und 2 zu Met. A 3-9 (Doxographie und Kritik der Vorsokratiker, Platon und anderen Mitgliedern der Akademie) machen sollen; denn zunächst erscheinen die in A 1 und 2 als πρῶτα bezeichneten Prinzipien hier nur als jene vier Prinzipien, die Aristoteles zu Beginn von A 3 mit Rückverweis auf die Physikschrift schematisch einführt, um sich der Darstellung und Kritik der Vorsokratiker zuzuwenden, die Aristoteles ja als „Physiker" betrachtet, da diese nur Prinzipien von *hyletischer Artung*[8] annehmen zu müssen glaubten. Insofern Met. A also die Physikschrift mit ihrer Auseinandersetzung der als „Physiker" ausgelegten Vorsokratiker voraussetzt, führt Aristoteles seine vier Prinzipien der „Physik" in A 3 ein, mittels deren er seine Kritik der Vorsokratiker entwickelt. Wenn jedoch die „spätere" Lehre von der πρώτη ἐπιστήμη die *πρῶται ἀρχαὶ καὶ αἰτίαι* einbettet in eine gegenüber der Physik eben vorgängige und ihr gegenüber allgemeinere Wissenschaft, der πρώτη ἐπιστήμη, bezieht man bei der Vorgehensweise von Routila die „πρῶτα" aus Met. A 2 auf einen Sinn von „erste" Wissenschaft, der nicht mehr — wenn er es je war — identisch ist mit der σοφία als ἐπιστήμη φυσική. Zwar sind die πρῶτα, worauf Routila zurecht hinweist, auf das πάντα (ἐπίστασθαι) in Met. A 2 zu beziehen, jedoch behandelt eben nach späterer und öfters ausdrücklich wiederholter Lehre des Aristoteles die Physik *nicht* πάντα τῶν

8. 983 b 6-8 τῶν δὲ πρώτων φιλοσοφησάντων οἱ πλεῖστοι τὰς ἐν ὕλης εἴδει μόνας ᾠήθησαν ἀρχὰς εἶναι πάντων.

ὄντων, und insofern können die Prinzipien der Physik nicht mehr im strengen Sinne des Wortes noch „πρῶτα" sein. Weder die Vorsokratiker noch Platon sind nach Aristoteles zur Einsicht in die Notwendigkeit einer in diesem Sinne „ersten" Wissenschaft vorgedrungen, sondern beschäftigten sich mit Fragen von wissenschaftlich untergeordnetem Rang; Aristoteles kritisiert eben aus diesem Grunde die frühen „Physiker" unter Voraussetzung des Lehrgehaltes seiner Physik-„schrift" (die ja auch nicht so geschrieben wurde, wie wir sie heute zu lesen pflegen).

Auf was soll man also das „μάλιστα δ' ἐπιστητὰ τὰ πρῶτα καὶ αἴτια" aus A 2 beziehen? Routila bemerkt wiederum zurecht, S. 51, daß Aristoteles rückblickend auf die schon voll entfaltete Lehre der Physikschrift die πρῶτα einer Wissenschaft zuordnet, die als *gesuchte* Wissenschaft ausdrücklich zum Thema gestellt wird, und weist sie der πρώτη φιλοσοφία — und das heißt später: der πρώτη ἐπιστήμη — zu.

Wichtiger als solch terminologische Bezüge scheint jedoch die inhaltliche Bestimmtheit der σοφία in Met. A 1 und 2 für die Frage nach ihrem sachlichen Bezug zur — wohl späteren — Lehre von der πρώτη ἐπιστήμη zu sein. Daß das zweckfreie Philosophieren die vollendetste und lustvollste Betätigung des Menschen ist und *gewissermaßen* als ὁμοίωσις θεῷ κατὰ τὸ δυνατόν (Platon, Theait. 176 b 1-2, der Zusatz κατὰ τὸ δυνατόν bezeichnet gerade den sachlichen Sprengsatz im Problem) sich zeigt, ist bekanntlich schon allgemeines Lehrgut der Alten Akademie, „ein δόγμα κοινόν", wie Düring einmal bemerkt.[9] Auch in Met. A 2 wird Zweckfreiheit und Selbstbezogenheit mehrfach ausdrücklich als Kennzeichen der σοφία verstanden und gegen Ende von A 2, 983 a 5-7, recht allgemein vom Doppelsinn des göttlichsten Charakters der gesuchten Wissenschaft gesprochen: von der Wissenschaft, die die göttlichen Dinge zum Thema habe, und von der Wissenschaft, die der Gott wohl am mei-

9. Zur Abhängigkeit des Lehrstücks vom βίος θεωρητικός bei Aristoteles vom Akademischen Lehrgut mit Blick auf die verloren gegangenen aristotelischen Dialoge des Aristoteles vgl. auch Olof Gigon, Die Dialoge des Aristoteles, in: Annuaire scientifique de la Faculté de Philosophie de l'Université d'Athène, 2. Période, Tome XXIV, Athen 1973-74, insbesondere S. 190 ff.

sten innehabe. Das Prädikat „θειοτάτη" seinerseits resultiert aus dem Vergleich der in vielerlei Hinsicht sklavisch-abhängigen Natur des Menschen mit dem vollendet autarken Sein der Götter. Die mögliche Sinnhaltigkeit dieses Vergleichs, der das Philosophieren als eine ὁμοίωσις θεῷ auszulegen sucht, setzt jedoch eine *Begründung* voraus, weshalb sich das Philosophieren *notwendig* als eine dynamische Bewegung zur Autarkie zeigt (zur Autarkie jedoch in *welchem* Sinne, — der „göttlichen" Autarkie?). Und eben diese Begründung enthält Met. A 1 und 2 und zwar, wie wir sehen werden, in der Lehre von der orektisch bestimmten Seinsnatur des Menschen.

Die Begründung erfolgt aus der Inblicknahme der φύσις ἀνθρώπων, *nicht* aus der *vorgängig* hergestellten Beziehung dieser φύσις zu einem Göttlichen, dem es sich anzugleichen gälte. *Nur* deswegen kann dieser Prozeß der Wissenssuche von Aristoteles als eine den ἄνθρωπος „frei" machende Bewegung der φύσις ἀνθρώπων, die sie nicht auf „anderes" (kosmologisch, ja topologisch anderes, weil in den supralunaren Bereich gesetztes) bezieht, ausgelegt werden.[10]

Aristoteles vertritt also nicht einfach ein δόγμα κοινόν der Akademie, sondern *begründet* die Sinnhaltigkeit dieses philosophischen Gemeintopos — und ändert damit seinen Sinn. Gerade hierin liegt die Pointe für den Begriff der σοφία: Die Wissenssuche wird in Met. A 1 und 2 nicht nur als ein Suchen nach den πρῶτα — und d.h. im späteren Sinne als πρώτη ἐπιστήμη — verstanden, sondern in der Rückfrage nach dem Grund der Notwendigkeit der ὄρεξις τοῦ εἰδέναι auf die Rätselhaftigkeit der φύσις ἀνθρώπων selbst bezogen. Und die Rätselhaftigkeit dieser φύσις ἀνθρώπων besteht darin, schon immer in einer irgendwie begreifenden Beziehung zu

10. Auch G. Reale spricht in seinem Kommentar unbefangen von einer Definition der „Metafisica" als einer Wissenschaft von den ersten und höchsten Prinzipien, La Metafisica, loc. cit., S. 11, und identifiziert — wie auch sonst — diese Wissenschaft sogleich mit der „scienza die Dio". Die *Begründung*, weshalb Aristoteles die gesuchte Wissenschaft als eine solche der „göttlichen Dinge" (τῶν θείων) überhaupt auslegen *kann* und die Frage, *in welchem Sinne* bei Aristoteles nur von einer „göttlichen" Wissenschaft die Rede sein kann, wird nicht in den Blick genommen, vgl. ebd. S. 12. Davon abhängig ist jedoch das Gesamtverständnis aller „theologischen" Bestimmungen der „Metafisica".

den ὄντα zu stehen (sei es im Vorwissen, das uns in Aporien führt und damit zum Philosophieren nötigt, oder sei es im begründeten Wissen). Die Rede von der ὁμοίωσις θεῷ als dem Verähnlichungsprozeß von Mensch und Gott erweist sich damit bloß als — keineswegs treffliche — Veranschaulichung einer systematisch nur als Selbstbeziehungsprozeß zu verstehenden Bewegung der φύσις ἀνθρώπων in ihrem Verhältnis zu den ὄντα. *Damit aber ändert sich das Sinnganze, in das die Lehre von der sog. Wissenssuche und damit der* πρώτη ἐπιστήμη *als des eigentlich und zuletzt Gesuchten eingebettet sind.*

Die „allgemein gehaltene Einleitung" von Met. A 1 und 2 enthält also — gerade mit Blick auf das δόγμα κοινόν der Akademie — ein für alles Verstehen des Folgenden zentrales und eben dieses δόγμα *vertiefendes* Lehrstück, indem es dieses rückbezieht auf den Sachgrund, ohne den dieses δόγμα zu einem „bloßen" δόγμα verkommt; denn erstens: wenn wir auch von der Vorstellung des Göttlichen als dem Inbegriff des autarken (seinsunabhängigen) Seienden ausgehen — ohne uns zu fragen, wie es denn eigentlich zu dieser Vorstellung selbst kam! — bleibt doch, *daß* der Mensch nämlich in der Wissenssuche sich diesem Göttlichen angleichen solle, solange unverständlich, als nicht einsichtig geworden ist, daß das Streben zur Autarkie im ἄνθρωπος *selbst ursprünglich* seinen Grund hat (vgl. Anm. 4 dieser Einleitung: Dieses „Rest"-problem im Topos der ὁμίωσις θεῷ findet sich auch in der Arbeit Roloffs nirgends angesprochen); und zweitens — und vor allem —: die Frage nach der Notwendigkeit der Wissenssuche zielt ja nicht auf eine Lösung der (Seins-)Beziehung des Menschen zu den ὄντα, sondern auf die Sicherung unseres schon immer getätigten (Vor)Wissens von den ὄντα zu einem gesicherten Wissen von den ὄντα, weswegen Autarkie, die in diesem Wissensprozeß angezielt ist, nicht Seinsunabhängigkeit *von* den ὄντα meinen kann, sondern nur ein Freiwerden von unseren nicht gesicherten *Meinungen* von den ὄντα.

Das Kernproblem von Met. A 1 und 2 zeigt sich so keineswegs als „bloße Einleitung" und Darlegung dessen, was „man" unter σοφία versteht, um uns von hier aus zu einem näheren Begriff dieser allgemein verstandenen σοφία zu führen, sondern als die Frage nach der Bestimmtheit der φύσις ἀνθρώπων, die schon immer in einem ursprünglichen Verhältnis zu den ὄντα steht, — und zwar in einem schon immer irgendwie begreifenden Verhältnis. Der bloße Vergleich einzelner Topoi aus Met. A 1 und 2 mit dem Lehrgut der Akademie — so sehr er auch berechtigt ist und so sicher Aristoteles de facto auf Lehrgehalte der Akademie rekurriert — verstellt den Blick auf diesen fundamental veränderten *Ansatz* der Fragestellung in Met. A 1 und 2. (Selbst eine Umdeutung des aristotelischen Gottes im neuplatonischen Topos der „Ideen im Geiste Gottes" und somit des Gottes als eines vollendet Wissenden ließe es nicht zu, diesem Gott jene Seinsbezüglichkeit zuzusprechen, die dem ἄνθρωπος eignet und die ihn zwingt, sich in theoreticis immer als unvollendet Wissenden, in practicis als ethisch Handelnden begreifen zu müssen.)

Gerade die „ethische" Qualität der gesuchten Wissenschaft, von der gegen Ende von A 2 durch die aristotelische Bezugnahme auf jenes δόγμα κοινόν ausdrücklich die Rede ist, verunmöglicht die Identifikation der „πρῶτα" der σοφία mit der Vier-Ursachenlehre, die eingangs von A 3 wie ein fertiges Lehrstück eingeführt wird. Die These von Routila läßt sich also um einiges erhärten.

Wir können also — selbst wenn man die „πρώτη φιλοσοφία" aus Met. A 10 als nur die zeitlich erste Philosophie verstehen wollte — unsere Auseinandersetzung mit Met. A 1 und 2 beginnen mit Blick darauf, wie Aristoteles Sinn und Begriff des Philosophierens *als* ein Suchen nach der πρώτη φιλοσοφία bzw. nach der πρώτη ἐπιστήμη (ohne ihr damit schon wie eine in den späteren Büchern der Metaphysik gegebene bestimmtere Kontur zuzudenken) aus der ὄρεξις τοῦ εἰδέναι entwickelt.

Aus dem Gesagten folgt, daß wir insbesondere den Terminus „πρώτη ἐπιστήμη" zunächst in einem noch relativ unbestimmten Sinne verwenden. Auch dieser Begriff wird erst im Laufe der Auseinandersetzung zunehmend an Schärfe gewinnen — ebenso wie Begriffe wie „Wissen", „Wissenschaft", „erkennen" etc.

Die Einsicht in die innere Genese eines Problems ist schwerlich möglich, wenn man faktisch vorliegende Termini zum alleinigen Leitfaden der Identifikation von Sachproblemen macht; der Anspruch auf terminologische Genauigkeit läßt sich sinnvoll nur erheben in Entsprechung zum Grad der Problemkonturierung. „Einleitungen“ von derart Grund-legender und Horizont-absteckender Funktion, zu denen Met. A 1 und 2 zu zählen sind, sind in ihrer implikativen Fülle zu lesen. Bei der synonymen Verwendungsweise von εἰδέναι und ἐπίστασθαι in Met. A 1 und 2 z.B. könnte es unerheblich scheinen, daß im ersten Satz der Metaphysikschrift die Rede von der ὄρεξις τοῦ εἰδέναι ist und nicht von der ὄρεξις τοῦ ἐπίστασθαι; der bloße Verfolg der Textvorlage gibt den Grund nicht zu erkennen, weshalb Aristoteles hier dennoch den Terminus „εἰδέναι“ verwendet.

Vorbereitung
Die Frage nach dem Ursprung der Wissenssuche

> ὥστ' εἴπερ διὰ τὸ φεύγειν τὴν ἄγνοιαν ἐφιλοσόφησαν, φανερὸν ὅτι διὰ τὸ εἰδέναι τὸ ἐπίστασθαι ἐδίωκον καὶ οὐ χρήσεώς τινος ἕνεκεν.
>
> *Deshalb ist es, wenn sie, um der Unwissenheit zu entfliehen, zu philosophieren begannnen, offensichtlich, daß sie wegen der Einsicht (διὰ τὸ εἰδέναι – des ‚einzusehen' wegen, Infinitiv) das Wissen (τὸ επίστασθαι – das ‚wissen', Infinitiv) verfolgten, und nicht um eines Nutzens willen.*
>
> Aristoteles, Met. A 1, 982 b 19-21

Philosophieren scheint ein merkwürdiges Tun zu sein. Man philosophiert offenbar, um nicht mehr zu philosophieren. Warum philosophiert man dann überhaupt?

In Met. A 1 und 2 gibt Aristoteles Auskunft über diese merkwürdige Sache, indem er sie aus ihrer Sach*lage* bestimmt. Die Sache des Philosophierens liegt zwischen Nichtwissen und Wissen. Das ist das erste Kennzeichen der Sache. Sie ist weder das eine noch das andere.

Nun liegt die Sache des Philosophierens nicht einfach nur in der Mitte zwischen Nichtwissen und Wissen, sondern sie liegt so in dieser Mitte, daß sie von einem zum anderen gelangen will. Dieses Streben ist dem Philosophieren wesentlich. Insofern das Philosophieren nach etwas strebt, hat es einen Zweck, der jedoch nicht um eines anderen willen Zweck, also Nutzen, ist. Und dennoch hat es einen Zweck, dennoch beabsichtigt der Philosophierende etwas, – nämlich zu wissen. Wenn das gesuchte Wissen, die Wissenschaft, so um ihrer selbst willen gesucht wird, so wird das Philosophieren gerade nicht um seiner selbst willen betrieben. Philosophieren ist daher kein unschuldiges Tun, insofern es, um seine Mangelhaftigkeit wissend, von sich selbst fortzukommen sucht. In diesem Sinne heißt Philosophieren, obgleich es seinen Zweck nicht schlechthin außer sich hat, nicht Spielen. Denn verhielte es sich mit dem Spielen ebenso wie mit dem Philosophieren, dann könnte es, zum Ziel gelangend, gewissermaßen in sein Gegenteil umschlagen, wie es Aristoteles vom Philosophieren behauptet.[1] Philosophieren heißt also: nicht-wissend zu sein, wenngleich auch nicht schlechthin nicht-wissend; denn das Philosophieren beginnt ja mit dem Wissen, einer Erkenntnis, daß man nämlich gerade (noch) nicht weiß.

Aus dieser Sachlage des Philosophierens, die nach Aristoteles in der Sachlage des Philosophierenden gründet, ist der Begriff „Philosophieren" zu verstehen.

Die Spannung, die den anfänglichen Sinn dieses Begriffs charakterisiert, besteht darin, daß sich φιλία und σοφία gegenseitig erfordern, um *als* φιλία und σοφία begriffen werden zu können. Und dennoch müssen beide unterschieden werden. σοφία ist für uns ein sinnentleertes Wort, wenn die φιλία nicht ihre Herkunft dem Wissen verdankte, (noch) nicht wissend zu sein. Die φιλία könnte nicht sein, ohne daß die σοφία ihr ihre anfängliche Erkenntnis ermöglichte und sich so zur ἀρχή der φιλία machte. Diese Spannung ist das *Gesetz* von Philosophie.

Will man also einer Philosophie philosophisch begegnen, ist daher immer beides zu beachten: Eine Philosophie ist weder *nur* σοφία noch *nur* φιλία. Philosophie ist immer beides: zetetische Wissenschaft und vom erst noch zu erstrebenden Wissen dennoch schon geleitete Wissenschaft. Philosophieren heißt also weder nur Wissen explizieren noch selbstgenügsames Suchen — beides wäre spannungslos.

So sicher jede Philosophie eine Gestalt von Philosophie, so sicher ist sie daher auch nicht *nur* eine Gestalt von Philosophie. Da jede Philosophie dem genannten Gesetz von Philosophie unter-

1. Met. A 1, 983 a 11-12: δεῖ μέντοι πως καταστῆναι τὴν κτῆσιν αὐτῆς εἰς τοὐναντίον ἡμῖν τῶν ἐξ ἀρχῆς ζητήσεων — irgendwie muß freilich ihr Besitz für uns ins Gegenteil der ursprünglichen Untersuchungen umschlagen.

steht, hat jede Philosophie den Charakter *einer* und *der* Philosophie. Daher ist die Geschichte der Philosophie nicht nur eine Geschichte der Philosophien. Und doch ist die Geschichte der Philosophie nie selbst schon die Geschichte *der* Philosophie.

> ψελλιζομένῃ γὰρ ἔοικεν ἡ πρώτη φιλοσοφία περὶ πάντων
>
> *Denn die Erste Philosophie, die über alles handelt, glich einem stammelnden Kinde*
>
> oder: *Denn die* (zeitlich) *erste Philosophie, die über alles handelt, glich einem stammelnden Kinde*
>
> *Aristoteles, Met. A 10, 993 a 15-16*
>
> *(Zur Problematik der Übersetzung vgl. das Kapitel „Vorbemerkung")*

Für Aristoteles war die Erste Philosophie bis dahin einem lallenden Kinde ähnlich. Das ist geradezu das Resumee des Buches A der sogenannten Metaphysikschrift.

Ist die „Erste Philosophie" inzwischen den Kinderschuhen entwachsen? Nicht nur, daß heute der Begriff „Erste Wissenschaft" nicht als allgemein verständlich angesehen und als einheitlich verwendeter Terminus vorausgesetzt werden kann — so wenig wie je —, wird darüberhinaus sogar die *Möglichkeit* einer solchen Wissenschaft — und dies auch nicht erst heute — bestritten. Was eigentlich heißt „Erste Wissenschaft"? Worauf zielt sie? Weshalb wurde sie — um ein kontrastierendes Wort Nietzsches aufzugreifen, man denke an die Rede vom ‚Erfinden des Erkennens' — *erfunden*?

Oder *muß* es Erste Wissenschaft geben, solange der Mensch ist? Dann aber würde Aristoteles behaupten, wir selbst ähneln lallenden Kindern.

Was hat es also mit dieser merkwürdigen Sache „Erste Wissenschaft" auf sich? Dann, und erst dann, wenn sich zeigen läßt, daß man dieser Sache nicht einmal aus dem Wege gehen *kann*, sondern mit ihr immer schon zu tun hat, daß man sie — ob man will oder nicht — *tätigt*, wird die gestellte Frage brennend. Gerade die *Not-*

wendigkeit von Erster Wissenschaft aber behauptet Aristoteles im ersten Satz der Metaphysikschrift, wie zu zeigen sein wird.

So ist es also ratsam, sich vorbereitend ein wenig an dieser Schrift zu orientieren, damit wir einen, ein jedes Philosophieren einbeziehenden Grund finden, auf welchem das Problem „Erste Wissenschaft" argumentativ entfaltet werden kann. Hierbei soll zunächst nur das allein Entscheidende, Notwendigkeit und Aufgabe von Erster Wissenschaft ans Licht gebracht werden.

Wenn erst einmal eingesehen ist, daß jede Philosophie in einem sehr genauen Sinne als Erste Wissenschaft begriffen werden *muß*, selbst diejenige, die deren Möglichkeit negiert, kann in einem weiteren Schritt der anfänglichen Orientierung die differenziertere und inhaltlich bestimmtere Problemvorgabe verfolgt werden.

In diesen kurzen einführenden Bemerkungen ist schon ein Mehrfaches mitbehauptet, was die vorliegende Studie selbst betrifft und zugleich in ihr implizit zum Thema steht: Das Verhältnis von „systematisch" und „historisch" betrifft jede Philosophie in dem Sinne, daß sich die Artikulation der philosophischen Frage nur in *Orientierung* an der Geschichte und *unter Leitung* der systematischen Frage vollziehen kann. Die philosophische „Sache" kann nur mit Blick auf den historisch erreichten Stand der Einsicht, welche ihrerseits den Vorentwurf von philosophischer „Sache" limitiert, vertieft werden. So wenig es „rein" systematische Studien geben kann, so wenig „rein" historische. Immer sind für die historische Studie systematische Überlegungen leitend, immer müssen sich systematische Studien historisch orientieren. Zur weiteren Aufhellung dieser spannungsreichen Frage, welcher *Art* dieses eigentümliche Verhältnis eigentlich ist, soll die vorliegende Arbeit mit beitragen. Wie verhalten sich „Zeit" und „Wissen" zueinander? Und wenn ihr Verhältnis als unauflöslich eingesehen ist, was bedeutet dies für unseren *Begriff* von beiden?

Die Grundlegung der πρώτη ἐπιστήμη in der φύσις ἀνθρώπων

Πάντες ἄνθρωποι τοῦ εἰδέναι ὀρέγονται φύσει

Aristoteles, Met. A 1, 980 a 21

Ihrer Seinsnatur nach streben alle Menschen zu wissen. Das ist der Kern der weiteren Überlegung und Entfaltung des Themas „Wissenssuche" bzw. „Wissenschaft". Weil das Streben dem menschlichen *Geschlecht* eigentümlich ist, deshalb geht es im Folgenden nicht um *irgendein* Problem der Wissenssuche, sondern um eine Klärung der menschlichen Natur selbst, die in einem genauen Sinne *immer* auf Wissen bezogen ist.

τὸ δὲ τῶν ἀνθρώπων γένος καὶ τέχνῃ καὶ λογισμοῖς — *Das Menschengeschlecht aber lebt in Kunst und Überlegungen.*[2]

Wenn Aristoteles nun im Weiteren zunächst *veranschaulicht* (noch nicht begründet, mit σημεῖον — *ein Zeichen dafür* — beginnt der folgende Satz), worin sich dieser Ur-Trieb des Menschen manifestiert, wie z.B. in der ἀγάπησις τῶν αἰσθήσεων, d.h. in der Liebe zu den Sinneswahrnehmungen, die man auch um ihrer selbst willen liebt — ἀγαπῶνται δι' αὑτάς, wie es heißt —, und wenn er weiterhin in erster Überschau eine Skizze der unterschiedlichen Wissens*grade* gibt — von der μνήμη, zur ἐμπειρία, τέχνη und ἐπιστήμη —, so bedeutet dies *nicht*, daß er erklären wollte, wie man sich das *Werden* der πρώτη ἐπιστήμη, der σοφία περὶ τὰ πρῶτα αἴτια καὶ τὰς ἀρχάς, Weisheit über die ersten Gründe und Ursachen, *vorstellen könnte.*[3]

2. Met. A 1, 980 b 27-28:. Zitiert wird nach der Oxford-Ausgabe, Aristotelis Metaphysica, Oxford [5]1973.

3. Met. A 1, 980 b 27-28.

Und doch scheint es zunächst so, wenn Aristoteles sagt, daß die Wissenschaften, die sich nicht auf die Tagesnotwendigkeiten beziehen, erst ausgebildet wurden, nachdem die Wissenschaften der andern *Art* hinreichend ausgebildet waren. An *den* Orten entstanden die Wissenschaften der ersten Art — so heißt es —, wo man Muße hatte, οὗπερ ἐσχόλασαν.[4]

Trotzdem wird hier von Aristoteles nicht die These vom Luxus von Philosophie aufgestellt noch geht es um eine *Genealogie*[5] der σοφία oder der Ersten Wissenschaft. Und doch heißt es, daß den Menschen τέχνη und ἐπιστήμη aus Erfahrung entsteht, wird! Wie ist das zu verstehen?[6] Zwar leben die übrigen Lebewesen in Bildern und Erinnerungen und haben zum Teil sogar Anteil an der Erfahrung, — nur das menschliche Geschlecht hingegen lebt in τέχνη und λογισμοῖς. Daß also den Menschen φαντασία, μνήμη und ἐμπειρία zur τέχνη bzw. ἐπιστήμη *überhaupt werden kann*, anders gesagt: φαντασία, μνήμη und ἐμπειρία der τέχνη und ἐπιστήμη ähnlich, vergleichbar sind, sich als Vorformen der ἐπιστήμη begreifen lassen, — das liegt am γένος ἀνθρώπων und nicht an der vom Menschen gegenüber anderen Lebewesen nur weiter entwickelten φαντασία, μνήμη etc.

Aristoteles behauptet also *nicht*, daß der Mensch im Besitze der ἐπιστήμη oder sogar der πρώτη ἐπιστήμη sei, er behauptet jedoch entschieden die These von der „epistemischen" Natur des Menschen! „Epistemisch" heißt also genau dies: zu wissen begehren.

Diese Urverfaßtheit der φύσις ἀνθρώπων ist es, die das, was auch den übrigen Lebwesen eigen ist wie φαντασία, μνήμη, ἐμπειρία, hier, im γένος ἀνθρώπων, eine spezifische Qualität zuweist: nämlich *epistemisch* zu sein.

4. Met. A 1, 981 b 23.

5. Mögen die Gestalten von πρώτη ἐπιστήμη *werden* — und auf diese Zeitgestalten der πρώτη ἐπιστήμη bezieht sich die im Buch A ab Kap. 3 anknüpfende Kritik an den Vorläufern Platons und der Akademie —, nicht aber die diese Gestalten aus sich ernötigende Sache von πρώτη ἐπιστήμη. Nietzsches These vom genealogischen Charakter der Philosophie ist ja selbst *Resultat* jenes von Aristoteles hier zum Thema erhobenen Urtriebes, in λογισμοῖς zu leben.

6. Met. A 1, 981 a 1 ff.

Was also *wird nicht* und *entsteht nicht*? Aristoteles antwortet: die epistemische Natur des Menschen! Das ὀρέγεσθαι τοῦ εἰδέναι führt notwendig zum ζητεῖν τὴν ἐπιστήμην, zum Suchen der Wissenschaft (im Sinne der Ersten Wissenschaft, wie wir sehen werden)![7] Wissenschaften als Resultate jener ὄρεξις *werden, nicht* wird die ὄρεξις.[8] Jetzt haben wir die Voraussetzung für eine Klärung des Begriffs π ρ ώ τ η ἐπιστήμη erarbeitet. Soll die πρώτη ἐπιστήμη eine ebensolche Fundierung finden wie die τέχνη und ἐπιστήμη, so muß sich zeigen lassen, daß die epistemische Natur des Menschen *vorzüglich* und *vorrangig* auf die πρώτη ἐπιστήμη angelegt ist. Soll die πρώτη ἐπιστήμη ihrem Namen gerecht werden, muß sie das Entscheidende, gerade den Kern der ὄρεξις betreffen. Auf was also drängt die φύσις ἀνθρώπων — auf *irgendwelche* Wissensinhalte und auf Kunstfertigkeiten?

Bekanntlich stellt Aristoteles in Met. A ein hierarchisierendes Maß an die Wissensformen. Das tertium comparationis, das Kriterium für den Grad der Wissenschaftlich*keit* einer Wissensform zeigt sich zunächst als die Allgemeinheit der jeweiligen Erkenntnis.[9] Wir glauben, daß das Wissen und Verstehen mehr (μᾶλλον) der τέχνη zukommt als der ἐμπειρία und der μνήμη und φαντασία. (Eine bedeutungsvolle Aussage: Aristoteles sagt ja damit auch, daß *allen* Wissensstufen „Wissenschaftlichkeit" zukomme, selbst zuletzt also der φαντασία, wenngleich nur in geringerem Maße!)

Desto mehr kommt einem Wissensmodus der Charakter der Wissenschaftlichkeit zu, je unabhängiger er vom Einzelfall ist (was nicht bedeutet, daß die Einzelfälle nicht notwendig für das Erreichen der höheren Wissensgrade sind). So lautet das berühmte Beispiel: Das Wissen, daß diesem Menschen bei einer solchen Krankheit dieses Mittel hilft, weil es *allen* an dieser Krankheit leidenden Menschen hilft, geht auf einen allgemeineren Zusammenhang als

7. Met. A 2, 982 a 4, erster Satz des zweiten Kapitels, vgl. auch 982 a 30-32.

8. Damit ist die Grenze für alle Genealogie von Wissenschaft gezogen.

9. Vgl. das schöne Beispiel 981 a 5 ff.: Der Satz der ἐμπειρία, daß dem Kallias, wenn er an dieser bestimmten Krankheit leidet, dieses bestimmte Heilmittel hilft, ist von geringerer Allgemeinheit als der Satz der θεωρία, daß dieses Mittel allen an dieser Krankheit Leidenden hilft.

das Wissen, daß *nur* dem Kallias dieses Mittel hilft. Das begründete Wissen, das sogenannte διότι-Wissen, ist ein Wissen von implikativer Fülle, ein Wissen καθόλου, das den Einzelfall umfaßt.

So folgt dann aus dem ersten Gradationskriterium von εἰδέναι unmittelbar das zweite: seine Lehrbarkeit.[10] Weil der das Allgemeine Wissende als Kenner des Warum, des διότι, nicht auf die Einzelfälle rekurrieren muß, sondern den „Grund", den „Begriff", den λόγος einer Sache besitzt (in unserem Beispiel: die Heilkraft eines Arzneimittels kennt), kann er besser lehren als derjenige, der nur den Einzelfall kennt.

Aus dem eigentlich entscheidenden ersten Gradationskriterium ergibt sich auch das dritte: Genauigkeit, Akribie, ἀκρίβεια. Auf Anhieb scheint dies in gewissem Gegensatz zum erstgenannten Kriterium zu stehen: Wir nennen etwas umso akribischer, je differenzierter und bestimmter es ist. Aber ein kurzer Blick auf unser Beispiel zeigt, warum ἀκρίβεια *Folge* jenes Kriteriums ist. Nehmen wir an, wir fänden mehrere unterschiedliche Pflanzen mit gleicher Heilkraft, weil sie darin übereinkommen, einen bestimmten chemischen Stoff zu besitzen, so ist unser Wissen um diesen Sachverhalt zwar „akribischer" und spezieller geworden, — aber auch noch allgemeiner.

Fassen wir zusammen: All dies, der komparativische Charakter allen Wissens, ist der Grund dafür, daß alle *annehmen* (wie Aristoteles sagt, ὑπολαμβάνειν), die sogenannte Weisheit, die σοφία, habe es mit den „ersten Gründen und Ursachen", mit dem am meisten Wißbaren und Allgemeinsten zu tun.[11] *Weil* unser Wissen gradativ unterschieden ist, muß es das höchste Wissen mit dem am meisten Wißbaren, Lehrbarsten, Akribischsten zu tun haben.[12]

Und erst jetzt stellt Aristoteles die *Aufgabe*: σκεπτέον, ἡ περὶ ποίας αἰτίας καὶ περὶ ποίας ἀρχὰς ἐπιστήμη σοφία ἐστίν (es ist zu untersuchen, von *welchen* Gründen und von *welchen* Ursachen

10. 981 b 7, noch einmal 982 a 13.

11. 981 b 29 und 982 a 30.

12. Im Text lesen wir fortwährend komparativische und superlativische Wendungen.

die Weisheit Wissenschaft ist — von *welcherlei Art*)![13] D.h. also: Trotz der bisher explizierten üblicherweise dafürgehaltenen Wissenschaftskriterien (wie „Allgemeinheit", „Lehrbarkeit" und „Genauigkeit") müssen wir erst noch untersuchen, *von welcher Art* (ποίας) die „Gründe und Ursachen" der σοφία, der gesuchten Ersten Wissenschaft, sind. Keineswegs ist damit gesagt, daß das Thema der Ersten Wissenschaft nur in der *komparativischen Verlängerung* der übrigen Wissenschaften zu suchen ist! Gerade das wird ja von Aristoteles in Frage gestellt. Denn ob das Thema der gesuchten Wissenschaft in der *gleichen* Art nur „allgemeiner" (und „lehrbarer" und „genauer") als das Thema der übrigen Wissenschaften ist, — das gerade ist die jetzt erst zur Beantwortung anstehende Frage.

Rekapitulieren wir: Die Situation der aristotelischen Fragestellung entsteht erst im Rekurs auf das, was man so — noch unkritisch — glaubt, im Rekurs auf das ὀνομάζομεν, das οἰόμεθα, auf das λέγομεν oder ὑπολαμβάνομεν, also auf das, was noch nicht überprüft wurde.[14] Wie — so fragt Aristoteles nach der Feststellung, wie man die Sache üblicherweise betrachtet — verhält sich die Sache der Ersten Wissenschaft nun wirklich?

Man wird ohne weiteres zugeben können, daß die zu Beginn der Metaphysikschrift genannten Wissenschaftskriterien in dieser Bestimmtheit eine aristotelische Errungenschaft darstellen, die — wie sich zeigt — in der Kritik an der Vorsokratikern, Platon und den übrigen Mitgliedern der Akademie, die anschließend, Met. A 3, 983 a 24, folgt, entwickelt wurden. *Aber*, so ist andererseits zu fragen, sollen diese bisher genannten Wissenschaftskriterien schon die aristotelische *Antwort* auf die Frage nach der *Artung* jener gesuchten ἀρχαί und αἰτίαι geben?[15] Dreht man den ganzen Gedankengang

13. 982 a 5-6.

14. 982 a 6. Dies ist das bekannte Stilmittel des aristotelischen Philosophierens, vgl. die schöne resümierende Stelle 988 b 20-21. Dieses Stilmittel ist Konsequenz des berühmten und in seiner Problemhaltigkeit oft unterschätzten Satzes 982 b 12-14. Worüber staunten die Menschen? Siehe hierzu weiter unten.

15. Vgl. diese die durchgehende Interpretation der Sache leitende Vorannahme z.B. bei Eduard *Zeller*, Die Philosophie der Griechen in ihrer geschichtlichen Entwicklung, 2. Teil, 2. Abt., S. 273 ff., Darmstadt 1963.

um und fragt: Was ermöglicht die Antwort auf die Frage nach der Artung der ἀρχαί und αιτίαι der Ersten Wissenschaft, so zeigt sich, daß die bisher genannten Wissenschaftskriterien gar nicht zur Antwort ausreichen. Denn dann wäre eine bei Aristoteles in problematischer Lage stehen gebliebene Frage gelöst und schon lösbar: das Problem des *Verhältnisses* von Erster Wissenschaft und den übrigen Wissenschaften.

In der Linie der *Komparation* der genannten Wissenschaftskriterien also ist die gesuchte Wissenschaft gerade *nicht* zu finden. Daß die anderen Wissenschaften bzw. Wissensformen überhaupt komparier*bar* sind, m.a.W. daß die bisher genannten Wissenschaftskriterien als tertia comparationis genommen werden können, erweist deren einheitliche Natur. Was jedoch ist das von Aristoteles gesuchte *Qualifikans* jener gesuchten Wissenschaft, genannt „Erste"?

Mit Absicht wurde ein im Verhältnis zu den übrigen Wissenschaftskriterien merkwürdig heterogenes Bestimmungsstück von Wissenschaftlichkeit bisher hintangestellt: Der Bezug von Wissenschaft auf das Nicht-Nützliche.[16] Nicht umwillen eines Nutzens suchen wir zuletzt Wissen, sondern — wie die Standardformel bei Aristoteles lautet — „um seiner selbst und um des zu wissen willen".[17]

In der Tat ist hiermit ein heterogenes Bestimmungsstück gegeben. Zwar scheint Aristoteles auch dieses „um seiner selbst willen" einem Mehr oder Weniger einzuordnen, und doch läßt sich dieses Qualifikans nicht als *Folge* der übrigen Wissenschaftskriterien begreifen.

Bevor man sich der spezifischen Bedeutung dieses „um seiner selbst willen" (αὑτῆς ἕνεκεν) zuwendet, sei ein kurzer Blick auf die Bedeutungsbreite dieses Qualifikans geworfen.

Die gesuchte Wissenschaft (ἐπιστήμη ζητουμένη), die Erste Wissenschaft, die σοφία, nennen wir deswegen die „freie" Wissenschaft, weil sie sich nicht auf einen Nutzen richtet, so wie wir einen Menschen „frei" nennen, der „um seiner selbst willen und nicht

16. 981 b 15.
17. 982 a 14-15.

um eines anderen willen" (αὑτοῦ ἕνεκα καὶ μὴ ἄλλου ὤν) lebt.[18] Dies macht den „göttlichsten" und „ehrwürdigsten" Charakter dieser Wissenschaft aus.[19] Ohne nun schon weiter auf den „theologischen", „freiheitlichen", „autarken" und damit „ethischen" Charakter[20] der σοφία einzugehen, ist die Frage nach dem von den übrigen Wissenschaftskriterien *unableitbaren* Kriterium, von Erster Wissenschaft festzuhalten. In welchem Verhältnis steht das spezifische Wissenschaftskriterium von Erster Wissenschaft zu den genannten andern drei Wissenschaftskriterien, also zu den Kriterien von „Allgemeinheit", „Lehrbarkeit" und „Genauigkeit"?

Zunächst sei hier jedoch ein naheliegendes, immer wiederkehrendes Mißverständnis aufgedeckt: Zwar liegt in der Komparation der Wissensformen von der ἐμπειρία zur τέχνη und ἐπιστήμη eine gewisse „Tat der Befreiung" (vom Einzelfall!), jedoch kann dies *nicht* zur genannten „freien" Wissenschaft führen, weil noch die allgemeinste Wissensform im Sinne der Gradation der erstgenannten Wissenschaftskriterien auf das Nützliche (χρήσιμον) bezogen bleibt. Und umgekehrt gilt: Die nach den erstgenannten Wissenschaftskriterien niederste Wissensform, die sinnliche Wahrnehmung (αἴσθησις), kann „um ihrer selbst willen" (δι' αὑτάς) getätigt werden, wie es im zweiten Satz von Met. A 1 heißt!

Das bedeutet also: Zwar muß die gesuchte Wissenschaft „allgemein", „lehrbar" und „genau" sein, *jedoch in einem anderen Sinne* als die Wissenschaften, die sich auf das Nützliche beziehen! Und dieses der Ersten Wissenschaft ureigentümliche Kriterium durchträgt und prinzipiiert *alle* Wissensformen von der αἴσθησις bis zur ἐπιστήμη. Hierin und in nichts anderem muß das *spezifische* der φύσις ἀνθρώπων liegen, das selbst noch der αἴσθησις und ἐμπειρία, die auch die Tiere besitzen, einen *anthropinen* Charakter zuspricht. Denn nach den ersten Sätzen von Met. A 1 sind zwar auch die Tiere mehr oder weniger verständig und gelehrig[21] (und man könnte sich vielleicht sogar vorstellen, daß sie auch noch höhe-

18. 982 b 26.
19. 983 a 5.
20. 982 b 26 ff.
21. 980 b 21: φρονιμώτερα καὶ μαθητικώτερα.

re Wissensformen erlangen als ἐμπειρία), jedoch fehlt all ihren Wissensformen eben das spezifisch Epistemische, der Bezug nämlich auf das „Nichtnützliche"!

Das erste Resultat unserer Überlegungen lautet also: Die Grundlegung der πρώτη ἐπιστήμη in der φύσις ἀνθρώπων erweist zunächst den anthropinen Charakter *aller* Wissensformen, von der αἴσθησις bis zur ἐπιστήμη. Was diese durchgreifende Natur allen Wissens bezeichnet, ist der Bezug allen Wissens auf die „πρῶτα"[22], auf das „Erste" des Wissens.

Das bedeutet nun: Weder läßt sich die Natur der αἴσθησις, der ἐμπειρία noch der τέχνη und ἐπιστήμη aufhellen, solange nicht der Ur-Modus von Wissen, die σοφία in ihrem sie *allein* kennzeichnenden Bezug auf das „Nichtnützliche" oder auf das „um ihrer selbst willen" geklärt ist. Es zeigte sich als das Spezifische der φύσις ἀνθρώπων im Gegensatz zur φύσις ζῴων, daß sie in *dem* Sinne zu wissen strebt, daß das Wissen ein „Um seiner selbst willen"-wissen ist!

In diesem Sinne kann Aristoteles von der gesuchten Wissenschaft sagen, sie sei „frei", ἐλευθέρα, am „göttlichsten", θειοτάτη, am „ehrwürdigsten", τιμιωτάτη.[23] Sie ist „besser", ἀμείνων[24], als die übrigen Wissenschaften, weil sie uns unsere φύσις dort zeigt, wo sie nicht sklavisch, δούλη[25] (von einem Nutzen abhängig), ist, weil sie m.a.W. zeigt, daß die φύσις der Menschen zwar mannigfach abhängig und doch auch „göttlich" ist. Diese Wissenschaft beweist, daß der Mensch in gewissem Sinne „seiner selbst willen" uranfänglich schon immer ist. Und *nur* deshalb kann von *seiner* φύσις überhaupt gesprochen werden.[26]

Noch immer aber liegt im Dunkeln, was eigentlich das *Thema* der gesuchten Wissenschaft ist. Das bisher genannte Charakteristikum der Ersten Wissenschaft scheint uns nicht weiter zu helfen. Es

22. 982 b 2: μάλιστα δ' ἐπιστητὰ τὰ πρῶτα.

23. 982 b 26-27; 983 a 5.

24. 983 a 11.

25. 982 b 29.

26. Auf den „ethischen" Aspekt des „um seiner selbst willen" kommen wir später zurück.

sagt uns anscheinend mehr über das Ziel dieser Wissenschaft als über diese selbst. Wenn es eine Liebe zu den Sinneswahrnehmungen „um ihrer selbst willen" gibt und dies ebenso für die übrigen Stufen des Wissens gilt, so läßt sich kaum von einer *Ersten* Wissenschaft sprechen. Es scheint, als ob es hier nur um einen *Modus*, eine gewisse Art und Weise zu wissen ginge, ganz unabhängig vom jeweiligen Thema.

Die Frage nach der *Artung* jener „Gründe und Ursachen" der gesuchten Wissenschaft ist noch nicht beantwortet. Auch die τέχνη und ἐπιστήμη, auch der Arzt und Architekt kennt das „Warum" (διότι) seines Faches, beide haben es insofern auch mit dem Allgemeinen, dem καθόλου, zu tun. Daß die superlativischen Wendungen „am meisten wißbar" (μάλιστα ἐπιστητά), „am allgemeinsten" (μάλιστα καθόλου)[27] etc. nur eine terminologische Verlegenheitslösung darstellen — jedenfalls bisher —, hat sich schon gezeigt. *Warum* die „ersten Gründe und Ursachen" am meisten wißbar, am allgemeinsten, am ehrwürdigsten etc. sind, das läßt sich *nicht* aus der Gradation der bloßen Allgemeinheit des Wissens verstehen. Ganz im Gegenteil! Je allgemeiner in der Regel ein Wissen ist, desto spezieller ist es und auch „am wenigstens wißbar", insofern es ja einer Kette von Sinneswahrnehmungen, Erinnerungen und Erfahrungen bedarf, um jenes Wissen z.B. eines Arztes zu erlangen.

—

An dieser Stelle unserer Problemdurchdringung der Textlage und ihrer Implikationen halten wir kurz ein und werfen einen Blick voraus auf die bekannte Auslegungsdifferenz der thematischen Bestimmung der πρώτη ἐπιστήμη als (allgemeiner) „Ontologie", die in irgendeinem Sinne die „allgemeinen" Bestimmungen des Seienden, „insofern es seiend" ist, oder als „Theologik", die das „höchste" Gegenstandsfeld, das „vorzüglichste Seiende" (das Seiende im Vollsinne), zu untersuchen habe. Da wir auf die einzelnen Thesen der Literatur in der Behandlung von Met. Γ noch zurückkommen,

27. 982 a 24-25 und 982 b 2.

lassen wir es hier bei diesem Grobschnitt der thematischen Auslegungsdifferenz der πρώτη ἐπιστήμη bewenden. Es geht uns um die grundsätzliche Frage, ob derartige Verstehensweisen *prinzipiell* die an die πρώτη ἐπιστήμη gestellten Aufgaben und Bedingungen einlösen können. Das Prädikat „allgemein“ wird man der ἐπιστήμη θεολογική nur *bedingt* zusprechen können, insofern ihr „Gegenstand“ hinsichtlich der *einzelnen Bestimmtheit* „bewegt“ den „Grund“ für das bewegt Seiende (Gestirne, sublunarer Bereich) ist, und nur *insofern* gewissermaßen den „ersten“ und „allgemeinsten“ Grund darstellt. Dem Wissen um diesen „Gegenstand“ geht in Met. Λ sowohl wie in Phys. H, Θ eine geistige Leistung (Beantwortung der Frage nach dem Grund der Bewegtheit des Seienden) voraus, als deren „Resultat“ sich die „Theologik“ ergibt. Keineswegs ist einsichtig, wie ein solches Wissen um ein θεῖον oder die ewigen Gestirne das Wissen um irgendetwas (sei es z.B. über die Gleichheit der Winkelsumme im Dreieck mit derjenigen von zwei rechten Winkeln) soll ermöglichen können; keineswegs erwiese sich auch das Wissen um die θεῖα als ἑαυτοῦ ἕνεκα, da die Erkenntnis des *Grundes* der Bewegtheit des Seienden gerade *funktional bezogen* bleibt auf die Frage nach dem Grund der Bewegtheit des *Seienden*, welche Frage ja ihre Antwort erhalten soll; keineswegs kennzeichnete das Wissen um das Seiende im „eminenten Sinne“ — wie z.B. Ph. Merlan es umschreibt — höchste „Genauigkeit“ und strenge Notwendigkeit, da es ja einer Vielzahl argumentativer Überleitungen bedarf, um die Frage, *ob* solches ist, zu beantworten, vgl. Met. K 7 (im Einzelnen dazu später). Oder sollte die in Met. A 2, 983 a 5 ff., gegebene Kennzeichnung der gesuchten Wissenschaft als θειοτάτη καὶ τιμιωτάτη, die wohl nur ein Gott innehaben könne (μάλιστ' ἂν θεὸς ἔχοι) und die wohl Göttliches zum Thema habe (τῶν θείων εἴη), eine Art hymnischer Auszeichnung der gesuchten Wissenschaft sein, die man dann nur noch schwerlich direkt als „Theologik“ wird verstehen können? Weshalb sollte diese Wissenschaft den Menschen *frei* machen, wenn sie ihn gerade an einen „Gegenstand“ (oder Gegenstandsfeld) bindet?

Und auf der andern Seite: Als „Ontologie“ mag die πρώτη ἐπιστήμη zwar die „allgemein(st)en Bestimmungen“ des Seienden aufdecken, aber in welchem Sinne unterschiede sich dieses Allgemeinwissen vom Allgemeinwissen des Arztes? Wäre es nicht nur in komparativischer Verlängerung eben nur *noch* allgemeiner? Und würde ein solches Wissen denn eigentlich ἑαυτοῦ ἕνεκα gesucht werden und den Menschen *frei* machen? Bedürfte ein solches Wissen nicht auch sehr vieler argumentativer Schritte (so wie das Allgemeinwissen des Arztes auch einer Reihe einsichtiger Vermitttlungsschritte bedarf), bevor wir es erreichten? Weshalb sollte es denn der letztanfängliche Sinn der Suche zu wissen sein, irgendwelch allgemeine Bestimmungen des „Seienden als solchen" zu kennen — übrigens im Gegensatz zum Nicht-Seienden also! — ? Und stellte sich nicht auch hier die Frage, wie ein solches Wissen um die allgemeinen Bestimmungen des Seienden uns das mathematische Wissen um die innere Winkelsumme des Dreiecks ermöglichen können soll?

Gerade bei einer solch grobschnittigen Darstellung der thematischen Auslegungsdifferenzen der πρώτη ἐπιστήμη wird deutlich, wie sehr die (im topologischen Sinne genommenen) „theologische" bzw. „ontologische" Themenbestimmungen der πρώτη ἐπιστήμη ihres Bezuges zur *Ursprungsfrage*, weshalb wir nämlich *überhaupt* zu wissen streben, entbehren. Die Frage nach dem Grund der *Notwendigkeit* (sei es der „theologischen" oder „ontologischen" Fragestellung der πρώτη ἐπιστήμη) der jeweiligen Bestimmtheit der πρώτη ἐπιστήμη selbst tritt hinter der Frage nach dem *faktischen Textbefund* zurück. *Daß* es überhaupt diese Auslegungsdifferenzen gibt, beweist schon, daß man sich über die der πρώτη ἐπιστήμη zugrundeliegenden Fragestellung nicht einig ist. Und die zugrundeliegende Fragestellung liegt eben doch in einem Aussagesatz, im indikativisch formulierten ersten Satz der uns überkommenen Metaphysikschrift beschlossen: Warum streben die Menschen ihrer Seinsnatur nach zu wissen? Wie sollte diese Frage *nicht* in *innerem Kontext* mit der Lehre von der πρώτη ἐπιστήμη stehen? —

Die Sinnhaltigkeit der Suche zu wissen, wenn sie sich *weder* auf einen Nutzen (und insofern vermittelterweise auf den Menschen bezieht), *noch* irgendwie auf die Aufhellung desjenigen richtet, der da zu wissen strebt (und sich also direkt auf den Menschen bezieht), gerät in ein merkwürdiges Dunkel. Weshalb eigentlich sollten wir nach sei es irgendwie „Göttlichem", sei es irgendwelch „allgemeinen Bestimmungen des Seienden, insofern es seiend ist", suchen, — und zwar ἑαυτοῦ ἕνεκα? Solange man nicht sei es die „theologische" oder die „ontologische" Kennzeichnung der πρώτη ἐπιστήμη einbindet in deren Ursprungsfrage, wird die Sachhaltigkeit derartiger Qualifizierungen nicht deutlich.

Nach diesem vorgreifenden Exkurs zu den Auslegungsdifferenzen in der Themenbestimmung der πρώτη ἐπιστήμη, die später zu erörtern sind, kehren wir zu unserer Frage zurück, weshalb die gesuchten „Gründe und Ursachen" der πρώτη ἐπιστήμη „am meisten wißbar" sein sollen, da dies ja nicht der Fall sein kann, wenn sie bloß in der *komparativischen* Verlängerung des Allgemeinwissens vom Typus des Wissens eines Arztes zu suchen sind, welcher Typus von Wissen ja zudem ein seiner Natur nach auf Nutzen[28] gerichtete Art von Wissen ist.

—

Damit haben wir das Stichwort der weiteren Untersuchung genannt: Von dem „am meisten Wißbaren" (μάλιστα δ' ἐπιστητά τὰ πρῶτα) nämlich heißt es: Denn „wegen", διά, und „aus", ἐκ, ihm wird das oder alles übrige *erkannt*, und nicht wird dieses aus dem von ihm Abhängigen erkannt — wie dies in der Regel beim „Allgemeinwissen", beim διότι der ärztlichen Wissenschaft z.B., in bestimmten Sinne der Fall ist.[29] Und man muß diesen Satz noch einmal lesen: Denn wegen und aus ihm wird das *übrige* — τἆλλα, ganz unbestimmt und allgemein formuliert — erkannt! Die inhaltliche Auslegung von τἆλλα fanden wir ja einige Zeilen weiter oben: τούτων δὲ τὸ μὲν πάντα ἐπίστασθαι τῷ μάλιστα ἔχοντι τὴν καθόλου ἐπιστήμην ἀναγκαῖον ὑπάρχειν — Unter denen (gesprochen wurde ja vorher über die gewöhnlichen Annahmen über die Weisheit, die 982 a 4-6 ausdrücklich mit der ἐπιστήμη ζητουμένη identifiziert wurde) muß (die Kennzeichnung) *alles* (πάντα) *zu wissen* dem zukommen, der am ehesten (oder am mei-

28. 981 b 19-20.
29. 982 b 2-3.

sten) die Wissenschaft vom Allgemeinen innehat. — Wenn mit dem ganz unspezifizierenden τἄλλα also πάντα gemeint ist, so muß dasjenige, was gesucht ist, *jegliches* Wissen ermöglichen. (Die Allgemeinheit des gesuchten Wissens ist gerade *nicht* festgemacht an der — hinsichtlich einer einzelnen Bestimmung wie z.B. „bewegt" — *obersten Artung* eines selbst bestimmten Seienden, das *insofern* nur gewissermaßen sich „allgemein" nennen läßt.) Kann dies also anderes heißen als: Denn wegen und aus ihm wird *überhaupt* erkannt? Genau dies träfe für die ἀρχαί und αἰτίαι, für das διότι und das καθόλου der übrigen Wissenschaften *nicht* zu!

Das Allgemeinwissen des Arztes ist zwar bezüglich des Einzelfalles allgemein („daß dem Kallias dieses Heilmittel hilft, weil es allen an dieser Krankheit Leidenden hilft"), insoweit aber gerade höchst speziell, als es sich von anderem Allgemeinwissen (desjenigen eines Schiffbaumeisters z.B.) abgrenzt. Wir werden i.F. zeigen, daß die hier zur Rede stehenden πρῶται ἀρχαὶ καὶ αἰτίαι auf die — zumeist ‚formallogisch' verstandenen — ἀξιώματα zielen. Dieser hier von Aristoteles nur erst angedeutete Unterschied des *verschiedenen* Sinnes von „allgemein" ist sachlich von schlechthin entscheidender Bedeutung für das Verständnis der πρώτη ἐπιστήμη. Wir werden sehen, daß Aristoteles die — wie wir es nennen können — „universale" Allgemeinheit der Prinzipien der πρώτη ἐπιστήμη abgrenzt von der „speziellen" Allgemeinheit der Prinzipien der übrigen Wissenschaften. Dieser Aufweis vollzieht sich in den Analytica posteriora in der Unterscheidung der ἀξιώματα von den θέσεις und ὑποθέσεις, vgl. weiter unten den Abschnitt „Das Problem der Unbeweisbarkeit des Anfangs".

Die und *nur* die ἀρχάι und αἰτίαι wären demnach im strengen Sinne πρῶται („erste"), die *alle* Erkenntnis ermöglichen oder sie — als deren ἀρχαί — konstituieren bzw. prinzipiieren. Die αἰτίαι, mit denen es die Wissenschaft*en* zu tun haben (wie z.B. die Medizin), sind deren *Inhalte, Themen*. Diese Prinzipien ermöglichen zwar in der Folge die Wissenschaften in ihrer Differenz zueinander (Medizin im Gegensatz zur Astronomie), nicht aber ermöglichen sie diese Wissenschaften *als* Wissenschaften. Lehrbar ist hier das *Gewußte* (z.B. die Heilkraft einer Pflanze). Die αἰτίαι, mit denen es die πρώτη ἐπιστήμη zu tun hat, wären die αἰτίαι des Wissens (und der

Wissensmöglichkeit) selbst. Wer diese „Gründe" kennt, kann Wissen lehren — kann lehren, was es heißt, zu wissen.

Nur die πρῶται ἀρχαὶ καὶ αἰτίαι *der* (genitivus objectivus) Wissenschaften sind die πρῶται ἀρχαὶ καὶ αἰτίαι der Wissenschaften *als* Wissenschaften, die übrigen ἀρχαὶ καὶ αἰτίαι sind solche *der* (genitivus subjectivus) Wissenschaften. Und nur *eine* Wissenschaft hätte die πρῶται ἀρχαὶ καὶ αἰτίαι *auch* zum Thema: die πρώτη ἐπιστήμη!

Der πρώτη ἐπιστήμη und *nur* ihr wäre damit auch die Aufgabe zugewiesen, die Prinzipien ihrer eigenen Ermöglichung zu thematisieren. Diese ihr damit *prinzipiell* zugewiesene Selbstthematisierung ist durch den gedoppelten Genitiv angezeigt.

Die ὄρεξις τοῦ εἰδέναι müßte — sollte sich der Verstehensansatz bewähren — die φύσις von εἰδέναι klären, wenn gewußt werden soll, was es heißt, etwas zu wissen. Jetzt wird auch der merkwürdige Satz des Aristoteles verständlich, wenn er gegen Ende des Kap. 2 sagt, daß wir nach Einsicht in die Gründe in ganz entgegengesetzten Zustand versetzt sind als zu Beginn der Untersuchung.[30] Wußten wir vorher nicht, was πρώτη (ἐπιστήμη) meinte, so ist jetzt unverständlich, wie wir überhaupt von ἐπιστήμη sprechen konnten, ohne um die πρώτη ἐπιστήμη zu wissen; denn ohne um die πρῶται ἀρχαὶ καὶ αἰτίαι zu wissen, wissen wir nicht, was wir im Reden über ἀρχαὶ καὶ αἰτίαι und damit über ἐπιστήμη sagen.

Und nach dieser Klarstellung kann Aristoteles seine „Einleitung"[31] mit den Worten abschließen: Welches nun die Natur, φύσις, der gesuchten Wissenschaften ist, wurde gesagt, und auch welches ihr Ziel, σκοπός, welches die Suche, ζήτησις, und die ganze Untersuchung, μέθοδος, erreichen muß.[32]

Was also ist demnach das Thema der Ersten Wissenschaft? Wenn der Arzt als Kenner des διότι im Gegensatz zum Empiriker den λόγος einer Sache erfaßt hat, so ist es Aufgabe der *Ersten* Wissenschaft, den λόγος des λόγος zu erarbeiten, „Wissenschaft vom Warum", — nicht, wenn man dies sagen könnte, der (einzelnen) „Wa-

30. 983 a 16-18.
31. Met. A Kap. 1 und 2.
32. 983 a 22-23.

rums". Die πρώτη ἐπιστήμη ist also die ἐπιστήμη ἐπιστήμων — und dies sei gerade mit Blick auf Späteres (nämlich mit Blick auf den letzten Satz der Anal. post.) gesagt. Und sie ist notwendig, damit der Mensch weiß, was er eigentlich tut in seinem Streben zu wissen. Die φύσις ἀνθρώπων will also zuletzt zu einem Begriff ihrer selbst gelangen. Das besagt der erste Satz der Metaphysikschrift des Aristoteles!

Worin bestanden — fragen wir rückblickend — die Schwierigkeiten der aristotelischen Exposition des Themas der Ersten Wissenschaft?

Fortwährend verwendet Aristoteles komparativische und superlativische Wendungen, um die Erste Wissenschaft (die Weisheit) von den übrigen zu unterscheiden. Damit rückt er sie aber ebenso stark in die Nähe zueinander. Die Erste Wissenschaft ist gerade *nicht* der (geradlinige) Abschluß des Stufenbaues der Wissensformen. Ihr Thema — und damit wird die Problematik ihrer Exposition bei Aristoteles deutlich — ist ein solches — wie wir heute sagen würden — der „Reflexion", insofern die Klärung der πρῶται ἀρχαί im Sinne der ἀξιώματα — wie hinzuzufügen ist — die innere Möglichkeit des Erkennens überhaupt aufhellt. (Die Verwendung des Terminus „Reflexion" scheint zuhöchst problematisch, da wir heute in ihm zumeist den Zusammenhang mit einer wie immer gearteten „Subjektivitätsphilosophie" zu denken wie selbstverständlich gewohnt sind. Mit der Einführung des Reflexionsbegriffs sei jedoch angedeutet, daß sich die Themenstellung der πρώτη ἐπιστήμη nicht in der — um ein anderes Schlagwort zu verwenden — „intentio recta" finden läßt, insofern das Thema der πρώτη ἐπιστήμη die Frage nach der Möglichkeit einschließt, etwas überhaupt — nämlich z.B. in der intentio recta — zu erkennen, und dies kann ersichtlicherweise nicht selbst ein Jeweiliges der intentio recta sein. Auf diese sprachlich-terminologische Problematik, hinter der sich natürlich eine sachliche Schwierigkeit verbirgt, kommen wir später zurück.)

Es ist bezeichnend, daß Aristoteles den Leser langsam an die — auch damals wohl seltsam erscheinende — Problemstellung hinführen will, ohne ihn gleich mit einem so starken Bild wie der platonischen περιαγωγὴ ὅλης τῆς ψυχῆς zu konfrontieren, obwohl vom Leser ebendies in Wahrheit abverlangt wird. (Das entspricht bekanntlich dem Stil aristotelischen Philosophierens.) Die *sachliche Eigengeartetheit und Einzigartigkeit, die völlige Heterogeneität der Aufgabe der Ersten Wissenschaft zu allen übrigen* tritt hinter terminologischen Komparativen und metaphorischen Vergleichen zurück. Damit wird den Mißverständnissen der Weg leichter gemacht.[33] Ein Satz wie: „διὰ γὰρ ταῦτα καὶ ἐκ τούτων τἆλλα γνωρίζεται, ἀλλ' οὐ ταῦτα διὰ τῶν ὑποκειμένων" hat hingegen *systematische* Aussagekraft, die Bezeichnungen der Ersten Wissenschaft als μάλιστα ἐπιστητοῦ ἐπιστήμη, als ἀρχικωτάτη, ἐλευθέρα usw. sind demgegenüber dependent. Das Erstere macht das Letztere überhaupt verständlich und nicht umgekehrt. Den verschiedenen Aussagen über die Erste Wissenschaft darf man keinen systematischen *gleichen* Rang zuerkennen. An der Unterscheidung von *Argument* und *veranschaulichendem Bild* hat die Interpretation zu arbeiten. Statt sich zu fragen, wie allgemein die Erste Wissenschaft ist, wie „Eine

33. Man denke an die so kontroversenreiche Diskussion, inwiefern die πρώτη ἐπιστήμη zum Thema habe das „Seiende als Seiendes". Vgl. zur Diskussion zwischen S. Moser, W. Theiler, Ph. Merlan, A. Mansion den Aufsatz H. *Wagners*, Zum Problem des aristotelischen Metaphysikbegriffs, in: Kritische Philosophie, 1980, S. 260: „Unter den vielen dornigen Problemen der neueren Aristotelesforschung ist das von Moser aufgegriffene Problem eines der dornigsten: Was ist eigentlich die aristotelische ‚Erste Philosophie', was hat Aristoteles selbst darunter verstanden und mit ihr gewollt?" Wagner weist darauf hin, daß sich die Notwendigkeit „umfangreicher Konstruktionen" stellt, ebd., S. 260, will man das *näherhin* von Aristoteles bestimmte Thema der Ersten Wissenschaft identifizieren. Aus dem bisherigen Gedankengang ergibt sich, daß das Problem des Verhältnisses von „ὂν ᾗ ὄν" und „πρώτη οὐσία" (als terminologischen Exponenten der Diskussion) schon deshalb schwierig sein *muß*, insofern das *in der Sache* notwendig reflexive Grundthema von Erster Wissenschaft in seiner Reflexivität noch gar nicht entfaltet werden kann. Die entscheidende Frage bleibt letztlich, was unter „Erster Wissenschaft" mit Blick auf die Entwicklung ihrer Fragestellung aus der φύσις ἀνθρώπων verstanden werden muß, sofern sie ihren Anspruch soll einlösen können. Das Verhältnis der verschiedenen „Aspekte" in der Aufgabenstellung der πρώτη ἐπιστήμη werden wir später diskutieren. Auch in den nun folgenden Überlegungen gehen wir diesen Problemen, die abhängig sind von der skizzierten Aufgabe — was wir eben zu zeigen versuchen —, zunächst aus dem Weg, insofern uns ja die aristotelischen Ausführungen über den *allgemeinen* Begriff von Erster Wissenschaft bzgl. ihrer eigenen Wissenschaftlichkeit, über ihren Ort und ihr leitendes Ziel interessieren, siehe auch Anm. 77 zu Kap. I, S. 230.

und dieselbe Wissenschaft die verschiedenen Ursachen behandeln"[34] kann, ist nach den Abhängigkeitsverhältnissen der Aussagen zu fragen: Was bedeutet es genau, wenn Aristoteles sagt, „wegen" und „aus" diesen ersten Gründen und Ursachen werde alles übrige erkannt und nicht diese (ersten Gründe) aus dem von ihnen Abhängigem. Die Klärung des spezifischen Sinnes von διά und ἐκ mit Bezug auf die πρῶται αρχαὶ καὶ αἰτίαι ist daher der systematische Leitfaden für den Begriff der πρώτη ἐπιστήμη, und hieran sind dann selbst die aristotelischen Ausführungen über die Erste Wissenschaft zu messen.

Zunächst jedoch ging es darum zu zeigen: Der erste Satz der Metaphysikschrift des Aristoteles behauptet genau dies, daß die Suche zu wissen gemäß der φύσις ἀνθρώπων im strengen Sinne, letztlich und anfänglich heißt: ζητεῖν πρώτην ἐπιστήμην!

Die Erörterung der μέθοδος der gesuchten Wissenschaft

In 983 a 21-23 hieß es abschließend: τὶς μὲν οὖν ἡ φύσις τῆς ἐπιστήμης τῆς ζητουμένης, εἴρηται, καὶ τίς ὁ σκοπὸς οὗ δεῖ τυγχάνειν ζήτησιν καὶ τὴν ὅλην μέθοδον. In der Tat, erörtert ist die Frage nach der Natur, φύσις, dieser gesuchten Wissenschaft und nach ihrem Ziel, das die ζήτησις und die μέθοδος erreichen sollen. Die epistemische Natur des Menschen verlangt anfänglich zu wissen, was es (überhaupt) heißt zu wissen. Die Zetesis sucht also *den* Logos, der den Logos des Um-eines-anderen-willen-Wissens *ermöglicht.* Dieser ermöglichende Logos sind die π ρ ῶ τ α ι ἀρχαὶ καὶ αἰτίαι. Nur von ihnen kann in einem umfassenden Sinne gesagt werden: διὰ γὰρ ταῦτα καὶ ἐκ τούτων τἄλλα γνωρίζεται, ἀλλ᾽ οὐ ταῦτα διὰ τῶν ὑποκειμένων. Das *Ziel* der Untersuchung ist so durch den *Ursprung* der Untersuchung bestimmt. Der *Ort* der Ersten Wissenschaft, ihr Von-woher und ihr Wohin umspannend, bleibt die φύσις ἀνθρώπων. Die durch das Streben in Gang gesetz-

34. E. Zeller, loc. cit., S. 275 ff.

te Suche vermag diesen (ontologischen) Ort nicht zu verlassen. Sollte die Suche ihr Ziel erreichen, so mag das Suchen zwar „überschritten“ werden, jedoch nur, um in der φύσις ἀνθρώπων zur Ruhe zu gelangen. Die Skepsis, daß dies endgültig geschehen könnte, bringt Aristoteles selbst zum Ausdruck, wenn er mit Blick auf Simonides sagt, daß man angesichts der menschlichen („sklavischen“) Natur den Erwerb dieser Wissenschaft wohl kaum als eine menschenmögliche Sache betrachten möchte.[35]

Wenn also Ursprung und Ziel der ganzen Untersuchung in der φύσις ἀνθρώπων beschlossen sind, so bleibt zu fragen, was denn die Suche überhaupt *initiiert*.

Man wird leicht sagen können, diese Suche käme eben in Gang, um dem Nichtwissen zu entfliehen, sie entspränge dem Mangel zu wissen. Aber ist die Frage damit beantwortet? Warum sollte die φύσις ἀνθρώπων irgendetwas wissen wollen? Warum bleibt sie nicht, was sie „ist“? *Was treibt sie aus sich hinaus?*

Die Unwissenheit, dieser Mangel muß, um die ὄρεξις τοῦ εἰδέναι in ihrer *Notwendigkeit* einsichtig zu machen, ein Mangel der φύσις ἀνθρώπων *selbst* sein! Warum, wenn dem so ist, würde man der Unwissenheit dann entfliehen wollen, wenn nicht *umwillen* der φύσις ἀνθρώπων? Sucht diese also ihr selbst zu entfliehen? Worin besteht also der Mangel, der anfänglich die φύσις ἀνθρώπων als orektisch bestimmt? Was *fehlt* dieser φύσις? Offensichtlich kann dies nicht die Unwissenheit bezüglich *irgendeines* Wißbaren sein. Eine solche Unwissenheit machte die *Notwendigkeit* der ὄρεξις nicht einsichtig.

Warum also begannen die Menschen zu philosophieren? Weil sie sich wunderten, erst über Weniges und dann über Mehr in Uneinigkeit geratend — wie Aristoteles schreibt?[36] Wegen der Verwunderung über die Erscheinungen des Mondes und der Sonne, der Gestirne, gar letzlich über die Entstehung des Alls? Oder will Aristoteles hier nur etwas anschaulich machen, jedermann leicht zugänglich machen, wobei das Bild die Sache nicht zu ersetzen vermag?

35. 982 b 30 ff.

36. 982 b 14-15, vgl. auch das Weitere.

Denn eines wissen wir jetzt schon, daß nämlich der in der φύσις ἀνθρώπων grundgelegte Mangel nicht der Mangel an Kentnnis über Mond, Sonne und dergleichen sein kann. Der Mangel der φύσις ἀνθρώπων ist eben Mangel *der* (genitivus subjectivus *und* genitivus objectivus) φύσις ἀνθρώπων!

Daher sagt Aristoteles: διὰ γὰρ τὸ θαυμάζειν οἱ ἄνθρωποι καὶ νῦν καὶ τὸ πρῶτον ἤρξαντο φιλοσοφεῖν — denn wegen des Sichverwunderns begannen die Menschen *wie heute so auch anfänglich* zu philosophieren. —

Wenn der Anfang des Philosophierens[37] kein Anfang *in* der Zeit, sondern *mit* und *durch* die φύσις ἀνθρώπων gegeben ist, — über was wird dann eigentlich gestaunt? ἐξ ἀρχῆς μὲν τὰ πρόχειρα τῶν ἀπόρων θαυμάσαντες[38], ursprünglich wunderten sie sich offensichtlich über die „Unwegsamkeiten", Aporien — d.h. unsere auseinander laufenden *Ansichten* — bezüglich — wie es zunächst scheint — der Dinge. Wenn es aber nun weiter heißt, daß sie das Wissens um des Wissens willen verfolgten und nicht eines Nutzens wegen, so heißt dies zuletzt: Sie wunderten sich über die die φύσις ἀνθρώπων selbst betreffende uranfängliche Aporie! Nun ist die Frage: Worin besteht der Mangel der φύσις ἀνθρώπων? neu zu stellen: Was weist diese als aporetisch, als *anfänglich* aporetisch aus? Nur

37. Vgl. dazu Rudolph *Berlinger*, Vom Anfang des Philosophierens, Frankfurt 1965.

38. So lautet der vorbereitende Hauptsatz des sog. Aporienbuches B der Metaphysikschrift, 995 a 27-30: ἔστι δὲ τοῖς εὐπορῆσαι βουλομένοις προὔργου τὸ διαπορῆσαι καλῶς· ἡ γὰρ ὕστερον εὐπορία λύσις τῶν πρότερον ἀπορουμένων ἐστί — für diejenigen, die (die Probleme) wohlgeordnet durchschreiten wollen, ist es angezeigt, ‚schön' durch die Schwierigkeiten hindurch zu schreiten (wer in Schwierigkeiten Klarheit gewinnen will, muß vorher die Fragen angemessen stellen); denn der spätere Erfolg ist die Lösung der früheren Schwierigkeiten (und ironisch fortfahrend) — λύειν δ' οὐκ ἔστιν ἀγνοοῦντας τὸ δεσμόν — die den Knoten nicht kennen, können ihn unmöglich lösen.

So ist also die Frage nach Thema und Artung von Erster Wissenschaft am Leitfaden der φύσις ἀνθρώπων zu beantworten. Ich gebe an dieser Stelle statt ἀτόπων nach A^b und Al^p die wohl aus dem Zusammenhang her zwingendere Wortwahl ἀπόρων nach E und $Ascl^c$ wieder. Mit ἄτοπον ist nicht Sonne, Mond etc. *selbst* gemeint. Beide Termini jedoch entsprechen der Sache, um die es geht.

wenn die Frage nach der Aporie der φύσις ἀνθρώπων beantwortet ist, läßt sich *sinnvoll* nach der Art der μέθοδος der Ersten Wissenschaft fragen.

Die Menschen streben anfänglich zu wissen, um der Unwissenheit zu entgehen. Mit der Einsicht, (noch) nicht zu wissen, beginnt demnach der Prozeß der Wissenssuche. Das aber heißt, daß, erst nachdem etwas *als* aporetisch erkannt wurde, die Wissensbewegung in Gang kommt. Also ist *doch* eine Frage *in* Zeit Ursprung der ὄρεξις, — jedenfalls scheint es so. Kehrt sich damit nicht der ganze Gedankengang um?

Wodurch entsteht die Aporie bzgl. irgendeiner Sache anders als durch die Einsicht, daß sie sich auch anders verhalten könnte als sie sich zu verhalten scheint? So heißt es folgerichtig zu Beginn des Buches B der Metaphysik, daß man zur Klärung der gesuchten Wissenschaften die Ansichten der andern zu diesem Thema beachten müsse sowie das von diesen noch gänzlich unbeachtet Gebliebene.[39] Weil es schon immer zu allem eine Ansicht, eine Meinung gibt, ein „gewisses" Wissen, deswegen gibt es Aporien. Weil alles schon immer „begriffen" ist, liegen wir in Ketten, Fesseln (unserer noch vorkritischen Meinungen).[40] Diese (Selbst-)Fesselung geschieht durch die φύσις ἀνθρώπων wie der Prozeß der *Ent*fesselung (Selbstbefreiung), — Fesselung *der* (genitivus subjectivus *und* genitivus objectivus) φύσις ἀνθρώπων. Daher weist die ὄρεξις auf den *selbst*bewegenden Charakter der φύσις ἀνθρώπων hin, weil diese den Grund für die Notwendigkeit der ὄρεξις erstellt.

Zwar hebt die ὄρεξις mit einer Aporie an, diese jedoch ist selbst *Resultat* einer ὄρεξις. Der Ursprung aller Aporien liegt also wiederum in der φύσις ἀνθρώπων, und damit können wir die Frage nach der anfänglichen Aporie *der* φύσις ἀνθρώπων erneut aufwerfen mit dem Wissen, daß der Ursprung der Wissensbewegung sowie das Ziel dieser Bewegung in der sich-bewegenden Ur-Sache der φύσις ἀνθρώπων liegt. Was aber bedeutet jenes λέγομεν, οἰόμεθα, ὑπολαμβάνομεν usw.? Heißt dies letztlich, daß die φύσις ἀνθρώπων

39. 995 a 25-27.
40. 995 a 30.

schon immer — in einem vorläufigen Sinne — „weiß“? Bedeutet dies nun nicht, daß die *Meinungen* über die Dinge aporetisch sind, und damit in der Folge, daß der *Grund* aller Aporien selbst in gewissem Sinne „aporetischer“ bzw. problematischer Natur ist?

Wir haben gesehen: Durch die Einsicht, daß sich eine Sache auch anders verhalten kann als uns das οἴεσθαι, ὑπολαμβάνειν usw. zunächst verleiten anzunehmen, entdecken wir allererst Aporien. Wenn aber das οἴεσθαι und ὑπολαμβάνειν selbst *Resultat* einer ὄρεξις τοῦ εἰδέναι sind, dann müssen wir jetzt sagen, daß sich die schon immer im οἴεσθαι und ὑπολαμβάνειν tätigende φύσις ἀνθρώπων selbst anders verhalten kann als sie es eben im οἴεσθαι und ὑπολαμβάνειν tut.

Damit zeigt sich ein neues Moment der φύσις ἀνθρώπων: Sie strebt anfänglich zu wissen, weil sie schon immer zu wissen vermeint. In der *Sicherstellung* des Wissens *als* Wissen, in dem Prozeß vom οἴεσθαι zum εἰδέναι besteht die ὄρεξις τοῦ εἰδέναι.

Die ὄρεξις τοῦ εἰδέναι kommt daher — will man das οἴεσθαι und ὑπολαμβάνειν usw. in platonischer Diktion als Bereich der *δόξα* auslegen — durch die doxische Urnatur der φύσις ἀνθρώπων in Gang. Deshalb wird, wenn von der epistemischen Natur des Menschen die Rede ist, auch immer von seiner doxischen Natur gesprochen werden müssen.

Das ἀγνοεῖν, nicht-wissen, dem man in der Jagd nach dem Wissen zu entgehen sucht, kann so nicht Nichtwissen von einem Beliebigen sein, sondern muß als das anfängliche Nichtwissen „seiner selbst“, als das die φύσις ἀνθρώπων selbst betreffende Nichtwissen begriffen werden, in welchem Nichtwissen der mangelnde Selbstbesitz, die mangelnde Autarkie dieser φύσις zum Ausdruck kommt.

Damit ist erkannt, daß sowohl das anfängliche Ziel der Suche zu wissen wie auch das initiierende Motiv dieser Ur-Bewegung der φύσις ἀνθρώπων in ihr selbst liegt — und zwar in dem genauen Sinne, daß alles Wissen von... wie alles Nichtwissen von... ursprünglich in dem die φύσις ἀνθρώπων selbst betreffenden Wissen *und* Nichtwissen gründet. Deshalb konnten wir diese Bewegung als Ur-Bewegung bezeichnen. Das Grundproblem der aristotelischen Philosophie muß daher das der Bewegung sein, welches Problem sich zuletzt in einem keineswegs offen zutage liegenden

Sinne *notwendig* als das Problem der *Selbst*bewegung erweist.[41]

Diese Autokinesis der φύσις ἀνθρώπων bildet die unabdingbare Voraussetzung der πρώτη ἐπιστήμη, welche durch die nicht fremdbewegte, uranfänglich in der φύσις ἀνθρώπων grundgelegte Selbstbewegtheit überhaupt ermöglicht wird und ihren Sinngrund erhält. Daß Aristoteles das Problem der Autokinesis nur als wohlbegründete Annahme in der Erörterung seines physikalischen Bewegungsbegriffes thematisiert, kennzeichnet den Grad der Problembewußtheit, mit der er wie selbstverständlich die Notwendigkeit der πρώτη ἐπιστήμη aus der φύσις ἀνθρώπων entwickelt. Darin, daß die systematischen Implikationen dieser Urpsrungserhellung für die näheren Bestimmungen der πρώτη ἐπιστήμη nicht thematisch explizit von Aristoteles zum Leitfaden gemacht wurden, sehen wir die Hauptschwierigkeiten für seine einzelnen Bestimmungsstücke der πρώτη ἐπιστήμη, die auf der einen Seite — wie noch deutlicher zu zeigen sein wird — ohne diese systematischen Implikationen jedoch sachlich nicht zu verstehen sind.

Fassen wir das Bisherige zusammen: Die μέθοδος der gesuchten Wissenschaft, d.h. die „Untersuchung", der Weg der ὄρεξις, der zur ἐπιστήμη ζητουμένη führen soll, ist die Bewegung der φύσις ἀνθρώπων „um ihrer selbst willen", zu sich. Diese μέθοδος ist *die* μέθοδος, die in *allen* μέθοδοι anfänglich und letztlich *getätigt* wird. Keine — und damit schließt sich diese erste Überlegung zur μέθοδος — aller μέθοδοι ist begriffen, solange *diese* μέθοδος *der* πρώτη ἐπιστήμη nicht einsichtig geworden ist.

41. Auch weiterhin bewegen wir uns noch in den Erläuterungen von Met. A und nicht schon den, die πρώτη ἐπιστήμη bekanntlich ausdrücklich betreffenden Büchern Γ, E, K und (wie manche annehmen) Λ der Metaphysikschrift. In Met. A wird der *Ursprung*, die *Notwendigkeit* jener gesuchten Wissenschaft dargelegt. In einer auf Kant hindeutenden Wendung ließe sich sagen, daß man die *genesis*, den Ursprung einer Sache zu klären hat, bevor man sich auf den Kampfplatz der endlosen Streitigkeiten der Metaphysik begibt. Daß auch die vorliegende genesis betrachtet werden muß als „duplicem" (vgl. Kants Dissertation von 1770, Sectio II, 387 — Zitierung nach der Akad.-Ausg., Bandzahl/Seitenzahl), als gedoppelter Ursprung aus der *einen* Natur des Geistes, sei angedeutet.

Nachdem wir in den ersten Überlegungen zunächst den Horizont der Problematik der πρώτη ἐπιστήμη und der (πρώτη) μέθοδος abgesteckt haben, soll nun in einem ersten Angang das leitende Problem der vorliegenden Arbeit entworfen werden.

Die ersten Kapitel der aristotelischen Metaphysikschrift dienten zur Orientierung. Bezug genommen wurde auf *die* Konzeption von Erster Wissenschaft bei Aristoteles, die im strengen Sinne noch gar nicht als typisch aristotelische Lehre von der πρώτη ἐπιστήμη gelten kann — jedenfalls sieht man dies faktisch so —, so wie sie in den übrigen Büchern der Metaphysikschrift entfaltet wird. Hier ging es zunächst nur um die Einsicht in eine Fragestellung, in *die* Fragestellung allerdings, die alles Folgende allererst verständlich werden läßt. Ein anderes ist es, der aristotelischen *Antwort* auf diese Frage nach der spezifischen Gestalt der πρώτη ἐπιστήμη nachzugehen und zu explizieren.[42] Die einschneidende Frage muß daher sein, in welchem Sinne von *Konzeption der Ersten Wissenschaft* und ihrer *Methode* gesprochen wurde. Erweist sich diese Konzeption, diese „Genealogie" der Ersten Wissenschaft — um es zu pointieren — als bloße Konstruktion oder als Re-Konstruktion der Sache im Begriff? Oder — vielleicht — enthält der Versuch einer Rekonstruktion auch historisch bedingte Unschärfen? Woran sollte man diese Fragen entscheiden?

Gibt es Kriterien (und damit eine Kriteriologie) für die Beantwortung dieser Fragen? Aus dem Bisherigen scheint dies — zumindest auf Anhieb — nicht leicht auflösbar. Wir sind zwar den Ausführungen der ersten Kapitel des Buches A der Metaphysikschrift gefolgt und haben uns von Aristoteles belehren lassen, daß alles Wissen von..., alles „um-eines-andern-willen-Wissen" gar nicht verständlich ist, ohne den anfänglichen Charakter allen Wissens als eines „um-seiner-selbst-willen-Wissen" begriffen zu haben. Weiterhin haben wir gesehen, daß die *Notwendigkeit* der Wissenssuche nicht

42. Dennoch wird man zurecht auch die Fragestellung als „aristotelisch" bezeichnen müssen und in diesem Sinne dann alles Philosophieren als „aristotelisch".

einsichtig wird, solange dieser Urcharakter von Wissen nicht bedacht ist. Aber — nehmen wir die zitierte Wendung zu Beginn des Aporienbuches B auf — kann es sich mit der zu wissen suchenden Seinsnatur des Menschen nicht auch *anders* verhalten? Ist die in den ersten Kapiteln von Buch A entworfene Konzeption *zwingend, notwendig* — expliziert sie in der Tat „Wissen"? Und, wenn dem so sein sollte, ist damit dann, gemäß dem aristotelischen Aporiebegriff, diese Konzeption ihres aporetischen Charakters *enthoben*? Und wie sollte dies der Fall sein, wenn doch vorher von der anfänglichen Ur-Aporie der φύσις ἀνθρώπων die Rede war?

Das in der Sache reflexive — im Sinn zunächst nur der Selbst*bezogenheit* der φύσις ἀνθρώπων in ihrem Streben zu wissen — Wissenschaftsproblem *der* Ersten Wissenschaft betrifft und qualifiziert diese in einem solch *primären* Sinne, daß die gängig gewordene Frage nach ihrer *thematischen Auslegung* als Wissenschaft vom ὄν ᾗ ὄν („Ontologie") und/oder vom τιμιώτατον γένος („Theologik") diesbezüglich *dependent* ist![43] Wie unterschiedlich nämlich auch immer die Zeitgestalten von Erster Wissenschaft (oder sagen wir einfacher mit Aristoteles: von Philosophie) waren oder sind, so betrifft sie sachlich dieses Problem. Und jede Zeitgestalt von Erster Wissenschaft *muß* ihre — sei es explizite oder implizite — Antwort auf dieses Problem geben! Es gilt also nunmehr zu zeigen, daß die in Met. A geführte Untersuchung stringent ist, und dies selbst, der Nachweis dieser Notwendigkeit, muß mit der „Methode" von Erster Wissenschaft zu tun haben.

Wie aber wollte man den Ursachverhalt, den der erste Satz von Met. A behauptet, *begründen* wollen? *Wodurch* wird diese Behauptung *zwingend*? Wie sollte man ihn begründen wollen, wenn dies Begründen noch von dem im ersten Satz Behaupteten selbst anfänglich „begründet" (im Sinne von ermöglicht) ist? Dieser Versuch nun erweist sich selbst als ein τοῦ εἰδέναι ὀρέγεσθαι — was also heißt hier „begründen"?

43. Die Frage nach dem „reflexiven" Charakter der Aufgabenstellung der πρώτη ἐπιστήμη wird uns noch später beschäftigen, wenn wir im zweiten Kapitel die einzelnen „Aspekte" dieser Aufgabenstellung in den Blick nehmen.

Worin besteht eigentlich das *Argumentative* der ersten Kapitel von Met. A? Fragen wir zunächst, wie Aristoteles vorging und dann, ob dies Vorgehen notwendig war, ob m.a.W. dieses Vorgehen, diese μέθοδος, zwingend ist?

Zuerst zeigt Aristoteles, daß alle Wissenssuche zuletzt als *notwendig* begriffen werden muß, weil das sie in Gang setzende und leitende Ziel das „um-seiner-selbst-willen-Wissen" ist. Das in aller Wissenssuche zu meidende Nichtwissen erweist sich als das anfängliche, die φύσις ἀνθρώπων selbst betreffende Nichtwissen. Die φύσις ἀνθρώπων muß daher als aporetisch begriffen werden, weil sie zwar schon immer (etwas) weiß, nicht jedoch (sich) weiß. Man kann nicht nach etwas fragen wollen, ohne schon zu wissen. Wollte man den ersten Satz von Met. A so verstehen, daß er behaupte, die Menschen streben nach *irgendeinem* Wissen, müßte man das φύσει, die *Notwendigkeit* der ὄρεξις fallen lassen. (Es mag ja Menschen geben, die faktisch nicht — mehr! — zu wissen streben.) Da die Menschen jedoch im Vorwissen leben, in ihrer noch nicht der Kritik unterzogenen (Welt-)Meinung, sind sie also schon „wissend", haben sie den Prozeß der Wissenssuche schon durchlaufen. Der erste Satz der Metaphysikschrift behauptet also ein Zweierlei: Die Menschen streben zu wissen, weil sie schon immer wissen. Der φύσις ἀνθρώπων ist es also schlechterdings *unmöglich*, schlechthin *nicht* zu wissen. Damit muß die Urbewegung der φύσις ἀνθρώπων als eine solche *im* Wissen begriffen werden. Der Satz besagt daher: Die Menschen streben ihrer Natur nach zu wissen, *was sich nicht anders verhalten kann* (auch wenn sie faktisch nicht mehr zu wissen streben, haben sie dieses Streben schon vollzogen — wie immer diese Bewegung ihrem Ziel gerecht wird).

Aristoteles *begründet* also den ersten Satz von Met. A nicht, sondern weist nach, daß er *schon immer statt hat*. Selbst die unzulänglichste Form des Wissens, selbst das Wissen um ein scheinbar völlig Beliebiges, trägt somit, weil es immer *Bezug* auf jenes gesuchte Wissen hat, noch den Charakter der Notwendigkeit. So besagt also der erste Satz der Metaphysikschrift *schlechterdings* etwas καθόλου, und zwar bezüglich des Wissens von nur jedwedem! Und genau dies macht seinen *zwingenden* Charakter aus. Die Menschen halten sich schon immer im Wissen auf, und die Unterscheidung von Nichtwissen und Wissen, von ἀγνοεῖν und εἰδέναι, fällt daher *ins* Wissen. Das Nichtwissen ist somit ein Modus von Wissen. Und daß somit die Gegenthese zum ersten Satz von Met. A diesen sogar noch bestätigt und sich selbst widerlegt, ist also gezeigt.

Die Untersuchung, die μέθοδος *der* (genitivus objectivus) Ersten Wissenschaft hat erwiesen, daß sie die μέθοδος *der* (genitivus subjectivus) Ersten Wissenschaft ist! Das bedeutet also: *Jedermann* hat schon immer einen mehr oder weniger bestimmten Begriff von „Erster Wissenschaft", und es kommt nunmehr darauf an zu zeigen, *welcher* Begriff seinen Anspruch einzulösen vermag.

Wenden wir uns noch einmal der Überlegung zum Sinn von πρώτη zu. Es geht also *nicht* darum, überhaupt „erste Gründe und Ursachen" zu suchen, sondern um die Frage: *Welches* sind — unter den schon immer vermeinten — die *tatsächlichen* „ersten Gründe und Ursachen"? Die „ersten Gründe und Ursachen" führen zum Wissen καθόλου, zum „allgemeinen" (so pflegt man diesen Terminus mißverständlich zu übersetzen, wie wir mit Blick auf das Allgemeinwissen des Arztes z.B. gesehen haben,) Wissen, zum „Ersten" Wissen (was eben das Allgemein-Wissen der übrigen Wissenschaften nicht tut), zum Wissen von etwas, das sich *nicht* anders verhalten kann (ohne daß sich das Denken dabei in Widersprüche verwickeln würde, was wiederum von den übrigen Wissenschaften *nicht* gilt).

Nun führt alles Wissen von etwas, das sich auch anders verhalten kann, in Aporien bzw. erweist sich als aporetisch. Also ist das Ziel der Untersuchung ein aporien*freies* Wissen. Aber wann ist ein Wissen frei von Aporien? Da wir mit Aristoteles sagen können, der erste Satz von Met. A behaupte zu Recht etwas im „ersten" Sinne καθόλου, scheint dieser Satz selbst ein von Aporien freies Wissen zu explizieren. Aber ist dem so? Warum bedürfte es dann der gesamten Untersuchung der ersten beiden Kapitel von Met. A? Leuchtet seine Notwendigkeit denn nicht aus ihm selbst ein? Was läßt eigentlich zu, daß man zunächst glaubt, ihn negieren zu können? Daß dieser Zweifel, ἀπορία, *überhaupt* möglich ist, zeigt, daß dieser Satz in irgendeinem Sinne doch auch aporiebetroffenes Wissen behauptet.

In *welchem* Sinne sind selbst die πρῶται ἀρχαὶ καὶ αἰτίαι, das erste καθόλου-Wissen noch aporetisch?

Die im ersten Satz von Met. A behauptete Sache könnte sich anders verhalten, wenn man ihn anders *versteht* als er nach Aristoteles eben zu verstehen ist. Aristoteles *muß* den Satz im folgenden zwingend *machen*, und dies geschieht, wie gezeigt, durch den Nachweis, daß er ein Wissen im ersten Sinne von καθόλου expliziert. *Mit Bezug* auf *alles* ἐπίστασθαι im weitesten Sinne (selbst also das οἴεσθαι) erweist sich die Stringenz des im genannten Satz Behaupteten. Der Satz also *muß*, um zwingend zu sein, einen *Prozeß* durchlaufen, die Bewegung der Wissenssuche, er muß in seiner Notwendigkeit gewußt *werden*!

Damit zeigt sich: Der im ersten Satz von Met. A behauptete Sachverhalt kann *zwar nicht* (positiv aus anderem) begründet werden, und doch läßt sich seine *Notwendigkeit* aufzeigen. Das διότι-Wissen der πρώτη ἐπιστήμη ist Resultat einer *argumentativen Bewegung*, wobei sich der *Sinn* von Argument völlig verschoben hat gegenüber dem διότι-Wissen aus dem aristotelischen Beispiel des Arzt-Wissens (stellvertretend für den Wissensmodus der übrigen Wissenschaften). Bleiben wir in der bisherigen Sprachwelt, so heißt dies nun: Will eine Wissenschaft „Erste" sein, so muß sie zeigen, daß sich das von ihr Behauptete *(schlechterdings) nicht anders verhalten kann*, sie muß zeigen, daß ihr Wissen *schlechthin* καθόλου ist — d.h. allgemein in dem Sinne, daß es zwar *bestimmt*, nicht jedoch speziell ist im Sinne des Allgemeinwissens der Einzelwissenschaften (und hierzu zählt dann auch die „Theologik", deren „Gegenstand" ja nur „allgemein" ist, insofern er nur der „erste" *unter der Hinsicht* der von ihm in ihrer Bewegtheit abhängigen Gestirne und des Sublunaren ist).

Damit schließen wir zunächst ab: Begreift man die Untersuchung, die Aristoteles in den ersten Kapiteln von Met. A vorlegt, als Untersuchung über den Sinn von „Erster Wissenschaft", als μέθοδος zu ihr, so zeigt sich jetzt, daß diese μέθοδος schon die μέθοδος dieser Ersten Wissenschaft selbst ist! Wohin diese μέθοδος die ὄρεξις ἀνθρώπων führte, darin hielt sie sich von Anfang an schon auf. Weil die Erste Wissenschaft im genannten Sinne καθόλου ist, kann man sie nur suchen, indem man sie betreibt.

Und man kann sie nur dann *nicht* suchen, wenn man glaubt, sie *schon* zu besitzen. Aber es ist *unmöglich*, mit ihr nichts zu tun zu haben.

Damit hat Aristoteles gezeigt: Die φύσις ἀνθρώπων sucht ihrer Natur nach „zu wissen". „Zu wissen" heißt — bezüglich der φύσις ἀνθρώπων — zu wissen, daß sich das Zu-Wissende nicht anders verhalten *kann* (das sind nicht irgendwelche Dinge). „Was sich nicht anders verhalten kann" ist καθόλου, πρώτη. „καθόλου" und „πρώτη" ist ein Wissen erst dann, wenn es *nachgewiesen* hat, wenn es *argumentativ mit Bezug auf alles Wissen* (vom οἴεσθαι bis zum ἐπίστασθαι) nachgeweisen hat, *daß* es im genannten Sinne καθόλου und πρώτη ist. Die πρώτη ἐπιστήμη ist also so zu konzipieren, daß sie *nicht anders* konzipiert werden kann, ohne den Charakter einer ἐπιστήμη zu verlieren, die mit Recht beanspruchen kann, πρώτη zu sein![44]

Was also sind die Kriterien dieser Konzeption? Läßt sich eine Kriteriologie der πρώτη ἐπιστήμη entwickeln? Was ist das Maß der Zeitgestalten von Erster Wissenschaft? Wie kommt es, daß eine Zeitgestalt von Erster Wissenschaft trotz ihrer notwendigen Aporiebetroffenheit legitim den Anspruch erheben kann, Erste Wissenschaft zu sein? Und in welchem Sinne kann von Erster Wissen-

44. Wir sehen hierin die eigentlichen Kriterien für die Frage, *welche* Partien innerhalb der aristotelischen Metaphysikschrift das Konzept der πρώτη ἐπιστήμη konstituieren, aus der faktisch bei Aristoteles vorliegenden Konzeption kann man nur die Kriterien für die Beurteilung der Frage gewinnen, wieweit Aristoteles dem sachlichen Problem gerecht geworden ist. Es ist verständlich, daß der Streit um das Thema der πρώτη ἐπιστήμη solange ungelöst bleiben muß, solange nicht einmal beide Fragestellungen unterschieden sind. Kein Zweifel aber kann daran bestehen, daß jede Interpretation, die sich nicht explizit mit der Frage nach der sachlich nur möglichen Fragestellung von Erster Wissenschaft auseinandersetzt, implizit hier sachliche Positionen vertritt; denn gerade in die Wahl derjenigen Textpartien aus der aristotelischen Metaphysikschrift, die auf die gen. Frage Antwort geben sollen, gehen bereits solch leitende Vorannahmen ein. Auch wenn man anscheinend alle aristotelischen Bestimmungen zum Thema berücksichtigen wollte, bleiben solche Vorannahmen für die Gewichtung und die Beurteilung der gegenseitigen Abhängigkeit dieser Bestimmungen leitend, wie im einzelnen noch zu zeigen ist.

schaft gesprochen werden, wenn deren Konzipierung notwendig aporiebetroffen ist?

Da der erste Satz von Met. A die φύσις ἀνθρώπων als *ontologische* Bewegtheit auslegt, wäre eine aporiefreie Konzipierung von Erster Wissenschaft eine Widerlegung des Satzes. Da diese Bewegtheit als Ur-Bewegung des Menschen zu wissen, als Flucht vor dem Unwissen (dem Vorwissen), als Bewegung des Wissens selbst zu begreifen ist, der Horizont dieser Bewegung aber die ontologische Wissensbezogenheit der φύσις ἀνθρώπων auf dasjenige, was sich nicht anders verhalten kann, darstellt, kann diese Bewegtheit *nur* — wie man es in der Renaissance nennen würde — eine *emendative* Bewegtheit sein. Daher ist zuletzt zu fragen: Was ist das Maß aller ‚emendatio primae philosophiae'?[45]

Auch wenn diese Fragen, die hier zum Schluß aufgeworfen sind, nicht selbst von Aristoteles gesehen wurden, so ergeben sie sich doch von der aristotelischen Konzeption der Ersten Wissenschaft her, aus der Systematik dieser Konzeption selbst, und sind für das Verständnis der Problematik von Erster Wissenschaft unumgänglich.

Die Vorbereitung (Die Frage nach dem Ursprung der Ersten Wissenschaft) hat gezeigt, daß sich nur insofern in die Thematik „Erste Wissenschaft" einleiten läßt, als einsichtig zu machen war, daß wir in diese Thematik schon immer eingeführt sind. Damit lassen sich nunmehr diejenigen Partien aus dem corpus aristotelicum in den Blick nehmen, die im *unmittelbaren sachlichen Anschluß* aus der bisher entwickelten Problemführung das *Wissenschaftsproblem* von Erster Wissenschaft *näherhin* bestimmen. Erst dann werden wir uns der textlich breiteren und expliziten inhaltlichen Themenbestimmung der πρώτη ἐπιστήμη in Met. Γ zuwenden.

45. Leibniz hat mit diser Wendung einem sachlichen Inzitament neuzeitlichen Philosophierens seinen sprachlichen Ausdruck gegeben, vgl. seine Abhandlung „De primae philosophiae emendatione et de notione substantiae", in: Gottfried Wilhelm Leibniz, Die philosophischen Schriften, ed. C.I. Gerhart, 7 Bde., 1875-1890, Bd. IV, 345/55.

Das Problem der „Unbeweisbarkeit des Anfangs"

Die an-apodeiktische Wissenschaft

῾Ημεῖς δέ φαμεν οὔτε πᾶσαν ἐπιστήμην ἀποδεικτικὴν εἶναι, ἀλλὰ τὴν τῶν ἀμέσων ἀναπόδεικτον

Wir aber sagen, nicht jede Wissenschaft sei beweisender Natur, sondern die der nicht-mittleren (Gründe) sei nicht-beweisender Natur

Aristoteles, Anal. post. A 72 b 18-20

Wir nennen etwas nur dann „Wissen", wenn es „Grund" geben kann dafür, daß sich die gewußte Sache nicht anders verhalten kann.[46] Jedoch hat dies „αἰτίαν γιγνώσκειν" keineswegs immer identischen Sinn, da andernfalls die Möglichkeit des ἐπίστασθαι aufgehoben wäre. Aristoteles wendet sich in Anal. post. A 19-23 gegen die unendliche Iterierbarkeit des „Grundseins für" und „Begründetseins durch", m.a.W. des Beweises. Was sind die Gründe, die Aristoteles *zwingen*, der ἐπιστήμη ἀποδεικτική eine Lehre vom ἀναπόδεικτον[47] zur Seite zu stellen? (Vorweg sei jedoch zur ersten Klärung des Problemumfeldes kurz in einem Exkurs auf die sog. Analytischen Schriften eingegangen. Um den argumentativen Fluß nicht zu stören, wurde der Exkurs in den Anhang. S. 275-282 aufgenommen.)

Die ἐπιστήμη ἀποδεικτική zeigt einen Zusammenhang, eine Bezüglichkeit des Wissens im strengen Sinne auf: Die *Grund*bezüglichkeit des Gewußten. Wäre jede ἐπιστήμη apodeiktisch, ergäbe

46. Anal. post. 71 b 9-12: 'Επίστασθαι δὲ οἰόμεθ' ἕκαστον ἁπλῶς, ἀλλὰ μὴ τὸν σοφιστικὸν τρόπον τὸν κατὰ συμβεβηκός, ὅταν τήν τ' αἰτίαν οἰώμεθα γινώσκειν δι' ἣν τὸ πρᾶγμᾳ ἐστιν, ὅτι ἐκείνου αἰτία ἐστί, καὶ μὴ ἐνδέχεσθαι τοῦτ' ἄλλως ἔχειν.

47. 782 b 19-20.

sich folgendes in Anal. post. A 3 kurzgefaßtes und in B Kap. 19 wiederaufgenommenes Problem: Wäre alles Wissen apodeiktisch (besser: wollte man dies behaupten), so folgt: es kann überhaupt kein Wissen geben, da man ja an keinen Anfang gelangen könnte — „ὀρθῶς λέγοντες[48] („wie sie mit Recht sagen") konzidiert Aristoteles hinzufügend: „ἀδύνατον γὰρ τὰ ἄπειρα διελθεῖν" („denn es ist unmöglich, das Unendliche zu durchlaufen"). Bliebe man aber bei einem πρῶτον stehen, ἵσταται, und gäbe es Anfänge, ἀρχαί, so seien diese selbst unwißbar, ἀγνώστους, und es gäbe von diesen keinen Beweis, durch den allein — nach obiger Annahme — Wissen möglich sei. Wenn es aber nicht möglich ist, das Erste zu wissen (εἰ δὲ μὴ ἔστι τὰ πρῶτα εἰδέναι), dann auch nichts von dem darauf Aufgebauten oder von dem von ihm Abhängigen. Die andere Seite behauptet *ebenso* dasselbe über das Wissen, daß dieses *nur* sei aus dem Beweis, und kommt so zur These, daß die Beweise zirkulär auseinander geführt werden müßten — was natürlich nicht zum Wissen, sondern nur immer zu „vorläufigem Wissen", das an Unbewiesenes gebunden bleibt, führt. Gesucht ist jedoch das ἁπλῶς und κυρίως ἐπίστασθαι[49], das Wissen im strengen oder uneingeschränkten Sinne.

Beide Seiten kommen nach Aristoteles in der weder wahren noch notwendigen (οὐδέτερον οὔτ' ἀληθὲς οὔτ' ἀναγκαῖον) Annahme über das Wissen überein, daß dies *nur* sei δι' ἀποδείξεως.[50].

48. 72 b 10 ff.

49. 72 b 14.

50. 72 b 15-16: οἱ δὲ περὶ μὲν τοῦ ἐπίστασθαι ὁμολογοῦσι· δι' ἀποδείξεως γὰρ εἶναι μόνον. Das apodeiktisch (begründete) Wissen muß und kann seinen Grund nur finden in einem *nicht* apodeiktisch (begründeten) Wissen. Dieses nicht apodeiktisch begründete und begründ*bare* Wissen muß jedoch *selbst* Wissen sein, d.h. *gerade* dieses Wissen muß im vorzüglichen, protischen Sinne wiß*bar*, weil Grund-gebend, sein. Aristoteles wählt für *dieses* protische Wissen, wie Met. A Kap. 2 zeigte, fortwährend superlativische Wendungen. Im Weiteren werden — *mit* Aristoteles (!) — die πρῶτα *als* ἐπιστητά gefaßt und dies so, daß sie — wiederum *im Sinne* des Aristoteles (!) — auch *als solche* — nämlich als ἐπιστητά (!) — sich ausweisen lassen müssen. Als Beleg, der sich um beliebige Stellen vermehren ließe, sei aus dem diskutierten Zusammenhang gewählt Met. 982 a 4 ff., weil hier die *Notwendigkeit* dieses Gedankens klar zum Ausdruck kommt: Die σοφία *muß*

Unter der Voraussetzung, daß *alles* ἐπίστασθαι nur sei δι' ἀποδείξεως — und das ist die eigentliche These des Aristoteles —, gibt es *überhaupt* kein ἐπίστασθαι. Solange das ἐπίστασθαι nicht rekurriert auf „erste" Gründe, die, obgleich nicht apodeiktisch, so doch in einem davon *zu unterscheidenden Sinne wißbar*, ἐπιστητά, sind, kann *zuletzt nie* behauptet werden, daß sich das Gewußte nicht auch anders verhalten könne.

(Wenn im folgenden immer wieder von der *Notwendigkeit* gesprochen wird, daß das ἀναπόδεικτον selbst ein ἐπιστητόν sein muß, so in dem genauen Sinne, daß es zwar *kein apodeiktisch — positiv aus anderem — Bewiesenes sein kann*, trotzdem aber ein in *seiner Notwendigkeit Erkanntes*, γνωριμόν, vgl. dazu auch Met. Γ 3, 1005 b 8-17, ja ein γνωριμώτατον und *deswegen* βεβαιότατον sein muß. An der zitierten Metaphysikstelle fällt viermal der Terminus ἀναγκαῖον! Demjenigen, der sich am *Terminus* „ἐπιστητόν" in diesem Zusammenhang stößt, weil man glaubt, ihn für die dianoetische Erkenntnis reservieren zu müssen, sei es anheimgestellt, ihn durch den Terminus „γνωριμόν" zu ersetzen — noch besser durch den Terminus „γνωριμώτατον". *In der Sache* ist damit nichts geändert. Aristoteles wird Gründe gehabt haben, den Superlativ zu wählen. Die Erkenntnis der obersten — besser: ersten — Prinzipien durch den νοῦς *muß*, auch wenn man dieses Erkennen als εἰδέναι im Gegensatz zum ἐπίστασθαι zu verstehen pflegt (hier hilft die übliche Differenz von noetischem und dianoetischem Denken eben nicht weiter), beanspruchen, etwas zu erkennen, was sich nicht-anders-verhalten-kann — γνωρίζειν, und damit ins Wissen zu heben — wie wollte man sonst von einer πρώτη ἐ π ι σ τ ή μ η sprechen?!

sein ἐπιστήμη: τούτων δὲ τὸ μὲν πάντα ἐπίστασθαι τῷ μάλιστα ἔχοντι τὴν καθόλου ἐπιστήμην ἀναγκαῖον ὑπάρχειν (982 a 21-22, und, um den letzten Zweifel auszuräumen, 982 b 2: μάλιστα δ' ἐπιστητὰ τὰ πρῶτα). Mit der Verwendung des Terminus ἐπιστητόν soll fortwährend daran erinnert sein, daß es eine Ausflucht bleibt, wenn man sagt, daß die obersten Prinzipien — im Gegensatz zur dianoetischen Erkenntnis — „noetisch" erkannt würden. Im „Noetischen" liegt entweder — zumindest bzgl. der ἄμεσα im Sinne der ἀξιώματα — etwas Notwendiges, Verbindliches, oder es wird in ihr *überhaupt* nicht „erkannt", — „erkennen" im Unterschied zum οἴεσθαι, ὑπολαμβάνειν etc., vgl. das Vorbereitungskapitel.

Die Schwierigkeit besteht eben darin, daß nicht alles, was Aristoteles als „ἀρχαί“ bezeichnet, sich als *erste* Prinzipien begreifen läßt, womit sich die Frage stellt, ob man nicht besser *nur* die „ersten“ Prinzipien im axiomatischen Sinne („axiomatisch“ im aristotelischen Sinne) mit „Prinzipien“ bezeichnen sollte, und weiter, daß — wie sich bald zeigen wird — nicht alles „Erste“ der Erkenntnis *Erstes im Sinne von Prinzip* ist — denn als solches bezeichnet Aristoteles *sowohl* das „ἀξίωμα“ *als auch* „θέσις“ und „ὑπόθεσις“. Warum hier von Aristoteles *noch nicht* unterschieden wird, und welche Konsequenzen *von der Sache her* dies hat, ist im folgenden zu zeigen.)

Fände die ἐπιστήμη ἀποδεικτική nicht ihren Halt in einem ἀναπόδεικτον, bliebe sie nur ein rhetorisches Machtmittel: Der apodeiktisch „Wissende“ unterschiede sich letztlich in nichts von einem, der nur irgend eine Ansicht vertritt; der um (solche) Gründe „Wissende“ würde zuletzt ebensowenig das Sich-nicht-anders-verhalten-können einer Sache behaupten können wie derjenige, der überhaupt keinen Grund für das Sich-verhalten einer Sache anzugeben vermag.

Die Möglichkeit der ἐπιστήμη ἀποδεικτική hängt ab von ihrem Bezug auf ein ἀναπόδεικτον, das *dennoch* ein ἐπιστητόν ist. So ist die Apodeiktik ein *dependentes* Lehrstück innerhalb der Klärung des Begriffs ἐπιστήμη. Im thematischen Zentrum der Analytiken steht jedoch die ἀπόδειξις und die ἐπιστήμη ἀποδεικτική. Die Abhängigkeit, die Dependenz der Apodeiktik vom Problem der πρῶτα, dem Problem der ἀναπόδεικτα, ohne die es keinen zureichenden Begriff der Apodeiktik geben kann, *zwingt* Aristoteles in den Analytiken, sich dennoch mit dem Problem des ἀναπόδεικτον auseinanderzusetzen.

Die ἐπιστήμη ἀποδεικτική bleibt eine *bedürftige* Wissenschaft, sie bedarf einer sie in ihrer Möglichkeit aufweisenden ἐπιστήμη ἀ ν α π ο δ ε ι κ τ ι κ ή, die sich als ἐ π ι σ τ ή μ η ἀναποδεικτική ausweisen muß. Insofern es letzterer obliegt, die πρῶτα, ἄμεσα, ἀρχαί zu explizieren, müssen wir uns in der Klärung der Frage nach der πρώτη ἐπιστήμη den diesbezüglichen Ausführungen nunmehr zuwenden.

Nachdem Aristoteles darlegte, daß Wissen im strengen Sinne

heißt, den Grund angeben können, warum sich das Gewußte, die Sache, nicht anders verhalten kann, fährt er fort: „Εἰ μὲν οὖν καὶ ἕτερος ἔστι τοῦ ἐπίστασθαι τρόπος, ὕστερον ἐροῦμεν, φαμὲν δὲ καὶ δι' ἀποδείξεως εἰδέναι.“[51] Ob es noch eine andere Art zu wissen gibt, werden wir später erörtern, (jetzt) sagen wir, daß Wissen auch durch den Beweis (ist) entsteht. –

Durch die Wendung ἕτερος τρόπος wird schon angedeutet, daß diese Art zu wissen tatsächlich von anderer *Art* und nicht ein Modus des ἐπίστασθαι δι' ἀποδείξεως ist. Und er fährt fort: „ἀπόδειξιν δὲ λέγω συλλογισμὸν ἐπιστημονικόν· ἐπιστημονικὸν δὲ λέγω καθ' ὃν τῷ ἔχειν αὐτὸν ἐπιστάμεθα. εἰ τοίνυν ἐστὶ τὸ ἐπίσταθαι οἷον ἔθεμεν, ἀνάγκη καὶ τὴν ἀποδεικτικὴν ἐπιστήμην ἐξ ἀληθῶν τ' εἶναι καὶ πρώτων καὶ ἀμέσων καὶ γνωριμωτέρων καὶ προτέρων καὶ αἰτίων τοῦ συμπεράσματος.“ (71 b 17-22) – Beweis aber nenne ich den wissenschaftlichen Schluß: Wissenschaftlich aber nenne ich (ihn), wenn wir durch ihn, ihn habend, wissen. (Rolfes: „Wissenschaftlich aber nenne ich ihn, wenn wir durch ihn, sofern wir in seinem Besitze sind, wissen.“[52] Gohlke[53]: „wissenschaftlich nenne ich ihn, weil wir durch seinen Vollzug das Wissen haben“.) Wenn also das Wissen (von der Art) ist, wie wir sagen, muß notwendig die beweisende Wissenschaft sein aus wahren und ersten und nicht-mittleren und bekannteren und früheren (Gohlke ergänzt: Vordersätzen; Rolfes: Prämissen) und Ursachen des Schlußsatzes. –

Der letzte Satz enthält einige terminologische Hinweise: Den wissenschaftlichen Schluß qualifiziert eine bestimmte Grundbezüglichkeit: Er ist „wissenschaftlich“ „aus“, ἐκ, „wahren“, „ersten“, „nicht-mittleren“, und zwar „bekannt*eren*“ und „früh*eren*“ (erg. „Gründen“). Das Woraus der Wissenschaftlichkeit des wissenschaftlichen Schlußsatzes scheint auf der einen Seite weiter komparierbar, auf der andern Seite nicht. Nicht nur aufgrund der Worte

51. 71 b 15-17.

52. Aristoteles, Organon, Bd. II, Meiner ²1948, übers. und erläutert von Eugen *Rolfes*, S. 3.

53. Aristoteles, Die Lehrschriften, hrsg., übertr. und in ihrer Entstehung erl. v. Paul *Gohlke*, Zweite Analytik, S. 16.

ἀληθά und πρῶτα und des oben skizzierten prinzipiellen Zusammenhanges von ἐπιστήμη ἀποδεικτική und dem Problem des ἀναποδεικτόν ist eindeutig belegt, daß Komparierbarkeit nur *bezüglich* der abhängigen Gründe und Sätze möglich ist, nicht aber bezüglich der ἀληθά und πρῶτα selbst, da man ja sonst wieder in den von Aristoteles ausdrücklich abgelehnten Begründungsregreß in infinitum geriete. Insbesondere ist es der Terminus „ἄμεσα", welcher die Inkomparabilität der ἀληθά und πρῶτα behauptet. Dieses Wort wird durchgängig mit „unvermittelt" übersetzt.[54] So sehr dieser idealistisch überformte Begriff sich der Übersetzung anbietet, ist er doch zu meiden, da durch ihn eine schwerwiegende *sachliche* Entscheidung getroffen wird. Da es um den *Sinn* von ἀποδείκνυσθαι (wenn man es idealistisch ausdrücken möchte: von „Vermittlung") geht, läuft man Gefahr, in solcher Übersetzung die Grund*losigkeit* der ersten Gründe, ihre Unvermittel*barkeit* zu behaupten.

Der Terminus „ἄμεσος" ist der Gegenbegriff zu dem syllogistischen Kernbegriff „μέσος", dem Mittelterm im Syllogismus. Die Gefahr des unendlichen Begründungsregresses (und damit infolge der Aufhebung des Begründungssinnes insgesamt) besteht ja — wie gesehen — darin, daß alle nicht im Schluß als „μέσος" auftauchenden Begriffe eben an die Stelle des „μέσος" rücken können (bildlich gesprochen: Der Regreß in der Schlußkette scheint nach „oben" und „unten" in infinitum möglich zu sein). Dieses Wort „ἄμεσος" taucht als Parallelbegriff zu den πρῶτα in den Anal. post. A Kap. 2 und 3 insgesamt sechs mal (71 b 21; 72 a 7/8/14; 72 b 19/22) und zum Schluß der Anal. post. B Kap. 19 zweimal (99 b 21/22) auf, also genau dort, wo Aristoteles innerhalb der im Zentrum stehenden ἐπιστήμη ἀποδεικτική auf das Problem des ἀναπόδεικτον zu sprechen kommt. *Hier* steht dieser Terminus dementsprechend im Zentrum in Abhebung zum μέσος-Begriff, *nicht* dagegen in den das Problem der πρῶται ἀρχαὶ καὶ αἰτίαι behandelnden Büchern der Metaphysikschrift.

54. Vgl. Anm. 54 zu Kap. I, S. 213 f.

Der Terminus „ἄμεσος“ besagt also genau dies: Was als „ἄμεσος“ bezeichnet wird, kann nicht in der Mitte eines Schlußsatzes stehen — zunächst nicht mehr und nicht weniger. Der Terminus hat also eindeutig „topischen“ Sinn. Er sagt insbesondere *nichts* darüber aus, ob alles, was mit „ἄμεσος“ bezeichnet wird, nicht *epistemisch* sein könnte, sondern *nur* (dies aber eindeutig!), daß es *als* „ἄμεσος“ *nicht* der ἐπιστήμη ἀ π ο δ ε ι κ τ ι κ ή als deren Thema untersteht (sondern ihr als Grund-gebend vorausgeht).

Ohne ein ἄμεσος gibt es sehr wohl den Syllogismus, nicht aber den apodeiktischen, erst recht keine Wissenschaft! (Vgl. 71 b 23-25).

Was also bezeichnet Aristoteles als „ἄμεσος“?

Mit dieser Frage ist der Nerv der Lehre vom ἀναπόδεικτον berührt. Bevor die einzelnen Stellen in den Blick genommen werden, sei die implikationsreiche Sache, nach der hierbei gefragt werden soll, noch einmal herausgehoben.

Es geht um die ἀπόδειξις und die ἐπιστήμη ἀποδεικτική, um ihren Begriff und ihre Möglichkeit. Alles Wissen behauptet das Sich-so-und-nicht-anders-verhalten einer Sache. Es kann dies nur, insofern es „Gründe“ dafür bereitstellt, indem es das Sichverhalten einer Sache auf seinen Grund bezieht. Diese Grundbezüglichkeit nun muß einen Anfang haben, will man nicht den Begriff des ἐπίστασθαι aufgeben. Dieser Anfang selbst kann nicht apodeiktisch bewiesen werden und muß doch *wißbar* sein, ein ἐπιστητόν. Wie kann gezeigt werden, daß sich der Anfang eines Wissens *nicht* anders verhalten kann, wenn dabei nicht auf „Gründe“ rekurriert werden kann? Das Wissen vom Anfang muß „anderer Art“, ἕτερος τρόπος, sein — und doch beansprucht es zu wissen, also etwas Notwendiges zu explizieren. Und daher *müssen* — und dies ist in Strenge festzuhalten — *Kriterien* für den Charakter der Anfänglichkeit und Notwendigkeit eines Wissens angebbar sein. Soweit darf diese Problematik als bekannt unterstellt werden.

Blicken wir zurück auf die leitende Fragestellung und die Auseinandersetzung mit Met. A, zeigt sich jedoch eine folgenreiche Problemunterschleifung, die im vorangehenden Absatz vorliegt: Von *welchem* Anfang des Wissens eigentlich ist die Rede, vom Anfang eines Wissens von diesem und jenem — oder aber vom Anfang des Wissens selbst? Und bedeutet „Anfang“ (und damit „ἄμεσος“,

„πρώτη“ und „ἀρχή“) beide Male dasselbe?[55] Da Aristoteles diese Unterscheidung aber selbst nicht — wie wir sehen werden, zumindest terminologisch nicht — trifft, sind die in den Blick zu nehmenden Textpassagen immer im Bewußtsein der *Notwendigkeit* dieser Unterscheidung zu untersuchen.

Die zweite und dritte Verwendung des Terminus in 72 a 7/8 wiederholt bestätigend das Bisherige: „ταὐτὸ γὰρ λέγω πρῶτον καὶ ἀρχήν. ἀρχὴ δ' ἐστὶν ἀποδείξεως πρότασις ἄμεσος, ἄμεσος δὲ ἧς μὴ ἔστιν ἄλλη πρότερα“. Dasselbe nenne ich Erstes und Ursprung. Ursprung ist der nicht-mittlere Satz des Beweises, nicht-mittleren aber (nenne ich den Satz), von dem es nicht (wieder) einen früheren gibt. —

Damit ist also ausgeschlossen, daß der Terminus „ἄμεσος“ nur das *jeweils* Nicht-mittlere bezeichnet.

Und in 72 a 14-17 folgt die bekannte Unterscheidung: „'Αμέσου δ' ἀρχῆς συλλογιστικῆς θ έ σ ι ν μὲν λέγω ἣν μὴ ἔστι δ ε ῖ ξ α ι , μηδ' ἀ ν ά γ κ η ἔχειν τὸν μαθησόμενόν τι.“ Den

55. Genau diese Unterscheidung wird in den in Anm. 23 genannten Arbeiten auch andeutungsweise vollzogen, ohne daß die sich daraus notwendig ergebenden Konsequenzen gezogen wären. Vgl. auch die Arbeit von Seidl, S. 83: „Der Ausdruck τὰ πρῶτα bezeichnet die ersten Beweisprinzipien [so auch nach v. Fritz], vgl. A 2, 72 a 3 ff., ταὐτὸ γαρ̀ λέγω πρῶτων καὶ ἀρχήν, und B 3, 90 b 28, d.h. sowohl die jeder Einzelwissenschaften eigenen (konstituiert aus Definitionen und Seinshypothese bezüglich der Subjekte), als auch die allen Wissenschaften gemeinsamen (Axiome).“ Die πρῶτα der Einzelwissenschaften — und das wird sich zeigen — lassen sich gerade aber *nicht* — im Gegensatz zu den Beweisprinzipien, die *allem* ἐπίστασθαι „Grund“ geben — *elenktisch* ausweisen. Daher *muß* hier von ἕτερος τρόπος gesprochen werden und die Redewendung „allen Wissenschaften gemeinsam“ macht nicht hinreichend deutlich, welcher *Art* Gemeinsamkeit und Allgemeinheit die πρῶτα des ἐπίστασθαι selbst sind. Genau hier treten wir an die Texte mit einer erst in der Neuzeit explizit gemachten, in der Sache notwendigen Unterscheidung heran, die bei Aristoteles noch nicht vorliegen kann, aber als Problembestand vorfindbar ist und sein muß. Es ist gerade die Frage, ob die implizite Problemfülle eines Textes mit dessen (auch terminologischen) Mitteln *allein* erarbeitet werden kann.

Unter Maßgabe der vorliegenden Fragestellung zeigt sich bald, warum die noch zu erläuternde Elenktik bzw. das ἀποδεῖξαι ἐλεγκτικῶς geradezu als das Kriterium zur Unterscheidung beider Problemebenen genommen werden kann und in der Sache genommen werden muß.

nicht-mittleren Ursprung eines Schlusses nenne ich Thesis, welche nicht ‚gezeigt' werden kann, den der Lernende aber auch nicht notwendig haben muß. —

Interessant ist, daß Aristoteles *hier* das Wort „δεῖξαι" von „δείκνυσθαι" und *nicht* von „ἀποδείκνυσθαι" verwendet. Da der Terminus „ἀποδείκνυσθαι" ja durch Aristoteles in den Analytiken eine genaue Bedeutung erlangt, scheint die Verwendung von „δεῖξαι" absichtlich und auf einen allgemeineren Sinn hinzudeuten. Die Übersetzer übertragen die Stelle mit „nicht beweisen kann". „δείκνυσθαι" kann aber auch — vgl. dazu den untenstehenden Satzteil — heißen: „zeigen, daß man etwas hat oder besitzt". Aber diese Frage mag hier noch dahingestellt bleiben. (Auf die bedeutsame Korrespondenz zu dieser hier erst angedeuteten Unterscheidung in Met. Γ 4, 1006 a 3-11, kommen wir noch ausführlich zu sprechen. Hier spricht Aristoteles von „ἐδείξαμεν" bzgl. des elenktisch auszuweisenden Widerspruchssatzes, wobei er hinzufügt, daß nur die Ungebildeten von diesem Prinzip einen *apodeiktischen* Ausweis verlangen: ἡμεῖς δὲ νῦν εἰλήφαμεν ὡς ἀδυνάτου ὄντος ἅμα εἶναι καὶ μὴ εἶναι, καὶ διὰ τούτου ἐδείξαμεν ὅτι βεβαιοτάτη αὕτη τῶν ἀρχῶν πασῶν. ἀξιοῦσι δὴ καὶ τοῦτο ἀποδεικνύναι τινὲς δι' ἀπαιδευσίαν. Wir aber sind der Meinung, daß es unmöglich sei, daß etwas (zum Ausdruck „etwas" s. später) zugleich sei und nicht sei, und aufgrund dessen zeigten wir, daß dies das sicherste von allen Prinzipien sei. Einige nehmen aufgrund ihrer Unwissenheit an, daß auch dies zu beweisen sei. — Und der Text fährt fort: ἣν δ' ἀ ν ά γ κ η ἔχειν τὸν ὁτιοῦν μαθησόμενον, ἀ ξ ί ω μ α — den der Lernende aber *notwendig* schon haben muß, nenne ich „Axioma", — „ὁτιοῦν" ist bekräftigende Partikel!)

„ἄμεσος" meint also entweder immer θέσις oder ἀξίωμα. Für „ἀξίωμα" besitzen wir schon eine — wenngleich natürlich noch nicht hinreichende — Erklärung: Das ist „ἀξίωμα", was jeder Lernende in der Tat schon mitbringen muß. Hingegen was heißt „θέσις"? Aristoteles unterscheidet diese nochmals (72 a 18-21): „θέσις" kann sein „ὑπόθεσις", wenn nämlich in der Thesis ein Glied des Gegensatzes angenommen wird, daß etwas sei oder nicht sei — „θέσις" kann auch sein „ὁρισμός", wenn dies nicht geschieht (der Mathematiker bestimmt, τίθεται, daß die Einheit unteilbar unter Rücksicht ihrer Quantität ist — er sagt jedoch nur, *was*, nicht *daß* Einheit ist).

Mit diesen Unterscheidungen ergibt sich: „ἄμεσος" kann meinen bestimmte Sätze oder ἀρχαί, für die man sich entweder entscheidet, λαμβάνειν, oder in denen das τί ἐστιν einer Sache bestimmt wird. *Beides* bezeichnet Aristoteles mit „θέσις", und *beides* ist ihm *auch* „πρώτη" und „ἀρχή". *Beides* muß der Lernende jedoch *nicht* mitbringen, wenn er etwas lernen will.

So muß man also sagen: ἐκ καὶ διὰ θ έ σ ε ω ν γνωρίζεται, aus und aufgrund von Thesen (Hypothesen und Definitionen) wird (etwas) erkannt. — *Aber*: ἐκ καὶ διὰ ἀ ξ ι ω μ ά τ ω ν γνωρίζεται muß übersetzt werden: Aus und aufgrund von Axiomata (um nicht den bezeichnenderweise gerade gegenteiligen Sinn des modernen Axiombegriffes in unsere Überlegungen hereinspielen zu lassen) wird *überhaupt* erkannt, da diese offensichtlich etwas *Notwendiges* in der φύσις des Lernenden *als* Lernenden bezeichnen!

Genau dies markiert diejenige Unterscheidung, die in ihrer Bedeutung für die gesamte aristotelische „Wissenschaftslehre" sachlich so gewichtig ist: Nunmehr ist tertium comparationis zwischen den sich unterscheidenden πρῶτα, ἄμεσα und ἀρχαί ihre Grundgebungsfunktion für das von ihnen Abhängige, ihre Stellung im Wissen derart, daß sie ein Erstes, das kein Früheres kennt, bezeichnen — tertium *disparationis* aber ist, daß die θέσις Grundgebungsfunktion für nur *bestimmte* (θέσις kommt von τίθεσθαι) ἐ π ι σ τ η τ ά hat, das ἀξίωμα aber für *alle* ἐπιστητά, also für alles ἐπίστασθαι selbst! Insofern die ἀξιώματα aber für das Gesamt des Wissens, καθόλου, Grund geben und somit nicht klären können (und sollen) den Grund für die Jeweiligkeit (inhaltliche Bestimmtheit) eines ἐπιστητόν, sind *sie* die Begriffsmomente des ἐπίστασθαι selbst und *sie* machen begreiflich, daß überhaupt erkannt und gelernt, nicht *was* erkannt und gelernt wird. Sie sind notwendig in dem Sinne, daß der sie Bestreitende (als Wissender) sich ihrer noch bedienen *muß*, um sie negieren zu können. Sie sind nicht einmal *faktisch* widerspruchsfrei negier*bar*, da sie nicht einmal ein *logisch* mögliches Gegenteil zu denken gestatten. Sie sind πρῶτα in dem Sinne, daß sie schlechterdings allgemein sind. (Sie liegen *vor* aller Unterscheidungsmöglichkeit von „logisch" und „ontologisch", weil sie jeden nur möglichen Sinn beider Begriffe ermöglichen.)

Wie jedoch eigentlich *gelangen* wir zur Erkenntnis der πρῶτα? Ausgehend von der zu Beginn von Anal. post. 71 a 5-6 von Aristoteles getroffenen Unterscheidung, daß alle Erkenntnis aus vorhergehendem Wissen entsteht, προϋπαρχούσης γίνεται γνώσεως, und es sich ähnlich wie in den μαθηματικαὶ τῶν ἐπιστημῶν bei allem verhalte, daß nämlich πᾶσα διδασκαλία καὶ πᾶσα μάθησις διανοητική entstehe διὰ συλλογισμῶν und δι' ἐπαγωγῆς, galt das Augenmerk — angesichts der erklärten Bedürftigkeit des wissenschaftlichen Syllogismus von den πρῶτα — eben der Untersuchung des Begriffs der ἐπαγωγή. Daß sich die ἐπαγωγή zweifellos auf die πρῶτα bezieht, folgt schon allein aus Kap. 19 der Anal. post. B, welches eben die Frage nach der μέθοδος zu den πρῶτα mit der ἐπαγωγή-Lehre beantwortet.[56] Wiederum aber bleibt offen, *welche* πρῶτα des Wissens eigentlich gemeint sind.[57]

Mit den Sätzen, daß nunmehr über Syllogismus und Apodeixis, was jedes sei und wie jedes entsteht, Klarheit gewonnen sei, damit auch über die apodeiktische Wissenschaft, da sie dasselbe[58] sei, leitet Aristoteles den berühmten Abschluß der Anal. post. ein. Das Folgende nun gehe „περὶ δὲ τῶν ἀρχῶν, πῶς τε γίνονται γνώριμοι καὶ τὶς ἡ γνωρίζουσα ἕξις"[59], über die Prinzipien, wie sie erkannt werden und welches die erkennende Haltung ist.

Aristoteles wiederholt kurz die in Anal. post. A 3 schon behauptete These, daß es kein ἐπίστασθαι δι' ἀποδείξεως gebe, sofern nicht die ersten und nicht-mittleren Prinzipien erkannt sind, und stellt die bezeichnende Frage, ob eben diese die ersten Prinzipien betreffende Einsicht in *demselben* Sinne Erkenntnis sei wie jene

56. 100b 2-5: δῆλον δὴ ὅτι ἡμῖν τὰ πρῶτα ἐπαγωγῇ γνωρίζειν ἀναγκαῖον· καὶ γὰρ ἡ αἴσθησις οὕτω τὸ καθόλου ἐμποιεῖ.

57. Vgl. Anm. 57 zu Kap. I, S. 214 ff.

58. 99 b 15-17: Περὶ μὲν οὖν συλλογισμοῦ καὶ ἀποδείξεως, τί τε ἑκάτερόν ἐστι καὶ πῶς γίνεται, φανερόν, ἅμα δὲ καὶ περὶ ἐπιστήμης ἀποδεικτικῆς· ταὐτὸν γάρ ἐστιν.

59. 99 b 17-19.

oder nicht, und ob diese Wissenschaften im *selbigen* Sinne Wissenschaften seien oder nicht („ἕτερον τι γένος“ — man denke an „ἕτερος τρόπος“). Eben dies ließe sich sehr wohl untersuchen.[60] (*Daß* die Einsicht in die ersten Prinzipien — sei es auch in welcherlei Sinne von „Prinzip“ — *wissenschaftlich* sei, steht *nicht* in Frage!) Jedoch gilt auch bezüglich dieser Einsicht das schon in Anal. post. A 3 Gesagte, daß auch diese Prinzipien weder von Beginn an (völlig) gewußt noch (völlig) ungewußt sein können. ἀνάγκη ἄρα ἔχειν μέν τινα δύναμιν — notwendig also besitzen wir eine gewisse Fähigkeit, nicht aber eine solche, die diesen an Genauigkeit überlegen ist.[61]

Der Weg zur Erkenntnis der πρῶτα führt nun — vgl. 99 b 34 bis 100 a 9 — von der αἴσθησις über die aus Met. A bereits bekannten Stufen[62], wenn man so will also „epagogisch“. Über die ungeklärte Frage nach dem Notwendigkeitskriterium der Erkenntnis der πρῶτα können weder Wendungen wie „ἀπὸ αἰσθήσεως“ noch der — häufig besprochene — resümierende Satz „δῆλον δὴ ὅτι ἡμῖν τὰ πρῶτα ἐπαγωγῇ γνωρίζειν ἀναγκαῖον“[63] (es ist also klar, daß das Erste für uns notwendig (nur) durch ἐπαγωγή zu erkennen ist) hinweghelfen, ebensowenig wie die — ebensooft besprochene — Metapher von dem Zum-Stehen-kommen des in Auflösung befindlichen Heeres.[64] *Immer bleibt in der Sache ganz entschieden das Problem bestehen:* Sind gerade unter πρῶτα die πρῶτα einer Einzelwissenschaft angesprochen (was auf das ὁρισμός-Problem führt), dann ist das epagogisch gewonnene *Resultat* (ὁρισμός) von der Kontingenz des „ἀπὸ αἰσθήσεως“ affiziert — sind gerade unter πρῶτα die πρῶτα im strengen Sinne der ἀξιώματα (wie oben erläutert) verstanden, dann ändert sich — und *muß* sich ändern — der Sinn von ἐπαγωγή, weil die *Bestimmtheit* einer αἴσθησις, von der der epagogische Weg seinen Ausgang nimmt, für das Resultat, d.h. die Bestimmung eines ἀξίωμα, *ohne* Bedeutung ist, *weil* die ἀξιώματα

60. 99 b 23.

61 99 b 32-34.

62. Vgl. Anm. 62 zu Kap. I, S. 227 ff.

63. 100 b 2-4.

64. 100 a 12 ff.

Prinzipien *allen* ἐπίστασθαι im umfassendsten Sinne — und dazu gehört nach Met. A wie gesehen auch die αἴσθησις — sind!

Mit den hier, d.h. im aristotelischen Text, im Zentrum stehenden Begriffen hat die Forschung dieses Problem nicht lösen können, *weil* diese Begrifflichkeit eben nicht in der Differenziertheit eines Problemhorizontes erarbeitet wurde, in welchem sich allererst das genannte Problem in der erforderlichen Schärfe stellt.[65]

Im letzten Abschnitt von Kap. 19 der Anal. post. B wird jedoch ein weiterführender Fingerzeig für unser Problem gegeben, auf den Kurt v. Fritz aufmerksam macht[66], der seine Korrespondenz auch in der Metaphysikschrift findet — wie noch zu sehen ist. Da dieser Abschnitt, Anal. post. 100 b 5 - 17, einige Kernthesen der aristotelischen „Wissenschaftslehre" vorlegt, die der ganzen hier vorgelegten Interpretation als gegenläufig betrachtet werden können und recht eindeutig zu sein scheinen, sei er kurz wiedergegeben:

Ἐπεὶ δὲ τῶν περὶ τὴν διάνοιαν ἕξεων αἷς ἀληθεύομεν αἱ μὲν ἀεὶ ἀληθεῖς εἰσιν, αἱ δὲ ἐπιδέχονται τὸ ψεῦδος, οἷον δόξα καὶ λογισμός, ἀληθῆ δ' ἀεὶ ἐπιστήμη καὶ νοῦς, καὶ οὐδὲν ἐπιστήμης ἀκριβέστερον ἄλλο γένος ἢ νοῦς, αἱ δ' ἀρχαὶ τῶν ἀποδείξεων γνωριμώτεραι, ἐπιστήμη δ' ἅπασα μετὰ λόγου ἐστί, τῶν ἀρχῶν ἐπιστήμη μὲν οὐκ ἂν εἴη, ἐπεὶ δ' οὐδὲν ἀληθέστερον ἐνδέχεται εἶναι ἐπιστήμης ἢ νοῦν, νοῦς ἂν εἴη τῶν ἀρχῶν, ἔκ τε τούτων σκοποῦσι καὶ ὅτι ἀποδείξεως ἀρχὴ οὐκ ἀπόδειξις, ὥστ' οὐδ' ἐπιστήμης ἐπιστήμη. εἰ οὖν μηδὲν ἄλλο παρ' ἐπιστήμην γένος ἔχομεν ἀληθές, νοῦς ἂν εἴη ἐπιστήμης ἀρχή. καὶ ἡ μὲν ἀρχὴ τῆς ἀρχῆς εἴη ἄν, ἡ δὲ πᾶσα ὁμοίως ἔχει πρὸς τὸ πᾶν πρᾶγμα.

(Ich gebe zunächst die Übersetzung Seidls wieder:[67])

„ a) ‚Da von den geistigen Erkenntnishaltungen (b 5 τῶν περὶ τὴν διάνοιαν ἕξεων), mit denen wir Wahrheit erlangen, die einen immer wahr sind, die andern Falschheit zulassen, z.B.

65. Wie gesagt, schließt dies nicht aus, daß sich nicht doch mehr oder minder explizite Hinweise zur Lösung dieses Problems im aristotelischen Text finden lassen.

66. Vgl. Anm 66 zu Kap. I, S. 229 ff.

67. loc. cit., S. 83-84.

Meinung und Verstand, während Wissenschaft und Intellekt (b 8 ἐπιστήμη καὶ νοῦς) immer wahr sind, und im Vergleich zur Wissenschaft kein anderes Genus (der Erkenntnis) genauer ist als der Intellekt,

b) und da die Prinzipien der Beweise bekannter sind (als das diskursiv Beweisbare), alle Wissenschaft aber diskursiv (b 10 μετὰ λόγου) ist, so daß es von den Prinzipien keine Wissenschaft geben dürfte (b 11 τῶν ἀρχῶν ἐπιστήμη μὲν οὐκ ἂν εἴη),

c) wird wohl der Intellekt — denn im Vergleich zur Wissenschaft kann (wie gesagt) nichts wahrer sein als der Intellekt — auf die Prinzipien gehen (b 12-13 νοῦς ἂν εἴη τῶν ἀρχῶν).

(Hierauf führt also) diese Überlegung, (ferner) auch die folgende:

a')Das Prinzip des Beweises ist nicht (wiederum) Beweis, so daß es nicht Wissenschaft von Wissenschaft gibt (b 14 ἐπιστήμης ἐπιστήμη).

b')Wenn wir nun außer der Wissenschaft kein anderes wahres Genus haben (als den Intellekt),

c')dürfte der Intellekt Prinzip der Wissenschaft sein (b 15 νοῦς ἂν εἴη ἐπιστήμης ἀρχή). Und das Prinzip (sc. der Intellekt) geht wohl auf das Prinzip (des Wissenschaftsgegenstandes), ebenso wie die ganze (Wissenschaft) sich auf den ganzen Gegenstand(sbereich) bezieht'. "[68]

68. Man vgl. die anschließende Interpretation Seidls, S. 84-85. Die sicher am schwierigsten zu übersetzende und daher — wie die folgenden Parallelübersetzungen Gohlkes, Rolfes und Ross' beispielsweise zeigen — auch am meisten dem Verständnis des Interpreten unterworfene Passage stellt der letzte Satz 100 b 15-17 dar. Gohlke, loc. cit., S. 131: „Unsere Vernunft ist der Ursprung der Grundlage des Wissens, die Weltvernunft verhält sich zum All entsprechend." Gohlke bezieht das πᾶσα auf νοῦς, Seidl auf ἐπιστήμη. Rolfes, loc. cit., S. 107: „Und so ginge denn das Prinzip auf ihr [?] Prinzip, sie als Ganzes aber steht in diesem [?] Verhältnis zu dem ganzen Wissensstoff." Man sieht leicht, daß erst mit der *Entscheidung*, die Seidl trifft, der Text überhaupt einen identifizierbaren Sinn gibt, Rolfes Versuch, die Beziehungsverhältnisse offen zu lassen, hilft nicht weiter, sondern verunklärt den Text. Ross, loc. cit., S. 675 — ich zitiere den vorhergehenden Teil mit — : „if, then, intuitive reason is the only necessarily true state other than

Zunächst seien die der hier verfolgten Fragestellung nach der Wissenschaftlichkeit von Erster Wissenschaft scheinbar gegenläufigen Thesen des Textes herausgehoben:

1) 100 b 10-11: Jede Wissenschaft sei μετὰ λόγου (Seidl übersetzt mit „diskursiv", im Oehlerschen Sinne würde man dianoetisch sagen), woraus — wie man schließen könnte — folgt, daß es von den Prinzipien keinen Beweis gebe.

2) 100 b 13-14: Prinzip des Beweises sei nicht Beweis, so daß es wohl keine Wissenschaft der (besser wohl mit Seidl: von) Wissenschaft gebe.

Die Übersetzer haben hier kaum Schwierigkeiten, woraus aber, wenn man nicht über die terminologische Bestimmtheit des Textes hinaus sachlich *bestimmter* übersetzt, unmittelbar folgt: Die ersten Prinzipien sind *nicht epistemisch*! Man mag sich hier wenden und drehen wie man will und sagen, diese Prinzipien seien eben nur „noetisch" erfaßbar: Wenn die Noetik keinen Kriterien untersteht, ist sie somit in *keinem* Sinne epistemisch (und muß den Anspruch der νόησις, *Einsicht* zu liefern, aufgeben)!

Der Kontext aber zwingt *nicht* zur unterschiedslosen Übersetzung von ἐπιστήμη mit „Wissenschaft"[69], im Gegenteil, er zwingt *uns* (heute) zu unterscheiden. Ἀκρίβεια gerade ist Kennzeichen des Epistemischen, und wenn der νοῦς gegenüber der ἐπιστήμη ein ἀκριβέστερον sein soll, dann gibt es unterschiedliche *Arten* von

science, it must be the source of science. It apprehends the first principle, and science as a whole grasps the whole subject of study." Durch Ross' kommentierende Übersetzung von „ἡ ἀρχή" mit „It" und die Wiedergabe des Genitivs „τῆς ἀρχῆς" durch das einfache „apprehends" ist die Problematik wie verschwunden. Wie Seidl bezieht er das πᾶσα auf ἐπιστήμη. Den korrespondierenden Kommentar Ross', S. 678, haben wir oben schon besprochen.

69. Auch Seidl, loc. cit., S. 84, unterscheidet hier ἐπιστήμη als diskursive, beweisende und als nicht mehr beweisende (man erwartet nun das Wort „Wissenschaft" — Seidl setzt stattdessen) „Erkenntnis"! ἐπιστήμη läßt sich nur schwerlich mit „Erkentnis" wiedergeben; sie kann wohl meinen das Ergebnis einer Erkenntnis sowie die Wissenschaft von dieser Erkenntnis — eben das ist das Problem der vorliegenden Textstelle, daß sie den gedoppelten Genitiv im Begriff „Wissenschaft *der* Erkenntnis" nicht unterscheidet, der Interpret sich aber entscheiden muß.

ἀκρίβεια und damit von ἐπιστήμη — was sich jetzt eben nur mit einem Wort wiedergeben läßt, das Aristoteles *noch* nicht kennt: „Wissenschaftlich*keit*“. Dasgleiche gilt bezüglich des ἀληθέστερον. Zwar ist die Rede vom ἄλλο γένος, was jedoch nicht als schlechthinnige Andersheit aufgefaßt werden kann, da es sonst kein tertium comparationis gibt, dessen alle Gradation bedarf. Worin also, und darauf ist das Problem zuzuspitzen, besteht die *Notwendigkeit*, vom ἄλλο γένος zu sprechen und doch den νοῦς als Steigerung der ἐπιστήμη anzusehen? Was heißt: „ὥστ' οὐδ' ἐπιστήμης ἐπιστήμη“? Was heißt *hier* „Wissenschaft *der* Wissenschaft“?

Der Text ist eindeutig: „αἱ δ' ἀρχαὶ τῶν ἀποδείξεων γνωριμώτεραι“ — die Prinzipien (Anfänge) der Beweise (und damit der beweisenden Wissenschaft, vgl. den ersten Satz der Analytiken) sind *γνωριμώτεραι*, erkennbarer, weil ἀκριβέστεραι und ἀληθέστεραι. Von den ersten Prinzipien kann es daher keine Wissenschaft *im Sinne* der ἐπιστήμη ἀποδεικτική geben, und die Wissenschaft der (gen. obj.) Wissenschaft kann keine ἐπιστήμη ἀποδεικτική sein. Dennoch muß — wie Kap. 1-3 der Anal. post. A fordern — der Anfang (ἀρχή) des Beweises und der beweisenden Wissenschaft *epistemisch* sein, da diese sie andernfalls nicht *als* ἀπόδειξις und ἐ π ι σ τ ή μ η ἀποδεικτική begreifen lassen. νοῦς ἂν εἴη ἐπιστήμης ἀρχή — weil er, er selbst, der *wißbare*, *sich*-wißbare, („wißbarer“ als alles übrige Wißbare — „γνωριμώτεραι“) Anfang aller Wissenschaften, das Prinzip von Wissenschaftlichkeit ist! Er ist der axiomatische Grundriß des ἐπίστασθαι, als solcher allerdings ἄλλο γένος gegenüber allen ἐπιστητά.

Weder die Anfänge der Wissenschaften (θέσις und ὑπόθεσις) sind innerhalb ihrer (ἐπιστήμη ἀποδεικτική) zu ermitteln, da von ihnen aus alle apodeiktische Wissenschaft ihren Anfang nimmt, noch ist der Anfang von Wissenschaft (ἀξίωμα) apodeiktisch explikabel.

Beide Male aber heißt „ὥστ' οὐδ' ἐπιστήμης ἐπιστήμη“ etwas sehr wohl zu Unterscheidendes ebenso wie „νοῦς ἂν εἴη ἐπιστήμης ἀρχή“. Aristoteles steht *vor* dieser Unterscheidung, wir aber müssen hier unterscheiden.

Erinnern wir uns an Anal. post. A 72 a 18-21: Der nicht-mittlere Anfang des apodeiktischen Wissens mag sein — neben den ἀξιώματα, welche der Lernende als Lernender schon mitbringen muß — θέσις und ὑπόθεσις. θέσις und ὑπόθεσις sind — und dies ist von entscheidender Bedeutung! — *Resultate*: In der ὑπόθεσις ergreife (λαμβάνω) ich eine Seite des Gegensatzes, ob etwas sei oder nicht sei (und mache dies zum Ausgang des Beweisganges), in der θέσις bestimme (τίθημι) ich, was etwas sei, nehme also eine Definition (ὁρισμός) zum Ausgang des Syllogismus. Es ist eine schwierige Frage, wie wir zu solchen Anfängen unserer Wissenschaften bzw. unserer Beweisverfahren gelangen, die Diskussion um ὁρισμός und ἐπαγωγή beweist dies seit alters her. Und in der Sache wird man wohl letztlich nie behaupten wollen, daß sich das in θέσις und ὑπόθεσις zum Ausgang des Beweisverfahrens gesetzte und behauptete *Resultat* zuletzt nicht ἄλλως ἔχειν könnte (was sehr deutlich Kurt v. Fritz in der Diskussion selbst mathematischer ὁρισμοί — und auch Aristoteles handelt ja an der zitierten Stelle von der θέσις *beispielsweise* einer Eigenschaft der Zahl — in Auseinandersetzung mit P. Hilbert zeigt). Die *Art* der Notwendigkeit von θέσις und ὑπόθεσις allerdings muß gegenüber derjenigen von ἀξίωμα als ἕτερος τρόπος bezeichnet werden, und demgemäß spricht Aristoteles in 100 b 9 auch von ἄλλο γένος. Das in der Sache unter θέσις und ὑπόθεσις auf der einen, unter ἀξίωμα auf der andern Seite Angezielte ist in *einer* Hinsicht *unvergleichlich: Nur letztere müssen* wir schon notwendig vor aller Wissenssuche mitbringen — der axiomatische Grundriß allen ἐπίστασθαι ist der (apriorische) Anfang aller ζήτησις und der ἐπιστήμη ζητουμένη. Er ist in einem andern Sinne Voraussetzung aller Belehrung und Erkenntnis als jenes, was Aristoteles in 71 a 1-2, dem ersten Satz von Anal. post., apostrophiert. Dort hieß es: Πᾶσα διδασκαλία καὶ πᾶσα μάθησις διανοητικὴ ἐκ προϋπαρχούσης γίνεται γνώσεως — alle Belehrung und alles dianoetische Wissen entsteht aus vorangegangener Erkenntnis — was man ja (wie es bezeichnenderweise heißt) bei den mathematischen und den übrigen Künsten sehe. Aristoteles zielt hier auf den *zeitlichen* Ausgang allen Erkennens ab, den es in der Ersten Wissenschaft auf seinen *Sachanfang* zurückzuführen gilt. Dieses „γίνεται ἐκ" kann nicht zu einem mißverstandenen hermeneutischen Dogma in dem Sinne führen, den zeitlichen Ausgang für den Sachanfang zu nehmen und ihn zur ἀρχὴ τῆς ἀρχῆς zu bestimmen — ein („thetisch" oder „hypothetisch") Bestimmtes zum Prinzip von Bestimmung zu machen. Die Bestimmtheit des Sachanfangs ist axiomatisch, dessen Sich-nicht-anders-verhalten-können elenktisch ausweisbar ist. „Axiomatisch" *muß* alles Wissen seinen Anfang nehmen von vorausgegangener Erkenntnis — das *selbst* eben ist weder ein „thetischer" noch „hypothetischer" Satz.[70]

Der Inkomparabilität auf der einen Seite zwischen θέσις und ὑπόθεσις, den ἄμεσα der einzelnen Wissenschaften, und den ἀξιώματα, den ἄμεσα von Wissenschaftlichkeit, entspricht auf der andern Seite die Komparabilität von deren „Erkennbarkeit": Die ihre — jeweiligen — Anfänge suchenden Wissenschaften und die den Anfang von Wissenschaft suchende Wissenschaft suchen zwar, was sich-nicht-anders-verhalten-kann.[71] Gesucht also wird Notwendiges, befragt jedoch ein Verschiedenes (und daher ein zu unterscheidendes „Notwendiges").

So also kann es von den ἄμεσα auch in dem einen Sinne *keine* Wissenschaft geben, wie es von ihnen im andern Sinne *doch* Wissenschaft gibt.

An-apodeiktisch müssen die Wissenschaften dort sein, wo sie ihre Prinzipien als θέσις oder ὑπόθεσις bestimmen. Ihre Tätigkeit als anapodeiktische ist dabei die des τίθεσθαι oder des λαμβάνειν.[72] Sie sind in der Explikation ihrer jeweiligen ἀρχαί[73] keine (apodeiktische) Wissenschaften. Wissenschaften sind sie auch hier jedoch in-

70. Unter dieser Problemsicht ließe sich der Schlußsatz von Anal. post. — wenn man es idealistisch formulieren will — „spekulativ" auslegen: Νοῦς, sein axiomatischer Grundriß, ist Prinzip aller Prinzipien, er ist der sachliche Grund für die Notwendigkeit, seinen Anfang schon immer genommen zu haben, für das anfängliche Schon-ausgegangen-sein aller Belehrung und allen Wissens von den eben alle Belehrung und alles Wissen konstituierenden Prinzipien.

71. Dabei bleiben die „Anfänge" der Wissenschaften im Sinne von θέσις und ὑπόθεσις zuletzt unter sachlichen Gesichtspunkten wohl immer kontingenzbetroffen.

72. Vgl. wieder 72 a 19 ff.

73. Nennen wir diese hier „Grundlagen" oder „Ausgangsthesen".

soweit, als an-apodeiktisch dann heißt: „epagogisch" oder „horismetisch".

Hingegen: An-apodeiktisch muß die axiomatische Wissenschaft oder die Wissenschaft von der Axiomatik der Wissenschaften in der Explikation der ἀρχαί[74] ihrer selbst und aller Wissenschaften sein. In ihrer Prinzipienexplikation ist sie keine (apodeiktische) Wissenschaft, Wissenschaft ist sie auch hier jedoch, wobei anapodeiktisch dann heißt zu klären, was jeder schon für alles Lernen und alles Erkennen mitbringen muß. Und dies heißt eo ipso nichts anderes, als den anfänglichen Grundriß *aller* Wissenssuche zu bestimmen. *Sie* muß ἐπιστήμη τῶν ἀρχῶν im *doppelten* Sinne des Genitivs sein, welches Wissenschaftsproblem laut Beginn der Anal. post. ausdrücklich *nicht zum* Thema der Analytiken erklärt wurde. So ist aus dem Kontext der Schriften wie vor allem aus dem Sachkontext der (heutige) Leser gezwungen, den berühmten Satz so zu lesen: τῶν ἀρχῶν ἐπιστήμη (ἀποδεικτική) μὲν οὐκ ἂν εἴη. Aristoteles sagt eben — und dies ist das Interpretament des berühmten Satzes und zugleich die Bestätigung für diese Lesart — : „Ἡμεῖς δέ φαμεν οὔτε π ᾶ σ α ν ἐπιστήμην ἀ π ο δ ε ι κ τ ι κ ὴ ν εἶναι, ἀλλὰ τὴν τῶν ἀμέσων ἀναπόδεικτον"[75] (Wir aber sagen, nicht jede Wissenschaft sei beweisender Natur, sondern die der nichtmittleren (also ersten) Gründe sei nicht *be*-weisender Natur) — und weil er der Untersuchung der ἄμεσα nicht Wissenschaftlichkeit *abspricht*, sondern sie gerade *fordert*, stellt sich die Frage, was die μέθοδος der an-apodeiktischen Wissenschaft ist — dieser ἐπιστήμη „δεικτική"!

ἔστι δ' ἀποδεῖξαι ἐλεγκτικῶς[76]
Es ist dies der widerlegende Beweis (oder Erweis)

74. Nennen wir diese „Prinzipien".

75. 72 b 18-20.

76. Met. Γ 3, 1006 a 11-12. Damit ist die Bedeutung der Analytiken für unser Thema bestimmt. Man kann sie eben *nicht* zum Maß der philosophischen Wissenschaftslehre (Lehre von der Wissenschaftlichkeit der — gen. obj. — Philosophie durch die Philosophie) des Aristoteles machen, so unentbehrlich sie auch für das Verständnis der aristotelischen Wissenschaftslehre (philosophische Lehre der — gen. obj. — Wissenschaft*en*) sind.

Die elenktische Wissenschaft

ἣν δ' ἀνάγκη ἔχειν τὸν ὁτιοῦν μαθησόμενον, ἀξίωμα

Welches (Prinzip) aber derjenige, der nur etwas (oder: überhaupt) lernen soll, haben muß, dieses nenne ich Axioma.

In der Klärung der Frage nach der Ersten Wissenschaft ist nun, und dazu zwingt die bisherige Untersuchung zu Met. A und der „Wissenschaftslehre" in den Analytiken, die Frage nach der μέθοδος der *Ersten* Wissenschaft erneut aufzuwerfen — immer hinsichtlich ihrer eigenen Wissenschaftlichkeit, was natürlich zuletzt nicht von ihrer thematischen Bestimmung abzulösen ist. Da die vorliegende Auseinandersetzung nicht dem naheliegenden Weg folgt, diejenigen Partien des corpus aristotelicum zum Interpretament des Begriffs πρώτη ἐπιστήμη zu nehmen, in denen Aristoteles unmittelbar deren „Gegenstand" oder besser deren „Thema" bestimmt[77], ist die Notwendigkeit dieses Vorgehens noch einmal kurz aus dem Kontext des Bisherigen darzulegen.

Die ὄρεξις τοῦ εἰδέναι bezieht sich auf das (nur immer *vorläufig* auf dieses oder jenes Bestimmte), was „sich-nicht-anders-verhalten-kann". Die Notwendigkeit dieses „μὴ ἐνδέχεσθαι τοῦτ' ἄλλως ἔχειν", dieses „ἀεὶ ἀληθές", ist eine solche, daß sich die „Sache", von deren Sich-verhalten Notwendigkeit behauptet wird, nicht auch anders verhalten *könnte*. Von *was* sollte dies aber überhaupt behauptet werden können? Fragt man so — und der Text legt diese Frage nahe — , wird sofort deutlich, daß dies nicht von diesem oder jenem einzelnen Seienden oder diesem oder jenem bestimmten Sachverhalt behauptet werden kann (ebensowenig wie von diesen oder jenen „allgemeinen Eigenschaften", „Formen" etc. des Seienden). Kann nicht alles, was gedacht werden kann, auch anders ge-

77. So z.B. die Vorgehensweise Paul Natorps, vgl. Anm. 53 zu Kap. II, S. 265-273.

dacht werden (weil es sich anders verhalten könnte)?[78] Von *welcher* Notwendigkeit ist eigentlich innerhalb der πρώτη ἐπιστήμη die Rede?

Die analytischen Schriften entfalten mit dem Thema der apodeiktischen Wissenschaft die Lehre von der Grundbezüglichkeit des Wissens, wobei von Wissen eben nur dort gesprochen werden kann, wo man den Bereich der vorläufigen Gründe — und damit *relativen* Notwendigkeit — auf seinen letztanfänglichen Grund zurückzubringen imstande ist.[79] Gerade er aber ist nicht beweisbar im Sinne von apodeiktisch beweisbar. *Dennoch* darf er weder nur Sache der Behauptung sein, noch reicht es zu, sein — wie man heute sagen würde — „evident-sein" zu behaupten. Er muß *wißbar* sein! Mehr noch: „wißbarer" als alles übrige! Also ist auch hier die unumgängliche Aufgabe: λόγον διδόναι — aber in welchem Sinne?

Wenn alles Wissen *als* Wissen letztlich rekurrieren muß auf „Gründe", diese aber bezüglich der ἀξιώματα nicht außerhalb der gewußten „Sache" liegen können (womit ja wieder das von Aristoteles zurecht immer bekämpfte Problem des infiniten Regresses entstünde), so *muß* sich das Wissen einerseits auf „Grund" beziehen, andererseits aber so, daß dieser nicht ein anderes als die gewußte Sache selbst *ist*. Die im Notwendigkeitsbegriff behauptete *Relationalität* des Wissens gilt auch *hier*, aber eben in *dem* Sinne, daß das notwendig Gewußte bzw. die notwendige Sache ihre Notwendigkeit nicht aus *anderem* bezieht. Da von Wissen nur gesprochen werden kann, sofern es seinen Ursprung in einem anfänglichen Wissen um die πρῶτα findet, so muß auch das Wissen in seiner Anfänglichkeit

78. Schon aus dieser einfachen Konsequenz wird deutlich, wie man die Themenbestimmung der Ersten Wissenschaft in Γ 1 ("Εστιν ἐπιστήμη τις ἣ θεωρεῖ τὸ ὂν ᾗ ὂν καὶ τὰ τούτῳ ὑπάρχοντα καθ' αὑτό, 1003 a 21-22), sofern sie die der Ersten Wissenschaft sein soll, *nicht* verstehen darf: Der *wörtlichen* Übertragung wird es kaum gelingen, diese Problemformel so zu übersetzen, daß sich „das Seiende als Seiendes und das ihm als solchem Zukommende" nicht auch *anders* verhalten könnten.

79. Man ist versucht, in idealistischer Diktion hinzuzufügen: „ — auf seinen unbedingten oder absoluten Grund — ". Genau dies aber, so wird sich zeigen, führt an der Sache vorbei, und diese idealistisch formulierte Parenthese sei hierher gesetzt, um die Aufmerksamkeit auf das Folgende zu lenken.

relational sein, sofern es „Wissen" zu sein mit Recht beanspruchen will.

Die Untersuchung der Kap. 1-3 und 19 der Anal. post. hat gezeigt, daß die weitere Klärung *allein* dem Problem der ἀξιώματα gelten muß, mag man auch — was wir nicht nur aufgrund der faktischen Textlage der Analytiken für unvertretbar halten — der Ansicht sein, Aristoteles habe der θέσις (und in Untergliederung zu ihr der ὑπόθεσις) Notwendigkeit *im gleichen Sinne* wie den ἀξιώματα zuerkennen wollen.[80]

Alles Fragen nach dem διότι bezieht sich auf ein ὅτι. „Warum" wird nur von „Was" gegeben, auf das sich alles Wissen stützen muß. Gefordert wird also ein ὅτι, das *als* διότι zugleich begriffen werden muß. Die Frage nach dem *Ineinsfall* von ὅτι und διότι erweist sich somit als Frage nach der und nur der πρώτη ἐπιστήμη. Nur hier bedeutet die dem Wissen als Wissen notwendige *Relationalität* nicht auch dessen *Relativität* (Geltungsabhängigkeit von bestimmtem Anderem).

ἣν δ' ἀνάγκη ἔχειν τὸν ὁτιοῦν μαθησόμενον, ἀξίωμα (erg. λέγω), Anal. post. 72 a 16-17. Die Frage nach dem, was der Lernende in der Tat besitzen *muß* (auch wenn er es nicht weiß), zeigt sich zuletzt als die Frage nach der (ontologischen) Artung dessen, der zu

80. Damit können wir das Problem der ἐπαγωγή (und damit das Problem des ὁρισμός) für das Weitere in Klammern setzen, *sofern* man darunter — wie üblich — die aristotelische Antwort auf die Frage versteht, wie man zu den den einzelnen Wissenschaften *eigentümlichen* πρῶτα gelangt. Eben — und damit kehrt sich die so häufig als typisch „aristotelisch" positiv gewertete Funktion der αἴσθησις für die ἐπαγωγή um — *weil* innerhalb der den Wissenschaften eigentümlichen Grundlagen *Hinsicht* genommen werden muß auf etwas, das durchaus „sich-anders-verhalten-könnte" in dem Sinne, daß sich dessen „nicht-anders-verhalten-können" *nicht* aufgezeigt werden kann, hilft uns dieses ganze Problem in der Klärung der Frage nach der πρώτη ἐπιστήμη nicht weiter. Aber auf der anderen Seite hat die Untersuchung von Anal. post. A 1-3 und B 19 sehr deutlich gezeigt, wohin sich das weitere Augenmerk wenden muß. (Wie jedoch K. v.Fritz gezeigt hat, läßt sich ἐπαγωγή sehr wohl auch in einem weiteren und in einem engeren Sinne verstehen. Dann haben wir es jetzt mit *der* ἐπαγωγή zu tun, die zur Explikation der ἀξιώματα führt. Und für *diese* πρῶτα bestimmt Aristoteles — und dies *muß* er, wenn er von *πρώτη ἐπιστήμη* sprechen will — sehr wohl ein ἀποδεῖξαι, eben das ἀποδεῖξαι ἐλεγκτικῶς.)

wissen strebt. Mit diesem Satz ist die unmittelbare Anschlußstelle an das in Met. A entworfene Problem gegeben. Was ist das nun, das der Lernende als Lernender schon immer mitbringen muß? Sicher sind dies nicht irgendwelche ἐπιστητά (und dazu gehören *auch* θέσις und ὑπόθεσις), um die sich in der Regel unsere Wissensbestrebungen allererst bemühen, sondern es muß die allem μανθάνειν oder die aller ὄρεξις τοῦ εἰδέναι eigentümliche Verfaßtheit selbst sein. Die Frage nach ihr ist in der Sache, nämlich des Sich-in-den-Blick-nehmens der ὄρεξις τοῦ εἰδέναι, eine Frage der *Reflexion*, und sie ist reflexiv in dem einfachen und fundamentalen Sinne, daß sie vor aller historischen Ausgestaltung dessen steht, was man geläufigerweise im Horizont der neuzeitlichen Philosophie „Reflexion" nennt. Die Art und Weise, in welcher diese Frage bei Aristoteles gestellt und beantwortet wird, ist *sein* Vollzug der Reflexion, seine reflexive Methode.

Nachdem Aristoteles in Met. Γ 2, 1003 a 21-22 die berühmte Problemformel vom „ὂν ᾗ ὂν καὶ τὰ τούτῳ ὑπάρχοντα καθ' αὑτά" aufgestellt hat, und die ebenso berühmte vom „τὸ δὲ ὂν λέγεται μὲν πολλαχῶς", 1003 a 33[81], schließt er Met. Γ 3 mit der dementsprechenden Aufgabenbestimmung ab, „ὅτι μὲν οὖν μιᾶς ἐπιστήμης τὸ ὂν ᾗ ὂν θεωρῆσαι καὶ τὰ ὑπάρχοντα αὐτῷ ᾗ ὄν, δῆλον"[82], daß es also *einer* Wissenschaft zukommt, „das Seiende als Seiendes — zur Problematik dieser Übersetzung vgl. w.u. — zu un-

81. Hier folgt die berühmte Wendung „πρὸς ἓν καὶ μίαν τινὰ φύσιν καὶ οὐχ ὁμωνύμως". Aus der seit je intensiven Diskussion um dieses Lehrstück sei hier, da wir erst später darauf eingehen werden, der problemabsteckende Aufsatz von H. Wagner genannt, Über das πολλαχῶς λέγεται τὸ ὄν, in: ders.: Kritische Philosophie, Würzburg 1980. Das Verstehen dieses geschichtsmächtigen Lehrstückes — Wagner weist als erstes auf die analogia-entis-Lehre hin — ist abhängig vom Verständnis des „Woraufhin" des πρὸς μίαν ἀρχήν, 1003 b 6, oder des καθ' ἕν, 1003 b 15, m.a.W. dem πρῶτον (1003 b 16-17: πανταχοῦ δὲ κυρίως τοῦ πρώτου ἡ ἐπιστήμη, καὶ ἐξ οὗ τὰ ἄλλα ἤρτηται, καὶ δι' ὃ λέγονται — wieder findet sich die bezeichnende Wortwahl ἐξ οὗ und δι' ὅ). *In welchem Sinne* werden die zu unterscheidenden Bedeutungen auf Eines und ein Erstes bezogen, ἀναφέρεται, wie es 1004 a 25-26 heißt? Diesen Fragen gehen wir im 2. Kapitel im Durchgang durch den Text von Met. Γ 1-4 nach.

82. 1005 a 13-14.

tersuchen und das diesem *als* Seiendem Zukommende, ist offensichtlich." —

Der Weg unserer Untersuchung geht nun aus von der Bestimmung dieser Wissenschaft vom Ersten und deren bei Aristoteles skizzierten und vollzogenen Vorgehensweise und zwar mit Blick auf das Ergebnis von Met. A, daß nämlich vom Begriff von πρῶτα (πρώτη ἐπιστήμη) *her* sich allererst das Verhältnis zu dem, bezüglich dessen es πρῶτον ist, begreifen läßt. Nicht im „Durchlaufen"[83] der mannigfaltigen Bedeutungen von ὄν gelangen wir zu derjenigen Bedeutung (πρὸς ἕν) von ὄν, auf welche hin die mannigfaltigen Bedeutungen von ὄν ausgesagt werden, sondern *umgekehrt*, das schon mitgebrachte „Erste", bezüglich dessen das πολλαχῶς ein „πρὸς μίαν τινὰ φύσιν" ist, ist ἀρχή und damit Einheit stiftender Grund des πολλαχῶς λέγεται τὸ ὄν. Wie jedoch gelangen wir zur Kenntnis dieser ἀρχή?[84]

Bezugnehmend auf die Analytischen Schriften[85] (!) weist Aristoteles in Met. Γ 3 die Untersuchung der in den mathematischen Wissenschaften sogenannten ἀξιώματα[86] *einer* Wissenschaft zu (einer *Wissenschaft*!) — derjenigen des Philosophen.[87] Da sich *alle* ihrer bedienen und sie die axiomatischen Prinzipien von *allem* sind, und insofern τοῦ ὄντος ᾗ ὄν, unternahmen es weder die Geometer noch die Arithmetiker, da sie ja nur einen *Teil* (des Seienden) betrachten, zu untersuchen, „εἰ ἀληθῆ ἢ μή" — ob sie wahr seien oder nicht.[88]

83. Das Durchlaufen, „discurrere", der mannigfachen Bedeutungen, um mittels der comparatio, reflexio und abstractio zu ihrem Gattungsbegriff zu kommen, entspräche der Begriffsbildungstheorie des 18. Jahrhunderts. Das „Gemeinsame" wäre damit seines Voraussetzungscharakters, seiner notwendigen Vorgängigkeit enthoben.

84. Dies ist die entscheidende Frage für die Frage nach dem Typus des Prinzipbegriffs, wie er in diesem Problemkontext von Aristoteles dargelegt wird.

85. 1005 b 4.

86. περί τε τῶν ἐν τοῖς μαθήμασι καλουμένων ἀξιωμάτων καὶ περὶ τῆς οὐσίας, 1005 a 19-21.

87. Ob man auch hier noch vom mathematischen Ursprung dieser Prinzipien sprechen möchte?

88. Dieser — im bedeutungskomprimierten Zusammenhang und deswegen in den zitierten Arbeiten wohl unbeachtet gebliebene — unauffällige Satz stellt in al-

Ausgenommen von diesem Vorwurf sind einige Physiker, die dachten (oder bloß annahmen), daß sie von dem hier zur Rede stehenden Problem handelten, weil sie die „ganze Natur“ (περί τε τῆς ὅλης φύσεως σκοπεῖν, 1005 a 32-33) betrachteten — die aber ist ja nur ein γένος τοῦ ὄντος, eine Art des Seienden.

Da nun in jeder Gattung die sichersten Prinzipien anzugeben weiß, wer die vollste Erkenntnis besitzt, so auch περὶ τῶν ὄντων ᾗ ὄντα (dies bleibe hier mit Blick auf Späteres unübersetzt), — ἔστι δ' οὗτος ὁ φιλόσοφος. βεβαιοτάτη δ' ἀρχὴ πασῶν περὶ ἣν διαψευσθῆναι ἀδύνατον· γνωριμωτάτην τε γὰρ ἀναγκαῖον εἶναι τὴν τοιαύτην (περὶ γὰρ ἃ μὴ γνωρίζουσιν ἀπατῶνται πάντες) καὶ ἀνυπόθετον. ἣν γὰρ ἀναγκαῖον ἔχειν τὸν ὁτιοῦν ξυνιέντα τῶν ὄντων, τοῦτο οὐχ ὑπόθεσις· ὃ δὲ γνωρίζειν ἀναγκαῖον τῷ ὁτιοῦν γνωρίζοντι, καὶ ἥκειν ἔχοντα ἀναγκαῖον. ὅτι μὲν οὖν βεβαιοτάτη ἡ τοιαύτη πασῶν ἀρχή, δῆλον· τίς δ' ἔστιν αὕτη, μετὰ ταῦτα λέγωμεν. τὸ γὰρ αὐτὸ ἅμα ὑπάρχειν τε καὶ μὴ ὑπάρχειν ἀδύνατον τῷ αὐτῷ καὶ κατὰ τὸ αὐτό, Met. Γ 1005 b 11-20[89] : Das aber ist der Philosoph. Das sicherste aber aller Prinzipien ist dasjenige, in Bezug auf das man sich nicht täuschen kann. Denn ein solches muß notwendigerweise am wißbarsten sein (denn alle täuschen sich in dem, das sie nicht kennen) und voraussetzungslos. Denn dieses muß notwendigerweise jeder, der nur irgendetwas erkennen soll, besitzen; es ist keine Annahme. Was aber jeder, der nur irgendetwas erkennen soll, notwendigerweise kennen muß, das muß er notwendigerweise schon mitbringen. Daß nun ein solches Prinzip das sicherste von allen ist, ist klar. Welches es aber ist, wollen wir nun sagen. Denn es ist unmöglich, daß dasselbe demselben in derselben Hinsicht zugleich zukommen und nicht zukommen kann. — Der Zusammenhang ist deutlich: Das sicherste (und damit natürlich auch „wißbarste“, „wissenschaftlichste“ und also auch „ausgewiesenste“) aller Prinzipien ist dasjenige, bei dem man sich nicht täuschen *kann*, — es ist notwendig am erkennbarsten(!) — und

ler wünschenswerter Deutlichkeit die von Aristoteles klar erkannte Notwendigkeit des Prinzipien*ausweises* dar, welche angeblich fehlende Einsicht der genannten Literatur als Mangel der aristotelischen Prinzipienlehre erscheint.

89. 1005 b 11-20.

— da sich ja alle nur in etwas täuschen, das sie nicht erkennen — ἀνυπόθετον.[90] Was man *notwendig* für die Erkenntnis von irgendetwas schon mitbringen muß, ist keine ὑπόθεσις. Pointiert könnte man weiter erläutern: Daß dies das „sicherste" aller Prinzipien *wäre*, ist klar. Welches es aber *ist*, wollen wir nun sagen: Daß nämlich dasselbe demselben in derselben Hinsicht unmöglich zugleich zukommen kann und nicht zukommen kann.

Dieses Prinzip erfüllt die angegebene Bedingung: *ἀδύνατον* γὰρ ὁντινοῦν ταὐτὸν ὑπολαμβάνειν εἶναι καὶ μὴ εἶναι. Denn unmöglich kann jemand in Bezug auf ein und dasselbe annehmen, daß es (etwas, — zu dieser Ergänzung s.w.u.) sei und nicht sei.[91]

Entscheidend zunächst für unsere Problemführung an dieser so häufig besprochenen Passage ist der im Terminus „ἀδύνατον" sowohl in der Forderung, was dieses Prinzip erfüllen müsse, wie auch der in dem artikulierten Prinzip behauptete *relationale* Charakter dieses Prinzips: Er behauptet nicht eine *un*-bezügliche Notwendig-

90. Damit ist rückwirkend bestätigt, daß θέσις und ὑπόθεσις wie auch ἀξίωμα zwar ἄμεσος, nicht jedoch — im Gegensatz zum ἀξίωμα — notwendigerweise etwas sind, worüber man sich *nicht* täuschen könnte.

91. 1005 b 23-24. Vgl. zum folgenden Problemzusammenhang Ingeborg Schüßler, Semantik und Logik, Der elenktische Beweis des Satzes vom Widerspruch, in: K.-H. Volkmann-Schluck zum 60. Geb., Frankfurt 1974. Zitiert und herausgehoben sei diese Arbeit Schüßlers, weil sie nicht nur die Argumentstärke der den Widerspruchssatz betreffenden Elenktik deutlich zeichnet, sondern weil sie den hier behaupteten Zusammenhang mit den πρῶτα des Syllogismus ebenfalls so andeutet, daß „die ἀρχαί des Beweises begründungsbedürftige, *gründende* Gründe", vgl. S. 56 (Herv. v. Vf.), sein müssen. Für diese gebe es zwar keine syllogistische Apodeixis, „dennoch ist ein Beweis notwendig", ebd. Schüßler, sich auf Met. Γ beschränkend. Und sie hebt, weil sie sich hierauf beschränkt, auf die semantische Bedeutung dieses Axioms ab, insofern Aristoteles ja in Met. Γ mit diesem die Voraussetzungen oder das Prinzip von σημαίνειν (besser: τι σημαίνειν) darlegt. (Über die von Schüßler ungesehene Problematik des deutschen Terminus „Semantik", ob er nämlich überhaupt das unter τι σημαίνειν angesprochene Problem wiederzugeben in der Lage ist, vgl. Kap. II.) Wie Schüßler, S. 53, sagt, ist die logische wie ontologische Bedeutung dieses Prinzips bekannt, der sie die „semantische" zur Seite stellt. Worauf hier hingegen abgehoben wird, ist der innere Wesensbezug zur πρώτη ἐπιστήμη, insofern sie eben πρώτη sein soll. Hierin liegt die vorzügliche, primäre Funktion der Elenktik, die in der Sache keineswegs auf den Ausweis des Widerspruchprinzips allein beschränkbar ist.

keit (ein Widersinn!), sondern nimmt Bezug auf die δύναμις, auf das δύνασθαι dessen, der sich täuschen und — in eben der genannten Beziehung — nicht täuschen *kann*. So nimmt der ausführliche „Beweis" dieses Satzes in Γ 4 *notwendigerweise* Bezug auf den ἀμφισβητῶν[92], der nur *irgendetwas* sagen müsse, um ihn widerlegend — da er selbst dieses Prinzip in seiner Rede voraussetzt, um *überhaupt* τι λέγειν zu können[93] — das genannte Prinzip noch als notwendig für dessen Bestreitung zu erweisen. Mit *Bezug* auf das immer schon *Vorausgesetzte* in *allem* λέγειν *wird* die Notwendigkeit dieses Prinzips einsichtig (also *nicht* mit Blick auf das λέγειν, — es handelt sich hier nicht um „Sprachanalyse"). Und dieser *Prozeß* des Einsichtig*werdens* dieser Notwendigkeit ist für den Begriff dieses Prinzips insofern schlechterdings *integrierend*, als er so und *nur* so *wissenschaftlicher* Begriff, *wißbares* Prinzip ist.

Aristoteles sagt ausdrücklich, daß dieser Beweis nur *in* dieser Bezüglichkeit Sinn hat. Gäbe der Widerstreitende keinen λόγος, wäre es ja lächerlich, gegen ihn reden zu wollen, da dieser einer Pflanze gleichkäme.[94]

διὸ πάντες οἱ ἀποδεικνύντες εἰς ταύτην ἀνάγουσιν ἐσχάτην δόξαν· φύσει γὰρ ἀρχὴ καὶ τῶν ἄλλων ἀξιωμάτων αὕτη πάντων[95] — daher führen alle, die einen Beweis geben, auf diese letzte Annahme zurück; denn seiner Natur nach ist dieses Prinzip Prinzip auch der anderen Axiome (Prinzipien).

Dieser Satz ist für unsere Arbeit insofern von weitreichender Bedeutung, als er eigentlich bestimmt, wie man den letzten Satz der Anal. post.[96] zu verstehen hat. Das Widerspruchsprinzip artikuliert den anfänglichen Grundriß, den ersten Sinn alles λέγειν und ὄν, weil es seiner φύσις nach πρῶτον alles Wißbaren ist und damit

92. 1006 a 13.

93. Hier folgt die bekannte Konsequenz: τὸ γὰρ μὴ ἓν σημαίνειν οὐθὲν σημαίνειν ἐστίν, 1006 b 7.

94. 1006 a 13-15.

95. 1005 b 32-34.

96. Anal. post. 100 b 15-17. Ich gebe den vorhergehenden Satzteil mit: νοῦς ἂν εἴη ἐπιστήμης ἀρχή. καὶ ἡ μὲν ἀρχὴ τῆς ἀρχῆς εἴη ἄν, ἡ δὲ πᾶσα ὁμοίως ἔχει πρὸς τὸ πᾶν πρᾶγμα.

ἀρχή des ἐπίστασθαι *selbst*. Νοῦς muß insoweit und genau insoweit als Prinzip von Wissenschaft gefaßt werden, als seine anfängliche Verfaßtheit der Mannigfaltigkeit der erkennenden Tätigkeiten Einheit durch den Bezug auf diesen Ursinnn oder diese „erste" Bestimmtheit von λόγος und ὄν gibt. Damit muß die wortgetreue Wiedergabe: „Vernunft ist wohl Prinzip von Wissenschaft" unzulänglich bleiben, da sich dieser Satz durchaus doppelsinnig verstehen läßt: Vernunft mag Prinzip der Wissenschaften sein, insofern sie, sei es epagogisch oder horismetisch, deren jeweils Erstes thetisch oder hypothetisch darlegt, sie kann hingegen auch Prinzip von Wissenschaftlich*keit* sein, insofern ihre anfängliche Verfaßtheit selbst der anfängliche Grundriß aller Wissenschaften ist. Im ersten Falle ist sie das (heute würden wir sagen: hervorbringende) Prinzip der jeweiligen, den Wissenschaften als Erstes dienenden (ἴδιαι ἀρχαί im Gegensatz zu den κοιναὶ ἀρχαί, den ἀξιώματα, vgl. dazu u.a. Anal. post. 76 a 38; 76 b 14; 77 a 26, 30 und Met. 1061 b 17) Ausganges, Prinzip des den jeweiligen Wissenschaften eigentümlichen Untersuchungsthemas. Im zweiten Falle ist sie das (vor aller logisch-ontologischen Unterscheidungs*möglichkeit* liegende, *weil* in beiden Unterscheidungshinsichten schon vorausgesetzte) Prinzip des Anfangs von Wissenschaftlich*keit*, da ihr axiomatischer Grundriß anfänglich schon den einen Sinn von Wissen und Wissenschaft absteckt, auf den sich alle Wissenschaften in ihrer Mannigfaltigkeit *als* Wissenschaften immer schon beziehen müssen.

Das Problem der Bestimmung dieser φύσις, *ihres* ὁρισμός und des *Weges* zu ihr, ἐπαγωγή, zeigt sich nunmehr völlig verändert: Das ἀποδεῖξαι ἐλεγκτικῶς beantwortet in *einem* die sonst immer zu unterscheidenden und nur getrennt voneinander zu beantwortenden Fragen, „ob" und „was" dieses Prinzip ist.

Sofern der ἀμφισβητῶν dieses Prinzip bestreitet, *stellt er sich in die Grundbezüglichkeit dieses Satzes*, insoweit er überhaupt Rede gibt. So *kann* nicht gedacht werden, daß sich die Sache anders verhalten könnte, weil die *Sache* der axiomatische Grundriß des νοῦς selbst ist. Daraus folgt unmittelbar die später in Γ 8, 1012 b 15-18, gezogene Konsequenz: Wer alles wahr nennt, nennt damit auch den diesem entgegengesetzten Satz wahr. Dieser im Ausweis der ἀξιώματα notwendige Rekurs auf die πρῶτα i.S. von ἀξίωμα, diese spezifisch „reflexive“ Argument*figur* allein kann auf der einen Seite die *schlechthinnige* Allgemeinheit eines solchen Prinzips erweisen, dessen Prinzipiensachverhalt sich nicht -anders-verhalten-kann und daher auch nicht anders gedacht werden kann, auf der andern Seite die *Bestimmtheit* dieses schlechthin allgemeinen Sachverhaltes aufweisen, weswegen nicht *alles* wahr sein kann.

So scheinen wohl Axiomatik und Elenktik unauflöslich miteinander verflochten. Die *selbst* axiomatisch ermöglichte Elenktik läßt dem ἄνθρωπος den axiomatischen Grundriß der nur dem ἄνθρωπος eigentümlichen φύσις, die durch die ὄρεξισ τοῦ εἰδέναι bestimmt ist, einsichtig werden.

—

Dies aber halten wir abschließend fest: Das ἀποδεῖξαι ἐλεγκτικῶς ist diejenige μέθοδος der πρώτη ἐπιστήμη, die der *Überprüfung* des als πρῶτον Behaupteten in der Philosophie dient. Sie ist ihrerseits jedoch nicht die μέθοδος, die positiv zur Artikulation der πρῶτα führt. Damit — und mit diesem Hinweis mag es hier sein Bewenden haben, da es einer eigenen Arbeit bedürfte, dies im Einzelnen zu zeigen, — weist die aristotelische Elenktik wesentliche Entsprechungen zur Funktion des genuin philosophischen ἔλεγχος bei Platon auf, man vgl. die *argumentative Funktion* des ἔλεγχος im *Sophistes* in der (nach Platons Zählung) sechsten Sophistendefinition 230 b-d, in der man, wie es ironisch vermerkt wird, ausgerechnet statt auf den gesuchten Sophisten auf den Philosophen stößt. Der sowohl problemtopologisch wie terminologisch leicht nachweisbare Zusammenhang des platonischen *Sophistes* und den Ausführungen in Aristoteles' Met. Γ stellt einen außerordentlich vielsagenden Kontext der aristotelischen und platonischen „Methoden“-überlegung des (gen. obj.) Philosophierens dar, der in der Forschung noch zur Auswertung ansteht.

KAPITEL II

Die konstitutionstheoretische Bedeutung der Axiomatik

Die Nichtformalität der aristotelischen Axiomatik

Die Prinzipienlehre der πρώτη ἐπιστήμη erwies sich im strengen Sinne als Axiomatik. Axiomatik heißt: Ausweis derjenigen Prinzipien, die alles Wissen von ..., Erkennen von ... ermöglichen. Axiomatik heißt *nicht*: Ausweis derjenigen Prinzipien, die ein Wissen oder Erkennen von diesem oder jenem Einzelnen *als* diesem Einzelnen ermöglichen. Sind also die ἀξιώματα „formale" Prinzipien?

Insoweit die axiomatischen Prinzipien nicht die Prinzipien der jeweiligen (inhaltlichen) Bestimmtheit eines Erkennens (von etwas als etwas) darstellen, scheint die Frage bejaht werden zu müssen. Sie sind „allgemein" in dem Sinne, daß sie nicht „generisch" allgemein sind wie die Erkenntnisprinzipien des Arztes, die ihm das Wissen verschaffen, daß dieses Heilmittel dem an dieser Krankheit leidenden Kallias hilft, weil es *allen* an dieser Krankheit Leidenden hilft. Die Allgemeinheit der ἀξιώματα jedoch ist von der Art, daß sie sowohl noch das Allgemeinwissen des Arztes (oder eines anderen Wissenschaftlers) wie auch das Erkennen von einem einzelnen Bestimmten, insofern es überhaupt Erkennen ist, ermöglicht. Die ἀξιώματα eröffnen anfänglich die Möglichkeit, daß der Mensch etwas *überhaupt* als etwas erkennen oder bestimmen kann, und insofern eröffnen sie die Möglichkeit der *Inhaltlichkeit* des εἰδέναι (im weitesten Sinne) und damit die ὄρεξις τοῦ εἰδέναι selbst.

Erinnern wir uns an die aristotelischen Ausführungen in Met. A 1: Die Auslegung der φύσις ἀνθρώπων als einer ὄρεξις τοῦ εἰδέναι nahm den Terminus εἰδέναι in seiner weitestmöglichen Bedeutung, so daß selbst die αἴσθησις sich als eine, wenngleich elementarste Form von εἰδέναι (und damit die etymologische Herkunft des Terminus εἰδέναι als sachhaltig) erwies. Alle Stufen dieses εἰδέναι unterscheiden sich zwar in der Art und Weise, wie sich die φύσις ἀνθρώπων auf etwas bezieht oder darauf gerichtet ist, überall jedoch *ist* sie auf etwas bezogen. Diese *Seins-Bezogenheit* kennzeichnet eine *innere Dynamik*, die durch die ὄρεξις angezeigt wird: Dieses, auf das wir da je in allen Wissensstufen gerichtet sind, soll *als* ein solches, das sich nicht anders verhalten kann, bestimmt und gesichert werden. Die Frage nach dem διότι muß sich stellen, wenn jedes ὅτι sich als ein Bestimmtes erweist: Warum ist dieses („Was") dieses und kein anderes (der Sokrates zweibeinig)? Die Warumfrage setzt die Bestimmtheit von etwas (von dem, nach dessen Warum gefragt wird) *voraus*, das sich uns — gleich auf welcher Stufe des Wissens — notwendig und immer *als etwas* zeigt. Die Dynamik der ὄρεξις τοῦ εἰδέναι resultiert also aus der Frage, ob die Bestimmtheit, in der sich uns etwas zeigt, diesem in Wahrheit oder notwendig zukommt oder nicht zukommt: Das Beunruhigende, der Mangel der φύσις ἀνθρώπων besteht also darin, daß sich uns *alles* notwendig als *etwas* zeigt, noch ungesichert als etwas zeigt. Dasjenige, auf das wir da je gerichtet oder bezogen sind, haben oder besitzen wir nicht gleichsam in statisch-polarer Beziehung, sondern in allen Wissensstufen sind wir immer so auf etwas gerichtet, daß es sich uns *als etwas* (und darin als begründungsbedürftig) zeigt.

Nennen wir dasjenige, auf das wir da immer gerichtet sind, griechisch τι oder ὄν, so besteht die die ὄρεξις hervortreibende Beunruhigung darin, daß sich jedes τι oder ὄν *als* τι oder ὄν erweist. Hinter dem kleinen Wörtchen „als", griechisch „ᾗ", verbirgt sich das eigentliche *Problem* der φύσις ἀνθρώπων, die immer auf etwas gerichtet ist: *Das Problem der Bestimmtheit von allem*, auf das wir je — sei es in der αἴσθησις, μνῆμη, ἐμπειρία, τέχνη oder ἐπιστήμη — gerichtet sind.

Nicht also, *daß* wir *überhaupt* auf etwas gerichtet sind, sondern daß unsere Bezogenheit auf etwas immer eine Bezogenheit auf etwas *als* etwas ist, kennzeichnet diese Urdynamik des *Verhältnisses* der φύσις ἀνθρώπων zu jedwedem Inhalt des Erkennens — es sei wiederholt: sei es der αἴσθησις, μνῆμη, ἐμπειρία, τέχνη oder ἐπιστήμη. Weil nichts, auf das wir da je bezogen sind — und sei es in der Phantasie — *in sich unterschiedslos* ist, sich notwendig jedwedes als bestimmt erweist, müssen wir von der *inneren Differenz*, der *Unterscheidung in sich* von allem sprechen, auf das die φύσις ἀνθρώπων je schon bezogen ist. Diese *ontologische Bezogenheit* der φύσις ἀνθρώπων auf die ὄντα unterscheidet das Ziel des Philosophierens, das man so leichthin als ein Streben zur Autarkie auslegt, von der Autarkie eines aristotelischen „Gottes", dessen Seinsdefiniendum gerade Seinsunbezüglichkeit ist; das Philosophieren als eine ὁμοίωσις θεῷ auslegen zu wollen (im Anschluß an Platon, Theait. 176 b), muß daher zuhöchst problematisch bleiben, solange wir es mit einem θεός von aristotelischem Typus zu tun haben.

Wenn wir den systematischen Ursprung und Grundriß aller ὄρεξις τοῦ εἰδέναι (im erörterten umfassenden Sinne des ersten Satzes der Metaphysikschrift) begreifen wollen, müssen wir zu verstehen suchen, was es denn bedeutet, daß sich jedwedes *notwendig und immer als etwas*, also *bestimmt* zeigt: dieses Thema, genau und terminologisch nicht besser treffbar, ist im ersten Satz des Buches Γ der Metaphysikschrift als *das* Thema der πρώτη ἐπιστήμη bestimmt: das Thema „ὂν ᾗ ὄν"!

Bevor wir uns in die Auseinandersetzung mit den Erörterungen dieses Lehrstücks, dieses nach dem Bisherigen fundamentalen und systematisch tiefsten Themas der Metaphysikschrift, begeben, ist es gerade mit Blick auf die mannigfachen Versuche, dieses Lehrstück mittels Textvergleich mit anderen Büchern, philologischer Textanalyse und unter Einbeziehung der Eingebundenheit des aristotelischen Denkens in das Lehrgut der Akademie aufzuhellen, geboten, den philosophisch-systematischen Gehalt und Rang dieser ganzen Fragestellung sachlich in den Blick zu nehmen, um nicht fortwährend systematisch Dependentes als sachlich Paralleles zu behandeln. Erst mit Blick auf die sachliche Tragweite des in dem berühmt-berüchtigten Theorem von „ὂν ᾗ ὄν" angezielten Problems läßt sich sinnvoll die Frage stellen, wieweit sich Aristoteles des systematischen Rangs dieser Fragestellung bewußt war und ob er die systematische Ebene dieses Problems in seinen Ausführungen de facto auch durchhielt. Was bedeutet es, daß jedes ὄν ein τι ὄν ist, daß sich jedes ὄν *als* etwas (ὄν) zeigt? Das Urproblem der Bestimmtheit von jedwedem ist es ja, das die ὄρεξις τοῦ εἰδέναι hervortreibt, das Problem vom „ὂν ᾗ ὄν".

Dieses Problem der Bestimmtheit *muß* allem Denken, Erkennen (allen Wissenschaften) ebenso anfänglich zugrundeliegen wie allem, was nur irgendwie Thema sein kann, wie allem, auf das die φύσις ἀνθρώπων je bezogen sein kann. Das Prinzip der notwendigen Bestimmtheit geht somit jeder logisch-ontologischen Unterscheidungsmöglichkeit voraus, sofern man die Begriffe „logisch" und „ontologisch" in — wie immer gedachte — alternäre Beziehung setzt. Allenfalls mag man von der „logischen" und „ontologischen" Bedeutung dieses Problems der Bestimmtheit sprechen, was insofern höchst unscharf bleibt, als jede Logik im Sinne der Formallogik (und wir fragten ja oben, ob sich die ἀξιώματα als „formal" verstehen ließen) und jede Ontologik (als Lehre von einem wie immer bestimmten Sein) das Bestimmtheitsproblem voraussetzen: Sei es die an der klassischen, sog. „substanztheoretischen" Ontologie orientierte „S ist P"-Logik, sei es die „funktionstheoretisch" orientierte „a R b"- (bzw. „R a,b"-)Logik, beide *setzen voraus* (und erklären nicht) die Möglichkeit, daß das Denken etwas-als-etwas denken oder etwas-zu-etwas in Beziehung *setzen* und als Einheit denken kann. Jede Ontologie, sei es, daß sie das „Seiende" als Durch-sich-selbst-bestimmtes (Substanz) oder als Relat einer Beziehung versteht, setzt die Bestimmtheit des Seienden oder der Beziehung voraus, welch letztere die Bestimmtheit der Relata nach sich zieht.

Die Voraussetzung aller (Formal-)Logik, die Möglichkeit des Urteils (*überhaupt*, wie Kant sagen würde), ist identisch mit der Voraussetzung aller (gegenstandsbestimmenden) Ontologie, — der Möglichkeit des Bestimmtseins selbst. Und darin liegt ein Dreifaches: Möglichkeit der Bestimmtheit des Zu-Bestimmenden, des grammatischen Subjektsbegriffs, Möglichkeit der Bestimmtheit des Bestimmenden, des Prädikatsbegriffs, Möglichkeit der Bestimmtheit der Bestimmungsrelation selbst, in klassischer Diktion also der Kopula. Alle drei Probleme stehen *de facto* im Text von Met. Γ 3 und 4 zur Rede und lassen sich eindeutig unterscheiden. Daß Aristoteles diese notwendig miteinander verknüpften und doch zu unterscheidenden Probleme nicht streng auseinanderhält, ist ihm wohl eher nachzusehen als der Literatur zum Thema. Vgl. zur ersten Übersicht über die Problematik auch die am Ende des Buches abgedruckten Vorträge des Vf., die auf die Notwendigkeit einer Unterscheidung dieser Fragestellungen ausdrücklicher aufmerksam machen, vgl. S. 283-320, insbesondere S. 308-317.

Mag man die Termini „Logik“ und „Ontologie“ auch in einem umfassenderen, nicht disziplinären Sinne verwenden, so daß die Explikation des Bestimmtheitsprinzips selbst einer nun nicht mehr als „formal“ zu verstehenden Logik untersteht (wie wir dies bei Kant und in der transzendentalphilosophischen Tradition sehen) oder z.B. einer dann nicht mehr gegenstandsbestimmenden (sondern „fundamentalen“) Ontologie, die die Möglichkeit des Seinsverstehens aus der Analyse der wie immer verstandenen Subjektivität zu explizieren unternimmt (wie wir dies in der Konzeption von Heideggers „Sein und Zeit“ sehen), so bleibt neben solch terminologischen Fragen sachlich bestehen, daß sich die Explikation des Bestimmtheitsprinzips nicht mehr als „bloß“ logisch oder „bloß“ ontologisch begreifen läßt und daß diese Explikation eine Explikation der *Reflexion* auf den Grund der Möglichkeit allen Denkens und Seins, d.h. eben allen bestimmten Denkens und bestimmten Seins, sein muß.

Die Explikation der systematischen Problemebenen zeigt sofort, von welch vagem und unzureichendem sachlichen Verständnis die Rede von der nur „logischen“ Bedeutung z.B. der ἀξιώματα oder z.B. die Rede von der nur „ontologischen“ Bedeutung von Met. Γ 1 und 2 als einem „ontologischen“ Lehrstück sein muß, Bezeichnungen, die sich fast durchgängig in der einschlägigen Literatur finden lassen. Man kann die Thematik des vierten Metaphysikbuches nicht inhaltlich verstehen wollen, ohne den Begriff von Logik und Ontologie selbst zu thematisieren. Und das implizite, häufig nicht thematisierte eigene Verständnis derart philosophisch zentraler Begriffe, hinter denen sich ja folgenreiche philosophische Sachpositionen verbergen, muß zu den unterschiedlichsten Verständnissen und Interpretationen des aristotelischen Textes führen, ohne daß deren Konkurrenz untereinander vom bloßen Textbefund her entscheidbar wäre. Dabei geht es weniger um das Verständnis einzelner Textstellen, als um das Verständnis des jeweilig systematischen Horizontes, innerhalb dessen und aus welchem heraus eben die einzelnen Textpassagen dann begriffen werden (müssen).

Der methodische Drehpunkt der Auseinandersetzung mit dem Thema der πρώτη ἐπιστήμη bei Aristoteles besteht in der Einsicht in das sachliche Bestimmungsprinzip derselben: Was ist der Grund der *Notwendigkeit* für diese und keine andere Problemführung und inhaltliche Ausgestaltung der πρώτη ἐπιστήμη bei Aristoteles? Trotz der Einsicht in die — vor allem auch in den letzten 20 Jahren zutage getretenen — Abhängigkeit der aristotelischen Problemtopoi und Termini vom Lehrgut der Akademie[1] bleibt diese Frage für die philosophische Auseinandersetzung von kardinaler Bedeutung.

Die auf den ersten Blick durch keine Problemparallele verbundenen Lehren von der φύσις ἀνθρώπων in Met. A und vom ὄν ᾗ ὄν in Met. Γ hängen aufs Innigste und zwingend zusammen, wenn man erkennt, daß in der Ursprungserhellung der πρώτη ἐπιστήμη aus der φύσις ἀνθρώπων das eben diese φύσις ἀνθρώπων *Beunruhigende* direkt zur Problemstellung von Met. Γ führt: Die problematische Beziehung der φύσις ἀνθρώπων zu den ὄντα!

Erinnern wir uns kurz an das Bisherige: Das Problem der Suche zu wissen bestand darin, daß wir schon immer von jedwedem ein (Vor-)Wissen haben, daß wir also schon immer jedwedes als ein irgendwie Bestimmtes kennen, wir auf der andern Seite jedoch zunächst nicht wissen, warum sich das so (vor-)Gewußte so und nicht anders verhält, d.h. als ein dieses und nicht ein anderes sich zeigt. Wenn die Wissenssuche intendiert, das Sich-nicht-anders-verhalten-können einer Sache einzusehen (und welch beliebig Gedachtes oder Seiendes könnte sich nicht anders verhalten oder anders gedacht werden?), wird deutlich, daß das Bestimmtsein von etwas *als* etwas, die *Unterschiedenheit* dessen, *was* bestimmt ist, und dessen, *als was* etwas bestimmt ist, diese *innere Unterschiedenheit* also von jedwedem ὄν als (τι) ὄν das Unruhe stiftende Verhältnis in allem Gewußten oder Vermeinten ist, das die ὄρεξις in Gang setzt.

Im Sachansatz also ist ausgeschlossen, daß es in der Frage nach dem ὄν ᾗ ὄν um generisch allgemeine Bestimmungen des Seienden (insofern es — bloß! — seiend ist) geht oder um einen bestimmten Seinsbereich oder gar um ein wie immer verstandenes vorzüglich Seiendes. Daß aber unter derartigen Bezeichnungen sich hauptsächlich die Diskussion um die πρώτη ἐπιστήμη als (allgemeiner) Ontologie und/oder (spezieller Ontologie von einem „Gegenstand") Theologik vollzog, ist Folge einer sachlichen Verlegenheit, in die

1. Vg. Anm. 1 zu Kap. II, S. 234 ff.

man gerät, wenn die Frage nach dem Bestimmungs*prinzip* oder dem sachlichen Leitfaden der πρώτη ἐπιστήμη nicht zureichend verstanden wurde. Und dieses Prinzip läßt sich nur finden, wenn man nach dem ernötigenden Grund der πρώτη ἐπιστήμη fragt, nach derjenigen ursprünglichen, mit und durch die φύσις ἀνθρώπων anfänglich gegebenen, *Verlegenheit*, Seins-Verlegenheit, die ein Unternehmen von der Art der πρώτη ἐπιστήμη aus sich hervortreibt und hervortreiben muß.

Die Ursprungserhellung der πρώτη ἐπιστήμη mußte also notwendig zu der Explikation der ursprünglichen Seinsverlegenheit der φύσις ἀνθρώπων führen, die darin besteht, daß der ἄνθρωπος φύσει (notwendig, schon immer) jedwedes *als* etwas „kennt", sei es als etwas wahr-nimmt (in der αἴσθησις), sei es mittels der Erinnerung erfahren hat (in der ἐμπειρία) oder sei es etwas als etwas aus diesem allgemeinen Grunde (in der ἐπιστήμη) weiß. Daß in der bloß gradativen Verlängerung und Sicherung des „etwas-als-etwas-und-nicht-ein-anderes" zuletzt keine *endgültige* Sicherung möglich ist, wirft die Frage auf, was es denn bedeutet, daß sich uns überhaupt etwas immer als etwas, in innerer Unterscheidung und damit fraglich zeigt. Und *daß* dies so ist, kann nicht einmal sinnvoll — also ohne Selbstwiderspruch — bestritten werden.

Mit der Einsicht, daß die anfängliche Bestimmtheit des ὄν dieses zu einem τι ὄν bestimmt, die anfängliche Bestimmtheit des Denkens dieses zu einem bestimmten Denken bestimmt, daß also das Thema „ὄν ᾗ ὄν" ineins und notwendig das Thema des „Urteils" (als Inbegriff des bestimmten Denkens) ist, können wir nunmehr von dem *konstitutionstheoretischen* Sinn der πρώτη ἐπιστήμη sprechen. Das Thema ist also die notwendige Bestimmtheit — oder „Geurteiltheit" — des Seienden und des Denkens. Die Erörterung der gesuchten πρῶται ἀρχαὶ τῶν ὄντων wird das ὄν *als* ὄν explizieren müssen, als ein notwendig immer (irgendwie) bestimmtes und damit immer (irgendwie) gedachtes ὄν. Diese Prinzipien konstitutieren damit eigentlich und zuletzt das ursprünglich axiomatisch bestimmte *Verhältnis* der φύσις ἀνθρώπων zu den ὄντα, das sich als das dynamische Verhältnis dieser φύσις ἀνθρώπων zu jedwedem als einem immer irgendwie bestimmten ὄν zeigt — *nicht* konstituiert die φύσις ἀνθρώπων dieses Verhältnis, sondern sie ist durch dieses Verhältnis konstituiert und in ihrem Sein bestimmt. Daher haben wir es hier nicht mit einer wie immer gearteten anthropologischen Grundlegung der πρώτη ἐπιστήμη zu tun, obwohl sie in der φύσις ἀνθρώπων grundgelegt ist, nämlich in deren ursprünglicher Bezogenheit auf die ὄντα, die eben keine (transzendentale) *Leistung* dieser φύσις ἀνθρώπων darstellt.

Damit wird deutlich, daß wir von „konstitutionstheoretisch“ nicht im Sinne der neuzeitlichen Subjektivitätsphilosophie sprechen können. Und ebenso wird deutlich, in welchem Sinne von Reflexion und warum wir das Thema der πρώτη ἐπιστήμη als „reflexiv“ bezeichnen *müssen*: in ihr geht es um das Verhältnis, um die Seinsbezogenheit der φύσις ἀνθρώπων zu den ὄντα, die immer eine bestimmte Bezogenheit ist, so daß jedes Erfassen eines ὄν ein bestimmtes Erfassen (quer durch alle Wissensstufen) und jedes ὄν ein bestimmtes ὄν ist.

Daß der Mensch etwas immer als etwas versteht — dieser zunächst nur eben faktisch scheinende Sachverhalt erweist sich als Ursprung und systematischer Leitfaden der Themenbestimmung der πρώτη ἐπιστήμη. Die Möglichkeit des Seins ist die Möglichkeit der Apophantik.

Damit wenden wir uns dem Text von Metaphysik Γ zu.

Das Problem „ὂν ᾗ ὄν“ in Met. Γ

Wir werden im folgenden die ersten drei Kapitel von Met. Γ Satz für Satz durchgehen, um die Tragfähigkeit unseres Interpretationsansatzes zu überprüfen. Gerade dies vermißt man in vielen bisherigen Interpretationen (eine rühmliche Ausnahme stellt die zit. Arbeit von Karl Bärthlein dar). Der Grund für das zumeist nur punktuelle Thematisieren einzelner Problemtopoi liegt darin, daß eben kein Verstehensleitfaden zur Verfügung stand, alle diese Problemtopoi aus *einem* systematischen Kontext heraus zu begreifen. Hinzu kommt so manche aristotelische Diktion im einzelnen, die sich in den maßgebenden und einflußreichen (von Happ gut skizzierten)

Gesamtverständnissen von Met. Γ nicht ohne umfangreiche Konstruktionen unterbringen lassen. Bis auf das Notwendigste ziehen wir dabei auch keine sog. Parallelstellen zur Kommentierung heran. Weshalb wir so vorgehen, soll aus der systematischen Problemlage von Γ selbst deutlich werden.

Die Übersetzung, zumeist durch das Zeichen „:" eingeleitet, beenden wir der Überschaubarkeit halber mit dem Zeichen „—", zentrale Termini lassen wir vor ihrer Klärung griechisch stehen, die in Klammern „(...)" gefaßten Erläuterungen stammen von uns. Auf textkritische Fragen machen wir aufmerksam, ohne uns darin verlieren zu wollen. Daß die komplexe Problemführung von Γ dennoch aus einem „Guß" ist, ist der „Probierstein" aller Interpretation. So problem- und aporienhaltig das Denken eines Philosophen vom Range eines Aristoteles sein muß, ist es doch einheitlicher Natur, und die einzelnen Probleme müssen sich aus einem systematischen Ganzen heraus verstehen lassen. Das schließt nicht aus, daß sich dennoch auch in Entscheidendem systematisch ungelöste Schwierigkeiten verbergen. Ob diese Aporien Folge des Interpretationsansatzes sind oder tatsächlich Aporien der aristotelischen Gedankenführung darstellen, bleibt dem Urteil des Lesers anheimgestellt. Immerhin sollte diese Problematik vom Interpreten selbst ausdrücklich gemacht werden.

Da wir bereits oben einige Zusammenhänge aus Γ 4 zum Widerspruchsprinzip erörtert haben, brauchen wir dieses längere Kapitel nicht auch noch Satz für Satz zu durchlaufen. Es ergibt sich als Ganzes wie im sprachlichen Detail völlig aus der vorhergehenden Problemführung von Γ 1-3, worauf wir noch eingehen. (Verwiesen sei auch hier nochmals auf die zum Schluß der Arbeit mitabgedruckten Vorträge des Vfs., die einige Details zu Γ 5 erörtern, die hier nicht mitaufgenommen wurden.)

„῎Εστιν ἐπιστήμη τις ἣ θεωρεῖ τὸ ὂν ᾗ ὂν καὶ τὰ τούτῳ ὑπάρχοντα καθ' αὑτό" (Met. Γ 1, 1003 a 21-22).

„Es gibt eine Wissenschaft, welche das Seiende als solches untersucht und das demselben an sich Zukommende" (Bonitz, S. 66) — Wir lassen derartige Verlegenheitsübersetzungen stehen und verfolgen zunächst den erläuternden Gedankengang.

Aristoteles fährt fort (1003 a 22): Diese Wissenschaft ist mit keiner der einzelnen (Teil-)Wissenschaften identisch; denn keine der übrigen betrachtet allgemein das ὂν ᾗ ὄν, sondern, indem sie sich einen Teil (μέρος) desselben herausschneiden, stellen sie über dieses ihre Untersuchungen an, was ihm zukommt (τὸ συμβεβηκός), wie die mathematischen unter den Wissenschaften. Indem wir nun die Prinzipien und höchsten Gründe suchen, so ist klar, daß diese Gründe notwendig (solche) einer φύσις καθ' αὑτήν sind („Wesenheit an sich" übersetzt Bonitz). Wenn die (die Alten), die die Elemente (στοιχεῖα) des Seienden suchten, diese Gründe suchten, so ist es also notwendig, daß die Elemente solche des Seienden nicht in akzidenteller Weise (κατὰ συμβεβηκός), sondern ᾗ ὄν („insofern sie sind" übersetzt Bonitz) sind. —

Diese aristotelische Problemexposition in Γ 1, 1003 a 21-31 wirft eine Reihe zentraler Fragen auf, die aus Γ 1 selbst noch nicht entscheidbar sind. Wir wollen sie jedoch ausdrücklich festhalten

Die Formel „τὸ ὂν ᾗ ὄν" stellt den Übersetzer vor die größte Schwierigkeit. Wie sollen wir dies übersetzen: „das Seiende als Seiendes" (und also im Sinne von *nicht* „als Nicht-Seiendes") oder: „das Seiende als solches" (eine höchst unbefriedigende Übersetzung, da das „als solches" entweder „als Seiendes" meinen kann oder „was es — jeweils! — als es selbst, nämlich dieses Bestimmte, ist", was dann auch ausdrücklich zu machen wäre) oder: „das Seiende, insofern es seiend ist" (eine sehr eindeutige Übersetzung, die die im „als", griechisch ᾗ, ausgesprochene *Hinsicht* klar zum Ausdruck bringt, das Seiende nämlich *nicht* als nicht-seiend zu untersuchen) oder: „das Seiende, insofern es etwas — also bestimmt, griechisch τι, seiend ist" (das hieße also, das Seiende zu untersuchen, insofern es bestimmt Seiendes ist — *oder*: das Seiende zu untersuchen, insofern es *überhaupt* bestimmt Seiendes ist)?

Man sieht leicht, daß die Übersetzungsmöglichkeiten oszillieren zwischen dem Problem des *Ob* von ὄν und dem Problem des *Was* von ὄν. Welche *Hinsicht* ist im ᾗ zum Ausdruck gebracht, wenn es heißt, das ὄν zu untersuchen ᾗ ὄν?

Wir lassen diese Fragen vorläufig offen und wenden uns den übrigen Aussagen von Γ 1 zu: Die gesuchte Wissenschaft ist mit keiner derjenigen Wissenschaften identisch, die sich einen Teil τοῦ ὄντος ᾗ ὄν herausschneiden (das αὐτοῦ in a 23 bezieht sich auf περὶ τοῦ ὄντος im vorhergehenden Satzteil). Wie ist die Rede vom „Teil herausschneiden" zu verstehen?

Setzt man das Thema „ὄν ᾗ ὄν" identisch mit dem Thema „πρώτη οὐσία", so daß also die Formel „ὄν ᾗ ὄν" ein — wenngleich vorzüglich — Seiendes bezeichnete[2] (denn auch die πρώτη οὐσία läßt sich ja als ὄν bezeichnen), so stellt sich hier schon die Frage, wie sich denn die πρώτη οὐσία (aus Met. Λ) als eine *Hinsicht* der Untersuchung von τὸ ὄν verstehen lassen soll, und wie diese hinsichtsgebundene Untersuchung dennoch „allgemein" sein soll. (Übrigens würde die These von der identischen Bedeutung der Formeln „ὄν ᾗ ὄν" und „πρώτη οὐσία" aus sprachlichen Gründen zur Folge haben, daß sich die πρώτη οὐσία sollte „teilen" lassen.) Ja, „schneidet" sich nicht jede hinsichtgebundene Untersuchung des Themas τὸ ὄν einen „Teil heraus" von diesem Thema? Und kann denn eine bestimmte *Hinsicht* der Betrachtung περὶ τοῦ ὄντος (nämlich ᾗ ὄν) die Untersuchung auf nur einen „Gegenstand", auf ein *Seiendes* zuleiten? Eine *Hinsicht* ist doch offenbar im „ᾗ" angesprochen (dazu weiteres später). Mit περὶ τοῦ ὄντος ist offensichtlich *alles* angesprochen, was wir ὄν nennen können, — nicht selbst ein einzelnes ὄν. Da nun jede Hinsicht der Betrachtung περὶ τοῦ ὄντος — sei es z.B. in der Frage nach der Größe, Beschaffenheit, Lage etc. — ein Gegenstands*feld* eröffnet (und damit eine auf sie gerichtete einzelne Wissenschaft ermöglicht), bedeutet die Identifikation von ὄν ᾗ ὄν mit πρώτη οὐσία im Sinne von Met. Λ,

2. Vgl. Anm. 2 zu Kap. II, S. 236 ff.

daß es in dem unter der Hinsicht ᾗ ὄν eröffneten Gegenstandsfeld der Untersuchung *faktisch* nur einen Gegenstand bzw. nur *ein* Seiendes gäbe. Muß nicht *jede* Hinsicht etwas in irgendeinem Sinne „Spezifisches" περὶ τοῦ ὄντος eröffnen?

Wir lassen auch diese Fragen hier offen und wenden uns der Frage nach dem μέρος ἀποτέμνειν zu. Was heißt dies, sich einen „Teil" τοῦ ὄντος „herauszuschneiden"?

Wie kann Aristoteles hier ausgerechnet die mathematischen unter den Wissenschaften als Beispiel für die Wissenschaften wählen, die sich einen „Teil" τοῦ ὄντος ᾗ ὄν herausschneiden? Mit Blick auf Met. K 3, 1061 a 28 — b 2, in welcher Passage Aristoteles die Erkenntnisweise oder -methode der Mathematik am deutlichsten bespricht (die mathematischen „Gegenstände" sind solche τὰ ἐξ ἀφαιρέσεως, d.h. ihnen geht eine bestimmte *Operation* — des Substraktions- oder Eliminierungsverfahrens — vorher, die alles sinnlich Wahrnehmbare am Gegenstand wegläßt (περιελῶν πάντα τὰ αἰσθητά), so daß allein die Untersuchung von τὸ ποσόν, Quantität, und τὸ συνεχές, Kontinuum, übrigbleibt)[3], wird deutlich, daß das „Teil herausschneiden" ein Betrachten des ὄν unter einer bestimmten Hinsicht bedeutet.

Im Gegensatz dazu also — so scheint man rückschließen zu müssen — betrachtet die gesuchte Wissenschaft das ὄν unter *keiner* Hinsicht, was sie eben doch, nämlich ᾗ ὄν, tut. Die Hinsicht, die im ᾗ ὄν angezeigt wird, ist in 1003 a 24 verdeutlicht: καθόλου — „allgemein". Aber in *welchem* Sinne ist hier von „allgemein" die Rede: Ist gemeint, daß die gesuchte Wissenschaft das (alle!) ὄν auf die (ihnen) gemeinsamen Bestimmungen untersucht (wobei sich die ὄντα dann vom μὴ ὄν abgrenzten) oder daß die gesuchte Wissenschaft das ὄν daraufhin untersucht, daß es *bestimmtes* ὄν ist, und also ganz allgemein das ὄν als ein *irgendwie bestimmtes* — und sei es, daß dieses etwas *nicht*-seiend ist — zum Thema hat?

Die nächste Problematik kommt in a 27-28 zum Vorschein: Die gesuchten Prinzipien τοῦ ὄντος ᾗ ὄν müssen solche einer noch unbestimmten Natur, φύσεώς τινος, sein, und Aristoteles fügt noch

3. Vgl. Anm. 3 zu Kap. II, S. 244 ff.

verstärkend hinzu, daß sie solche einer noch unbestimmten Natur *notwendig* καθ' αὑτήν, in Rücksicht ihrer selbst, seien (die φύσις wird in καθ' αὑτήν ausdrücklich eigens als diese angesprochen). Muß man also nicht wie Bonitz unter dieser φύσις eine wie immer geartete „Wesenheit", *ein* ὄν als οὐσία also, verstehen? Es würde dies daher, wenn wir beide Pole, zwischen denen die Übersetzungen von ὂν ᾗ ὄν oszillieren, noch stehen lassen, bedeuten, daß die Prinzipien, die jedwedes ὄν, insofern sie seiend oder insofern sie bestimmt-seiend sind, ermöglichen, Prinzipien *eines* Seienden und eines *Seienden* sind. Kann jedoch ein wie immer geartetes *Seiendes* Prinzip oder Grund dafür sein, daß jedwedes ὄν seiend oder bestimmt-seiend ist? Vollzieht sich hier nicht ein Verschleifen des Prinzipiendenkens mit dem, wofür die Prinzipien Prinzipien sind?[4]

Ein weiteres Problem besteht im Verständnis von συμβεβηκός in a 25 und a 30: In a 30-31 wird συμβεβηκός und ᾗ ὄν mittels des ἀλλά *gegenübergesetzt*. Soll dies heißen, daß jede Betrachtungsart, die *nicht* eine „akzidentelle" oder „bloß zusätzliche" ist, eine solche ᾗ ὄν ist? Dann ginge also die Untersuchung des ὂν ᾗ ὄν auf die jeweilig *notwendigen* Bestimmungen eines ὄν, sie bezeichnete das Vorgehen der Wesensdefinition einer Sache.

Denkt man an die zwei bekannten Abhängigkeitsordnungen[5] aus Γ 2, daß all ὄντα im Sinne von nicht-οὐσία-ὄν auf das ὄν als οὐσία sich beziehen, die spezifisch aristotelische πρὸς-ἕν-Relation, und die akademische ἐφεξῆς-Relation, die die πρώτη οὐσία als die fundamentale gegenüber den von ihr abhängigen übrigen οὐσίαι bestimmt, könnte man in der Gegenübersetzung von συμβεβηκός und ᾗ ὄν einen Hinweis darauf sehen, daß die Formel „ὂν ᾗ ὄν" auf die οὐσία und damit impliziter in der Konsequenz auf die πρώτη οὐσία zielte. Die mit ᾗ ὄν ausgedrückte Hinsicht wäre dann genau die, daß das ὄν nicht auf seine „bloß zusätzlichen", sondern auf seine ihm jeweils notwendigen Bestimmungen hin zu untersuchen wäre.[6]

4. Vgl. Anm. 4 zu Kap. II, S. 247.
5. Vgl. Anm. 5 zu Kap. II, S. 248.
6. Vgl. Anm. 6 zu Kap. II, S. 249.

Auf der anderen Seite hingegen bleibt zu bedenken: Derjenige, der von etwas eine Wesensdefinition gibt, also die notwendigen Bestimmungen von etwas darzulegen sucht, betrachtet *nicht* das ὄν ganz allgemein, nämlich nicht ganz allgemein daraufhin, daß es überhaupt ὄν (noch im offenen Sinne von „seiend" oder „bestimmt-seiend") ist. Auch er nähme sich einen *Teil* τοῦ ὄντος zum Thema, sei es in dem Sinne, daß er die Wesensdefinition nur *einer* οὐσία gäbe, sei es in dem Sinne, daß er dabei eben die bloß zusätzlichen Bestimmungen außer acht ließe. Und ebenso wäre unter ᾗ ὄν eine anderes ausschließende Hinsicht angezeigt, wollte man das Thema „ὄν ᾗ ὄν" dahingehend verstehen, daß deren Wissenschaft das ὄν allgemein daraufhin betrachten solle, daß es οὐσία sei, m.a.W. die gesuchte Wissenschaft zu klären habe, was es eigentlich heißt, daß etwas οὐσία sei, da dann außer Betracht bliebe, was συμβεβηκός im Gegensatz zu ᾗ ὄν heißt.

Die Probleme, die uns Γ 1 aufgibt, stehen in fragwürdigem Zusammenhang: Worum geht es in der Formel „τὸ ὄν ᾗ ὄν"? Geht es um das „Sein des Seienden" im Gegensatz zum Nicht-Sein, oder geht es um die notwendigen Bestimmungen eines jeden ὄν oder um die notwendige Bestimmtheit eines jeden ὄν? Geht es um die — im Gegensatz zu den bloß zusätzlichen — nur wesensnotwendigen Bestimmungen, also in der Konsequenz nur um das ὄν als οὐσία? Worin besteht die Allgemeinheit, diese eigenartige Hinsicht der gesuchten Wissenschaft? Wenn die Hinsicht diejenige des Seins im Gegensatz zum Nichtsein τοῦ ὄντος ist, erweist sich die Hinsicht als eine *ausschließende* Hinsicht, und gleiches gilt, wenn die Hinsicht nur den — im Gegensatz zu den bloß zusätzlichen — notwendigen Bestimmungen τῶν ὄντων als οὐσιῶν gilt. Oder geht es um das Bestimmtsein τῶν ὄντων, die als *einzige* Hinsicht der Untersuchung dann und nur dann *schlechthin* καθόλου sein kann, wenn das Zufälligbestimmtsein sowohl wie das Nichtbestimmtsein oder das Nochnichtbestimmtsein sich als ein *dennoch* Bestimmtsein zeigt und somit *mit* zur Untersuchung steht (wenn also — hegelisch gesprochen — das Wesen der Negation als immer bestimmter Negation impliziert ist)?

Damit wenden wir uns der aristotelischen Explikation der gesuchten Wissenschaft in den folgenden Kapiteln von Γ zu mit der ausdrücklichen Erinnerung, daß die nun folgende Untersuchung laut a 21 sehr betont als eine ἐπιστήμη bezeichnet war.

Γ 2 beginnt mit dem bekannten Theorem der mannigfachen Bedeutung von ὄν (besser: des Terminus „ὄν"), dessen vielfältige Bedeutungen alle jedoch auf Eines und eine irgendwie geartete φύσις hin ausgesagt werden (wieder taucht der fragwürdige Terminus φύσις auf): Τὸ δὲ ὂν λέγεται μὲν πολλαχῶς, ἀλλὰ πρὸς ἓν καὶ μίαν τινὰ φύσιν καὶ οὐχ ὁμωνύμως (1003 a 33-34). Der Verbeispielung dieses πολλαχῶς λέγεται τὸ ὄν anhand des ὑγιεινόν (das zunächst sprachlich ein „Gesundes" wie „gesund" bezeichnen kann, jedoch aus dem Sachkontext *nur* prädikativ zu verstehen ist, da wir ja, was die Gesundheit schützt, τὸ μὲν τῷ φυλάττειν, was gesund macht, τὸ δὲ τῷ ποιεῖν, was ein Zeichen der Gesundheit ist, τὸ δὲ τῷ σημεῖον εἶναι τῆς ὑγιείας, etc. „gesund" nennen — so hätte man also τὸ ὄν *auch* prädikativ zu verstehen, nicht als „das Seiende", sondern als „das ‚seiend'"!) folgt wiederholend, daß wie ὑγιεινόν so auch „seiend" mannigfach ausgesagt wird, immer jedoch auf *einen Ursprung* hin, οὕτω δὲ καὶ τὸ ὂν λέγεται πολλαχῶς μὲν ἀλλ' ἅπαν πρὸς μίαν ἀρχήν (1003 b 5-6). Der Terminus ἀρχή wird also mit dem Terminus φύσις *gleichgesetzt* (man denke an Phys. A. 185 a 4-5: ἡ γὰρ ἀρχὴ τινὸς ἢ τινῶν — Prinzip ist immer Prinzip von etwas). Diese Gleichsetzung von ἀρχή und φύσις macht also bedenklich, unter φύσις in Γ 1 eine wie immer geartete „Wesenheit" zu verstehen, wenn der Terminus ἀρχή im Zusammenhang der Problemführung von Γ in der Problemebene der *Prinzipien* τῶν ὄντων ᾗ ὂν steht.

Die eigentliche *Begründung* für die Eingangsthese von Γ 2 folgt *nach* der Verbeispielung der mannigfachen Verwendungsweisen von ὑγιεινόν ab 1003 b 6-10: Die einen (ὄντα) nennen wir „seiend", weil sie οὐσίαι sind, die einen, weil sie πάθη οὐσίας sind, die einen, weil sie der Weg (ὁδός) zur οὐσία oder Vergehen (φθοραί) oder Mangel an Bestimmtheit (στερήσεις) oder Qualitäten (ποιότητες) oder Machendes (ποιητικά) oder Erzeugendes (γεννητικά) der οὐσία sind oder für etwas in Beziehung zu derselben Stehendes, oder die Negationen von etwas derselben oder der οὐσία sind; deswegen nennen wir auch das μὴ ὂν εἶναι μὴ ὂν (das Nicht-Seiende oder nicht-seiend nicht seiend — das letzte ὄν ist wieder in jedem Falle prädikativ verwendet). —

Diese wichtige Passage, die die Begründung der These vom τὸ ὂν πολλαχῶς λέγεται liefert, *zwingt*, das zweite ὄν im Thema der gesuchten Wissenschaft vom ὂν ᾗ ὄν als — und *nur* als — „bestimmt seiend" zu verstehen, *wenn* wir nicht schon jetzt (sprachlich wie sachlich) mit der aristotelischen Auflistung, was wir alles ὄν nennen, in Widerspruch geraten wollen. Weder können wir eine πάθη οὐσίας noch z.B. eine στέρησις, weder die ὁδὸς εἰς οὐσίαν noch die ποιότητες einer οὐσία, erst recht nicht eine Verneinung von einem von diesen und überhaupt nicht, daß etwas nicht seiend ist oder nicht bestimmt seiend ist, in der deutschen Sprache mit „Seiendes" bezeichnen und auch nicht im Griechischem mit τὸ ὄν — sehr wohl jedoch aber mit „seiend" und im Griechischen mit (τι) ὄν und deswegen heißt es zu Beginn dieser Passage, 1003 b 6, auch nicht τὰ ὄντα λέγεται, sondern ὄντα λέγεται. Wir *müssen* also das τό zu Beginn der These in Γ 2 (Τὸ δὲ ὂν λέγεται μὲν πολλαχῶς) als designierenden Artikel und also τὸ ὄν als „ὄν" lesen — und infolge auch das τό in 1003 a 21 zu Beginn der Formel „τὸ ὂν ᾗ ὄν", so daß das Thema (wenn wir nicht schon sprachlich wichtiges ausschließen wollen) vorläufig lautet: „‚seiend' als ‚seiend'". Das ὄν scheint, wie die Verbeispielung mit ὑγιεινόν und die Auflistung in der Begründung für das Theorem vom πολλαχῶς λέγεται „ὄν" zeigen, prädikativ gebraucht. Das ist ein wichtiger Hinweis für die Themenbestimmung der gesuchten Wissenschaft.

Weil etwas οὐσία ist, ist es bestimmt (τι ὄν), weil etwas πάθη οὐσίας ist, ist es bestimmt (τι ὄν), etc., ja auch weil etwas die Negation von etwas ist, ist es bestimmt (τι ὄν).

Der folgende Gedankengang (1003 b 11-16), daß nicht nur, was nach Einem, sondern was auf eine „Natur" hin (πρὸς μίαν φύσιν) ausgesagt wird, auch *einer* Wissenschaft zu untersuchen zukommt, nimmt wieder den Terminus „φύσις" auf und fährt fort: Überall geht die Wissenschaft vorzüglich aber auf das Erste, von dem das übrige (unbestimmt: τὰ ἄλλα) abhängt und aufgrund (oder: wegen) dessen es ausgesagt wird. Wenn dies aber die οὐσία ist, wird der Philosoph die Prinzipien und Gründe (τὰς ἀρχὰς καὶ τὰς αἰτίας) der οὐσίαι (Plural!) innehaben (1003 b 16-19).

Diese kleine Passage enthält wichtige Implikationen: Zunächst ist ganz allgemein von den Wissenschaften und ihrer Eigentümlichkeit die Rede, daß sie vorzüglich auf das (jeweils!) „Erste" sich richten, von dem das übrige (die übrigen Bestimmungen) abhängt und aufgrund (oder wegen) dessen es ausgesagt wird. Dieses Erste wird im anschließenden Satz als οὐσία verstanden. Es ist also die Rede von einem *Verhältnis* — dem Verhältnis von dem, das πρὸς μίαν φύσιν ausgesagt wird, und dieser φύσις, und dieses Verhältnis wird durch die Formel „ἐξ οὗ τὰ ἄλλα ἤρτηται καὶ δι' ὅ λέγονται (abhängig sein von / vermittels, wegen etwas ausgesagt werden) bestimmt. Dieses Verhältnis wird als eine ontologische wie sprachliche Abhängigkeit ausgelegt, so scheint es jedenfalls zunächst. Beide Verhältnisbestimmungen geben dadurch nicht nur Aufschluß über das πρός in der Wendung „πρὸς μίαν φύσιν", sondern auch über diese φύσις als οθσία. Dieses Abhängigkeitsverhältnis hat ein *Gefälle*, das eine hängt vom andern ab, dieses jedoch *nicht* von jenem. *Weil* dieses Verhältnis ein *einsinniges* Abhängigkeitsverhältnis der Verhältnisglieder darstellt, sagt Aristoteles, daß sich die Wissenschaften *vorzüglich* auf das *Erste* richten.

Bevor wir dieses Abhängigkeitsverhältnis oder -gefälle näher in den Blick nehmen, ist ausdrücklich auf die noch *offene* Frage hinzuweisen, ob das Erste der πρώτη ἐπιστήμη ein im *gleichen Sinne* Erstes ist, welches „Erstes" *auch* im gleichen Sinne durch die Formel „ἐξ οὗ τὰ ἄλλα ἤρτηται καὶ δι' ὅ λέγονται" bestimmt sein wird!

Das, womit sich die Wissenschaften befassen, die etwas in seinen Bestimmungen zu erkennen suchen, ist vorzüglich jenes, *wovon* die übrigen Bestimmungen Bestimmungen sind. Zuletzt sind alle diese Bestimmungen Bestimmungen von dem, was nicht selbst Bestimmung von einem anderen ist, was also von sich her bestimmt ist oder dasjenige ist, *dem* die übrigen Bestimmungen zukommen.

(In Περὶ ἑρμενείας wird dieser Zusammenhang explizit in der Behandlung des λόγος ἀποφαντικός, der, sei es bejahend in der κατάφασις oder sei es verneinend in der ἀπόφασις, etwas als etwas-seiend oder als etwas-nicht-seiend kundgibt.)[7] Von demjenigen,

7. Vgl. Anm. 7 zu Kap. II, S. 251 ff.

dem das übrige (die Bestimmungen, τὰ ὄντα) zukommt, kann nicht selbst gesagt werden, „daß es von etwas (anderem) abhänge und aufgrund bzw. wegen (anderem) gesagt werde". Urteilstheoretisch läßt sich dies leicht als das Verhältnis von „Subjekt" und „Prädikat" deuten.

Daß die Wissenschaften *nur solches*, was in diesem Abhängigkeitsverhältnis steht, untersuchen, bleibt — und dies ist in der Sache, d.h. für den Begriff dieser aristotelischen Lehre, ausdrücklich zu machen — eine *aristotelische Voraussetzung*. Verhältnisglieder, die einander z.B. wechselseitig erfordern und voneinander abhängig sind, stehen *nicht* zum Thema. (Daher behandelt die aristotelische Urteilslehre auch nicht Sätze wie z.B. „Vater und Mutter lieben sich" oder „Massen ziehen einander an". — Indem das *innere* Verhältnis des (einen) ὄν als (viele) ὄντα zum Thema steht,[8] können Urteile mit mehrstelligen Prädikatoren nicht in das Blickfeld der Untersuchung treten. Entsprechend muß die — gegenstandsbestimmende — ontologische Lehre nur eine solche von den Bestimmungen eines von sich her Bestimmten sein, eine „einzel-gegenstands"-bestimmende Ontologie, und nicht kann das Problem der wechselseitigen Bezogenheit von etwas thematisch werden. Das aristotelische Verständnis der Wissenschaften besteht nach diesen Ausführungen also darin, daß diese etwas als etwas bestimmen und zwar so, daß sie etwas, das etwas ist, untersuchen, und nicht darin, etwas zu etwas in Beziehung zu setzen, um aus dieser Beziehung die daraus folgenden Bestimmungen für die Beziehungsglieder zu untersuchen. Bei dieser einfachen sprachlichen Abhebung gegenüber einem neuzeitlich gegenstandsbestimmenden Verfahren, das ein Subjekt voraussetzt, das etwas zu etwas in Beziehung setzt — mag es hier belassen bleiben.)

Im „ἐξ οὗ τὰ ἄλλα ἤρτηται καὶ δι' ὅ λέγονται", in diesen Verhältnisbestimmungen des (einen) ὄν zu den (vielen) ὄντα, verbirgt sich also eine ganze (gegenstandsbestimmende) Wissenschaftsauffassung sowie ein bestimmter Begriff des sich im Urteil auslegenden Denkens.

8. Vgl. Anm. zu Kap. II, S. 255 f.

Die für uns entscheidende Frage muß nun sein, ob diese Bestimmung des wissenschaftlichen Vorgehens von Aristoteles als die μέθοδος auch der πρώτη ἐπιστήμη verstanden wird. Die *sachliche* Klärung dieser Frage ist für das Verständnis und den Begriff der πρώτη ἐπιστήμη bei Aristoteles offensichtlich von entscheidender Bedeutung mit Blick auf die Frage nach der möglichen Vergleich*barkeit* der ersten zu den übrigen Wissenschaften.[9]

Der zweite Satz unseres zitierten Abschnittes (1003 b 17-19): „Wenn dies (das Erste in den Wissenschaften) nun die οὐσία ist, wird wohl der Philosoph die Prinzipien und Gründe τῶν οὐσιῶν (Plural!) innehaben." ist also von größter Bedeutung für unsere Frage. Die Prinzipien (Plural) und Gründe (Plural) der οὐσίαι (Plural) soll der Philosoph kennen (— können diese also selbst οὐσίαι sein, gar *eine* οὐσία?)

Die vertrackte Problematik wird deutlich, wenn man sich den ganzen bisherigen Gedankengang vor Augen hält: So wie die Wissenschaften auf das Erste, die οὐσία, gehen, so geht auch die gesuchte Wissenschaft, die πρώτη ἐπιστήμη, auf ein Erstes. Der Parallelisierbarkeit und Vergleichbarkeit steht aber eine sachliche Schwierigkeit entgegen: Wenn das Erste der πρώτη ἐπιστήμη die ἀρχαὶ καὶ αἰτίαι τῶν οὐσιῶν sind und wir die Parallelität streng nehmen, so müßte auch von den οὐσίαι mit Blick auf deren ἀρχαὶ καὶ αἰτίαι gelten: „ἐξ οὗ τὰ ἄλλα ἤρτηται καὶ δι' ὅ λέγονται", und dann wären die οὐσίαι durch etwas bestimmt, dessen *Gegenteil* gerade ihre Definition ausmachte!

Worin besteht also das *Verhältnis* der οὐσίαι zu den ἀρχαί καὶ αἰτίαι τῶν οὐσιῶν genau? An dieser Verhältnisbestimmung hängt nun das sachliche Verständnis von πρώτη ἐπιστήμη. Wird man die ἀρχαὶ καὶ αἰτίαι τῶν οὐσιῶν — und im Gegensatz zur *jeweiligen* μία ἀρχή, auf die sich die Einzelwissenschaften in ihrem Themenbereich vorzüglich richten, steht hier ausdrücklich der Plural — ohne weiteres im *identischen Sinne* als φύσις verstehen dürfen, so wie man die μία ἀρχή einer jeweiligen Untersuchung einer Einzelwissenschaft als die οὐσία ansehen muß, auf die sie sich vorzüglich

9. Vgl. Anm 9 zu Kap. II, S. 256 f.

richtet, weil von ihr das übrige abhängt und wegen der das übrige ausgesagt wird? Dann ergäbe sich in der Konsequenz, daß die ἀρχαὶ καὶ αἰτίαι τῶν οὐσιῶν als die (eine) οὐσία οὐσιῶν ins Blickfeld der πρώτη ἐπιστήμη geriete. Die These, daß das Thema ὄν ᾗ ὄν identisch sei mit dem Thema der πρώτη οὐσία, wie sie vornehmlich Owens und Merlan (vor allem mit Blick auf Met. K 7, 1004 a 28-29, vgl. dazu w.u.)[10] und Reale vertreten haben, impliziert, daß die πρώτη ἐπιστήμη als Prinzipientheorie, als Konstitutionstheorie τῶν ὄντων ᾗ ὄν bei Aristoteles zusammenfalle mit einer Wissenschaft von einem vorzüglich Seienden (πρώτη οὐσία). Da die Frage nach dem Verhältnis der Prinzipienlehre τῶν οὐσιῶν und der Lehre von der πρώτη οὐσία als einer durch bestimmte Charakterzüge gekennzeichneten gesonderten (χωριστή) οὐσία noch offen ist, müssen wir an dieser Stelle kurz die *sachlichen* Konsequenzen einer derartigen Bestimmung dieses Verhältnisses ins Auge fassen: Die Identifikation der (πρώται) ἀρχαὶ καὶ αἰτίαι τῶν οὐσιῶν mit einer *bestimmten* οὐσία läuft Gefahr, den konstitutiven Sinn der Prinzipien zu einer Frage nach einem Seienden zu verschleifen, von dem das übrige nur mit Blick auf eine bestimmte Bestimmung („bewegt") abhängt. Met. Λ und Phys. H und Θ zeigen wenigstens dies in aller Deutlichkeit, daß das mit der πρώτη οὐσία im Kontext der aristotelischen Bewegungslehre identifizierte erste Bewegungsprinzip zwar die erste ἀρχή der Bewegtheit des Seienden ist, sachlich — wie auch der Textlage nach — jedoch *nicht* Prinzip der Bestimmtheit des Seienden in dem Sinne ist, daß jedwedes ὄν überhaupt τι ὄν ist, und auch nicht sein *kann*. Das erste Bewegungsprinzip ist Prinzip einer *bestimmten* Bestimmung, nämlich „bewegt zu sein", — es ist als ursprüngliches Ermöglichungsprinzip des ὄν κινούμενον gefaßt.

Demgegenüber erweist sich jedoch die Fragestellung von Met. Γ als von ungleich höherer Allgemeinheit und steht damit auf systematisch fundierenderer Problemebene: Wird in der Frage nach dem ὄν als einem ὄν κινούμενον nach einem ὄν als einem in *bestimmter* Hinsicht so und nicht anders bestimmten ὄν gefragt, so ist mit der

10. Vgl. Anm. 10 zu Kap. II, S. 257 f.

Frage nach dem ὂν ᾗ ὄν das Problem der Ermöglichung bzw. der Prinzipien von Bestimmtheit, die notwendig *jedwedes* ὄν zu einem τι ὄν bestimmen, aufgeworfen. Impliziert also die Identifikation des Themas πρώτη οὐσία mit dem Thema ὂν ᾗ ὄν nicht einen unbemerkten Wechsel der systematischen Problemebenen, sei es seitens der Interpreten oder seitens Aristoteles' selbst?

Für die sachliche Beurteilung der aristotelischen Lehre von der πρώτη ἐπιστήμη ist die Vorklärung dieser Frage wie gesagt unumgänglich, da erst nach dieser Vorklärung die philosophiehistorische Frage ihre Kontur gewinnt, ob bei Aristoteles de facto eine solche Identifikation oder irgendeine Parallelität beider Themen vorliegt, ob sie einander heterogen zu stehen kommen, ob die Lehre von der πρώτη ἐπιστήμη *als* ἐπιστήμη θεολογική als systematisch fundierendes Abschlußstück innerhalb der Lehre vom ὂν ᾗ ὄν von Aristoteles verstanden wurde, oder ob deren Verhältnis bei Aristoteles in offener Fraglichkeit — jedenfalls soweit dies die Textlage zu erkennen gibt — stehengeblieben ist.[11]

Auch weiter verfolgen wir jedoch zunächst die Problemführung in Γ, ohne — was naheliegend zu sein scheint — diese Fragen mit Blick auf problemkorrespondierende aristotelische Ausführungen in anderen Büchern vorab zu beantworten (z.B. mit Blick auf Met. E 1 und Met. K 3-7, insbesondere die Passage 1026 a 18-32 oder 1064 a 28 — b 6, s. dazu w.u. den Exkurs S. 200 ff.).

Der weitere Textverlauf an unserer Stelle, ab 1003 b 19 — 1004 a 31, ist bekanntlich höchst problematisch[12] und enthält z.T. eindeutige textliche Brüche (so 1003 b 34 — 1004 a 2). Die ineinander verschlungenen Probleme dieser Passage bloß nachzuzeichnen hilft wenig, solange wir die verschiedenen Problemkomplexe, die hier angesprochen sind (Konvertibilität von ὄν und ἕν , 1003 b 23-33, Abhängigkeitsordnung der Teile der Philosophie nach den in Reihe, ἐφεξῆς, stehenden Typen von οὐσίαι, 1004 a 2-9, und der sog. Gegensatzlehre, 1004 a 9-31), nicht nur zueinander, sondern sachlich auf das Problem der (πρῶται) ἀρχαί καὶ αἰτίαι τῶν οὐσιῶν in

11. Vgl. Anm. 11 zu Kap. II, S. 258 f.
12. Vgl. Anm. 12 zu Kap. II, S. 259 ff.

Beziehung setzen. Mag auch in dem Theorem der Reihenordnung der οὐσίαι wie in der sog. Gegensatzlehre die Abhängigkeit des aristotelischen Denkens von der Akademie deutlich zutage treten, so bleibt neben der Frage der Umgestaltung solcher Theoreme doch vorrangig das Problem zu lösen, weshalb Aristoteles diese Lehrstücke *überhaupt* in den *Kontext* seiner Fragestellung nach dem ὂν ᾗ ὂν setzt, so daß diese aristotelische Rezeption bzw. Aufnahme akademischen Gedankengutes von vornherein als auch aus *seiner* Problemführung heraus rezipiert verstanden werden muß.[13] Gerade die Arbeit am Sachkontext solcher Problemtopoi ist für unsere Fragestellung deswegen von solcher Bedeutung, weil sie einen Hinweis darauf gibt, auf welcher Problem*ebene* sich die aristotelische Gedankenführung bewegt. Daß — wie jüngst noch — selbst eingehende philosophische Auseinandersetzungen mit Met. Γ z.B. die sog. Gegensatzlehre sachlich nicht weiter in den Kontext der Probleme von Met. Γ stellen und praktisch ignorieren, beweist nur, wie schwierig die sachliche Zuordnung ganzer Lehrstücke — und hier gerade im so wichtigen 2. Kap. von Met. Γ — sich dem inhaltlichen Verstehen gegenüber erweisen.[14]

Schon der Eingangssatz 1003 b 19-22 enthält philologische wie vor allem sachliche Probleme: Wie es von jeder Gattung (γένος) nur eine Wahrnehmung und eine Wissenschaft gibt, wie z.B. die Grammatik als eine Wissenschaft von den Lauten handelt, so auch nur eine Wissenschaft; deswegen ist es auch ihrer Artung nach (τῷ γένει) *eine* Wissenschaft, die Arten (εἴδει) des ὂν ᾗ ὂν zu untersuchen, ‚die Arten des Seienden aber den Arten der Wissenschaften' (übersetzt Bonitz, den Textteil „τά τε εἴδη τῶν εἰδῶν" mit Alexander „τὰ δὲ εἴδη τῶν εἰδῶν" lesend[15]). —

Der Satz enthält einen *Vergleich zweier Beziehungen*, der Beziehung von jeweiliger Wahrnehmung und ihrem jeweiligen Gegenstand und der Beziehung von jeweiliger Wissenschaft und ihrem je-

13. Vgl. Anm. 13 zu Kap. II, S. 264.

14. Vgl. Anm. 14 zu Kap. II, S. 264 f.

15. Vgl. *Ross*, Kommentar, loc. cit., Bd. I, S. 257, der die Lesart Alexanders und Bonitz' derjenigen von Natorp vorzieht. Vgl. auch die Übersetzung *Bärthleins*, loc. cit., S. 167 sowie die Paraphrase S. 167 f.

weiligen Gegenstand, und diese vergleichbare Beziehung — wenn schon dieser Vergleich nicht frei von Problemen ist — *soll* entsprechen dem Verhältnis der gesuchten Wissenschaft, die als *eine* die εἴδη τοῦ ὄντος ᾗ ὄν zu untersuchen habe, zu den εἴδη τοῦ ὄντος ᾗ ὄν. Der Terminus „εἴδη" taucht hier zum ersten Mal in Γ auf. Lassen sich die εἴδη τοῦ ὄντος ᾗ ὄν als die ἀρχαὶ καὶ αἰτίαι τῶν οὐσιῶν fassen? Oder sind (was die Übersetzung von Bonitz mit „Arten des Seienden" suggeriert), wenn die ὄντα sich zuletzt rückbeziehen auf die οὐσία, mit den εἴδη τοῦ ὄντος ᾗ ὄν die verschiedenen Arten oder Typen von οὐσίαι gemeint, auf die man dann glaubt die οὐσία-Klassifikation bzw. -Reihenordnung in 1004 a 2-9 beziehen zu können? Ist also mit den εἴδη τοῦ ὄντος ᾗ ὄν etwa jene Dreigliederung von Typen von οὐσίαι angedeutet (die physisch Seienden, die sich als χωριστὰ μὲν ἀλλ' οὐκ ἀκίνητα, die mathematischen „Gegenstände", die sich als ἀκίνητα μὲν οὐ χωριστά, die „göttlichen Dinge" der πρώτη οὐσία, die sich als χωριστὰ καὶ ἀκίνητα, erweisen — vgl. Met. E 1, 1026 a 13-16), die die *klassifikatorische* Dreigliederung der theoretischen Philosophie in μαθηματική, φυσική und θεολογική *nach sich zieht* (Met. E 1, 1026 a 18-19; vgl. dazu auch Met. K 7, 1064 a 28-36 und Met. Λ, das im ersten Kapitel thetisch der gesamten Problemführung wiederum diese — dem Problemstand der Akademie entstammende, wenngleich aristotelisch veränderte — *Klassifikation* der οὐσίαι voranstellt, 1069 a 30 ff.)? Oder zielen die εἴδη τοῦ ὄντος ᾗ ὄν hier auf die „μέγιστα γένη" im Sinne der Kategorien?

Diese Fragen sind von erheblichem Gewicht, wenn wir bedenken, daß die klassische Unterscheidung von Typen von οὐσίαι eine solche *hinsichtlich deren jeweiliger Bestimmungen* (κινητά, ἀκίνητα, χωριστά, ἀχώριστα) ist, und die *gesamte Problemebene* der Unterscheidung derartiger Bestimmungen grundsätzlich von der Problemebene der Bestimmtheit (überhaupt) geschieden ist, welch letztere in der ersten schon immer vorausgesetzt ist. Läßt sich mit anderen Worten die Frage nach dem ὂν ᾗ ὄν durch eine wie immer geartete Klassifikation oder Reihenordnung von Typen von οὐσίαι beantworten oder durch die Frage nach der (Anzahl und Bestimmtheit der jeweiligen einzelnen) kategorialen Bestimmtheit der οὐσία?

Sachlich müssen beide Problemebenen streng auseinander gehalten werden. Mag zwar hinsichtlich der Bewegtheit eine οὐσία Grund sein für die Bewegtheit der bewegten ὄντα (wie ist ihr Verhältnis zu den mathematischen „Gegenständen" z.B., die erst mittels einer menschlichen Operation, ἀφαίρεσις, thematisierbar werden, zu bestimmen?), so bedeutet jedoch hier „Grund" oder ἀρχή etwas systematisch notwendig von dem „Grundsein" derjenigen Prinzipien zu Unterscheidendes, die eben den Grund dafür abgeben, daß sich jedwedes ὄν als τι (wie immer bestimmtes) ὄν erweist. Wie — nach der Ausgangsfrage in Phys. A (und daran sei erinnert: auch der Ausgangsfragestellung des Exkurses im platonischen Sophistes, wie nämlich *eines*, der Sophist, als so *vieles* erscheinen kann) — ein ὄν viele ὄντα (das, was bestimmt ist, vieles Bestimmtes) sein kann, vermag die Lehre von der πρώτη οὐσία, von diesem möglichkeitsfreien, reinen Durch-sich-selbst-bestimmtsein der höchsten οὐσία, *prinzipiell nicht* zu beantworten (auch wenn man sie als das anschaulich von Aristoteles vorgestellte *Prinzip* der Selbstbestimmtheit verstehen wollte, dem man dann ein wie immer vorgestelltes Prinzip des Nicht-bestimmt-seins gegenüberstellen müßte).

Mit diesem — sachlich notwendigen — Schnitt zwischen den Problemebenen wird deutlich, daß jene berühmte Stelle Met. E 1, 1026 a 29-31, in unserer Fragestellung nicht weiterführt, daß nämlich, *wenn* (εἰ) es eine unbewegte οὐσία gebe, diese „früher" (gegenüber den anderen) und die (sie behandelnde Wissenschaft) Philosophie die erste sei, und diese (Philosophie) allgemein sei, weil sie erste ist, — vgl. parallel auch Met. K 7, 1064 b 1 und 11-14. Denn dieser ἐπιστήμη θεολογική käme das Prädikat „πρώτη" *hinsichtlich* der Bestimmung „Bewegtheit" zu, und ihr Thema wäre in dieser *Hinsicht* προτέρα, und man könnte diese ἐπιστήμη θεολογική — in dieser *Hinsicht* — als καθόλου bezeichnen, insofern von ihr die übrigen Wissenschaften „abhängen", *nicht* wäre jedoch ihr Thema, die πρώτη οὐσία, *selbst* καθόλου (worauf Wagner mit Recht den Finger legt[16]). Die Allgemeinheit dieser ἐπιστήμη wäre hinsichtlicher Art und nicht die der gesuchten Wissenschaft.

16. Vgl. H. *Wagner*, Zum Problem des aristotelischen Metaphysikbegriffs, loc. cit., S. 250, Anm. 1. Wagner ist in seiner Kritik an Simon Moser (Metaphysik

Wir sehen deutlich, daß zu Beginn des fragwürdigen Textzusammenhanges 1003 b 19, der das Thema der εἴδη τοῦ ὄντος ᾗ ὄν — sofern man hierunter die „Arten des Seienden" versteht — mit dem Thema der ἀρχαὶ καὶ αἰτίαι τῶν οὐσιῶν verbindet, eben auch der sachliche Zusammenhang fragwürdig wird. Der Textzusammenhang sagt jedenfalls keineswegs direkt, daß diese εἴδη als jene ἀρχαὶ καὶ αἰτίαι zu verstehen seien. Immerhin sagt der Text jedoch schon rein sprachlich darüber etwas aus, wie man jene gesuchte φύσις τῶν ὄντων (diese Wortverbindung taucht im Text selbst auf: τοιαύτη τῶν ὄντων ἡ φύσις, Met. Γ 4, 1008 b 4-5) auch verstehen *kann*, nämlich als eine, die sich in εἴδη gliedert (und der πάθη, 1004 b 6, und ἴδια, 1004 b 11, zukommen). Dennoch bleibt an dieser Stelle offen, ob hier „εἴδη" (und etwas später „πάθη" und „ἴδια") im gleichen Sinne verwendet sind, wie man von den εἴδη τῶν οὐσιῶν (so übersetzt Bonitz sinngemäß, wenn er ὄντος mit „des Seienden" wiedergibt) und πάθη oder ἴδια τῶν οὐσιῶν im Griechischen nach Aristoteles sprechen kann (wir werden später sehen, daß mit πάθη und ἴδια, obgleich sie Aristoteles hier im Kontext des Vergleiches den Zahlen als Eigenschaften zuweist, 1004 b 10-15, dennoch mit ihnen prinzipientheoretische Eigentümlichkeiten angezielt sind, wodurch sie sich eben von jener Verwendungsweise unterscheiden). Jedenfalls fände sich — in diesem Verständnis — hier zum ersten Mal eine Stelle in Met. Γ , in der das ὄν ᾗ ὄν selbst als „Seiendes", als ὄν im Sinne von οὐσία-ὄν, angesprochen wäre.

Oder sollen wir die εἴδη τοῦ ὄντος ᾗ ὄν mit Hans Wagner als „die μέγιστη γένη, welche gemeinhin κατηγορίαι heißen"[17] le-

einst und jetzt. Kritische Untersuchungen zu Begriff und Ansatz der Ontologie, Berlin 1958) in diesem Punkte beizustimmen. Wenn er konstatiert, ebd., Anm 1: „Nirgend ist gesagt, daß die Theologik, die also gleichzeitig Fundamentalphilosophie ist, vom Allgemeinen handle; gesagt ist vielmehr, daß sie selbst Allgemeincharakter besitzt.", so gilt es, dies für das Verständnis jener Stellen (E 1, 1026 a 29-31 und K 7, 1064 b 11-14) im Blick zu halten, in denen der Theologik das Prädikat „allgemein" zugesprochen wird, *insofern* sie „erste" (weil ihr Gegenstand axiologisch als „erster" — rücksichtlich der einzelnen Bestimmung „bewegt" — qualifiziert wurde) ist.

17. H. *Wagner*, ebd., S. 257; vgl. auch *Bärthlein*, loc. cit., S. 173, S. 173 f. Sachlich hat diese Auslegung zur Konsequenz, daß die Thematik vom ὄν ᾗ ὄν, weil

sen? Dann könnte man diese Stelle *nicht* mit dem Problem der Klassifikation von Typen von οὐσίαι in Verbindung bringen, sondern — was auch besser in die sachliche Problemstellung der Frage nach dem ὄν ᾗ ὄν paßte — mit dem Problem, wie vielfältig, πολλαχῶς, das (eine) ὄν als etwas ausgesagt wird. Wenngleich sich dann nun alle übrigen εἴδη auf das ὄν als οὐσία bezögen, mit ihr also das Thema der πρώτη ἐπιστήμη genau bezeichnet wäre und sie auch das γένος der gesuchten Wissenschaft darstellte, so bliebe doch der *Kontext* dieser Problematik mit dem Problem der Klassifikation von Typen von οὐσίαι offen, da die Lehre vom kategorial mannigfach ausgesagten ὄν dann zwar die μέγιστα γένη auf die οὐσία bezieht, es aber *anderer* Prinzipien oder Klassifikationsgesichtspunkte bedarf, um eine Hierarchie von οὐσία-Typen zu errichten und damit eine Teilung der Philosophie nach οὐσία-Arten.[18]

(Auch Alexander versteht die Stelle übrigens im Sinne Wagners, der Ross'sche Kommentar sagt uns dazu weiter nichts.)[19]

Dennoch bleibt auch bei diesem Verständnis von εἴδη τοῦ ὄντος ᾗ ὄν als κατηγορίαι fraglich, ob wir das μὴ ὂν εἶναι, das wir ja auch ὄν nennen, dann als eine der Kategorien ansehen können. (Auch wenn Aristoteles in der Kategorienschrift innerhalb der einzelnen Kategorien deren Negationen behandelt, was Merlan auf

schon immer in die εἴδη τοῦ ὄντος ᾗ ὄν sich auslegend, nicht auf ein wie immer „vorprädikativ" verstandenes ὄν zielen kann, was wiederum Bärthleins Interpretation von ὄν ᾗ ὄν widerstreitet. Nicht ein „vor-" oder „überkategoriales" *Seiendes* (so Bärthlein übrigens durchgehend für „ὄν") stünde demnach zum Thema, sondern die notwendige Kategorialität all dessen, was wir ὄν nennen.

18. Die sachliche Problematik des Verhältnisses der Lehre von den μέγιστα γένη (wenn dies denn tatsächlich, wie Wagner meint, mit den „εἴδη τοῦ ὄντος ᾗ ὄν" gemeint ist) einerseits und der Reihenaufstufung der οὐσίαι andererseits, es nämlich hier mit Problemen unterschiedlicher systematischer Ebenen zu tun zu haben, berührt Wagner nicht. Bei dem bloßen Konstatieren des Nebeneinanders beider Problemtopoi kann man es wohl kaum belassen, zumal wenn Textstellen aus beiden Problemkontexten verglichen oder in Zusammenhang gestellt werden.

19. Alexander, Hayduck, S. 245, 245.22 ff.: διὸ δὲ τῶν νῦν εἰρημένων δέδεικται ὅτι τῆς πρώτης φιλοσοφίας ἡ εἰς τὰ γένη τοῦ ὄντος διαίρεσις, ὃ πεποίηκεν αὐτὸς ἐν ταῖς κατεγορίας.

akademisches Lehrgut rückbezieht, thematisiert Aristoteles die Negationen, ἀποφάσεις, der einzelnen Kategorien nicht selbst *als* Kategorien.) Vor allem aber wäre die Frage zu stellen, ob denn die Problematik des ὄν ᾗ ὄν als Frage nach der Bestimmtheit von ὄν als immer einem τι ὄν identisch ist mit derjenigen, in *welchen* Kategorien das ὄν ausgesagt wird — anders formuliert: Müssen wir nicht sachlich die Frage nach der Kategorialität als solcher (daß etwas überhaupt notwendig immer als etwas ausgesagt wird) und diejenige nach den *einzelnen* Möglichkeiten, etwas als etwas auszusagen, unterscheiden?

Identifiziert man εἴδη τοῦ ὄντος ᾗ ὄν mit κατηγορίαι und identifiziert man also dieses Thema der εἴδη τοῦ ὄντος ᾗ ὄν mit dem Thema ὄν ᾗ ὄν, so ergibt sich, daß de facto die Kategorienlehre als Untersuchung derjenigen *Weisen*, in denen etwas als etwas bestimmt wird bzw. bestimmt ist, die Antwort auf die Fragestellung der πρώτη ἐπιστήμη nach dem ὄν ᾗ ὄν καὶ τὰ τούτῳ ὑπάρχοντα καθ' αὑτό darstellt — was natürlich weder der Fall ist noch sein kann. Und zwar *kann* — unter Voraussetzung eines solchen Verständnisses — diese Frage nach den εἴδη τοῦ ὄντος ᾗ ὄν nicht identisch mit der Fragestellung nach dem ὄν ᾗ ὄν sein, weil das ganze Problem der Aussageweisen von etwas als etwas (das sog. Kategorienproblem) *voraussetzt*, daß etwas *überhaupt* als etwas ausgesagt werden bzw. daß etwas *überhaupt* etwas sein kann (eben das Problem von Kategorialität selbst).

Das bedeutet also umgekehrt, daß, wenn die πρώτη ἐπιστήμη als Wissenschaft vom ὄν ᾗ ὄν schlechterdings „allgemein" sein soll, sie die konstitutiven Prinzipien der Bestimmtheit (überhaupt) des ὄν zu entfalten hat, ihr Thema also das der kategorialen Konstituiertheit von ὄν oder — einfacher gesagt — von der kategorialen Verfassung von ὄν (daß etwas überhaupt etwas sein und als etwas ausgesagt werden kann) darstellen muß.

Fassen wir kurz das Ergebnis zu 1003 b 19-22 zusammen: Wie immer man die Rede von den εἴδη τοῦ ὄντος ᾗ ὄν verstehen will, sei es, daß hierin die verschiedenen Typen von οὐσίαι oder die κατηγορίαι (vgl. jedoch das Folgende mit Blick auf 1003 b 33-36!) angesprochen sind, so bleibt von dieser Themenstellung die Frage nach der φύσις oder ἀρχὴ τοῦ ὄντος ᾗ ὄν unterschieden und damit die Frage, was dem ὂν ᾗ ὂν zukommt καθ' αὑτό. Damit stellt sich die schwierige Frage, wieweit sich Aristoteles dieser sachlich notwendigen Differenz der Problemstellungen bewußt war.

Ein völlig neues Licht fällt auf das Problem der Deutung der Wendung von den εἴδη τοῦ ὄντος ᾗ ὄν, wenn man — siehe den übernächsten Abschnitt — hier die (Relations-)Begriffe der Systoichienlehre ins Spiel bringt, wie dies Aristoteles zu tun scheint; diese Thematik wird uns später noch beschäftigen.

Wir wenden uns jedoch zunächst dem längeren problematischen Textstück (vgl. die unterschiedlichen Lesarten) von 1003 b 22 bis 1004 a 31 zu, das man vorweg grob — wie schon gesagt — in drei Problemtopoi einteilen kann und einzuteilen pflegt: 1003 b 22-23 (Konvertibilität von ὂν und ἓν), 1004 a 2-9 (Abhängigkeitsordnung der Teile der Philosophie nach den Typen von οὐσίαι) und 1004 a 9-33 (sog. „Gegensatzlehre"). Von vorrangiger Bedeutung muß es auch hier sein, die Frage zu klären, ob sich diese Problemtopoi überhaupt aus dem Kontext der bisherigen Fragestellung von Γ 1 und 2 ergeben. Daß Aristoteles insbesondere in der Reihenordnung der οὐσίαι und in der sog. Gegensatzlehre akademisches Lehrgut übernimmt bzw. aufnimmt, hat Merlan[20] ausführlich dargelegt und war ihm Grund für die Annahme der zeitlich frühen Abfassung von Γ (und damit E 1 und K 3-7). Zu klären bleibt, ob und in welchem Sinne Aristoteles hier die akademisch-pythagoreische Lehre der Fundamentalgegensätze übernimmt, die er dann später (Met. Λ, N 1, Phys. A) entschieden ablehnt. Was vertritt Aristoteles hier eigentlich, das er dann später angeblich „schärfstens ablehnt"[21]?

Die Lehre von der Konvertibilität von ὂν und ἓν beginnt 1003 b 22: (Die Einleitung beginnt mit εἰ, zieht jedoch keinen Hauptsatz nach sich) Es sind nun „ὂν" und „ἓν" (beide Male lesen wir das τό als designierenden Artikel) dasselbe und eine Natur (φύσις), insofern sie einander folgen (implizieren) wie Prinzip und Grund, wenn sie auch nicht durch einen Begriff (ἑνὶ λόγῳ) bestimmt sind — jedoch gibt es keinen Unterschied, wenn wir letzteres annehmen, sondern dies trüge zur Untersuchung noch mehr bei —; dasselbe

20. Ph. *Merlan*, From Platonism to Neoplatonism, loc. cit.
21. H. *Happ*, Hyle, loc. cit., S. 448 ff. mit Stellenangaben.

nämlich (hier folgt die Begründung) sind „ein Mensch“ und „Mensch seiend“ und „Mensch“ (εἷς ἄνθρωπος καὶ ὢν ἄνθρωπος καὶ ἄνθρωπος), und die Verdoppelung im Ausdruck „ist Mensch“ (ἐστὶν ἄνθρωπος) und „ist ein Mensch seiend“ (ἔστιν εἷς ὢν ἄνθρωπος) gibt nichts anderes (oder zusätzliches) zu erkennen. Denn auch nicht beim Entstehen oder Vergehen wird es offensichtlich getrennt, und gleiches hat statt bezüglich des ἕν, so daß der Zusatz hier nur dasselbe offenbart und nicht das ἕν etwas neben (παρά, verschieden von) dem ὄν ist; — und auch ist jede οὐσία „ἕν“ und nicht bloß zusätzlich (οὐ κατὰ συμβεβηκός), gleichwie (ὁμοίως) sie auch ὅπερ ὄν τι (ein bestimmtes ὄν) ist, so daß es soviele εἴδη von „ἕν“ (τοῦ ἑνός) wie von „ὄν““ (τοῦ ὄντος) gibt, und deren (der εἴδη) Bestimmtheit (τὸ τί ἐστι) zu untersuchen ist Sache derselben Wissenschaft (τῷ γένει, ihrer Artung nach derselben) — ich verstehe z.B. (unter den εἴδη τοῦ ὄντος ᾗ ὄν also) die Untersuchung über „dasselbe“ (ταὐτοῦ), „ähnlich“ (ὁμοίου) und was dergleichen Begriffe mehr sind. —

Nehmen wir den problematischen Text 1004 a 2 noch hinzu: Fast alle Gegensätze werden auf dieses (?) Prinzip zurückgeführt, worüber hier das in der ‚Auswahl der Gegensätze‘ Gesagte genügen möge. —

Entscheidend für das Verständnis der Konvertibilität von ὄν und ἕν ist natürlich die Begründung: „ταὐτὸ γὰρ εἷς ἄνθρωπος καὶ ὢν ἄνθρωπος καὶ ἄνθρωπος“. Nach A^b und Alexander ist hinter εἷς ἄνθρωπος ein καὶ ἄνθρωπος zu ergänzen, nach Asclepius ist das letzte καὶ ἄνθρωπος zu streichen. Sehen wir zu, ob die Lesarten in der Sache etwas anderes bedeuten können: Übersetzt man wie wir εἷς ἄνθρωπος und ὢν ἄνθρωπος und ἄνθρωπος, so daß der Satz besagt: dasselbe bedeutet „X ist ein Mensch“ und „X ist Mensch seiend“ und „X ist Mensch“, so bringt unser Satz zum Ausdruck: „ὄν“ und „ἕν“ sind allgemeine Prinzipien der Bestimmtheit (daß jedwedes in seiner Bestimmtheit dies seiend und darin Eines seiend ist), und als diese zwei Prinzipien implizieren sie einander. Setzte man also hinter εἷς ἄνθρωπος wie der Codex Laurentianus und Alexander zusätzlich ein καὶ ἄνθρωπος oder striche man das letzte καὶ ἄνθρωπος wie Asclepius, änderte sich in der Sache nichts, da nach Alexander und A^b *jeweils* εἷς ἄνθρωπος und ὢν ἄνθρωπος mit ἄνθρωπος gleichgesetzt und insofern auch εἷς ἄνθρωπος und ὢν ἄνθρωπος gleichgesetzt wäre, wohingegen nach Asclepius εἷς ἄνθρωπος mit ὢν ἄνθρωπος nur *direkt* gleichgesetzt wäre.

Übersetzte man unsere Passage jedoch mit Bonitz (S. 68): „Denn dasselbe ist *ein* Mensch und *seiender* Mensch und Mensch", so versteht man ὄν und ἕν nicht als *allgemeine* Prinzipien der Bestimmtheit, sondern als *zusätzliche* Bestimmungen dessen, was etwas ist! Denn der Satz „X ist seiender Mensch" im Unterschied zu „X ist Mensch seiend" versteht ὄν als Bestimmtheit *von* Mensch, da im ersten Satz die Existenz im Gegensatz zu „X ist nicht-seiender Mensch" behauptet wird. Damit aber verliert das Theorem von der Konvertibilität von ὄν und ἕν jeden nur möglichen Sinn, denn „ein Mensch" zu sein bedeutet keineswegs dasselbe wie ein „seiender (im Gegensatz zu nicht-seiender) Mensch" zu sein. (Ganz deutlich wird diese Fehlinterpretation bei Ross, der ὄν mit „existent" wiedergibt.)[22]

Eine kurze Zwischenbemerkung sei eingeflochten: Die Frage nach Sinn und Bedeutung der Konvertibilität von ὄν und ἕν versteht Aristoteles als das Zentralproblem der gesuchten Wissenschaft, so im problemexponierenden Aporienbuch B der Metaphysikschrift, vgl. 996 a 4 ff. (ἔτι δὲ τὸ πάντων χαλεπώτατον καὶ πλείστην ἀπορίαν ἔχον, πότερον τὸ ἕν καὶ τὸ ὄν, καθάπερ οἱ Πυθαγόρειοι καὶ Πλάτων ἔλεγον, οὐχ ἕτερόν τι ἐστιν ἀλλ' οὐσία τῶν ὄντων, ἢ οὔ, ... : Ferner ist die schwierigste von allen Fragen und die, die die meiste Unsicherheit hat, ob das eine („eins") und das Seiende („seiend"), wie Platon und die Pythagoreer sagten, nicht etwas anderes (verschiedenes) sind, sondern eine Wesenheit von den Seienden oder nicht ...) und die Erörterung dieser 11. Apo-

22. Vgl. *Ross'* Kommentar, loc. cit., S. 257. Sehr deutlich wird diese Deutung in der folgenden Schematik bei Ross:

„ One man	=	man	(τῷ ἀκολουθεῖν ἀλλήλοις)
Existent man	=	man	,,
One	=	man	,, "

Mit einer solchen Auffassung ist der Sachkontext nicht zu verstehen und — wie man konsequenterweise wohl schließen muß — nicht die Aufgabenstellung der Lehre vom ὂν ᾗ ὄν.

rie in 1001 a 4 bis 1001 b 23; es ist dies der wiederholte Hinweis auf die parmenideische Lehre, und 1001 a 32 f. beweist, daß die Inblicknahme des Kerngedankens der Parmenideskritik in Phys. A 2 und 3 geboten ist. (Ich mache zum wiederholten Male auf den Kontext dieser Diskussion um das Verhältnis von ὄν und ἕν *und* τι — alle *drei* erfordern nach Platon einander! — und der Parmenides-Kritik in Platons *Sophistes* aufmerksam. Platon erörtert hier im sog. Exkurs ausdrücklich die notwendige Verklammerung von ὄν, ἕν und τι, ohne den grammatischen und logischen Subjektsbegriff wie Aristoteles auch als ontologischen Subjektsbegriff auszulegen, der seinerseits nicht von anderem ausgesagt werden kann. Platons im Kontext diskutierte Subjektsbegriffe wechseln gerade fortwährend ihre Subjekts- und Prädikatsfunktion im λόγος; daß er jedoch im Exkurs überhaupt keine Begriffe mit semantischer Bedeutung verwendete, vgl. diese Kernthese Otto Apelts, Platonische Studien, ist wohl mit Blick auf das später gewählte Beispiel „Theaitetos sitzt"/„Theaitetos fliegt" und sogar der direkten Ansprache mit „Du" im Satz offensichtlich falsch.)

Unter welchen Voraussetzungen also sind ὄν und ἕν konvertibel? Die ausführliche Diskussion der Frage, ob und in welchem Sinne ὄν dasselbe sei wie ἕν, finden wir in Phys. A 2 und 3; wir müssen daher in aller Kürze — um den Fortgang der Auseinandersetzung mit Γ 2 nicht zu sehr zu unterbrechen[23] — die Kernthese des Aristoteles gegen (neben Melissos, Demokrit und Heraklit) Parmenides in den Blick nehmen: Der Mangel derjenigen, die behaupten, daß alles Eins sei (οἱ λέγοντες εἶναι ἓν τὰ πάντα, Phys. A 185 a 22), besteht darin, daß sie nicht die fundamentale Unterscheidung zwischen dem, *das* etwas ist, und dem, *was* etwas ist, erkannt haben (ἄλλο γὰρ ἔσται τὸ εἶναι λευκῷ καὶ τὸ δεδειγμένῳ, 185 a 28-29). Sie gebrauchen den Terminus ὄν eben μοναχῶς oder ἁπλῶς (186 a 24, einsinnig) und nicht πολλαχῶς (die Erkenntnis der mannigfachen Bedeutung von ὄν muß ja nach Aristoteles zu Beginn der Auseinan-

23. Vgl. sehr überschaulich die prägnante Kurzfassung bei H. *Wagner*, Über das aristotelische πολλαχῶς λέγεται τὸ ὄν, loc. cit., sowie ders., Aristoteles, Physik-Vorlesung, Berlin-Darmstadt 1967.

dersetzung mit den vorsokratischen Seinskonzepten stehen, vgl. 185 a 20 ff.). Deswegen hatten sie Angst, daß ihnen das ὄν und ἕν, das viele Bestimmungen trägt, in viele ὄντα auseinanderfiel (θορυβοῦντο δὲ καὶ οἱ ὕστεροι τῶν ἀρχαίων ὅπως μὴ ἅμα γένηται αὐτοῖς τὸ αὐτὸ ἕν καὶ πολλά, 185 b 25-27), daß — um im aristotelischen Beispiel zu bleiben — das (ὄν), das weiß (ὄν) ist, zugleich zwei verschiedene ὄντα ist. Demgegenüber ist festzuhalten: οὐ δὴ ἔσται ἄλλῳ ὑπάρχον τὸ ὅπερ ὄν — nicht wird das bestimmt Seiende, als das, *dem* die Bestimmungen zukommen, anderem zukommen (186 b 1-2).[24] Die aristotelische Konsequenz dieses Gedankenganges ist natürlich, daß etwas (ὄν) sehr wohl vieles (ὄντα) sein kann, und dennoch ἕν ist (eine nur ältere und noch junge Menschen verwirrendes Problem, wie Platon den eleatischen Fremdling im Sophistes sagen ließ). Der Fortschritt gegenüber den vorsokratischen Denkern bzw. Seinskonzepten besteht also in der Einsicht in die innere Differenz des ὄν, also auch in der Einsicht in die Struktur des Urteils. Das aber heißt nun, der Fortschritt des Aristoteles besteht in der Aufdeckung derjenigen ἀρχαὶ καὶ αἰτίαι τῶν ὄντων, die jedwedes ὄν als solches, das etwas ist, in dem, was ein jedwedes ὄν ist, ermöglichen. Und der erste und fundamentale Unterschied im Begriff ὄν betrifft also die Differenz von demjenigen Sinn von ὄν, das keinem anderen zukommen kann, genannt ὅπερ ὄν. Und so kann Aristoteles zurecht abschließend polemisch fragen: Wer versteht denn jenes — an Platons Sprachgebrauch erinnernde — αὐτὸ τὸ ὄν (jenes in sich unterschiedslose ὄν-selbst des Parmenides), wenn es nicht ὅπερ ὄν (ein bestimmtes, keinem anderem zukommendes ὄν) ist (τίς γὰρ μανθάνει αὐτὸ τὸ ὂν εἰ μὴ τὸ ὅπερ ὄν τι εἶναι, 187 a 8-9, — eine Frage, die sich Platon im Exkurs

24. Zum von Wagner als „eleatisch" bezeichneten Ausdruck ὅπερ ὄν, vgl. *Wagner*, Über das aristotelische ..., loc. cit., S. 259, den er etwas mißverständlich den „das absolute Sein" bezeichnenden Ausdruck nennt, vgl. auch im Zusammenhang mit der Problemstellung der aristotelischen Physikschrift Kl. *Oehler*, Die Lehre vom noetischen und dianoetischen Denken, loc. cit., S. 221-234; *Ross*, Phys. 186 a 32 - b 12, Kommentar; *Wagner*, Physik-Vorlesung, S. 409 und 411 f.; im Zusammenhang mit dem Definitionsproblem auch M. *Keßler*, Aristoteles' Lehre von der Einheit der Definition, loc. cit., S. 18 f.

des Sophistes noch nicht in der Eigenart dieses ontologischen und semantischen Sinnes von ὄν als ὅπερ ὄν stellte)?

Dieser Gedankengang ist — ebenso wie das in Met. Γ 1003 b 33, also gerade in unserem Textzusammenhang, wiederkehrende „ὅπερ ὄν“ — aufschlußreich: *Nirgends* geht es um das Problem der Existenz einer οὐσία, *überall jedoch* um die Frage nach der Möglichkeit der vielfachen Bestimmtheit des ὄν. Dennoch enthält die sog. Lehre von der Konvertibilität von ὄν und ἕν in Γ 1003 b 22-34 eine Unklarheit, die nur auf den ersten Blick entschieden zu sein scheint: Betrifft die Konvertibilität von ὄν und ἕν dasjenige ὄν, das anderem zukommen kann, oder dasjenige ὄν, das nicht anderem zukommen kann, wie es wohl in der Regel verstanden wird? Wenn es in 1003 b 32-33 heißt, daß auch jede οὐσία nicht bloß zusätzlich ἕν ist, gleich wie sie ὅπερ ὄν τι ist, scheint die Frage erledigt. An dieser Stelle wird das ἕν-sein direkt auf das ὅπερ ὄν-sein bezogen, also auf die οὐσία (vgl. Bonitz, Index 533 b 36 — 534 a23). Und dennoch scheint die Frage erhoben werden zu können, ob es in der sog. Konvertibilität von ὄν und ἕν nur um das Eines-sein dessen geht, das etwas ist, oder auch um das Eines-sein dessen, was etwas ist, — oder gar darum, daß das, das etwas ist, in dem, was es ist, Eines ist.

Auch wenn diese Differenzierungen nicht selbst explizit im Text ausgeführt sind (obwohl berührt, vgl. den im Anhang S. 308 mitabgedruckten zweiten Vortrag des Vf.), wird aus der ganzen Fragestellung sowie unter Einbeziehung von Phys. A 2 und 3 deutlich, daß mit der These von der Konvertibilität von ὄν und ἕν die Möglichkeit des mannigfachen Bestimmtseins des Einzelseienden dargelegt wird, das trotz seiner inneren Unterscheidung in dasjenige, das etwas ist, und dasjenige, was es ist, Eines und nur seinen Bestimmungen nach vieles ist. Das πολλαχῶς λέγεται τὸ ὄν würde zum Auseinanderfallen des ὄν führen, wenn nicht die innere Differenz des ὄν durch jenes πρός qualifiziert wäre, sich als jenes *einsinnige* Gefälle im ὄν erwiese, das die vielen ὄντα (als Bestimmungen) von dem ὄν (als demjenigen, dem die Bestimmungen zukommen) aussagbar werden ließen. Die Frage nach der Einheit des ὄν *trotz* seiner inneren Verschiedenheit, die in der Lehre von der Selbigkeit (ταὐτόν, 1003 b 23) von ὄν und ἕν — obgleich sie Unterschiedliches in der Frage der Bestimmtheit aufwerfen (οὐχ ὡς ἑνὶ λόγῳ δηλούμενα, 1003 b 24-25) — zur Beantwortung steht, zeigt, daß der πρώτη ἐπιστήμη mit ihrem Thema vom ὂν ᾗ ὂν das Problem der Bestimmtheit zugewiesen ist. *Und der Nerv dieses Problems besteht in der Frage, wie etwas etwas sein kann.*

Wir müssen also konstatieren, daß die erste Passage in Met. Γ 2, 1003 b 22-34, mit der Lehre von der Konvertibilität von ὂν und ἓν ein mit dem und durch das Thema ὂν ᾗ ὂν aufgeworfenes Problem aufgreift und somit systematisch durch die Themenstellung direkt erfordert ist.

Das Lehrstück von der inneren Variabilität des ὂν (wie es Wagner einmal nennt), das Aristoteles (und — wie schon mehrfach angedeutet — auch schon Platon im Sophistes) der All-Eines-These des Parmenides gegenüberstellt, erfordert ein Abhängigkeitsgefälle des mannigfach ausgesagten ὂν (Bezogenheit der ὄντα, was etwas ist, auf das ὄν, das die ὄντα ist — und der Ausdruck dieser Bezogenheit wird ganz allgemein mit πρός oder mit ὑποκεῖσθαι bzw. ὑπάρχειν bezeichnet), damit das ὂν trotz seiner inneren Mannigfaltigkeit eine Einheit und insofern Eines ist. Die ursprüngliche Bezogenheit der πολλά (das Eine, ἕν, kann eben sehr wohl vieles sein, πολλά — ταὐτὸν ἕν τε καὶ τὰ πολλά, Phys. A 2, 186 a 2) auf Eines hin, diese Gefügtheit der πολλά erweist die Einheit von jedwedem ὄν, das mannigfach bestimmt ist.

Das im Thema ὂν ᾗ ὂν aufgeworfene allgemeine und allein daher nur konstitutionstheoretisch begreifbare Problem der Bestimmtheit gliedert sich daher in die zwei einander implizierenden und einander explizierenden Fragen nach der Mannigfaltigkeit der Bestimmungen des Seienden und ihrer Einheit im Seienden. Und es sei ausdrücklich wiederholt, was zumeist gar nicht bewußt gemacht wird, daß die Frage nach der Bestimmtheit sich *von Beginn an* als die Frage nach der *inneren* Bezogenheit des ὄν, das Mannigfaches ist, stellt, das sich *als* Mannigfaches zeigt, und *nicht* nach der äußeren Bezogenheit von vielfachen Bestimmungen *zueinander*. Die Frage nach der Einheit mannigfacher Bestimmungen ist also von vornherein im Sinne eines einsinnigen Beziehungsgefälles — im *Gegensatz* zu Platon, in der Erörterung des Verhältnisses der μέγιστη γένη im Sophistes zueinander — von dem, was auf anderes bezogen ist, auf etwas, das nicht selbst auf anderes bezogen ist, gefaßt, und der Grundbegriff dieses einsinnigen Beziehungsgefälles ist der des ὑποκεῖσθαι bzw. ὑπάρχειν, das damit notwendig die Thematik des einen Einheit gebenden Beziehungsgliedes, das ὅπερ ὄν als οὐσία, erfordert sowie — korrespondierend — die Thematik der übrigen Beziehungsglieder in den Arten ihres unterschiedlichen Bezogenseins auf jenes, sei es notwendig, καθ' αὑτό, oder bloß zusätzlich, κατὰ συμβεβηκός, sei es ὂν δυνάμει, sei es als ὂν ἐνέργειᾳ. Das Problem der Bestimmtheit stellt sich selbst von Beginn an schon in *bestimmter Weise*, die in ontologischer Ausdrucksweise die Formel „etwas-als-etwas" oder in sprachlogischer die Formel „etwas-als-etwas-aussagen" nach sich zieht. Da sich das Problem der Bestimmtheit als Frage nach der Einheit mannigfaltiger Bestimmungen von Beginn an als Frage nach der inneren Beziehung des Einen und des Vielen stellt, bleibt ὑποκεῖσθει τινί (oder ὑπάρχειν τινί) Prinzip aller weiteren ontologischen und logischen begrifflichen Differenzierungen, in denen das Verhältnis dessen, was etwas ist, zu dem, das es ist, zur weiteren Ausgestaltung kommt. Von hier aus erhebt sich zurecht die Forderung, die Lektüre des aristotelischen Textes heute unter die sachliche Einsicht zu stellen, daß die konstitutionstheoretische Frage nach der Bestimmtheit des Seienden bei Aristoteles noch nicht in *schlechthin* allgemeiner Weise aufgeworfen ist, sondern von einem *Vorkonzept* des Seienden geleitet bleibt, dessen gradatives Seinskriterium das des Nicht-abhängigseins-von, also das der ontologischen Autarkie ist, vgl. dazu auch das 5. Kapitel der Kategorienschrift: Οὐσία δέ ἐστιν ἡ κυριώτατά τε καὶ πρώτως καὶ μάλιστα λεγομένη, ἣ μήτε καθ' ὑποκειμένου τινὸς λέγεται μήτε ἐν ὑποκειμένῳ τινί ἐστιν οἷοιν ὁ τὶς ἄνθρωπος ἢ ὁ τὶς ἵππος — ‚Substanz' (dasjenige ὄν, *das* etwas ist) wird im höchsten, ursprünglichen und eigentlichsten Sinne genannt, welche nicht von einem (ihm) Zugrundeliegenden ausgesagt wird noch in einem (ihm) Zugrundeliegenden ist, wie z.B. ein bestimmter (einzelner) Mensch oder ein bestimmtes (einzelnes) Pferd. — Obwohl weder von einer οὐσία selbst (z.B. *jetzt* im Gegensatz zu *früher*) noch gegenüber einer anderen οὐσία ein Mehr oder Weniger (an οὐσία-sein) ausgesagt werden kann, vgl. Kat. 5, 3 b 33-36, können wir dennoch von einem gradativen Seinskriterium der Autarkie mit Blick auf diejenigen ὄντα (Bestimmtheiten) sprechen, die dasjenige sind, *was* das andere ὄν, die οὐσία als ὅπερ ὄν, ist — „ὅπερ" findet sich im zitierten Satz. Es heißt: Τῶν δὲ δευτέρων οὐσιῶν μᾶλλον οὐσία τὸ εἶδος τοῦ γένους — Von den zweiten οὐσίαι ist die Art *mehr* οὐσία als die Gattung, Kat. 5, 2 b 7. — Diese hier kurz angedeutete aristotelische Verkürzung der urteilstheoretischen Problematik gilt auch unter Annahme der Unechtheit der Kategorienschrift, wie sehr deutlich aus Met. Γ hervorgeht. (Eine solche Verkürzung liegt bei Platon im Sophistes nicht vor, da Platon erst *nach* der Erörterung der μέγιστη γένη den *Satz* thematisiert und ihn zwar mit „Theaitetos sitzt" verbeispielt, d.h. den λόγος mit einem auch einstelligen Prädikator erläutert, ohne daß diese Verbeispielung die logische verbindliche Struktur eines jeden λόγος darstellen soll. Die logischen Verhältnisse der μέγιστη γένη *zueinander* sind — wie Platon nicht in den Blick kommt — mit diesem Typus von λόγος, d.h. mittels eines einstelligen Prädikators, nicht explizierbar, sowenig es Aristoteles bemerkt, daß weder das Lehrstück von den ἀρχαὶ τῶν ὄντων ᾗ ὄν, noch das der Konvertibilität von ὄν und ἕν, noch das der urteilstheoretischen Andersheit sich *mit der* Struktur des λόγος zureichend explizieren lassen, den Aristoteles gerade erörtert.)[25]

Die sachliche Inblicknahme der spezifisch aristotelischen Eigentümlichkeit der Gedankenführung, daß die konstitutionstheoretische Frage der πρώτη ἐπιστήμη nach der Bestimmtheit sich als eine unter einem vorgängigen Verständnis von ὄν erweist, ist insofern von Bedeutung, als sie zu erkennen gibt, daß bei Aristoteles die Problemebene der Konstitution (Bestimmtheit des Seienden überhaupt) noch nahtlos ineinander fließt mit der Problemebene der Fragestellung, als wie-bestimmtes man Seiendes verstehen soll. Weil das konstitutionstheoretisch zentrale Problem der *Beziehung* des Mannigfaltigen oder Vielen zur Einheit bei Aristoteles als ein ὑποκεῖσθαι τινί gedeutet wird, muß der ontologische Grundbegriff derjenige der οὐσία im Sinne des ὅπερ ὄν sein; wir könnten nur

25. Die Frage nach der Echtheitslage der Kategorienschrift können wir in unserem Kontext ausklammern. Vgl. hierzu neuerdings wieder Hermann Schmitz, Die Ideenlehre des Aristoteles, Bonn 1986.

scheinbar ebenso sagen, daß sich dieses Problem der Beziehung, *weil* es sich unter Rücksicht des Vorkonzeptes von ὄν als οὐσία im Sinne des ὅπερ ὄν stellt, im ὑποκεῖσθαι τινί auslegt — scheinbar deswegen, weil der Modus der Beziehung die mögliche Bestimmtheit der Beziehungsglieder nach sich zieht. Das konstitutions- oder, im philosophisch strengen Sinne, prinzipientheoretische Problem der Bestimmtheit überhaupt ist zwar in der πρώτη ἐπιστήμη aufgeworfen, jedoch noch so, daß es sich nahtlos mit der Frage nach dem verschlingt, was etwas als es *selbst* (in *seiner* Bestimmtheit) — und nicht in der Beziehung zu anderem — ist. Daß sich in letzterem die neuzeitliche (gegenstandsbestimmende und zunächst nur Gegenstände der „Natur" betreffende) Wissenschaftsauffassung unterscheidet[26], ändert nichts daran, daß die konstitutionstheoretische Frage nach der Bestimmtheit-überhaupt, die die Aufgabenstellung der πρώτη ἐπιστήμη in Met. Γ impliziert, *Voraussetzung beider* — sei es, um die Redeweise Cassirers aufzunehmen, „substanztheoretisch" oder „funktionstheoretisch" orientierten — Wissenschaftsauffassungen ist, welche Unterscheidung erst von Kant sehr scharf vollzogen wird.[27] Infolge dieser Noch-nicht-Unterscheidung der Problemebenen bei Aristoteles wird verständlich, daß er die πρώτη ἐπιστήμη aus dem *Vergleich* mit den übrigen ἐπιστῆμαι zu bestimmen sucht und diese nicht rein aus ihrem *Voraussetzungscharakter* her entfaltet, was die Unschärfe seines ἀρχή-Begriffs zur Folge hat. Dennoch bleibt es sachlich vorrangige Aufgabe des Interpreten, die noch ununterschieden mit- und nebeneinander herlaufenden Problemebenen zu unterscheiden, um zu einem sachlichen Urteil über Ansatz und Fragestellung der πρώτη ἐπιστήμη bei Aristoteles zu gelangen.

26. Ernst Cassirer, Substanzbegriff und Funktionsbegriff, Nachdruck WB 1980.

27. Kant ordnet „substantia et accidens" den Kategorien der „Relation" zu, da sie Korrelat-Begriffe darstellen, vgl. die „artigen Betrachtungen" zur Kategorientafel, K.d.r.V. B, 109 f., § 11. Als Modi der ursprünglichen Urteilssynthesis setzen die „Urteilsfunktionen" bzw. die aus diesen abgeleiteten Kategorien die transzendentale Erörterung der Urteilsfunktion *überhaupt* voraus, vgl. § 10 der K.d.r.V., B 102 ff. Zur Ermöglichung der Urteilsfunktion kraft der ursprünglich-synthetischen Einheit der Apperzeption vgl. vom Vf. Kants Theorie des Denkens, Amsterdam 1977.

Wenn wir uns nun wieder dem Text von Γ zuwenden, werden wir sofort sehen, welche Bedeutung die vorstehenden sachlichen Unterscheidungen zum Verständnis der methodischen Schwierigkeiten des Aristoteles bei der Entfaltung des Themas der πρώτη ἐπιστήμη haben, welche Schwierigkeiten sich eben als *Folge* einer Noch-nicht-Unterscheidung verschiedener systematischer Problemebenen zeigen.

Wir klammern zunächst den eigenartigen Abschnitt 1003 b 34 — 1004 a 2 aus, da wir hier einen Hinweis auf die erst später eingeführte Systoichienlehre finden. Die zweite Passage, 1004 a 2 — 1004 a 9, spricht von Typen von οὐσίαι, 1004 a 3: Soviele (Arten) von οὐσίαι (ὅσαιπερ αἱ οὐσίαι, 1004 a 3), so viele Teile der Philosophie (μέρη τῆς φιλοσοφίας, ebd.). Offensichtlich ist hiermit also die bekannte Dreiteilung der ἐπιστῆμαι θεωρητικαί in ἐπιστήμη φυσική, μαθηματική und θεολογική angesprochen, wie wir sie in den Met. Γ problemkorrespondierenden oder kurzreferierenden Büchern E 1 und K 7, aber auch Λ wiederfinden. Die in 1004 a 5 thematisierten „γένη" (τοῦ ὄντος [καὶ τοῦ ἑνός], was Natorp und Schwegler streichen) dürften diese Typen von οὐσίαι bezeichnen — und daher erwogen wir weiter oben auch die Möglichkeit, daß „εἴδη" in 1003 b 21 diese Typen bezeichnen könnten. Aristoteles fährt fort: διὸ καὶ αἱ ἐπιστῆμαι ἀκολουθήσουσι τούτοις, 1004 a 5 - 6, — deswegen, weil es eine Reihenordnung der οὐσίαι gibt, folgen die Wissenschaften einander, stehen auch sie in Abhängigkeitsordnung. Abschließend, bis 1004 a 9, folgt nun — bezeichnenderweise! — der *Vergleich* des Philosophen mit dem Mathematiker, daß, wie es in der Mathematik Teile (μέρη) gibt, nämlich erste, zweite und die anderen in Reihenfolge (ἐφεξῆς), es sich *auch* so in der Philosophie verhalte. Wir werden sehen, worin das *Mißliche* dieses beirrenden Vergleichs besteht.

Die Typeneinteilung der οὐσίαι nach χωρισταί und κινηταί bzw. ἀχώρισται und ἀκίνηται weist die mathematischen „Gegenstände" als die niedersten der ἐπιστῆμαι θεωρητικαί aus, da sie *zwar* ἀκίνηται (hinsichtlich der Bewegtheit nicht abhängig von anderem sind, da sie überhaupt nicht bewegt sind), jedoch ἀχώρισται sind, da nur ἐξ ἀφαιρέσεως (s.o.). Die Gegenstände der ἐπιστήμη φυσική sind zwar χωρισταί, *jedoch* κινηταί (also abhängig hinsichtlich ihrer Bewegtheit von ihrem Bewegungsprinzip). Wenn es jedoch eine ewige, unbewegte und getrennte (nicht trennbare) οὐσία gibt, wird deren Wissenschaft früher (προτέρα) als die Mathematik und Physik sein (vgl. Met. E 1, 1026 a 10-13). Und unter Rücksicht — und zwar *allein* unter Rücksicht — der Typologie der οὐσίαι kann Aristoteles in E 1, 1026 a 27-29 sagen, daß die Physik πρώτη ἐπιστήμη sein *würde*, wenn es keine andere als die physikalischen (und mathematischen) Gegenstände gäbe — εἰ μὲν οὖν μὴ ἔστι τις ἑτέρα οὐσία παρά...

Man sieht, wie der Terminus „πρώτη" *hier* abhängig gemacht wird von der Typologie der οὐσίαι. Will man also die sog. Parallelstellen zu Γ aus E 1 und K 3-7 zur Interpretation von Γ heranziehen, ist *vorher* zu klären, zu welchem der — auf unterschiedlich systematischen Ebenen stehenden — Lehrstücke aus Γ diese Parallelstellen eben Parallelstellen sein sollen. Die Typologie der οὐσίαι ist eine solche der *Klassifikation hinsichtlich* von χωριστόν und κινητόν und impliziert *hinsichtlich* der einzelnen Bestimmung „bewegt" eine Reihen(= Abhängigkeits-)ordnung, ist daher *Folge* der Frage nach einer *bestimmten* (einzelnen!) Bestimmung, und die Lehre von der Typologie der οὐσίαι gehört nicht zur konstitutionstheoretischen Frage nach der Möglichkeit von etwas-als-etwas, der Möglichkeit von Bestimmtheit des Seienden überhaupt. Insofern jedoch letztere Frage von Aristoteles selbst schon — wie eben erörtert — vorgängig der Frage nach der οὐσία im Sinne des ὅπερ ὄν unterliegt und mit ihr verschmolzen ist (der Frage, was etwas als es *selbst* ist, — καθ' αὑτό)[28], wird es verständlich, wenn sich die *Identifikation eines bestimmten Typus von* οὐσία mit den ἀρχαὶ καὶ αἰτίαι des ὂν ᾗ ὄν dem aristotelischen Denken nahelegte.

In der Sache jedoch werden in dieser Identifikation zwei wohl zu unterscheidende Problemebenen ineinander geschoben und bleiben zumindest in ihrem Verhältnis fragwürdig, da ja die de-facto-Identifikation des Themas ὂν ᾗ ὄν mit dem Thema πρώτη οὐσία — wie sie u.v.a. Ph. Merlan bei Aristoteles vorliegen sieht — eine

28. Vgl. auch zum Verständnis des ὅπερ ὄν im Kontext mit Anal. post. 22 E. *Tugendhat*, TI KATA TINOΣ, loc. cit., § 8, S. 49 ff., insbesondere S. 52.

nach wie vor umstrittene Frage ist, wobei sich beide Parteien (für und gegen diese Identifikation) auf die faktische Textlage bei Aristoteles glauben abstützen zu können.[29]

Für das sachliche Verständnis der Problematik der πρώτη ἐπιστήμη hat es aber eher vernebelnde Folgen, wenn man die „Teile" der πρώτη ἐπιστήμη (sei es in der Dreiteilung von „Prinzipienwissenschaft", „Ontologie" und „Theologik" oder sei es in der Vierteilung, wenn man die „Ousiologie" hinzufügt) einfach als „Aspekte ein und desselben Ganzen" betrachtet, wie die Sachlage — einigermaßen repräsentativ für die neuere Forschung — H. Happ sieht.[30] Entscheidend gegenüber solch tendenziell summarischen und harmonisierenden Auffassungen bleibt die Einsicht in die systematischen Abhängigkeitsverhältnisse der einzelnen Lehrstücke der πρώτη ἐπιστήμη, auch wenn — oder gerade *weil* — sie bei Aristoteles nicht klar erkannt sind.

Wenden wir uns nun dem dritten Thema unseres problematischen Textabschnittes zu, also der in 1004 a 9-31 erörterten sog. „Gegensatzlehre", die später in Γ 2, 1004 b 27 ff. aufgenommen und auf das höchste „Gegensatzpaar" τὸ ὄν καὶ μὴ ὄν oder auf ἓν καὶ πλῆθος „rückgeführt" wird. Das sachliche Verständnis dieses Themas sieht sich einer Reihe von Dunkelheiten entgegengesetzt, was sich in den untereinander heterogenen Positionen der Literatur wiederspiegelt.[31] Zu welcher Problemebene gehört dieses Lehrstück der sog. Gegensatzlehre überhaupt? In welchem Sinne kann es zu welcher Problemebene gehören?

Zur Vororientierung daher einige Bemerkungen: Die aristotelische „Gegensatzlehre" steht zweifellos in der Tradition der metaphysisch-ontologischen Gegensatzlehren Platons und der Akademie.[32] Gegenüber ihrer „gnoseologischen" Bedeutung bei Aristote-

29. Vgl. wiederum H. *Happ*, Hyle, S. 310 ff.

30. ebd., S. 311, Anm. 3.

31. ebd., vgl. die Darstellungen der unterschiedlichen Aufassungen zur Gegensatzproblematik in Kp. 4.4, S. 410 ff.

32. ebd., dieser Kontext ist häufig traktiert worden, vornehmlich von philologischer Seite. Die Unterschiede innerhalb der akademischen Schule mögen zwar Licht auf aristotelische Problemtopoi werfen, doch bleibt es fraglich, wieweit dies

les[33] ist wieder ihre „ontologische Relevanz"[34] bei Aristoteles betont worden. Jedoch in welchem Sinne wird hier von „ontologisch" gesprochen, sei es in dem Sinne, daß zur Klärung der Frage nach den Prinzipien der Bestimmtheit des Seienden überhaupt eine wie immer geartete „Gegensatzlehre" vonnöten sei, oder sei es in dem Sinne, daß jedes Seiende — dann mit Ausnahme der πρώτη οὐσία — durch „Gegensätze" bestimmt sei? So scheint sich die Frage zu stellen: „Wie verhalten sich die obersten Gegensätze (ἕν — πλῆθος) zur obersten Substanz (πρώτη οὐσία) und zu den ἀρχαὶ (αἰτίαι) τοῦ ὄντος ᾗ ὄν (τῶν οὐσιῶν), welche die Seinswissenschaft aufsucht"? — wie Happ (S. 430) sich fragt. Und Happ kommt zu dem die faktische Textlage konstatierenden Resultat (S. 433): „Die Beziehung der Gegensätze, besonders des πλῆθος-Begriffes, zur ἀκίνητος οὐσία läßt Aristoteles offen, indem er beide Denkansätze — trotz mancher Berührung zwischen ihnen — letztlich nicht miteinander vereinigt."

Die mannigfachen Versuche, dieses Verhältnis dennoch zu bestimmen, referiert Happ, indem er sie in schematische Zeichnungen übersetzt. Dabei geht es zuletzt um die Frage, ob wir das zweite Prinzip (πλῆθος, μὴ ὄν, welches in den Kontext des platonischen Problems der ἀόριστος δυάς gestellt wird) als Prinzip der Vielheit und Individuierung als ein *neben* der πρώτη οὐσία (also nicht von ihr ableitbares) stehendes Prinzip verstehen müssen, das erst auf den „Mittelbereich" der Gestirne (die allerdings frei von ὕλη sind, was eine eigene Fragestellung, die nach der Identität von ὕλη und δύναμις, nach sich zieht) und den Bereich der „Sinnendinge" einwirkt *oder* auch auf die πρώτη οὐσία selbst (die mit dem obersten Gegensatzpaar von Merlan sogar ineinsgesetzt wird). Happ vertritt

auch für das sachliche Verständnis der jeweiligen aristotelischen Problemführung gilt. Terminologische Parallelen implizieren — wie gesagt — nicht eo ipso sachliche Parallelen. Hierzu kommt, daß unsere Kenntnisse der akademischen Positionen selbst fragmentarisch sind und vor allem der jeweilige Kontext der Problemtopoi eine Frage der Rekonstruktion ist.

33. H. *Krämer*, Der Ursprung der Geistmetaphysik, loc. cit., S. 153, zum Kontext insbesondere Kap. II 2 und 3.

34. H. *Happ*, Hyle, loc. cit., S. 426, Anm. 583.

die erste Ansicht im Gegensatz zu Merlan.[35] Das bloß formale Durchspielen der unterschiedlichen Möglichkeiten, πρώτη οὐσία und πλῆθος schematisch in Beziehung zu setzen, verrät allein schon die Verlegenheit in der systematischen Verortung der sog. Gegensatzlehre. Vom bloßen Textbefund her wird man Happ zustimmen müssen, daß Aristoteles beide nirgends explizit in Beziehung setzt und alle aristotelischen Wendungen *gegen* eine solche Beziehung sprechen.[36] Im Hintergrund der Diskussion steht natürlich

35. Merlans Versuch, S. 173 f., *wie* alles aus etwas besteht („consists") — nämlich wie aus „being" und „non-being" so Wasser aus „hydrogen" und „oxygen" — verrät sehr deutlich, auf welcher Problemebene bei ihm die sog. aristotelische „Gegensatzlehre" zu stehen kommt, auf der Problemebene der Bestimmung des Seienden im Sinne der Woraus-Frage, die Aristoteles bekanntlich als die verkürzende Fragestellung der meisten vorsokratischen Philosophien bereits in Met. A 3 (als ἐξ οὗ-Frage) kritisiert, weil diejenigen, die *so* nach der Bestimmtheit des Seienden fragen, nur Prinzipien von *hyletischer Artung* kennen (τῶν δὴ πρώτων φιλοσοφησάντων οἱ πλεῖστοι τὰς ἐν ὕλης εἴδει μόνας ᾠήθησαν ἀρχὰς εἶναι πάντων — Von den ersten Philosophen waren die meisten der Ansicht, daß die Prinzipien von allem allein von stofflicher Art sind, von hyletischem Typus.) Der Vergleich dient Merlan dazu, die Nicht-Abstraktheit dieses „Allgemeinen", das *allem* zukommt (Merlan schreibt beharrlich „consists"), zu erweisen. Grundsätzlich ist Merlan in der These zuzustimmen, daß die Thematik ὂν ᾗ ὂν nicht in *dem* Sinne als allgemeine Ontologie verstanden werden darf, daß in ihr die abstrakt-allgemeinen Eigenschaften des Seienden zur Diskussion stünden. Ihm zuzustimmen ist ferner, daß die aristotelischen Texte fortwährend dem Interpreten die Ineinssetzung von ὂν ᾗ ὂν und πρώτη οὐσία nahelegen, obgleich sie de facto nirgends streng durchgeführt ist. Gegen Merlan muß jedoch der Unterschied der systematischen Problemebenen in den unterschiedlichen Fragestellungen des aristotelischen Textes festgehalten werden.

36. Happ sucht durch „Interpolation", nämlich im Rückgriff auf die Gegensatzlehre Platons, Speusipps und Xenokrates' weiterzukommen, soweit — vorausgesetzt — Aristoteles an der von ihm übernommenen Systemvariante festhielt. Wagner spielt kurz auf eine andere „Denkbarkeit" an, daß nämlich die obersten Gegensatzglieder „als Prinzipien und Gründe noch der πρώτη οὐσία selbst gedacht sein" könnten (vgl. Wagner, Zum Problem ..., S. 259), ohne diese „Denkbarkeit" jedoch systematisch auszuwerten. Seiner, was die Textlage anbetrifft, abschließenden Stellungnahme wird man wohl zustimmen müssen: „Ein zwingender Beweis, daß die πρώτη οὐσία (von ihr ist ausdrücklich die Rede in 1005 a 35) auch in Γ so zu denken ist, wie sie zweiffellos in E c. 1 bestimmt ist, ist nicht möglich. Leider!" (S. 258)

die primär philosophiehistorische Frage nach einer möglichen Übernahme oder Umgestaltung der Derivationssysteme der Akademie durch Aristoteles.

Halten wir uns noch einmal kurz unsere Fragestellung vor Augen: In welchem Problemkontext steht (oder kann stehen) die sog. „Gegensatzlehre" bei Aristoteles? Soll mit ihr die Frage der Abhängigkeit (oder gar Derivierung) des supralunaren und sublunaren Bereiches von der πρώτη οὐσία geklärt werden, so daß wir es vorrangig mit dem Problem der Individuierung (Zunahme an Einzelbestimmung und damit Zunahme von Negation durch die ausgeschlossenen Bestimmungen) zu tun haben? Oder — auf der anderen Seite — muß sich die Thematik vom „Gegensatz" stellen in der Frage nach den Prinzipien der Bestimmtheit überhaupt des Seienden (gleich innerhalb welchen Seinsbereiches), in der Frage danach, weshalb sich jedwedes ὄν *als* etwas zeigt? — Oder verschlingen sich beide Problemebenen in der sog. „Gegensatzlehre" ineinander?

Wir müssen diesen methodischen Rückbezug der „Gegensatzlehre" auf die unterschiedlichen Problemebenen noch deutlicher machen: Im Problem der Seins*stufung* oder -abhängigkeit der οὐσίαι bedeutete eine Zunahme an Bestimmung ein Mehr an Negation und damit ein Niedriger in der Seinsstufung, bedeutete ein Mehr an Bestimmung höhere Differenziertheit und somit höhere Möglichkeit, anders sein (oder werden) zu können, sie bedeutete — kurz gesagt — ein Mehr an *innerer Differenz* des ὄν. Das zuhöchst Bestimmte zeichnete sich demgegenüber durch ein *Fehlen* dieser inneren Differenz aus, was sich natürlich spekulativ ebenso als „vollkommene" wie als „leerste" Bestimmtheit verstehen ließe,[37] und

37. Vgl. zum problematischen Verhältnis der sog. aristotelischen „Gegensatzlehre" zur Gegensatzlehre der Akademie zusammenfassend *Happ*, Hyle, S. 440 ff.

Merlan scheint sich auf das Problem im Begriff eines zuhöchst Bestimmten als *gleichzeitig* Prinzip von „being and non-being" zu beziehen, vgl. schon das zusammenfassende Inhaltsverzeichnis S. XVII: „Being-as-such, in this context, does not mean an abstract object (the most abstract at that) in our sense of the word; it means fullest, i.e. fully indeterminate being; it is therefore together with its opposite, non-being-as-such, equivalent to the concept of the supreme sphere of being". Der Auffasssung der Selbigkeit von ὄν ᾗ ὄν und πρώτη οὐσία, der Thedas zuniederst Bestimmte wäre als die bloße Differenz bloßer Inbegriff des jede Bestimmung tragen Könnenden, selbst aber Unbestimmten' zu begreifen.

Im *konstitutionstheoretischen* Problem der Prinzipien der notwendigen Bestimmtheit von *jedwedem* ὄν (und diese umfaßten und konstituierten notwendigerweise auch jede Bestimmtheit einer οὐσία in einer wie immer verstandenen Seinsstufung) müßte die „Gegensatzlehre" ein irgendwie geartetes Lehrstück dieser inneren Differenz von jedwedem ὄν enthalten. Daß das zuhöchst Bestimmte durch keine Negation betroffen ist, sich nicht als ein anderes als es selbst zeigt und sich somit als ὄν nicht in viele ὄντα zergliedert, bedeutet ja *nicht*, daß es sich nicht *als* etwas, nämlich es selbst zeigte. Die innere Differenz könnte beim zuhöchst Bestimmten nicht eine solche der *Verschiedenheit in der Bestimmtheit ihrer Glieder* (des einen, das sich *als* etwas, es selbst in diesem Falle, zeigte) sein, da sich diese eben als dieselben zeigten, und *dennoch* müßte von der inneren Differenz (und damit Bestimmtheit!) des zuhöchst Bestimmten gesprochen werden, da auch es in *Beziehung* steht — in der Beziehung der *Selbigkeit*. Es stünde zu sich *auch* im Gegen-Satz (als das, das es ist, zu dem, was es ist), jedoch in der *Weise* der Selbigkeit der Bestimmtheit der Beziehungsglieder. Das Problem der Selbigkeit oder Unterschiedenheit der Beziehungsglieder bleibt eine dem Problem der inneren Bezogenheit, die jedwedes ὄν als ein τι ὄν (sei es als mit sich — nur — Selbiges oder Verschiedenes) bestimmt, eine *systematisch nachgeordnete* Frage. *Der Differenzbegriff enthält also ein Zweifaches*: Zunächst Differenz der Beziehungs-(Bestimmungs-)glieder *in* ihrer jeweiligen Bestimmtheit, dann — und fundamentaler —

se, daß das ὄν ᾗ ὄν in Γ als „element" der platonisch-akademischen Tradition von Aristoteles gedacht sei, dieser These Merlans kommen die von ihm zitierten Stellen aus E und K zwar entgegen, aber dennoch führen dabei nicht nur andere Textstellen in Schwierigkeiten, sondern auch vom Sachverständnis her stehen dem eine Reihe von offenen Problemen entgegen. Das zeigt sich z.B. sehr schön an der vagen Formulierung im genannten Zitat, daß „the fullest being *together* with its opposite" sei. Wie soll das sachlich zu verstehen sein? Zur philologischen Kritik an der Position Merlans vgl. nochmals Happ, Hyle, loc. cit., in den Kap. 4.4 - 4.6 (S. 410-472 über den Zusammenhang der Bücher Γ, E, K, wo Happ fortlaufend Merlans Position berücksichtigt und diskutiert).

Differenz der Beziehungsglieder als Glieder der Beziehung, insofern sie sich als Glieder der Beziehung (dasjenige, das etwas ist, und dasjenige, was etwas ist,) unterscheiden. *Unter der ersten Rücksicht erwiese sich das zuhöchst Bestimmte als in sich nicht different, in der zweiten jedoch sehr wohl!* Die zweite Hinsicht ist diejenige, in der wir — konstitutionstheoretisch — von der inneren Differenz des ὄν sprachen. Und nur unter dieser konstitutionstheoretischen Rücksicht erweist sich die Möglichkeit des Seins (als Bestimmtseins) als Möglichkeit der Apophantik, wie wir oben sagten.

Wir *müssen* also den Text auf die verschiedenen systematischen Problemebenen beziehen, um ihn — sei es so oder so! — zu verstehen.

Unser problematischer Textverlauf fährt also fort, 1004 a 9-31: Da die Untersuchung des Entgegengesetzten (τἀντικείμενα) *einer* Wissenschaft zusteht, dem Eins (ἑνί) aber die Menge (πλῆθος) gegenüberliegt [die Negation ebenso wie die Privation zu untersuchen *einer* Wissenschaft zukommt, weil in beiden das Eins, dessen Negation oder Privation etwas ist, untersucht wird — denn wir sagen schlechthin, daß jenes nicht zukommt oder bezüglich einer Gattung (sagen wir etwas aus, daß es nicht sei); dort nämlich [[...]] ist die Negation von jenem seine Abwesenheit (ἀπουσία), bei der Privation bleibt aber etwas (τις φύσις), von dem die Privation ausgesagt wird,] so ist auch das Entgegengesetzte der erörterten Begriffe zu untersuchen Sache *einer* Wissenschaft, nämlich das Andere (ἕτερον), das Unähnliche (ἀνόμοιον), das Ungleiche (ἄνισον) oder was sonst in Beziehung auf diese oder die Menge (πλῆθος) und das Eins (ἕν) hin ausgesagt wird. Zu diesem gehört auch der Gegensatz, Gegensätzlichkeit (ἐναντιότης), denn der Gegensatz ist ein Unterschied (διαφορά), der Unterschied aber Andersheit (ἑτερότης). Da nun das Eins in mannigfacher Bedeutung ausgesagt wird, so werden auch diese Begriffe in mannigfacher Bedeutung ausgesagt, aber deren aller Erkenntnis steht doch *einer* Wissenschaft zu. Nicht, wenn sie in mannigfacher Bedeutung ausgesagt werden, sondern wenn sie weder nach Einem (καθ' ἕν) noch auf Eines hin (πρὸς ἕν) bezogen werden, untersteht ihre Untersuchung verschiedenen Wissenschaften. Da aber alles auf das Erste rückgeführt wird (ἀναφέρεται), wie jegliches Eins auf das erste Eins, so muß man sagen, verhält es sich auch bei dem Dasselbe (ταὐτόν) und dem Anderen (ἕτερον) und den Gegensätzen, so daß zu unterscheiden ist, in wie vielen Bedeutungen jedes ausgesagt wird, und so muß man in Bezug auf das Erste in jeder Kategorie (ἐν ἑκάστῃ κατηγορίᾳ) angeben, wie es sich zu diesem verhält. Denn das eine wird nach dem Ersten ausgesagt, weil es jenes hat (ἔχειν), das andere, weil es jenes macht (ποιεῖν), das andere auf andere derartige Weise. —

Versuchen wir zunächst festzuhalten, was auf Anhieb bei dieser schwierigen Passage in den Blick fällt (auf den in den doppelt eckigen Klammern ausgelassenen Text kommen wir später zurück): *Daß* die Untersuchung der Gegensätze (oder des Gegensätzlichen?) auch *einer* Wissenschaft zu untersuchen zusteht, dies steht sehr unvermittelt da im Text, klammert man einmal die verderbte Passage 1003 b 34 — 1004 a 2 aus (dazu weiter unten), und ebenso, daß dem Eins (ἕν) die Menge (πλῆθος) entgegenstehe. Klammern wir auch zunächst den Einschub 1004 a 10-16 aus, finden wir die weiteren Gegensätze in ἕτερον (ταὐτόν), ἀνόμοιον (ὅμοιον), ἄνισον (ἴσον) und dergeichen, also den Anklang der sog. Systoichienlehre, der Lehre von den gegensatzpaarigen Begriffen. Diese werden — wie aus 1004 b 27 f. ersichtlich — auf den ersten Gegensatz ἕν - πλῆθος rückgeführt (ἀνάγεται). Da alle diese Begriffe in mannigfacher Bedeutung ausgesagt werden — so wie, was der letzte Satz zur Vergleichung nahelegt, das ὑγιεινόν mannigfach prädiziert wird, da etwas „gesund" ist, weil es die Gesundheit hat (ἔχειν) oder weil es „gesund" macht (ποιεῖν) etc. —, so muß man sie auf das Erste in jeder „Kategorie" (oder „Aussageweise", über den verschiedenen Sinn von „κατηγορίαι" siehe Bonitz, Index, 277 b ff.) beziehen und angeben, wie es von ihm ausgesagt wird. Was hierunter zu verstehen ist, lassen wir zunächst offen.

Die ganze Reihe dieser gegensatzpaarigen Begriffe ist offensichtlich nur angedeutet und in ihrer weiteren Abfolge unbestimmt gelassen. Zu diesen Begriffen gehört (irgendwie) der Gegensatz, Gegensatz aber ist Unterschied, Unterschied aber Andersheit.

Der letzte Satz scheint rätselhaft: Die Reihe der gegensatzpaarigen Begriffe — oder Prädikate (!), denn etwas ist „dasselbe wie", „ähnlich wie", „anders als", „verschieden von" etc., und nicht ist etwas ein „Ähnliches", „Selbiges", „Verschiedenes" etc. — wird um den Begriff vermehrt, der die Gegensätzlich*keit* der gegensatzpaarigen Begriffe zu bezeichnen scheint, ἐναντιότης. Und *ganz allgemein* bezeichnet ἐναντιότης einen Unterschied, διαφορά, heißt es weiter. Wenn alle gegensatzpaarigen Begriffe irgendwie unter die ἐναντιότης fallen, so drückt sich in ihnen allen also ein Unterschied, διαφορά aus. Und dieser Unterschied bedeutet nach Aristoteles ἑτερότης, *nicht* ἕτερον — der Gegenbegriff zu ταὐτόν! —, sondern Anders*heit*! Dieser Satz steht völlig isoliert da, ohne jeden weiteren Kommentar.

Schon hier wird deutlich, daß sich hinter dem Schlagwort „Gegensatzlehre“, die Aristoteles angeblich vertreten habe[38], unerhörte Schwierigkeiten auftürmen, zumindest hier in Γ 2.

Nehmen wir die Passage 1004 a 10-16 in den Blick: Auch Negation und Privation zu untersuchen sei Sache einer Wissenschaft, da beides sich auf das Eins bezieht, von dem es Negation und Privation ist. Negation (diesen Bezug des λέγομεν auf ἀπόφασις statt auf στέρησις sieht Bonitz im Gegensatz zu Schwegler richtig) sagen wir schlechthin aus, weil etwas (einem) nicht zukommt (ὑπάρχειν im Sinne der negierenden Prädikation) oder weil es einer Gattung nicht zukommt. Hierbei bedeutet Negation Abwesenheit von jenem (das einem nicht zukommt), — und es folgt die in der Übersetzung ausgelassene Stelle, die mit eckigen Doppelklammern gekennzeichnet war. Dem Einen ist (in der Negation) der Unterschied (διαφορά) zu (παρά, neben) dem hinzugefügt, das negiert wird, das in der ἀπόφασις abgesprochen wird (bei der στέρησις bleibt jedoch etwas, τις φύσις, erhalten, von der die στέρησις ausgesagt wird).

Geht man von der Echtheit dieser Textstelle mit W. Jaeger aus, so findet man Aufschlußreiches: ἀπόφασις und στέρησις werden zusammengestellt, insofern in beiden auf irgendeine Weise etwas negiert wird. Negation bedeutet Abwesenheit des Negierten. Was

38. So auch Merlan, vgl. insbesondere S. 172 mit der Bemerkung, daß es hier keinen Hinweis dafür gebe, daß hier „the two-opposite-principles doctrine was criticized“, mit Bezug auf 1005 a 3-5. Auch Wagner konstatiert diese Befremdlichkeit, daß Aristoteles hier die ansonsten abgelehnte Zwei-Prinzipienlehre vertrete, vgl. Wagner, loc. cit., Zum Problem ... , S. 259

heißt dies? Abgesprochen wird immer, *was* etwas ist bzw. sein kann. — Oder vermag negiert zu werden dasjenige, das etwas sein kann? Es scheint so, wenn man daran denkt, daß etwas schlechthin negiert werden kann, wenn man an die Negation des Seins von etwas denkt. Aber was wird hierbei abgesprochen? Abgesprochen wird auch hierin das, was etwas ist, nämlich „seiend“, so daß gilt: τὸ μὴ ὂν εἶναι μὴ ὂν φαμεν. Aristoteles kann also in der — auch von Ross secludierten — Passage 1004 a 13-14 sagen: Dem Einen wird in der ἀπόφασις der Unterschied (διαφορά) von dem in der ἀπόφασις Negierten hinzugesetzt. Die ἀπόφασις setzt also das Eine zu einem anderen in die — äußere — Differenz (πρόσεστι παρά), die sich dennoch als eine Beziehung im Sinne von „πρός“ zeigt. Sie entfaltet nicht, wie man hinzufügen möchte, wie die κατάφασις die Einheit von etwas als etwas (die innere Differenz von dem, das etwas ist, und dem, was dieses ist). Die στέρησις als solche gibt zunächst ein positives Urteil („Sokrates ist taub“), in der das Prädikat nur das Gegenteil dessen besagt, was dem Sokrates als Menschen eigentlich zukäme. Insofern bezieht sich die στέρησις immer auf eine bestimmte Bestimmung, die einem zukommt. Da man jeden beliebigen Satz negieren kann, die στέρησις sich aber auf die eigentümlichen Bestimmungen einer Sache bezieht, ist ersichtlich, daß das Problem der ἀπόφασις von ungleich höherer Allgemeinheit als dasjenige der στέρησις ist und wir es also mit zwei verschiedenen Problemen zu tun haben.

Aber nicht der Unterschied von „Fehlen einer Bestimmtheit an etwas“ und „Abwesenheit von einer Bestimmtheit an etwas“ ist zunächst das Bedeutsame, sondern die Charakterisierung dessen, was sich in der ἀπόφασις vollzieht: τῷ ἑνὶ ἡ διαφορὰ πρόσεστι παρὰ τὸ ἓν τῇς ἀποφάσει — dem Einen ist etwas hinzugefügt (ist an ihm, ist bei ihm): ein Unterschied zu dem (διαφορά πρός), was negiert wird.

Alles Zu- oder Absprechen (Bejahung/Verneinung, κατάφασις ἢ ἀπόφασις) bedeutet ein προσεῖναι (bei-sein, — auch Platon verwendet diesen Terminus im Sophistes zur Bezeichnung der Kopula), im Falle der ἀπόφασις eben ein προσεῖναι eines Unterschiedes von, im Falle der κατάφασις entsprechend ein προσεῖναι eines Zukommenden. Mit „προσεῖναι“ ist ganz allgemein die *Be-*

ziehung angesprochen, in der etwas zu etwas steht, sei es in der Beziehung auf ein Abwesendes, ihm Zukommendes, ihm Ähnliches, Entgegengesetztes, sei es in der Beziehung auf sich selbst. (Man ist unwillkürlich an das „πρὸς ἕν" zu Beginn von Γ 2 erinnert, 1003 a 33).

Rein sprachlich gesehen liefert die ἀπόφασις eine διαφορά von etwas zu etwas, *ebenso* auch zeigt sich ἐναντιότης als διαφορά (1004 a 21), und wenn das ἐναντίον in die Reihe von ταὐτόν, ἕτερον gestellt wird (1004 a 27), so muß man schließen, daß *alle* gegensatzpaarigen Begriffe jenes Verhältnis explizieren oder Modi dessen sind, wie etwas als etwas (und sei es als nicht-dieses!) *bestimmt* sein und gedacht werden kann. Aber ist dieser anscheinend sprachlich-formale Schluß sachlich zutreffend?

Um welches Problem geht es eigentlich im Gegenüberliegen von ἕν und πλῆθος und — infolge — aller zuletzt auf diesen Urgegensatz rückführbaren (ἀναφέρεσθαι, 1004 a 25-26, oder ἀνάγεσθαι, 1004 b 28) einander entgegengesetzten Begriffe wie ταὐτόν — ἕτερον, ὅμοιον — ἀνόμοιον, ἴσον — ἄνισον etc? Geht es im ἀντικεῖσθαι von ἕν und πλῆθος gleichsam um die Ur-Elemente alles Seienden in den verschiedenen Seinsbereichen, so daß sie alle aus diesen„zusammengesetzt" („composed of" so Merlan) wären? Geht es in dieser Lehre um einen gleichsam — wenn dieser Behelfsausdruck einmal erlaubt ist — ‚metaphysisch-kosmologischen Realismus', wie man sich das Zusammengesetztsein der Dinge in den voneinander abhängigen Seinsschichten vorstellen kann?

Entspricht überhaupt die Reihenordnung der Systoichien, die im akademischen Lehrgut die Seins- und Rangstufen des Seienden wiedergeben, irgendwie der aristotelischen Typenordnung der οὐσίαι, der Lehre von den Seinsbereichen, wie dies naheliegend und in der einschlägigen Literatur impliziert zu sein scheint? Sind beide Ordnungsvorstellungen überhaupt bei Aristoteles — jedenfalls hier im Kontext von Met. Γ — in einen Zusammenhang zu bringen?

1004 a 22-28 sagt uns, daß, wie alles ἕν, so auch die gegensatzpaarigen Begriffe mannigfach ausgesagt werden, und wie alle ἕν auf das erste ἕν zu beziehen sind, so auch alle diese Begriffe auf ihren jeweilig ersten Sinn hin. Neben der Abhängigkeitsordnung innerhalb der mannigfachen Bedeutung *eines* Begriffes (der vielen ἴσα z.B. auf das erste ἴσον)[39], gibt es eine Ordnung (Abhängigkeitsordnung!) dieser Begriffe untereinander, die zuletzt im Gegensatzpaar ἕν — πλῆθος endigt. Diesen beiden Ordnungsgefügen entsprechen — wie es scheint — die πρὸς-ἕν-Relation aller ὄντα auf die οὐσία und die ἐφεξῆς-Relation der οὐσίαι von der πρώτη οὐσία.[40] Erlaubt diese formale Parallelität den Schluß, daß beide Themen nicht nur irgendwie zusammenhängen, sondern auch auf gleicher systematischer Problemebene liegen?

Vollends verwirrend aber ist das Auftauchen des στέρησις-Begriffes, der zwar in 1004 a 11 anscheinend nur belanglos neben der ἀπόφασις steht, jedoch in 1004 b 27 thematisch direkt als eine Systoichie der Gegensätze eingeführt wird. Da nun — mit Blick auf z.B. Phys. A 189 a 26 — in der στέρησις-Lehre gerade immer jenes Dritte (τρίτον, dem entspricht hier in Γ 2 jene τις φύσις ὑποκειμένη, 1004 a 15-16) zum Thema steht, *an dem* sich die „Gegensätze" vollziehen, erscheint die Rede, Aristoteles habe zumindest in Γ, E und K die sog. „Gegensatzlehre" (?) vertreten, in zweifelhaftem Licht.[41] Die Unvermittelbarkeit der Gegensatzlehre mit der aristotelischen Lehre, daß das Werden ein Wechsel der Gegensätze an einem Dritten ist, scheint auf der Hand zu liegen. Es hilft da auch nicht weiter, wenn man einfach konstatiert, daß sich eben in den Texten beide Lehrstücke *nebeneinander* finden (was den Gedanken nahelegt, die sachliche Schwierigkeit mittels der entwicklungsgeschichtlichen Interpretation zu lösen — wobei dann merkwürdig bleibt, weshalb Aristoteles kein Wort darüber verliert, warum er *früher* die Gegensatzlehre vertreten habe), noch, daß man zwar die Priorität des Gegensatz-Substrat-Schemas vor der Gegensatzlehre im Denken des Aristoteles behauptet, der „die auf Platon zurückgehende Systoichienlehre, deren oberste Glieder ‚Eins' und

39. Vgl. *Happ*, Anm. 563 in 4.4, S. 423.

40. G. *Patzig*, Theologie und Ontologie in der ‚Metaphysik' des Aristoteles, Kant-Studien 52 (1960/61), 185-205.

41. Vgl. Anm. 38, S. 165, und Anm. 45, S. 179.

‚Vieles' sind, mit der Gegensatz-Substrat-Lehre bruchlos zu einem Ganzen verschmolzen" habe.[42]

Die philosophisch kardinale Frage muß doch sein, wie Aristoteles seine Lehre von den Gegensätzen (oder von der Gegensätzlichkeit, ἐναντιότης, s.o.) verstanden haben muß, damit er zwischen dieser Lehre und dem Gegensatz-Substrat-Schema — und beide Lehren finden sich in Γ 2 — von vornherein gar keinen Widerspruch sah, welches Verhältnis beider Lehren offenbar erst für die Interpreten problematisch wurde.

Überdenken wir noch einmal kurz die sachlichen Schwierigkeiten der Passage 1004 a 9-31: Jene gesuchte Wissenschaft müsse auch das Entgegengesetzte untersuchen, so heißt es zu Beginn unvermittelt. Dem „Eins" liegt die „Menge" gegenüber, so daß es also Thema dieser Wissenschaft sei zu untersuchen (ταὐτόν) ἕτερον / (ὅμοιον) ἀνόμοιον / (ἴσον) ἄνισον und was sonst an derlei Begriffen sei es auf diese oder das oberste Gegensatzpaar sich beziehen. Da sich nun alles, was „Eins" genannt wird, auf das erste „Eins" bezieht, so gilt dies auch für diese Begriffe, und man hat zu untersuchen, wie diese jeweils in dieser Beziehung ausgesagt werden. Und das problematische Textstück 1004 a 10-16 läßt in das Thema vom Entgegengesetzten noch das Problem von Negation (ἀπόφασις) und Privation (στέρησις) hereinspielen. Wie gehört dies alles zusammen? Wie ist das Verhältnis der einzelnen Systoichien auf ἕν — πλῆθος zu verstehen, weshalb plötzlich die Rede von ἀπόφασις und στέρησις (denn Gegensätze sind doch „warm — kalt", „begrenzt — unbegrenzt" — wie Aristoteles die Lehren der Früheren referiert, 1004 b 31-3! — das Problem von Negation scheint jedoch ein Gegensatzproblem ganz anderer Artung zu enthalten) und vor allem: Wie haben wir den merkwürdigen Satz zu lesen: „Gegensätzlichkeit ist ein Unterschied, der Unterschied aber Andersheit", 1004 a 21-22? Dieser in seinen systematischen Konsequenzen nie ausgewertete Satz führt alle Gegensätze (ἐναντία) auf die Frage nach der ἐναντιότης, dem Prinzip der Gegensätzlichkeit, zurück. Was immer Gegensatz sein mag, es offenbart sich hierin ein *Unter-*

42. *Happ*, S. 453.

schied. Nun fragen wir ganz einfach zurück: Unterschied *wovon*? Und wenn doch aller Unterschied *Andersheit* (ἑτερότης) ist, dann fragen wir zurück: Andersheit *wovon*?

Geht es also um die Frage, weshalb ein „Ding" — und wir sprechen pointiert von „Ding" — von einem anderen „Ding" verschieden ist, weshalb sich eines von einem anderen unterscheidet? Nicht nur mit Blick auf die Kategorienschrift, Kap. 5, und dessen Lehre, daß keine οὐσία einen Gegensatz haben kann, wird deutlich, daß hier nicht in diesem Sinne von ἐναντιότης, διαφορά und ἑτερότης die Rede sein kann. Denn um eines vom anderen unterscheiden zu können, müssen beide schon bestimmt sein — das aber heißt: es muß jedes einen Unterschied (διαφορά) schon *in sich* haben, es muß sich *zu sich anders verhalten*.

Der zitierte Satz 1004 a 21-22 ordnet das Problem der Gegensätzlichkeit dem des Unterschieds *unter* und weist Unterschied als *Andersheit* aus. Und in der Tat: Genau dies war das Problem von ὂν ᾗ ὄν, wie nämlich etwas sich als etwas zeigen, wie sich etwas also in sich unterscheiden kann, wie etwas ein *anderes* und *dennoch Eines* sein kann. Sollte es möglich sein, daß in der Lehre von ἕν und πλῆθος überhaupt anderes zur Klärung ansteht als eben dieses Problem aus Phys. A, das in Met. Γ nur systematisch ganz allgemein zum Thema steht: Wie kann etwas ein Vieles sein, wie kann das Eine sich als Vieles zeigen und dennoch „Eines" (Einheit von in sich Unterschiedenem) sein? (Damit wäre genau Platons Thema vom „großen Problem vom Einen und Vielen" aus dem Exkurs im Sophistes aufgenommen.)

Die sog. „Gegensatzlehre" in Met. Γ erscheint so im sachkritischen Durchgang einfach und konsequent als Explikation der in der Formel ὂν ᾗ ὄν implizierten Fragen, sie thematisiert in ἕν und πλῆθος Prinzipien τῶν ὄντων ᾗ ὄν, von jedwedem, das etwas (= bestimmt) ist. Wir haben es daher kaum mit einer kosmologisch-derivativen Gegensatzlehre bei Aristoteles zu tun, so abhängig das ganze Lehrstück auch in seinen Formulierungen von Platon (der es jedenfalls in den Spätdialogen unter dem Thema des „Einen und Vielen" weniger mit Derivationsproblemen zu tun hat als mit der Möglichkeit des λόγος und damit des Vieles-seins von Einem) und den übrigen Vertretern der Akademie ist, sondern um ein konstitutionstheoretisches Lehrstück innerhalb des konstitutionstheoretischen Problems von ὂν ᾗ ὄν. Die kosmologische Spekulation der Akademie, so scheint es, wird von Aristoteles als ganze konstitutionstheoretisch verändert und vertieft. Jeder philosophiehistorische Rückbezug der sog. aristotelischen „Gegensatzlehre" auf die Gegensatzlehren der Akademie (wenn man sie wie die Forschung vornehmlich als kosmologisch-derivative Spekulation deutet) mag zwar Aufschluß über die Genese und Herkunft der sprachlichen Formgebung dieses Lehrstücks bei Aristoteles geben, den systematisch veränderten Ort, die unterschiedliche Problemebene, auf der dieses Lehrstück bei Aristoteles zu stehen kommt, erfaßt dieser Rückbezug nicht.

Bevor wir den restlichen Text von Γ 2 verfolgen, der diese Auslegung im einzelnen weiter fordert — wie zu zeigen ist —, sei auf den auffallenden und grundlegenden Unterschied der aristotelischen Systoichien von den von Aristoteles referierten Gegensatzbegriffen der Früheren hingewiesen (eigenartigerweise hat dies auch nicht Happ in seiner Arbeit, die ausdrücklich als philologische Arbeit verstanden sein will, vgl. Einleitung S. 1, bemerkt und ist damit — mit Bick auf die Kommentatoren — keineswegs allein geblieben): Die aristotelischen Systoichien bezeichnen — mit Ausnahme von ἓν und πλῆθος, wie es zunächst scheinen könnte — *ausschließlich Beziehungs- oder Relationsbegriffe*: ταὐτόν, ὅμοιον, ἴσον, ... in der einen Reihe, ἕτερον, ἀνόμοιον, ἄνισον, ... in der anderen Reihe. Und *immer* wird *eine*, die fundamentale *Beziehung* auf andere Weise gefaßt, diejenige nämlich von ἓν *und* πλῆθος, in welchen die Beziehungsglieder von jedwedem ὂν ᾗ ὂν zum Ausdruck kommen, von jedwedem (*einen*) ὄν, das sich als *Vieles* (ὄντα) zeigt. Und *weil* diese innere Beziehung, diese innere Unterscheidung des ὂν (*als* ὂν — also die Möglichkeit des Bestimmtseins) thematisiert ist und damit die Möglichkeit der Apophantik, *deswegen* gehört hierher — und *muß* hierher gehören — auch die Erörterung und *Einbeziehung* von Negation (ἀπόφασις) und Privation (στέρησις), weil sie nämlich zunächst das Gegenteil von dem zu besagen *scheinen*, was in der Thematik von ὂν ᾗ ὂν (Möglichkeit des Bestimmtseins) angesprochen ist: In beiden, in der Negation in eminentem Sinne, wird etwas einem etwas abgesprochen. Und weil die ἀπόφασις wie dann erst recht auch die στέρησις etwas bestimmen (sei es als etwas nicht-seiend, sei es als mit „Formmangel" versehen), *so müssen beide*, da sie etwas von etwas kundgeben und somit in ihnen ein λόγος ἀποφαντικός gegeben wird, in die Erörterung der Möglichkeit des Bestimmtseins, in die Erörterung der Möglichkeit der Apophantik einbezogen werden. (Vgl. hierzu, nämlich zum Verhältnis von κατάφασις und ἀπόφασις als λόγοι ἀποφαντικοί, Περὶ ἑρμενείας, Kap. 5-7.)[43]

Unser zunächst so rätselhafter Satz, 1004 a 21-22: „Gegensätzlichkeit ist Unterschied, Unterschied aber Andersheit" gibt der sog. aristotelischen „Gegensatzlehre" — jedenfalls hier in Γ — allererst seinen abschließenden, sie in dieser Form, wie wir meinen, überhaupt ermöglichenden Sinn und ist seinem Sachgehalt nach das Interpretations*prinzip* dieser Lehre: Er weist das Gegensatzproblem als ein Bestimmtheitsproblem aus, und dessen Kernproblem ist das der „Andersheit", ἑτερότης.[44] Ob sich etwas mit etwas *als* selbig oder verschieden (ταὐτόν — ἕτερον), ähnlich oder unähnlich (ὅμοιον — ἀνόμοιον), gleich oder ungleich (ἴσον — ἄνισον) erweist, immer erweist es sich *als* etwas, immer ist es in sich unterschieden (διαφορά-betroffen) und durch Andersheit (ἑτερότης) bestimmt.

Die Anordnung der Systoichien in aufsteigender Linie in der einen Reihe von ἴσον — ὅμοιον — ταὐτόν und in der anderen Reihe von ἄνισον — ἀνόμοιον — ἕτερον zeigen deutlich, daß das jeweilige *Reihenordnungsprinzip* auf der einen Seite die Frage nach der *Bezogenheit-auf-sich* und auf der andern Seite die Frage nach der *Bezogenheit-auf-anderes* ist. Der notwendigen Selbstbezogenheit dessen, *das* etwas ist, entspricht daher trefflich das ἕν, und der notwendigen Bezogenheit auf anderes dessen, was — oder welch Vieles — etwas ist, entspricht trefflich πλῆθος. Daß in der Gegensatzlehre

43. Vf., Das Wahrheitsproblem des Aristoteles, in: Perspektiven der Philosophie, Bd. 9, 1983.

44. Das konstitutionstheoretische Grundproblem, an das hier von Aristoteles gerührt wird, ist in aller Klarheit dann erst in der transzendentalphilosophischen Tradition bei H. *Rickert* in der Lehre von der Heterothetik erkannt worden, vgl. nochmals W. *Flach*, Negation und Andersheit, loc. cit.

hier in Met. Γ die Prinzipientheorie — ontologisch gesprochen: — der notwendigen Bestimmtheit des Seienden oder — logisch gesprochen: — die Prinzipientheorie der Urteilsmöglichkeit thematisch ist, beweist der so bedeutsame, weil den *Nerv* einer *jeden* solchen Prinzipientheorie treffende Satz, daß sich in (aller) Gegensätzlichkeit ein Unterschied offenbart (noch schärfer: daß Gegensätzlichkeit Unterschied ist), Unterschied aber Andersheit ist; denn *nicht* im Problem von Negation besteht der Nerv des Bestimmtheits- oder Urteilsproblems, sondern im Problem der Urteils*beziehung* oder Bestimmtheitsbeziehung, die, wenn sie uns *überhaupt* etwas zu erkennen geben soll, *Andersheit* eröffnet. Die Lehre von der Andersheit oder systematischen Differenz des Zu-bestimmenden und des Bestimmenden ist das fundierende Lehrstück der Möglichkeit des Bestimmtseins wie auch der Möglichkeit der Apophantik, das Problem von Negation zeigt sich, insofern in ihm nur ein *Modus* dieser Beziehung zum Ausdruck kommt, als systematisch *dependentes* Lehrstück. Die Konsequenz des Satzes 1004 a 21-22 lautet ganz unzweideutig: Die ganze Gegensatzlehre ist eingebettet in die systematisch tiefere, weil allgemeinere, Lehre vom Unterschied (der Bestimmtheitsglieder von Zu-Bestimmenden und Bestimmenden — bzw. der Urteilsglieder), und die Lehre vom Unterschied erweist sich zuletzt als Lehre von der Andersheit (daß etwas etwas sein kann).

ἕν und πλῆθος sind Ausdruck dieser mit ἑτερότης von Aristoteles vollkommen treffend bezeichneten Urbeziehung τῶν ὄντων, die nach ihm von vornherein jenes Gefälle trägt, in dem sich das Viele auf Eines bezieht, das sich nicht seinerseits mehr auf anderes bezieht, das Beziehungsgefälle von dem, *das* bestimmt ist, zu dem, *als was* es bestimmt ist.

In der Lehre von der ἑτερότης ist das Thema der πρώτη ἐπιστήμη in seinem systematisch innersten Kern getroffen. Das Rätsel der πρώτη ἐπιστήμη erweist sich als die „Andersheit des Seienden" — daß sich nämlich etwas immer und notwendig als etwas zeigt (und dies gilt auch, wenn sich etwas *nur* als es selbst zeigt!). Das Rätsel der πρώτη ἐπιστήμη entspricht dem genau und nimmt auf das Rätsel der φύσις ἀνθρώπων: Weshalb versteht der Mensch notwendig und immer jedwedes *als etwas* (sei es, daß er etwas als etwas „wahr"-nimmt, sei es in Erfahrung oder Wissenschaft)?

Met. A 1 und 2 und Met. Γ sind also nicht nur irgendwie zusammengehörig, sondern aufs Innigste miteinander so verknüpft, daß die Frage nach dem Ursprung der πρώτη ἐπιστήμη aus der φύσις ἀνθρώπων *direkt* zur *inhaltlichen Themenbestimmung* von Met. Γ und ihrer Thematik von ὂν ᾗ ὂν führt. Die Einsicht in diesen *systematischen Konnex* von Ursprungserhellung und Themenbestimmung der πρώτη ἐπιστήμη ermöglicht das sachliche Verstehen, weshalb die — in mannigfacher Anlehnung an die Akademie sprachlich vollzogene — Themenbestimmung der πρώτη ἐπιστήμη in Met. Γ diese und keine andere ist und sein muß: Das Problem *der* φύσις ἀνθρώπων ist die Frage nach dem ὂν ᾗ ὂν — der Mensch stellt sich die Frage, weshalb sich notwendig jedwedes als-etwas zeigt, und in der Beantwortung dieser Frage hellt er seine φύσις, die durch eben dieses eigenartige *Verhältnis* zu Seiendem wesenhaft qualifiziert ist (dem Seienden nur *als* einem *bestimmt* Seienden begegnen zu können), auf. In diesem Sinne der Selbstbezüglichkeit der φύσις ἀνθρώπων, die sich ursprünglich und anfänglich in der πρώτη ἐπιστήμη als dem Inbegriff des Strebens zu wissen auslegt, zeigt sich die πρώτη ἐπιστήμη als eine „reflexive" Wissenschaft, die sich — im Gegensatz zum neuzeitlichen, cartesianisch geprägten Reflexionsbegriff — nicht in dem Sinne in der intentio obliqua vollzieht, daß sie die intentio recta zuvörderst thematisch ausschlösse. Die Aufhellung des ὂν in seiner ᾗ-Konstituiertheit ist zugleich die Aufhellung der φύσις ἀνθρώπων, und zwar so, daß der Sinn dieses Aufhellungsprozesses selbst aus dem Mangel der φύσις ἀνθρώπων ans Licht tritt.

Damit wenden wir uns den restlichen Ausführungen von Γ 2, 1004 a 31 — 1005 a 18 zu. Wir gehen diesen Teil — eben infolge der sachlich konsequenzenreichen Aussagen — ebenso eng und ausführlich im Verfolg des Textes durch wie den bisherigen Teil von Γ 2. Γ 3 und 4 werden wir dann in schnellerem Schritt durchlaufen, da sie im wesentlichen nur die Konsequenzen aus dem Bisherigen ziehen.

Aristoteles fährt fort: Es ist also [wie im Buch über die Aporien schon zum Thema gestellt] Sache einer Wissenschaft, sich über dieses (die Gegensätze ἐναντία, ἑτερότης, ἀπόφασις und στέρησις etc.) und die οὐσία Rechenschaft zu geben (wie wir λόγον ἔχειν einmal etwas freier wiedergeben können; dies war in den aporetischen Erörterungen gefordert worden), und es ist Sache des Philosophen, dies alles untersuchen zu können. Denn wenn nicht der Philosoph, wer dann wird untersuchen, ob dasselbe (ταὐτό) sind „Sokrates" und der „sitzende Sokrates" oder ob Eines zu Einem entgegengesetzt ist oder was das Entgegengesetzte (selbst) ist oder in wievielen Bedeutungen dies ausgesagt wird. Und ebenso verhält es sich bei den anderen Begriffen dieser Art. Da all dies (ταῦτα) nun πάθη („grundwesentliche Bestimmungen" übersetzt Schwegler) τοῦ ἑνὸς ᾗ ἓν καὶ τοῦ ὄντος ᾗ ὂν sind καθ' αὑτά (mit Blick auf sie selbst, darauf also, daß Eins Eins ist und ὂν ὂν) und nicht mit Blick darauf, daß sie (ἓν und ὂν) (sei es) Zahlen oder (sei es) Linien oder (sei es) Feuer sind, so hat jene Wissenschaft offenbar das τί ἐστι und die συμβεβηκότα zu erforschen, die ihnen(?), αὐτοῖς, zukommen. –

Bonitz übersetzt das letzte αὐτοῖς überhaupt nicht. Schwegler bezieht es auf „jene Begriffe" und meint wohl diejenigen Begriffe, von denen es hieß, daß sie πάθη τοῦ ἑνὸς καὶ τοῦ ὄντος ᾗ ὂν seien. Der Text fährt fort: Und diejenigen, die hierüber (wohl diese Begriffe als πάθη τοῦ ἑνὸς καὶ τοῦ ὄντος ᾗ ὂν also ἐναντίον, ταὐτόν, ἕτερον, ὅμοιον, ἀνόμοιον, ἴσον, ἄνισον) Untersuchungen anstellen, irrten darin nicht, daß sie dies nicht philosophisch taten, sondern weil die οὐσία früher ist, von der sie nichts wußten. Denn wie auch der Zahl als Zahl eigentümliche Bestimmungen (ἴδια πάθη) zukommen (die also die Zahl als Zahl definieren) – wie z.B. Ungeradheit und Geradheit, Symmetrie und Gleichheit, Übermaß und Mangel – und was den Zahlen an ihnen selbst und im Verhältnis zueinander zukommt – wie dem Soliden und Unbewegten, dem Schwerelosen und Schweren andere eigentümliche Bestimmungen zueigen sind – , so kommen auch dem ὂν ᾗ ὂν eigentümliche Bestimmungen zu, und sie sind es, betreffs deren der Philosoph das Wahre zu erforschen hat. –

Der zweite Satz dieser Passage fragt rhetorisch: Wer sonst als der Philosoph könnte sich fragen, ob „Sokrates" und der „sitzende Sokrates" dasselbe seien? Alle mögen sich wohl fragen, ob dies dieses oder nicht dieses ist, der Philosoph aber fragt, ob etwas („Sokrates") und dieses als *bestimmtes* etwas („sitzender Sokrates") ταὐτό sind, da doch offenbar — so müssen wir mit Blick auf die zentrale Problemführung in Phys. A 2 und 3 ergänzen — „sitzend" etwas anderes ist (ἕτερον) als „Sokrates" und somit das eine ὄν, der „sitzende Sokrates", zwei verschiedene ὄντα zu sein droht. Die Unterscheidung von dem, das etwas ist, und dem, was es ist, diese fundamentale διαφορά scheint jedwedes ὄν zu *zerfällen*! Das zu untersuchen also (daß es nämlich dennoch nicht der Fall ist), wird als die Aufgabe des Philosophen bezeichnet. Das damit ausgesprochene Problem wird aus dem konstitutionstheoretischen Verständnis vom ὄν ᾗ ὄν her völlig klar und konsequent (nicht jedoch, wenn man ὄν ᾗ ὄν mit das „Seiende als Seiendes" oder das „Seiende, insofern es ist" übersetzt und damit einen mehr oder minder unscharfen Sinn verbindet). Und auch zu untersuchen obliegt dem Philosophen (und sonst niemandem), ob das Eins dem Eins entgegengesetzt ist (also das ὄν „sitzend" dem ὄν „Sokrates" — und nur so verstanden wird diese Passage *zwingend*), ja *was* das Entgegengesetzte hier bedeutet und wie es ausgesagt wird. Denn die διαφορά unterscheidet das ὄν in das Sokrates-ὄν und das sitzend-ὄν und *insofern* sind sie sich entgegengesetzt. Diese Unterscheidung zieht zwar eine *Andersheit* des Sokrates-ὄν und des sitzend-ὄν nach sich, jedoch so, daß diese Beziehung zwischen den beiden ὄντα ein Gefälle von früher/später aufweist, denn früher (πρότεον) ist das, das etwas ist (und das nicht selbst von einem anderen ausgesagt wird), also die οὐσία. Das aber wußten jene — schon in Phys. A kritisierten Philosophen — nicht und, insofern sie diese διαφορά nicht als einsinniges Gefälle von Zu-Bestimmendem und Bestimmendem verstanden, *zerfällten* sie, was nur *in sich unterschieden* ist.

Der „Gegensatz" von sitzend-ὄν und Sokrates-ὄν zeigt sich daher in Wahrheit als dasjenige, in welches das, das etwas ist (Sokrates), und das, was es ist (sitzend), unterscheidend (διαφορά) auseinandertreten. Weil die Alten aber nichts vom Frühersein der οὐσία, dem einsinnigen Gefälle dieser Beziehung, wußten, hieß bei ihnen „Gegensatz" natürlich etwas ganz anderes als nun bei Aristoteles. Wenn man sich fragt, wie Aristoteles die „Gegensatzlehre" *neben* seiner Lehre von der οὐσία habe vertreten können, so zeigt man nur, daß weder der systematische Gehalt *dieser* aristotelischen „Gegensatzlehre", die in Wahrheit — und auch der Textlage nach! — eine Lehre von der *ἑτερότης* ist, noch — in der Konsequenz — der οὐσία-Lehre verstanden wurde. Die Lehre von der οὐσία (als dem Bestimmten, das nicht seinerseits anderes bestimmt) *erfordert* bzw. *setzt voraus* die Lehre von der inneren Unterscheidung des ὄν und damit die Lehre von der ἑτερότης (auch wenn dies Aristoteles selbst in dieser Deutlichkeit noch nicht sah; aus der Artung der Beziehung von Zu-Bestimmendem und Bestimmendem *folgt* die Artung der Beziehungsglieder).

Man sieht, wie doppelbödig auch in dieser Passage, 1004 b 1-17, der aristotelische *Vergleich* ist, daß — wie den Zahlen — auch dem ὄν ᾗ ὄν bestimmte πάθη und ἴδια eigentümlich sind; denn die πάθη und ἴδια des ὄν ᾗ ὄν ermöglichen, daß einem irgendetwas *überhaupt* πάθη und ἴδια eigentümlich sein *können*. Der Sinn von πάθη und ἴδια ist also jeweils grundsätzlich *verschieden*. Meint πάθη καὶ ἴδια ἀριθμοῦ ᾗ ἀριθμός die der Zahl als Zahl eigentümlichen Bestimmungen, so meinen πάθη καὶ ἴδια τοῦ ὄντος ᾗ ὄν nicht einfach „Eigentümlichkeiten" (im Sinne von „Eigenschaften") von etwas, sondern sie sind diejenigen πάθη καὶ ἴδια des inneren Verhältnisses eines jeden ὄν, die ermöglichen, daß etwas überhaupt etwas sein kann. Deswegen *müssen* die Systoichien *Relationsbegriffe* darstellen, und deswegen muß das oberste Gegensatzpaar als Eins und Menge (Eines, das Vieles ist) begriffen werden. So naheliegend die aristotelische Rückbeziehung auf die Gegensatzlehre der Akademie auch war, das von ihm gerade in diesem Zusammenhang ausdrücklich hervorgehobene Frühersein der οὐσία zeigt deutlich, wie sehr Aristoteles sich des Unterschieds seiner — in die Lehre von der διαφορά und ἑτερότης *eingebetteten* — Lehre vom Gegensatz von den Gegensatzlehren der Früheren war.

Der folgende (mit Blick auf Platons Lehre von der διαλεκτικὴ ἐπιστήμη im Sophistes in der hier von Aristoteles geübten Kritik an den „Dialektikern" hochbedeutsame) Abschnitt 1004 b 16-26 mit seiner Abhebung des Geschäftes des Philosophen von demjenigen des Dialektikers und Sophisten bestätigt das Vorangehende insofern, als sich ja der Dialektiker eben um Klärung dieses Verhältnisses von ὄν, das etwas ist, und ὄν, was es ist, bemüht und die Sophisten gerade die Gleichnamigkeit des Unterschiedenen benutzen, um den Zuhörern Ungereimtheiten in den Kopf zu setzen. Der Philosoph, der um das Frühersein der οὐσία weiß, erkennt jedoch dieses Verhältnis in der Unterschiedenheit der Verhältnisglieder, um deren Klärung sich der Dialektiker vergeblich bemüht und die der Sophist nicht einmal zu sehen in der Lage ist, geschweige denn zu klären unternimmt.

Auch der letzte Abschnitt von Γ 2, 1004 b 27 — 1005 a 18 ergibt sich nahtlos aus dem Gedankengang und der zentralen Sachproblematik des Bisherigen: Und auch ist die eine Reihe (συστοιχία) der Gegensätze στερῆσις (kommt in ihr ein Mangel zum Ausdruck, der sich auf sein positives Gegenteil bezieht wie ἕτερον auf ταὐτόν, ἀνόμοιον auf ὅμοιον, ἄνισον auf ἴσον etc.), und alles führt man (ganz allgemein gesprochen: ἀνάγεται) auf τὸ ὂν καὶ τὸ μὴ ὂν zurück oder auf „Eins" und „Menge", so wie Ruhe auf das Eins und Bewegung auf die Menge (Vielheit der Bestimmungen, die sich an einem bleibenden Dritten ändern); die ὄντα und die οὐσία lassen beinahe alle übereinstimmend aus Gegensätzen bestehen (συγκεῖσθαι); alle nämlich nennen die Prinzipien Gegensätze (ἀρχὰς ἐναντίας λέγουσι), die einen Gerades und Ungerades, die anderen Warmes und Kaltes, wieder andere Grenze und Unbegrenztes, noch andere Freundschaft und Streit. Und auch alles übrige (wieder in dem schlechthin allgemeinen Sinne wie in Met. A 2, 982 b 3: τἆλλα) scheint auf ἓν καὶ πλῆθος rückgeführt (oder rückbezogen: ἀναγόμενα) zu werden — die Rückführung (selbst, nämlich: wie man diese Rückführung näherhin zu verstehen hat) sei jetzt beiseitegesetzt — und vollends unterstehen überall die Prinzipien der anderen (der referierten und kritisierten früheren Philosophen wie Pythagoras, Parmenides, Empedokles und die Platoniker) diesen (nämlich ἓν καὶ πλῆθος) als ihren (allgemeinen) Gattungen. Aus dem Gesagten ist daher offensichtlich, daß es Sache *einer* Wissenschaft ist, das ὂν ᾗ ὂν zu untersuchen. Denn alles ist Gegensatz (als gegensätzlich bestimmt) oder aus Gegensätzen, die *Prinzipien* der Gegensätze aber sind ἓν καὶ πλῆθος. Diese gehören *einer* Wissenschaft an, seien sie auf Eines hin bezogen oder nicht (wie die Alten wohl lehrten, da sie in Unkenntnis über das Frühersein der οὐσία waren), wie doch wohl jenes der Fall ist (daß sie sich nämlich auf Eines beziehen). —

Das aristotelische Referat der Gegensatzlehren der Früheren wird in dieser Passge also auf *sein* Verständnis der ἐναντιότης, das jenes im Ausdruck καθ' ἓν angesprochene Gefälle trägt, bezogen. Aristoteles sieht sich zwar in dieser Tradition der Gegensatzlehren, bringt aber sein *verändertes* Verständnis des systematischen Lehrgehaltes klar zum Ausdruck. Keine Rede kann davon sein, daß Aristoteles hier die „Gegensatzlehre" (wie sie die Alten vortrugen) vertreten habe.[45]

Und der Rest des Abschnittes fährt, diesen fundamentalen Unterschied seines Verständnisses des Gegensatzproblems von den Gegensatzlehren der Früheren betonend, fort (1005 a b-8): Wenn auch Eins in mannigfacher Bedeutung ausgesagt wird, so wird doch das übrige in Beziehung (πρός) auf das Erste (τὸ πρῶτον) ausgesagt und auch das Entgegengesetzte (!). —

Die textkritischen Fragen bzgl. des nächsten Satzes, 1005 a 8-11, können wir hier beiseite setzen: Und wenn auch τὸ ὄν oder τὸ ἕν nicht allgemein oder (in dem Sinne, daß sie) dasselbe für alles (περὶ πάντων, mit Bezug auf alles, was man Eins nennt) oder abgetrennt (χωριστόν) ist, wie dies ja *nicht* der Fall ist, sondern das eine in Beziehung (πρός) auf Eins (Eins genannt wird) oder das andere, weil es in Reihenordnung steht (τῷ ἐφεξῆς) (Eins genannt wird) — deswegen (so fährt der Text 1005 a 11 fort) kommt es auch nicht dem Geometer zu zu untersuchen, was das Entgegengesetzte, das Vollkommene, ἓν ἢ ὄν ἢ ταὐτὸν ἢ ἕτερον ist, es sei denn voraussetzungsweise (insofern er den Sinngehalt dieser Begriffe in seinem Tun voraussetzt). Daß es also Sache einer Wissenschaft ist, τὸ ὄν ᾗ ὄν zu untersuchen und was ihm ᾗ ὄν (ursprünglich) zukommt, ist klar, und auch, daß dieselbe Wissenschaft nicht nur die οὐσίαι, son-

45. Unerklärlich muß bleiben, wie man wie Ph. Merlan sagen kann: „It is here that Aristotle refers to his table of opposite, with nothing to indicate that in this table the two-opposite-principles doctrine was criticized." S. 172. Und S. 173 — mit Bezug auf 1005 a 3-5 — heißt es, daß diese two-opposite-principles doctrine des Aristoteles „own conviction" gewesen sei. Daß das Verhältnis von ἓν καὶ πλῆθος durch λέγεσθαι καθ' ἓν von Aristoteles charakterisiert und dies dazu noch ausdrücklich als „wahr" behauptet wird, ist doch gerade die fundamentale Kritik an der alten „two-opposite-principles doctrine" seitens Aristoteles'.

dern auch, was diesen zukommt, untersucht, nämlich das bisher Gesagte (die Begriffe, die das Verhältnis von ὂν ᾗ ὂν bestimmen), aber auch das Früher und Später (πρότερον ἡ οὐσία! vgl. 1004 a b 9), Gattung und Art (die voneinander ausgesagt werden), Ganzes und Teil (Enthaltensein des Einen im Anderen) und andere Begriffe solcher Art. —

Daß die im letzten Satz angeführte Begriffe sich immer auf das identische Thema beziehen (wie nämlich etwas etwas sein kann), dürfte hinreichend deutlich geworden sein. Sie alle bestätigen, daß im Thema „ὂν ᾗ ὂν" nach der Möglichkeit und Bedeutung von dem gefragt wird, daß etwas (Eines) etwas (Vieles) sein kann.

Die Passage 1005 a 8-11 ist terminologisch insoweit bedeutsam, als sie ὂν und ἓν nicht als „allgemein" (καθόλου), nicht als „dasselbe neben/über allem" (ταὐτὸν περὶ πάντων) und nicht als „abgetrennt" (χωριστόν) bestimmt. Bevor wir jedoch diese Stelle auf anscheinend gegenteilige Passagen (z.B. die berühmte Stelle in K 7, 1064 a 28-29: ἐπεὶ δ' ἔστι τις ἐπιστήμη τοῦ ὄντος ᾗ ὂν καὶ χωριστόν) beziehen, halten wir fest, daß sich aus dem Sachduktus von Γ 1 und 2 eine solche Bestimmung von selbst versteht. Ob dieser Satz echt ist oder von einem der Redaktoren nur hierhergesetzt worden ist, spielt sachlich keine wesentliche Rolle. Die Prinzipien, die anfänglich jedes ὂν zu einem τι ὂν bestimmen, diese ἀρχαὶ καὶ αἰτίαι τῶν ὄντων ᾗ ὄν, sind *nur* als ἀρχαί τινων (mit Blick auf Phys. A 185 a 4-5) begreifbar. Sie sind weder „allgemein" im Sinne der Gattungsallgemeinheit, weder „dasselbe in/neben/über allem" (weil sie nicht *selbst* ὄντα sind) noch sind sie χωριστά („abgetrennt", sei es im Sinne der Existenz verstanden als das, dem die Bestimmungen zukommen und das nicht selbst Bestimmung eines anderen ist, also im Sinne der οὐσία, — da die ἀρχαί *selbst* auch keine οὐσίαι sind). Die Prinzipien τῶν ὄντων ᾗ ὂν sind *weder* solches, dem andere Bestimmungen zukommen können, *noch* solches, das anderem als Bestimmung zukommt in dem Sinne, daß sie etwas zu seiner konkreten Bestimmtheit bestimmen.

Infolge der konstitutionstheoretischen Fragestellung der πρώτη ἐπιστήμη sind ihr Thema die auch nur konstitutionstheoretisch verstehbaren ἀρχαὶ καὶ αἰτίαι τῶν ὄντων, insofern die ὄντα *überhaupt* bestimmt sind. Diese Prinzipien sind daher solche τῶν ὄντων ᾗ ὄν und dieser Bezug ist somit auch für ihren Begriff wesentlich. Wollte man sie „getrennt“ erörtern, löste man sie gerade aus diesem für ihr Verständnis wesentlichen Bezug und verselbständigte sie zu irgendwie dinglich Verstandenem.

Die Parallelität und Verschlungenheit des Themas „ὄν ᾗ ὄν“ und des Themas „πρώτη οὐσία“ — bei Aristoteles selbst wie bei vielen Interpreten[46] — darf über die *sachlich notwendige Unterscheidung* einer *Prinzipienlehre* (im Sinne einer Konstitutionstheorie — als Frage nach Möglichkeit und Sinn von Bestimmtheit des Seienden überhaupt —) von einer Lehre von einem bestimmten Seienden (der Theologik also) nicht hinwegtäuschen. Die Tatsache, daß beide Themen ineinander verschlungen in den aristotelischen Texten vor uns liegen, muß dann die Fragen aufwerfen, *weshalb* sie ineinander verschlungen in diesen Texten behandelt werden und mit *welcher Klarheit* der konstitutionstheoretische Sinn der Fragestellung von πρώτη ἐπιστήμη von Aristoteles erfaßt und durchgehalten wurde. Beide Fragen lassen sich naturgemäß nicht mittels des bloßen Rekurses auf die Textlage beantworten. *Daß* der πρώτη ἐπιστήμη eine solch konstitutionstheoretische Fragestellung von Aristoteles zugewiesen wurde, kann u.E. keinem Zweifel unterliegen. Drehte man nämlich einfach den Spieß um und identifizierte man das in Γ 1 und 2 bestimmte Thema der πρώτη ἐπιστήμη mit der Lehre von der πρώτη οὐσία von Met. Λ und behauptete, daß in Wahrheit auch in Γ mit seiner Lehre vom ὄν ᾗ ὄν nichts anderes zum Thema stünde als eben diese eine vorzügliche οὐσία, so wäre es für den Autoren von Met. Λ doch einigermaßen absurd, überhaupt so Merkwürdiges wie in Met. Γ zu schreiben und so eigenartige Probleme wie hier zu erörtern (z.B. das Problem von ἀπόφασις, μὴ ὄν, ἐναντιότης, ἑτερότης), vor allem aber auf ein solches erratisches sprachliches Kürzel vom „ὄν ᾗ ὄν“ zu verfallen, das alleine erst durch ein Sachproblem hervorgetrieben wurde, das in dieser großartigen sprachlichen Formel seine einzige und volltreffende Gestalt gefunden hat.

46. Vgl. *Happ*, Hyle, seine Bemerkungen zu den Vertretern der „theologischen Richtung“, loc. cit., S. 316 ff.

Daß man — solange man die hier geforderte Unterscheidung zweier systematischer Ebenen nicht vollzieht — überhaupt z.B. die sog. aristotelische „Gegensatzlehre“ in widersprüchlichem oder zumeist problematischem Verhältnis zu seiner Theologik und Ousiologie sieht, daß man beides überhaupt nebeneinander zu stellen und zu *vergleichen* können glaubt, ist offensichtlich Folge des bloßen Nebeneinandersetzens von Problemtopoi ohne Rücksicht auf die Frage nach ihrer jeweiligen systematischen Ebene, auf der sie stehen.

Met. Γ 3-4

Die Kapitel 3 und 4 des vierten Buches der aristotelischen Metaphysikschrift entfalten jene oberste ἀρχή des sogenannten Satzes vom auszuschließenden Widerspruch. Die restlichen Kapitel von Buch Γ erörtern dann aus dem Wissen um diese ἀρχή die Ansichten der Früheren zur Gegensatzthematik und unterziehen diese der Kritik; in diesen Kapiteln schlägt sich also die Konsequenz des Erarbeiteten in der Kritik der Vorläufer nieder. Daß sie das Bisherige, nämlich die Auffassung, um welches Problem es überhaupt in Γ 1 und 2 geht, bestätigen, liegt auf der Hand; den Früheren (im 5. Kapitel werden zunächst Protagoras, 1009 a 6, Anaxagoras und Demokrit, 1009 a 27-28, angesprochen) blieb eben verborgen, daß ὄν mannigfach und nicht einsinnig ausgesagt wird (1009 a 32), so daß sie z.B. der αἴσθησις, die uns die Bestimmungen einer Sache gibt, die Erkenntnis der Sache selbst zuwiesen (was die Ungereimtheit nach sich zieht, daß sie uns so viele Sachen gibt, wie sie uns Bestimmungen gibt). Daher konnten sie sich auch keinen Begriff von der οὐσία als dem, das bestimmt ist, im *Unterschied* zu dem, als was sie bestimmt ist, bilden (1010 b 26 ff.).

Das Widerspruchsprinzip — wie es sehr unscharf genannt wird — und so natürlich auch Γ 3 und 4 pflegte man in Abhängigkeit eines unreflektierten Logikbegriffs noch des 19. Jahrhunderts ins Gebiet der „Logik“ zu schlagen. Dieses schablonisierende Verständnis von Logik — und dies sei bei aller Selbstverständlichkeit eigens betont —

verbietet sich aber gerade auch aus neuzeitlicher Sicht, insofern bereits die Tradition der Transzendentalphilosophie dieses Prinzip ausdrücklich als eine *transzendentale* Voraussetzung aller formalen Logik, als ein konstitutionstheoretisches Prinzip des (kantisch gesprochen) „Urteils überhaupt"[47] auswies. Formale Logik (sei es nun die klassische, am grammatischen Modell von „S ist P", oder die moderne, am funktionstheoretischen Modell von „a R b" orientierte, *formale* Logik) setzt die Möglichkeit des Urteils voraus, thematisiert nicht — und kann und soll ihrer Aufgabenstellung nach nicht thematisieren — die selbst nicht-formalen, sondern konstitutionstheoretischen Prinzipien der Urteilsmöglichkeit, wie nämlich überhaupt „Mannigfaltiges als Einheit" gedacht zu werden vermag. (So erörtert kein modernes Lehrbuch der sog. „symbolischen" oder „formalistischen" Logik die Möglichkeit der Prädikation im formalistischen Sinne, — und kann dies auch nicht, weil die Möglichkeit der Prädikation allem Formalismus vorausliegt. Daher wird diese Frage denn auch zumeist in den Einleitungen von Logiklehrbüchern als bloß umgangssprachliches Faktum, erlernbares Handeln der Prädikation eingeführt, ohne zu bedenken, kraft wessen es ausgerechnet nur der Mensch ist, der solches „lernen" kann.) Lassen wir hier die immanenten Probleme der transzendentalphilosophischen Tradition beiseite (wieweit nämlich diese Prinzipien selbst „subjektiven" Ursprungs sind, was sich schon von der kantischen Diktion her nahelegt, obwohl jede „subjektivistische" Deutung sich vom Sachansatz der Fragestellung her verbietet[48]), so müßte der systematische Gehalt dieser Tradition zumindest skeptisch gegenüber einer solchen Verortung des „Widerspruchssatzes" in Γ 3 und 4 machen, zumal eine solche Trennung bei Aristoteles nicht vorliegt und Γ 3 und 4 sich nicht nur der faktischen Textüberlieferung nach an Γ 1 und 2 anschließen, sondern die dort entwickelte Problematik unmittelbar und sachlich fortsetzen, worauf wir im folgenden unser besonderes Augenmerk legen.

47. Vgl. hierzu nochmals v. Vf. Kants Theorie des Denkens, loc. cit.

48. Vf., Kants Theorie des Denkens, loc. cit., ders., Zu Kants Dissertation von 1770, loc. cit., und vor allem ders., Zur Apriorität des Denkens, loc. cit.

Die Abtrennung von Γ 3 und 4 von Γ 1 und 2 beweist, daß der Lehrgehalt von Γ 1 bis 4, der *einer* ist, nicht in seiner inneren Gestalt begriffen ist. Dies ergibt sich — wie oben gezeigt — *sowohl* aus der Auseinandersetzung mit der ἀξίωμα-Lehre in den Analytica posteriora, die sich aus dem Methodenproblem der πρώτη ἐπιστήμη ergab, *wie auch* aus der Analyse von Γ 3 und 4 selbst. Daß in Wahrheit das bloß „logische" Verständnis der ἀξίωμα-Lehre und — infolge! — von Γ 3 und 4 geleitet ist von einem selbst nicht reflektierten Vorverständnis von „Logik" (und „Ontologie"), liegt auf der Hand und läßt sich an der einschlägigen Literatur leicht zeigen. Gerade das Mitreflektieren der eigenen sachlichen Position ist aber für das Verständnis von Met. Γ integral. Eine Lehre von der Klassifikation der οὐσίαι z.B. in Met. Λ läßt sich demgegenüber eher unabhängig von der je eigenen sachlichen Position referieren — soweit dies natürlich überhaupt möglich ist — als die Problematik von Met. Γ. Ein Blick auf die Literatur zeigt sehr deutlich, wo die schon im Grundsätzlichen liegenden Unterschiede im scheinbar „bloßen Referat" des aristotelischen Lehrgehaltes liegen, sie betreffen natürlich hauptsächlich Met. Γ 1 und 2.

Mit Blick auf das Aporienbuch 996 b 26 — 997 a 15 wiederholt Γ 3 einleitend die Frage, ob es *einer* Wissenschaft zusteht, die in der Mathematik sogenannten ἀξιώματα sowie die οὐσία zu untersuchen, und bejaht diese Frage (selbstverständlich). — Die Erörterung des Grundbegriffs der „Logik" gehört also notwendig zu derjenigen des Grundbegriffs der „Ontologie", könnte man im Anschluß an die vorstehenden Bemerkungen sagen. — Und in der Tat fährt der Text fort: ἅπασι γὰρ ὑπάρχει τοῖς οὖσιν, ἀλλ' οὐ γένει τινὶ χωρὶς ἰδίᾳ τῶν ἄλλων — denn sie (die ἀξιώματα) liegen *allem* (es steht bezeichnenderweise οὖσιν, Dat. pl. von ὄν — sei es als ὄν im Sinne der οὐσία, sei es als ὄν im Sinne der Bestimmheit von etwas) zugrunde und nicht bloß irgendeiner speziellen Art (τῶν ὄντων), getrennt von den übrigen.[49] — Und weiter heißt es von den

49. Bonitz übersetzt — bezeichnend für sein Verständnis des Ganzen — ὑπάρχειν mit „gelten". Korrekt wäre die Übersetzung von ὑπάρχειν mit dem vagen Terminus „zukommen". Daß Aristoteles hier den Terminus „ὑπάρχειν",

ἀξιώματα: Und alle bedienen sich ihrer, da sie solche τοῦ ὄντος ᾗ ὄν sind, und jede Art (τοῦ ὄντος) ὄν ist, 1005 a 23-25.

Die übrigen *bedienen* (χρῶνται) sich — im Gegensatz zu den Philosophen, die diese Prinzipien auch *thematisieren* — dieser Prinzipien nur soweit, als ihr jeweiliges Thema (ein γένος τῶν ὄντων) reicht, auf das sie ihre Beweisführungen richten oder rückbeziehen (φέρουσι), d.h. nämlich zuletzt auf die Definition (ὁρισμός) ihres jeweiligen thematischen Gegenstandes (oder Gegenstandsfeldes). — Sachlich bedeutet dies also, daß sich alle dieser Prinzipien bedienen, weil ihren apodeiktisch-wissenschaftlichen Ausführungen die Definition, die Gegenstands*bestimmtheit* somit ihres je eigentümlichen Gegenstandes (oder Gegenstandsfeldes) zugrundeliegt, so daß es nun konsequent heißt: Da daher diese (ἀξιώματα) *allem* (πᾶσι) zugrundeliegen, insofern es *überhaupt* bestimmt ist (ᾗ ὄν) — denn sie sind hierin allem gemeinsam (κοινόν) —, so steht deren Untersuchung also dem zu, der jedes ὄν, insofern es bestimmt ist, untersucht (τοῦ περὶ τοῦ ὄντος ᾗ ὄν γνωρίζοντος).

Keiner der Einzelwissenschaftler (κατὰ μέρος ἐπισκοποῦντες — wir erinnern uns an das μέρος ἀποτέμνεσθαι von Met. Γ 1) betrachtet diese daraufhin, ob sie wahr sind oder nicht (εἰ ἀληθῆ ἢ μή), weder der Geometer noch der Arithmetiker, ausgenommen einige der (alten) Physiker, die dies begreiflicherweise (εἰκότως) taten, denn sie glaubten ja, über die ganze Natur (περί τε τῆς ὅλης φύσεως) zu handeln und über das Seiende (überhaupt, καὶ περὶ τοῦ ὄντος). Da es aber eine höhere (ἀνωτέρω) Wissenschaft als die des Physikers gibt — denn die Natur (ἡ φύσις) ist nur *eine* Art τοῦ ὄντος —, so wird ihr, die über das Insgesamt (καθόλου — sofern man das vorstehende περὶ τό mitlesen will, was also heißt, daß der Gegenstand dieser Wissenschaft allgemein ist — ansonsten müßte man καθόλου auf die Wissenschaft selbst beziehen, was einen doppeldeutigen Sinn ergibt, s. dazu w.u.) und über die erste οὐσία handelt, die Untersuchung derselben (ἀξιώματα) zukommen. [Den

diesen seinen Standardausdruck für die Bezeichnung des kopulativen, eigenschaftslogischen Seins verwendet, zeigt deutlich seine Schwierigkeit, das spezifische Verhältnis der Prinzipien zu dem, wofür sie eben Prinzipien sind, nicht vom eigenschaftslogischen „Zukommen“ von etwas zu etwas zu unterscheiden.

Abschnitt 1005 b 1-5 können wir mit Blick auf unsere Auseinandersetzung mit der ἀξίωμα-Lehre in den Analytiken übergehen; Alexander streicht ihn im Kontext.] Daß es also Sache des Philosophen ist, über jede οὐσία (περὶ πάσης τῆς οὐσίας — Bonitz übersetzt: „Wesenheit aller Wesenheit"), insofern jede οὐσία als οὐσία ursprünglich gestaltet ist (ᾗ πέφυκεν — fehlt bei Schwegler und Bonitz völlig; πέφυκεν als Perfekt von φύειν: ursprünglich wachsen, entstehen), seine Untersuchung anzustellen, sowie über die Prinzipien der syllogistischen Beweise (περὶ τῶν συλλογιστικῶν ἀρχῶν), ist klar. —

Diese Passage, 1005 a 23 — b 8, enthält wichtige Hinweise für das Verständnis, mit welchem Grad der Klarheit Aristoteles die Problemstellung der πρώτη ἐπιστήμη von den Einzelwissenschaften unterscheidet. Was allem zugrundeliegt, bezeichnet er als allem „gemeinsam" (κοινόν). Aus diesem κοινόν geht *nicht* hervor, wie er diese Allgemeinheit von der Gattungsallgemeinheit anderer Begriffe unterscheidet. Denkt man an jene problematische Stelle aus K 1, 1026 a 27-29 („Wenn es aber keine anderen οὐσίαι gibt als solche, die ihrer Natur nach, φύσει, zusammengestellt sind, συνεστηκυίας — nämlich hyleverfaßt, ἀεὶ ἔχειν ὕλην, 1026 a 3 —, so wäre die Physik wohl die Erste Wissenschaft."), sieht man, daß Aristoteles den Ansatz seiner πρώτη ἐπιστήμη immer *auch* aus dem *Vergleich* zu den übrigen theoretischen Wissenschaften (so ja auch in E 1), näherhin aus dem Vergleich deren jeweiliger „Gegenstände" zu bestimmen sucht. Daß ihm dabei das Thema der πρώτη ἐπιστήμη überhaupt zu einem *vergleichbaren* Gegenstand mit denjenigen von Mathematik und Physik wird, zeigt sehr deutlich, daß *neben* die prinzipientheoretisch konstitutiven *Funktion* der πρῶται ἀρχαὶ καὶ αἰτίαι τῶν ὄντων ᾗ ὄν der πρώτη ἐπιστήμη *für* alle anderen Wissenschaften und deren Gegenstände eine *Wert- und Abhängigkeitsordnung* der verschiedenen οὐσίαι tritt, die sich die theoretischen Wissenschaften zum Thema nehmen. Als höchster Gegenstand, weil alles Hyletische von sich weisend, steht die πρώτη οὐσία für den Inbegriff von Bestimmtheit (Selbstbestimmtheit) und weist alle Unbestimmtheit (Durch-anderes-bestimmtsein und -werden-können) von sich ab. Sie wird nicht durch etwas bestimmt, das sie nicht selbst *ist* (wie „Sokrates" durch „sitzend") und weist auch alles Negative (Anders-sein-können, ὕλη) von sich. Wäre die Thematik der πρώτη ἐπιστήμη mit derjenigen der πρώτη οὐσία *identisch*, fiele die Erörterung der Negation, ἀπόφασις, des μὴ ὄν, der ἐναντιότης und ἑτερότης aus der Aufgabenstellung der πρώτη ἐπιστήμη heraus. Das Problem des ᾗ wäre *nur* noch das der Identitätsbeziehung und nicht der sprachliche Indikator für das πολλαχῶς λέγεται τὸ ὄν. Als *Prinzip* jedoch repräsentiert die πρώτη οὐσία die Vollendetheit dessen, was bestimmt ist (τελευτάτη, κυριωτάτη, τιμιωτάτη οὐσία, wie all diese superlativischen Adjektive lauten), ein notwendiges Prinzip ἐν (!) τοῖς οὖσιν, wie es in K 7, 1064 a 35 — b 1 so überraschend heißt: καὶ εἴπερ ἔστι τις τοιαύτη φύσις ἐν τοῖς οὖσιν, ἐνταῦθ' ἂν εἴη που καὶ τὸ θεῖον, καὶ αὕτη ἂν εἴη [ἡ] πρώτη καὶ κυριωτάτη ἀρχή — Wenn es aber eine solche φύσις *in* allem, was man nur seiend nennen kann, gibt [betontes ἔστι], so wird diese wohl das Göttliche sein und dies das erste und höchste Prinzip. —

Diese Stelle bringt mit dem „ἔστι" und dem „πρώτη καὶ κυριωτάτη ἀρχὴ ἐν τοῖς οὖσιν" sehr deutlich die Zwiespältigkeit im Konzept dieses Höchsten zum Ausdruck, es nämlich als Gegenstand wie als Prinzip zu fassen.

Als notwendiges Prinzip von allem, was bestimmt ist (was nicht selbst Bestimmung an anderem ist), wird im Thema πρώτη οὐσία ein fundamentales Prinzipien*gefüge* vom ὄν ᾗ ὄν gefunden. Wenn sich alles, was wir verstehen können, in dasjenige unterscheidet, das bestimmt ist, und das, als was es bestimmt ist, muß die Frage nach dem Prinzip dessen, das bestimmt ist, den Gedanken der vollendeten (Selbst-)Bestimmtheit nach sich ziehen. Die *Identifikation* — sei es nun von Aristoteles explizit oder implizit vollzogen oder nur von den Interpreten mehr oder minder eindeutig bei Aristoteles so verstanden — dieses Prinzips der vollendeten Bestimmtheit mit einem von anderen Gegenständen abgehobenen und gesonderten Gegenstand bedeutet *sachlich* eine μετάβασις εἰς ἄλλο γένος, in diesem Falle Vertauschung eines Prinzips mit dem, wofür es Prinzip ist. Daran führt zuletzt kein Weg vorbei, und deswegen gilt es, dies ausdrücklich und in aller Bestimmtheit festzuhalten.

Als *Prinzip* verstanden gibt uns die πρώτη οὐσία Auskunft, von welcher *Artung* (ᾗ πέφυκεν) zuletzt dasjenige ist, das etwas ist

(Selbstbestimmtheit). Als *Gegenstand* verstanden gibt uns die πρώτη οὐσία in der aristotelischen Philosophie *nur* Auskunft darüber, weshalb das Bewegte in seinem letztanfänglichen Grunde bewegt ist. Wir müssen also die konstitutionstheoretische Bedeutung von πρώτη οὐσία notwendig von der (physikalischen) *Erklärungs*funktion von πρώτη οὐσία unterscheiden, wenn wir nicht summarisch Textstellen in wechselseitige Auslegung bringen wollen.

Daß — wie es im Folgenden, 1005 b 8-17, heißt — wir nun die *sichersten* Prinzipien (βεβαιόταται ἀρχαί) suchen, bei denen Täuschung *unmöglich* ist (διαψευσθῆναι ἀδύνατον), daß dies nur bei dem der Fall sein kann, was wir schon immer *notwendig* (ἀναγκαῖον) mitbringen müssen, wenn wir *überhaupt* mit etwas (es *als* etwas verstehend) zusammenkommen (ἣν ἀναγκαῖον ἔχειν τὸν ὁτιοῦν ξυνιέντα τῶν ὄντων), ist keine bloße Annahme (ὑπόθεσις). Den methodisch fundamentalen Sinn dieser Ausführungen und deren Sachimplikationen haben wir oben in der Behandlung der Axiomatik und Elenktik dargelegt. Die „sichersten Prinzipien" sind die, die uns ermöglichen, überhaupt etwas als etwas zu verstehen, die Prinzipien möglicher Bestimmtheit. Sie werden auffindbar im Rekurs auf das δύνασθαι dessen, der etwas als etwas schon immer versteht. Wir brauchen im folgenden also das Prinzip vom auszuschließenden Widerspruch nur noch aus seinem Kontext mit dem Problem von ὄν ᾗ ὄν her in den Blick zu nehmen.

Daß dasselbe demselben in derselben Beziehung nicht zukommen und zugleich nicht-zukommen kann, bedeutet, daß mit dem ὑπάρχειν von etwas das μὴ ὑπάρχειν desselben demselben ausgeschlossen ist. Im *Zentrum* des Satzes 1005 b 19-21 steht das ὑπάρχειν (das kopulative Sein), die *Beziehung* von dem, das etwas ist, zu dem, was etwas ist. Die *Eindeutigkeit* dieser Beziehung *trotz* aller kategorialen Hinsicht ermöglicht die Bestimmtheit von jedwedem.

Deswegen *muß* — und jede andere Übersetzung ist höchst unscharf, wenn nicht direkt falsch — der Satz 1005 b 23-25 lauten: „Denn es ist unmöglich, das man von-was-auch-immer (ὁντινοῦν) annehmen könne, daß es dasselbe (ταὐτόν) sei und nicht sei (εἶναι καὶ μὴ εἶναι, — εἶναι ist also prädizierend gebraucht), wie einige glauben, daß es Heraklit behauptet habe." Bonitz übersetzt — wie auch Schwegler, besser jedoch der Kommentar von Ross; sachlich zunächst korrekt dann aber mehrdeutig Alexander —[50] *völlig mißverständlich*, daß es „unmöglich ist, daß jemand annehme, dasselbe sei und sei nicht". Die Beirrung besteht darin, daß der prädizierende Sinn von εἶναι mit einem Existenz behauptenden ἔστι verwischt bzw. streng genommen vertauscht wird. Man *kann* nicht — wenn man den Sachgedanken, der angesprochen ist, verstanden hat — wie Bonitz übersetzen. „Dasselbe sei und sei nicht" ist nun allerdings *nicht* dasselbe wie „daß etwas dasselbe sei und nicht sei"!

Und 1005 b 26-27 betont nochmals die Eindeutigkeit der *Beziehung*: εἰ δὲ μὴ ἐνδέχεται ἅμα ὑπάρχειν τῷ αὐτῷ τἀναντία — Wenn also unmöglich demselben das Entgegengesetzte zukommen kann — [ ]φανερὸν ὅτι ἀδύνατον ἅμα ὑπολαμβάνειν τὸν αὐτὸν εἶναι καὶ μὴ εἶναι τὸ αὐτό — ist klar, daß derselbe unmöglich annehmen kann, dasselbe sei und sei nicht, 1005 b 29-30. Oder müssen wir lesen: ... ist klar, daß derselbe unmöglich annehmen kann, daß (erg.: etwas, τι) dasselbe sei oder nicht? Bezieht man den Hinweis auf Heraklit, 1005 b 25, mit ein zur Beantwortung dieser Frage und also auch die in Γ 5 vorgetragene Kritik an den Alten bzw. den Herakliteern, wird deutlich, daß wir den Satz in der zweiten Lesart verstehen *müssen*; denn die Herakliteer behaupteten nicht, daß alles zugleich existent und nicht existent sei, sondern, weil sich alles in fortlaufender Veränderung befinde, daß alles zugleich Entgegengesetztes *sein* könne. (Vgl. nochmals die im Anhang mitabgedruckten beiden Vorträge, von denen der zweite die Bedeutung dieser ab Γ 5 vorgetragenen Kritik des Aristoteles für den Zusammenhang hier näher erläutert, vgl. S. 317.)

50. *Ross*, Kommentar, S. 264: „It is to be noticed that the law of contradiction is for Aristotle primary a law of being, ‚the same attribute cannot at the same time belong and not belong to the same subject and in the same respect'." Der Ausdruck „law of contradiction" bleibt hier jedoch mehrdeutig.

Alexander, Hayduck, S. 269/70 kommentiert: ὡς γὰρ ἀδύνατον τὸ αὐτὸ ἅμα ὑπάρχειν τε καὶ μὴ ὑπάρχειν, οὕτως ἀδύνατον καὶ διαψευσθῆναι περὶ τοῦτο, ὥστε ὑπολαμβάνειν τινὰ εἶναι καὶ μὴ εἶναι — und er fährt fort: τοῦτο γάρ ἐστι τὸ ὁντινοῦν ὑπολαμβάνειν εἶναί τε καὶ μὴ εἶναι ἀδύνατον. Jedoch läßt er sich dann nicht näher auf den Unterschied der unterschiedlichen Bedeutungen von εἶναι und damit der Verstehensmöglichkeiten des obersten Prinzips ein.

Der letzte Satz von Γ 3 sagt ausdrücklich: φύσει γὰρ ἀρχὴ καὶ τῶν ἄλλων ἀξιωμάτων αὕτη πάντων — seiner Artung nach ist dieses Prinzip auch Prinzip aller anderen ἀξιώματα.

Wir sprachen also zurecht von Axiomatik im Sinne eines Prinzipien*gefüges* oder Prinzipien*ganzen*. Das Prinzip vom auszuschließenden Widerspruch also garantiert die Eindeutigkeit der im ὑπάρχειν angesprochenen Beziehung, die alle Bestimmtheit (alles „etwas als etwas") ermöglicht.

Da diese innere Beziehung von vornherein das Gefälle von dem, das als etwas bestimmt ist, zu dem, als was etwas bestimmt ist, auszeichnet, gehört *in* die Lehre von ὂν ᾗ ὂν notwendig die Lehre von *dem* Beziehungsglied, das bestimmt ist und nicht selbst Bestimmung an anderem ist, die Lehre von der οὐσία und damit die Frage nach dem *vollendeten* Sinn dieses einen Beziehungsgliedes, die Frage nach der — in diesem Sinne — πρώτη οὐσία.

Als Lehre von einer *bestimmten* Beziehung, der Selbstbeziehung von etwas, das sich *inhaltlich* nicht unterscheidet in das, das etwas ist, und das, was etwas ist, ist die Lehre von der πρώτη οὐσία *dennoch* eine Lehre von etwas, das in einer *Beziehung* steht (der Bezogenheit überhaupt, hier der Selbstbeziehung).

Das Thema der Lehre von der πρώτη οὐσία ist daher nicht identisch mit dem Thema der Lehre vom ὂν ᾗ ὄν. Die erstere entfaltet, *sofern* sie die πρώτη οὐσία als *Prinzip* versteht, ein Prinzip*moment* desjenigen Prinzipien*ganzen*, das in der Frage nach dem ὂν ᾗ ὂν zum Thema steht. Jede andere Auffassung ist *sachlich* — und wie wir meinen *auch* hinsichtlich der faktischen Textlage von Γ — unhaltbar.

Die Konsequenz dieses Sachgefälles des Prinzipien*gefüges* bzw. Prinzipien*ganzen* zu einem seiner Prinzipien*momente* — und es sei wiederholt — dokumentiert sich darin, daß von der Thematik vom ὂν ᾗ ὂν her sich *notwendig* die Frage nach der πρώτη οὐσία *als Prinzip* stellt und deren Vergegenständlichung mit einer Seins*stufe* durch Aristoteles verständlich wird, wenn man ihn in seiner Abhängigkeit vom akademischen Lehrgut sieht. Von dem Problem der Frage nach dem Woher der Bewegtheit des Seienden aber gelangt man nur mit einem Sprung zur Thematik der πρώτη οὐσία *als Prinzip* und Inbegriff des (überhaupt!) Bestimmten und nur mit einem gewaltigen Sprung zur *fundamentalen* und *allein schlechthin allgemeinen* Frage nach der Möglichkeit und dem Sinn des Bestimmtseins als solchen. Das ist die philosopisch zu bedenkende Sachlage, die durch kein Vergleichen von Textstellen hinweg zu bringen ist.

Das *ganze* Problem der οὐσία — und auch dies sei also wiederholt — ist abhängig und ergibt sich aus dem *vorweg als innere Beziehung* begriffenen Problem der Beziehung von etwas-als-etwas. Weil das Problem der Bestimmtheit bei Aristoteles als ein solches von der Bestimmtheit von etwas, das etwas ist, aufgeworfen wird und nicht als ein solches von der Bestimmtheit des einen zum anderen, lautet das Grundwort für das, was das Bezogensein selbst bezeichnet, ὑπάρχειν. Bestimmtheit wird als Zukommen einer Bestimmung einem von sich her Bestimmten verstanden. Notwendig *folgt* daraus eine Lehre von der οὐσία — und nicht liegen die sachlichen Abhängigkeitsverhältnisse umgekehrt! Man mag das aristotelische ontologische Resultat dann zu unseren Zeiten mit Ernst Cassirer als „Ontologie der Substanz" bezeichnen (oder abwerten wollen), es ändert dies nichts daran, daß diese Lehre *gründet* in der aufgeworfenen Frage nach der Möglichkeit des Bestimmtseins überhaupt, diesem eigentlichen Thema der πρώτη ἐπιστήμη, die damit sachlich auch die Voraussetzungen jeder „Ontologie der Funktion" darstellt.

Daß die Frage nach der Möglichkeit des Bestimmtseins überhaupt, diese konstitutionstheoretische und daher *allein* schlechthin allgemeine Frage, in der die „Frage nach dem Sein" sich *notwendig* als die „Frage nach der Apophantik" erweist, im *Kontext* der Frage nach der zu wissen strebenden φύσις ἀνθρώπων gestellt wurde, zeigt, wie sachlich tief und begründet die ganze Fragestellung der πρώτη ἐπιστήμη bei Aristoteles sich entwickelt.

Man ist geneigt, auch von Aristoteles zu sagen, was er in Met. A 3 von den ersten, die philosophierten, 983 b 6, sagt: προϊόντων δ' οὕτως αὐτὸ τὸ πρᾶγμα ὡδοποίησεν αὐτοῖς καὶ συνηνάγκασε ζητεῖν, 984 a 18-19, — „Während sie in ihren Untersuchungen fortschritten, „brach" ihnen die Sache selbst „die Bahn" (wie Schwegler anschaulich übersetzt) und nötigte sie zum Weiterforschen" und, 984 b 9-11: πάλιν ὑπ' αὐτῆς τῆς ἀληθείας, ὥσπερ εἴπομεν, ἀναγκαζόμενοι τὴν ἐχομένην ἐζήτησαν ἀρχήν — „sie wurden wieder, wie gesagt, von der Wahrheit selbst gezwungen, das nächstfolgende Prinzip zu suchen."

Met. Γ 4 erörtert die Konsequenzen von Γ 1-3, die folgenden Kapitel die Thesen der Vorläufer, die diese fundamentale innere Unterscheidung des ὂν ᾗ ὄν, das dennoch durch das in Γ 3 ausgesprochene Eindeutigkeitsprinzip des ὑπάρχειν — um den Satz vom auszuschließenden Widerspruch einmal positiv zu formulieren — sich als Eines erweist, nicht erkannten, sowie die Argumentfigur, die — ἐλεγκτικῶς — das Immer-schon-obwalten dieses Prinzips jedem Gegner zu beweisen vermag. Mit „Immer-schon-obwalten" spielen wir auf den konstitutionstheoretischen Sinn dieses Prinzips an, das man als ein „bloß logisches" Prinzip („logisch" heißt im strengen Sinne immer „formallogisch" und was man sich dann zumeist sehr unscharf als über das Formallogische hinausgehend denkt, gehört zur Konstitutionslehre, — das sei einmal deutlich wiederholt — die notwendig vor aller logisch-ontologischen Unterscheidungsmöglichkeit liegt) so häufig mißverstand, wenn man von seinem „Immer-gelten" sprach.

Den letztgenannten Problempunkt, den methodisch einzig möglichen elenktischen Aufweis dieses Prinzips im *Rekurs* auf das δύνασθαι dessen, der *überhaupt* nur einen λόγος von sich gibt, haben wir im Kapitel über die elenktische Wissenschaft ausführlich dargelegt. Dewegen gehen wir hier nicht mehr eigens darauf ein, machen jedoch nochmals ausdrücklich auf den konstitutionstheoretischen Sinn dieser Argumentfigur aufmerksam, kraft dessen die Lehre vom Eindeutigkeitsprinzip des ὑπάρχειν (dem kopulativen bzw. prädizierenden Sein) als oberstem Prinzip der Möglichkeit des Bestimmtseins sich ineins als oberstes Prinzip der Möglichkeit der Apophantik erweisen *muß*. In dieser Lehre treffen zusammen die Lehre vom ὂν ᾗ ὂν sowie die Lehre von der φύσις ἀνθρώπων, deren Rätsel es eben war, daß sie etwas immer als etwas versteht.

Der Text fährt problemaufgreifend fort, 1005 b 35 — 1006 a 5: Wie erwähnt gibt es dennoch einige, die behaupten, es sei möglich, daß etwas dasselbe sei und nicht sei, und daß man dies annehmen könne. Auch viele derjenigen, die über die Natur handeln, gebrauchen diese Behauptung (χρῶνται τῷ λόγῳ). Wir jedoch haben gesagt, daß es unmöglich sei, daß etwas zugleich dasselbe sei und nicht sei, und daß eben dies das sicherste unter allen Prinzipien ist. –

Wieder begegnen wir dem *kopulativen* Sinn von εἶναι (und wieder – wie schon oben – sind die Übersetzungen höchst verwirrend, wenn es bei Schwegler wie bei Bonitz heißt, daß es unmöglich sei, „daß etwas zugleich sei und nicht sei", loc. cit.). *Daß* es hier sachlich *nur* um den kopulativen Sinn von εἶναι gehen kann *und* daß dies auch sprachlich vom Text her *eindeutig* und *außer allem Zweifel* steht, ergibt sich aus der in 1006 a 28-31 gleich zweimal (sofern man mit Bonitz a 28 ὥστε ... ἔχοι nicht athetiert) auftauchenden Wendung, die die *Konsequenz* des Eindeutigkeitsprinzips vom ὑπάρχειν prägnant zusammenfaßt (und sachlich kaum ausgewertet wurde): ὥστέ οὐκ ἂν πᾶν οὕτως καὶ οὐχ οὕτως ἔχοι – so daß sich also nicht alles so und nicht so *verhalten* kann (Bonitz athetiert a 28 ja nur, *weil* hier wortwörtlich gesagt wird, was anschließend folgt – die Athetese ist also sachlich ohne jede Bedeutung). Von ἔχοι kann nur die Rede sein von etwas, das sich *als* etwas verhalten kann! Ein Blick auf diese Passage nur 30 Zeilen weiter hätte nochmals – und zwar wiederum rein sprachlich schon – Hinweis für die Inkorrektheit der – u.v.a. – Schwegler-Bonitzschen Übersetzung sein müssen.

Auch die im Anschluß an die Widerlegung der zu Beginn in Γ 4 genannten folgende Lehre vom σημαίνειν τι ist schlagender Beweis für den kopulativen Sinn von εἶναι, 1006 a 18-22: Denn nicht dadurch, daß man vom Leugner des Eindeutigkeitsprinzips des ὑπάρχειν verlangt, er solle sagen, ἤ εἶναί τι λέγειν ἢ μὴ εἶναι (lassen wir hier absichtlich noch offen, ob dies nun meint, „daß etwas sei oder nicht sei" oder „daß etwas etwas sei oder nicht sei"), sondern daß er (überhaupt) etwas bezeichne, sei es für sich oder einen andern; denn dies ist notwendig, will er überhaupt etwas sagen (τοῦτο γὰρ ἀνάγκη, εἴπερ λέγοι τι). –

Es spielt *keine* Rolle für den elenktischen Beweisgang, ob das, was der Gegner bezeichnet (σημαίνει τι) *ist* oder *nicht ist* im Sinne der Existenz, sondern entscheidend ist, daß er etwas – nämlich *Bestimmtes!* – bezeichnet. Und will man dies noch eindeutiger (wenn ein solcher Komparativ denn sachlich und sprachlich möglich wäre!) sagen, lese man 1006 a 31-32: ἔτι εἰ τὸ ἄνθρωπος σημαίνει ἕν, ἔστω τοῦτο τὸ ζῷον δίπουν : Und weiter, wenn das Wort

,Mensch' Eins bezeichnet, so wird dies sein ,zweifüßiges Lebewesen'. — Das ἓν σημαίνειν geht also *nicht* — im modernen Sinne von Semantik, irgend ein Eins (oder Ding) mit einem Wort zu belegen oder es ihm zuzuordnen — auf die Relation von Sache und Wort, sondern heißt: Eines bezeichnen heißt *ein* Bestimmtes, das gleichwohl in sich unterschieden ist, bezeichnen. Darin besteht ja gerade die *Pointe* in der Widerlegung der Gegner, die ja, indem sie überhaupt von etwas sprechen, ihre eigene Voraussetzung, daß alles dasselbe und nicht dasselbe sein kann, zerstören. Deswegen lautet die eigentlich abschließende Konsequenz in 1006 a 28-30: πρῶτον μὲν οὖν δῆλον ὡς τοῦτό γ' αὐτὸ ἀληθές, ὅτι σημαίνει τὸ ὄνομα τὸ εἶναι ἢ μὴ εἶναι τοδί : Als erstes ist also dies offenbar, daß dies selbst wahr ist, daß nämlich das Wort ,sein' und ,nicht-sein' (selbst) etwas (Bestimmtes) bezeichnet (nämlich das Zukommen oder Nicht-Zukommen von etwas einem etwas). — (Hier ist also eindeutig das kopulative Sein thematisiert!) Und diese Wahrheit ist selbstredend davon völlig *unabhängig*, ob dem, dem in irgendeinem Satze etwas als zukommend ausgesagt wird, auch Existenz zukommt.

Die Eindeutigkeit des ὑπάρχειν regelt und ermöglicht auch die Sinnhaltigkeit von λόγοι über Phantasiegebilde (τραγέλαφος) oder auch von Negation (ἢ μὴ εἶναι). Man kann daher „εἶναι καὶ μὴ εἶναι" eben *nicht* einfach mit dem auch in der deutschen Sprache mehrdeutigen „sein und nicht-sein" wiedergeben, — denn εἶναι und μὴ εἶναι meint ὑπάρχειν und μὴ ὑπάρχειν, und *daher* entfaltet das Prinzip von der Eindeutigkeit des ὑπάρχειν die Möglichkeit des ᾗ im ὂν ᾗ ὄν.[51]

51. Zu diesem Problemkontext von σημαίνειν τι und εἶναι in Περὶ ἑρμενείας vgl. nochmals H. *Wagner*, Aristoteles, De interpretatione 3, loc. cit. Diese ausgezeichnete Arbeit Wagners, die sich auf die Interpretation von De interpretatione 3, 16 b 19-25, konzentriert, entfaltet — leider *nur* hier — die systematischen Implikationen der aristotelischen These, daß das allein verwendete εἶναι, ἔστι, ὄν nichts bezeichne (keine Sachbedeutung kund gebe). Das σημαίνειν τι bezeichnet etwas Bestimmtes und „,sein' oder auch ,nicht-sein' ist kein Wort, das die Sache (Gegenstand) bezeichnen würde" — wie Wagner Aristoteles hier übersetzt, S. 211 — „und es bezeichnet auch keine Sache in der alleinstehenden Partizipform ,seiend'. Denn es selbst ist gar nichts, bezeichnet aber eine bestimmte Synthesis (nämlich die Urteilssynthesis von S und P), unter der sich freilich

Und Aristoteles erläutert nochmals, wie dieses „σημαίνειν τι" zu verstehen ist, 1006 a 32-34: Dies aber nenne ich das ἓν σημαίνειν: Wenn dies Mensch ist (εἰ τοῦτ' ἔστι ἄνθρωπος), wird wohl, wenn etwas Mensch ist (ἄν ᾖ τι [!] ἄνθρωπος), dies (nämlich ζῷον δίπουν) das sein, was dem Menschen zukommt (τοῦτ' ἔσται τὸ ἀνθρώπῳ [Dativ!] εἶναι). — (Nota bene: Was Aristoteles hier als grammatischen Subjektsbegriff verwendet, stellt logisch selbst ein Prädikat dar: „Sokrates ist ein Mensch"!)

Am nicht-existentialen Sinn des εἶναι kann also gar kein Zweifel sein. Und wie der anschließende *Kontext* zeigt, geht es darum, daß im σημαίνειν τι immer etwas, sei es in sich auch noch so Vieles, dennoch *bestimmt Begrenztes* (μόνον δὲ ὡρισμένα) bezeichnet wird: Wenn es aber nicht ein bestimmt Begrenztes bezeichnet, so bezeichnet es etwas Unbegrenztes, so daß es keine Rede (von etwas) geben wird (im Kontext von 1006 a 34 — b 7). —

Und so kann Aristoteles abschließend sagen, 1006 b 7: τὸ γὰρ μὴ ἓν σημαίνειν οὐθὲν σημαίνειν ἐστίν — denn nicht Eines bezeichnen heißt nichts bezeichnen. — Und dies gilt abschließend gegen die, die da der Ansicht sind, jedes zerfalle in Vieles (so daß sich nie Eines bezeichnen lasse), wo es doch in Wahrheit so ist, daß jedes zwar in sich Vieles ist (viele Bestimmungen trägt), aber *dennoch* Eines ist. Und dem entspricht natürlich in 1006 b 10: οὐδὲ γὰρ ἐνδέχεται νοεῖν μὴ νοοῦντα ἕν — und es läßt sich nicht denken, wenn man nicht Eines denkt. —

Wie wichtig Aristoteles dieser ganze Fragepunkt um das ἓν σημαίνειν ist, zeigt der nächstfolgende Gedankengang 1006 b 13-20. Das ἓν σημαίνειν zielt *nicht* darauf, daß das, was von einem (καθ' ἑνός) ausgesagt wird, ein Eines ist — denn insofern ist jedes Prädikat Eines und infolge daher alles Eines —, sondern daß, was da als Mensch bezeichnet wird und Vieles ist, ἕν ist. (Nochmals verweise ich auf den am Schluß der Arbeit abgedruckten 2. Vortrag,

nichts denken läßt, solange man von ihren beiden Gliedern (S und P) absieht." Leider hat Wagner die systematischen Konsequenzen, die sich hieraus für den Terminus ὄν ergeben, nicht auch für sein Verständnis von Met. Γ gezogen, die wohl nur als der sachlich breitere Hintergrund für diese Kurzfassung in Περὶ ἑρμενείας verstanden werden können.

wo auf Unsicherheiten im aristotelischen Gedankengang aufmerksam gemacht wird, wenn er das notwendige ἕν-sein des Prädikatsbegriffes erörtert, ohne davon das notwendige ἕν-sein des Subjektsbegriffes und der Kopula zu unterscheiden.) Und 1006 b 19-20 wird auch das äußerlich semantische Problem abgewiesen (um das es hier nicht geht), ob das, was *wir* Mensch nennen, andere nicht Mensch nennen. Immer geht es um die, *in* sich mannigfache Einzelbestimmungen tragende, Einheit der Bestimmtheit „Mensch", um das τὸ ἀνθρώπῳ εἶναι, wie es im folgenden immer wieder heißt (1006 b 24, 27, 28, 1007 a 1, 2, 3). Wir brauchen diese Passage bis 1007 a 1-20 nicht mehr im einzelnen zu durchlaufen. Der systematische Ertrag dieser Passage kommt in 1007 a 14-15 zum Ausdruck; denn wenn das ἓν σημαίνειν sich nicht auf die Einheit dessen bezöge, das vieles ist, sondern nur das Eines-sein des Prädikats bezeichnete und man also den Unterschied des Eines-sein dessen, das vieles ist, und des Eines-sein dessen, was etwas alles ist, nicht machte, würde man sich nur noch in Prädikaten unterhalten: καὶ γὰρ ἀδύνατον ἄπειρά γ' ὄντα τὰ συμβεβηκότα διελθεῖν : es ist nämlich unmöglich, die unbegrenzt vielen ὄντα, die einem (anderen) zukommen, zu durchlaufen. —

Die „Gegner" heben, 1007 a 20 ff., die οὐσία auf (das ὄν *als* οὐσία), und ihnen werden alle ὄντα zu ὄντα τὰ συμβεβηκότα. Die weitere Entfaltung all der Widersinnigkeiten, die sich ergeben, wenn man das πολλαχῶς λέγεται τὸ ὄν, den Unterschied vornehmlich von ὄν als οὐσία und ὄν als συμβεβηκός (*nicht* im Sinne von bloß zusätzlich im Gegensatz zu notwendig, sondern im Sinne von dem, was zukommt, im Unterschied zu dem, dem etwas zukommt) nicht sieht, welche Widersinnigkeiten Aristoteles nun bis 1008 b 11 breit erläutert, brauchen wir auch nicht mehr im einzelnen zu durchlaufen. Ihnen — Protagoras, Anaxagoras und Demokrit werden zunächst namentlich genannt, 1007 b 22-23 und 1007 b 25 — wird zuletzt alles Eines, ἅπαντα ἔσται ἕν, 1007 b 20, und so gelangt man zu dem Allzusammen (Allgleich) des Anaxagoras, ὁμοῦ πάντα χρήματα, 1007 b 26, so daß in Wahrheit überhaupt nichts Bestimmtes ist. (Es geht also *nicht* darum, daß die Früheren behauptet hätten, etwas sei existent und nicht existent, sondern darum, daß sie behaupteten, daß nichts *bestimmt* sei, weil alles

alles sei!) Sie können daher zuletzt weder Bejahung noch Verneinung unterscheiden, 1008 a 2-7, was endlich dahin führt, daß alle die Wahrheit sagen und alle im Irrtum sind und daß sich diese Ansicht noch selbst widerspricht, 1008 a 28-30. (Vgl. auch die schöne Kurzfassung dieses Argumentganges in Γ 8, 1012 b 11-22.) Zuletzt unterscheiden sie sich in nichts von einer Pflanze (die keinen λόγος gibt), 1008 b 10-11.

Der Hinweis auf die Grundlegung des Handelns und des Guten in der φύσις ἀνθρώπων in Γ 4, 1008 b 12 - 1009 a 5

Wir heben die Bedeutung dieser letzten in diesem Abschnitt von Aristoteles dargelegten Konsequenz aus dem Bisherigen durch die Überschrift eigens heraus. Wichtig ist, *daß* das Folgende Konsequenz ist.

Niemand nämlich befindet sich tatsächlich in diesem Zustand, οὐδεὶς οὕτω διάκειται, 1008 b 12-13, den jene als wahr behaupten, die die Möglichkeit des Bestimmtseins von etwas, das in sich vieles ist, bestreiten. Denn warum stürzen sie sich nicht sofort frühmorgens in den Brunnen, πορεύεται εἰς φρέαρ, b 15, sondern nehmen sich offenbar in acht, weil sie das in-den-Brunnen-stürzen nicht für gleich gut wie nicht-gut halten? So *unterscheiden* sie also doch — zumindest im alltäglichen Leben —, unterscheiden gut und nicht-gut, besser und schlechter, τὸ ἄμεινον καὶ χεῖρον, b 27. Und weiter: Wenn sich — nach ihrer Ansicht — auch alles so und nicht so verhielte, πάντα οὕτως ἔχει [!] καὶ οὐχ οὕτως, b 31-32, so findet sich (und finden jene) doch das Mehr oder Weniger in der Natur des Seienden (φύσις τῶν ὄντων, der Ausdruck tauchte übrigens identisch in 1008 b 4-5 auf). Das Mehr-oder-weniger-wahr setzt aber ein Wahres, τὸ ἀληθές, 1009 a 1, voraus, dem das Mehr-wahr näher ist als das Weniger-wahr.

Und nun folgt abschließend, 1009 a 3-5: Und damit sind wir

denn der tollen, unmäßigen Lehre entledigt, die uns hindern möchte, im Denken etwas zu bestimmen, τι τῇ διανοίᾳ ὁρίσαι! —

Dieser letzte Satz, der die gesamte Gedankenführung von Γ 1-4 abschließt, sagt in aller nur wünschenswerten Klarheit und das Bisherige gerade im Resümee bestätigend, worum es eigentlich ging: *um die Möglichkeit, etwas als etwas zu bestimmen.*

Daß der aristotelische Rekurs auf das *faktische* Leben und Sichsorgen derjenigen, die die Möglichkeit des Bestimmens und Bestimmtseins leugnen, in Wahrheit *prinzipiell* gemeint ist, wird deutlich, wenn es weiter heißt, daß *alle* — und das heißt natürlich *notwendigerweise* — diese Unterscheidungen von „für sie zuträglich" und „für sie nicht zuträglich" machen. Dies aber impliziert vorweg die Möglichkeit, etwas-als-etwas (sei es „gut" oder „nicht-gut") zu erkennen, und dies ist die *Voraussetzung* der noch alltäglichsten und einfachsten Lebenshandlung — und sei es des Wasser-Trinkens, τὸ πιεῖν ὕδωρ, 1008 b 22.

Daß es dem Menschen also *überhaupt* um ein „Gut" gehen kann, daß er *überhaupt* irgendetwas alltäglich betreiben kann, setzt seine φύσις, etwas als etwas verstehen zu können, voraus, setzt voraus, daß er unterscheiden kann.

Da Aristoteles dieses *Fundierungsverhältnis* allen Handelns und Besorgens in der ursprünglichen Seinsnatur der Menschen hier, zum Abschluß von Γ 4, nicht eigens ausführt, mag es auch uns genügen, auf diesen systematisch hoch implikationsreichen Zusammenhang nur eigens hinzuweisen.

Was sich daraus für das Verständnis der modisch gewordenen These ergibt, es zeichne eben das Denken des Aristoteles aus, daß er die philosophischen Disziplinen in einzelne Pragmatien auseinander habe treten lassen, liegt auf der Hand. So richtig die These schriftentypologisch auch ist, zuletzt geht sie am systematischen Sachverhalt, nämlich dem von Aristoteles klar erkannten und ausdrücklich gemachten Fundierungsverhältnis aller Pragmatien durch die πρώτη ἐπιστήμη als Lehre von der Möglichkeit des Bestimmtseins und der Apophantik in der Tendenz vorbei, so eigenständig in ihrer immanenten Problemgestalt der Problemgehalt der Pragmatien auch ist.

Abschließende Bemerkung zu Met. Γ

Die Kapitel 5-8 wiederholen und führen die Argumente gegen die Früheren fort. Immer wird konsequent die eigene Entdeckung von der inneren Unterscheidung des ὂν *als* ὂν dem Verwirrspiel der Früheren entgegengehalten, das Folge ihres Verständnisses vom in sich *ununterschiedenen* ὂν war. Auch der Erörterung des sog. „Drittensatzes" in Γ 7, daß nichts *zwischen* (μεταξύ) entgegengesetzten Aussagen (kontradiktorischen Sätzen) liegen könne, ab 1011 a 23 ff. — worin man sich durch die Nichtunterscheidung von Kontradiktion und Kontrarietät irre machen lassen könnte —, brauchen wir für unseren Zusammenhang keine besondere Aufmerksamkeit mehr zu widmen.

Interessant und immer wieder notiert insbesondere von denjenigen, die die Selbigkeit oder Parallelität des Themas vom ὂν ᾗ ὂν und von der πρώτη οὐσία vertreten, ist der letzte Absatz in Γ 8, 1012 b 22-31. Ob dieser Abschnitt nun hierher gehört — wie Alexander annimmt — oder nicht, spielt für das sachliche Problem keine entscheidende Rolle. Aristoteles kritisiert die Lehren, daß alles entweder ruhe oder in Bewegung sei, da ja nicht immer dasselbe wahr und falsch ist (ἀεὶ ταὐτὰ ἀληθῆ καὶ ψευδῆ ἔσται), während es doch der Veränderung unterworfen ist, φαίνεται δὲ τοῦτο μεταβάλλον. Wenn aber sich alles bewegt, wird nichts wahr sein — εἰ δὲ πάντα κινεῖται, οὐθὲν ἔσται ἀληθές. Und der mehr in Kurzform Thesen vortragende als begründende Gedankengang endet in der Behauptung: ἔστι γάρ τι ὃ ἀεῖ κινεῖ τὰ κινούμενα, καὶ τὸ πρῶτον κινοῦν ἀκίνητον αὐτό : denn es ist etwas, das immer das Bewegte bewegt, und das erste Bewegende ist nicht selbst (von anderem) bewegt. —

Dieses πρῶτον κινοῦν ἀκίνητον taucht also ausdrücklich im Kontext des Bewegungsproblems, des Problems einer *bestimmten* (einzelnen!) Bestimmung — nämlich „bewegt" — auf und *nicht* im Kontext der Frage, wie etwas etwas sein kann. Gesetzt, diese Passage gehörte hierher, so stellte sie doch keineswegs den kulminierenden Abschluß des Buches Γ dar, der sich zu Ende von Γ 4 als systematischer Abschluß findet. Γ 5-8 behandeln ausschließlich nur *Kon-*

sequenzen des in Γ 1-4 Ausgeführten, und nur in Γ 7 wird die systematische Thematik in Explikation des sog. Drittensatzes weiter differenziert — Γ 5, 6 und 8 dienen der Widerlegung der gegenteiligen Lehren der Früheren unter *Voraussetzng* der in Γ 1-4 erreichten und entwickelten Einsicht. Und aus dieser Sicht wird deutlich, daß im letzten Abschnitt von Γ 8 ein systematisch dependentes Einzellehrstück (nämlich über die Möglichkeit des Bewegtseins des physisch Seienden) berührt ist, das sich ohnehin nur unter der *Voraussetzung* stellen *kann*, daß etwas überhaupt als etwas bestimmt werden kann.

Exkurs zu Met. E 3 und Met. K 3-7

Met. E 1 und K 3-7 pflegt man in die Untersuchung von Γ einzubeziehen, da E 1 als Kurzreferat über die Unterschiedenheit der drei ἐπιστῆμαι θεωρητικαί verstanden werden muß, K 3 über die Einheit der Ersten Wissenschaft handelt, K 4 Mathematik und Physik als Teile der Ersten Wissenschaft betrachtet, K 5 und 6 die Diskussion um das sog. Widerspruchsprinzip fortsetzen und K 7 noch einmal eine Bestimmung der Ersten Wissenschaft mit dem Thema ὂν ᾗ ὄν (diese Wendung findet sich auch zu Beginn von E 1) unternimmt.

Es ist jedoch nicht nur „ratsam"[52] bei der Bestimmung des Themas der πρώτη ἐπιστήμη von Met. Γ auszugehen, sondern *sachlich zwingend*, wie schon ein erster Blick, insbesondere auf E 1, aber auch auf K 3-7, zeigt — und zwar gänzlich unabhängig von der angenommenen Entstehungszeit der Texte.

Die dem Buch E vorangestellte These, die Ursachen und Gründe τῶν ὄντων ᾗ ὄν zu untersuchen sei aufgegeben, wird im folgenden keineswegs auf das hin bestimmt, was damit *inhaltlich* gemeint ist. Diese Fragestellung wird *äußerlich* abgegrenzt von den Fragestellungen derjenigen Wissenschaften, die sich nur ein γένος, ein bestimmtes ὂν zum Thema nehmen, nicht jedoch über „das Seiende

52. Vgl. H. Wagner, Zum Problem des aristotelischen Metaphysikbegriffs, loc. cit., S. 256. Vgl. zum Problemkontext und zur Forschungslage auch H. Happ, Hyle, loc. cit., Kap. 4, insbes. S. 404-430.

schlechthin und insofern es Seiendes ist" (um Bonitz die Passage 1025 b 9-10: „περὶ ὄντος ἁπλῶς οὐδὲ ᾗ ὄν" übersetzen zu lassen). Deren spezielle Probleme, daß sie vom „Was" (τοῦ τί ἐστιν) keine Rechenschaft geben können (οὐθένα λόγον ποιοῦνται), indem sie dieses ihren jeweiligen Beweisgängen als bloß durch Wahrnehmung (αἴσθησις) oder Voraussetzung (ὑπόθεσις) bestimmt zugrundelegen — so daß also durch solche Art von ἐπαγωγή, Art der Hinführung, kein Beweis der οὐσία möglich ist —, all dies, die speziellen Probleme der Einzelwissenschaften, sagt uns nichts darüber, wie wir die Untersuchung τοῦ ὄντος ᾗ ὄν inhaltlich, d.h. positiv, bestimmen können (vgl. 1025 b 7-18). Auch die anschließende Erörterung und Wissenschaftscharakterisierung der ἐπιστήμη φυσική führt uns in dieser Frage nicht weiter (1025 b 18 — 1026 a 7), ebenso wenig wie die sich anschließende Erörterung des Themas der Mathematik (1026 a 7-10). So interessant die Ausführungen über den Gegenstand der Physik hier sind (die οὐσία ἐν ᾗ ἀρχὴ τῆς κινήσεως καὶ στάσεως ἐν αὐτῇ — sie hat also auch das Prinzip der Ruhe in sich, 1025 b 20-21), die Hylebestimmtheit des Gegenstandes der Physik (1025 b 32 ff.), dies alles sagt uns gar nichts darüber, wie wir denn die Fragestellung nach dem ὂν ᾗ ὄν eigentlich verstehen sollen.

Auch der ganze Rest des Abschnittes, 10026 a 10-32, gibt uns außer einer *äußeren* Abgrenzung von etwas, das ewig, unbewegt und abgetrennt (ἀΐδιον, ἀκίνητον, χωριστόν) ist im Gegensatz zum Gegenstand der Physik, der χωριστόν, jedoch nicht ἀκίνητον, und im Gegensatz zum „Gegenstand" der Mathematik, der zwar ἀκίνητον, jedoch nicht χωριστόν ist, keine positive Auskunft über die gesuchte Wissenschaft. Auch die axiologische Kennzeichnung des höchsten Gegenstandes (1026 a 21: τιμιώτατον γένος) kann uns hier nicht weiterhelfen.

Im Hintergrund der problematischen *Klassifikation* der ἐπιστῆμαι θεωρητικαί, die *Folge* der axiologischen Klassifikation von Typen von οὐσίαι ist, steht die aristotelische Auseinandersetzung mit der metaphysisch-kosmologischen Seinsstufenordnung, wie sie variantenreich die Vertreter der Akademie lehrten.

So philosophiehistorisch interessant diese äußere — von Aristoteles mehrfach wiederholte — Klassifikation in φυσική, μαθηματική und θεολογικὴ ἐπιστήμη sein mag, sachlich gibt sie nichts über die positive Themenbestimmung der πρώτη ἐπιστήμη zu erkennen, es sei denn die auch im letzten Abschnitt von E 1, 1026 a 23-32, erörterte Frage, ob denn diese ἐπιστήμη θεολογική „allgemein" (καθόλου, 1026 a 24) sei oder nicht. Diese Frage wird nach dem sachlich verräterischen, oben schon besprochenen Einschub, daß, gäbe es nichts neben (παρά) den physischen οὐσίαι, die Physik die Erste Wissenschaft sei, recht lapidar und — mit Blick auf die systematische Problemdifferenzierung in Met. Γ — außerordentlich kurz und thetisch beantwortet: Diese Erste Wissenschaft sei καθόλου οὕτως ὅτι πρώτη, sei also allgemein, insofern sie erste ist (zu was sie, daß sie nämlich Erste sei, *vorher* von der Vorzüglichkeit einer ausgezeichneten οὐσία schon bestimmt ist).

Die Prävalenz des Gegenstandes der πρώτη ἐπιστήμη, der πρώτη οὐσία (als ἀκίνητον und χωριστόν bestimmt), dominiert die Ausführungen in E 1, zumal im letzten Satz noch eigens betont wird, daß es dieser Wissenschaft vom ὂν ᾗ ὄν zukomme, dessen τί ἐστι (und ὑπάρχοντα ᾗ ὄν) zu untersuchen. Es hat also auch sprachlich den Anschein, daß hier etwas Bestimmtes (eine spezielle οὐσία zum Thema steht, so daß die Auslegung des Themas der πρώτη ἐπιστήμη hier, in E 1, als Prinzipien (Plural!) τῶν ὄντων ᾗ ὄν problematisch wird. Die Identifikation von „ὂν ᾗ ὄν" mit der „πρώτη οὐσία" legt E 1 zumindest sehr nahe. Die entscheidende Frage aber bleibt, ob man dieser abrißhaften Bemerkung ein solch sachliches Gewicht zumessen darf, wie es bei Ph. Merlan der Fall ist. Nirgends wird in E 1 die Problemstellung vom ὂν ᾗ ὄν *entwickelt*, überall nur *abgrenzend* und *problemtopologisch* vorgestellt. Die „Allgemeinheit" dieser Wissenschaft ist hier *nur* begründet von der axiologischen Vorrangstellung der πρώτη οὐσία (eines bestimmten Seienden), die aus ihrem ἀρχή-sein *hinsichtlich* einer bestimmten Bestimmung der οὐσίαι φυσικαί, nämlich deren Bewegtheit, resultiert. Keine Rede ist von der „Allgemeinheit" im prinzipientheoretischen Sinne, die selbst noch die Bestimmtheits*möglichkeit* der mathematischen „Gegenstände", sei es von Phantasiegebilden oder sei es von Negationen eröffnet, was die πρώτη οὐσία aus Met. Λ *prinzipiell* nicht zu leisten vermag (zur Bedeutung des Allgemeinheitsbegriff siehe auch Anm. 53 zu Kap. II, S. 265 ff.).

Anders verhält es sich mit K 3-7, das wir näher in den Blick nehmen müssen.

Ob man Met. K — wie Jaeger — mit E 1 zur „Urmetaphysik" rechnet oder mit Düring für eine nacharistotelische Kompilation hält, lassen wir dahingestellt. Für unsere Aufgabe ist die Frage von Bedeutung, ob die Überschneidungen von K mit B, Γ und E 1 gegenüber dem Bisherigen wesentlich differente Aussage enthalten.

Auffällig ist, wie abrißhaft auch in K 3 wiederum die verschiedenen Problemtopoi der Einheit der ἐπιστήμη τοῦ ὄντος ᾗ ὄν, der wiederholte Vergleich der Verwendungsweisen von τὸ ὑγιεινόν und τὸ ὄν und die Rückführung der Gegensätze auf πλῆθος und ἕν sind. Eine interessante und aufschlußreiche Nuance findet sich jedoch in der Einführung des letzten Problemtopos, der sog. Gegensatzlehre in 1061 a 10-15. Der Satz gibt ein Begründungsgefüge an: Da nun alle Bedeutungen von ὄν auf Eines und ein Gemeinsames rückgeführt werden, wird auch jeder der Gegensätze auf die ersten Unterschiede (διαφοράς) und Gegensätze des ὄν zurückgeführt, seien nun πλῆθος καὶ ἕν oder Ähnlichkeit und Unähnlichkeit die ersten Unterschiede τοῦ ὄντος (Singular!) oder andere. —

Das heißt also, *weil* alle Bedeutungen von ὄν auf Eines und ein Gemeinsames rückgeführt werden, deswegen müssen auch die Gegensätze auf die ersten Unterschiede (διαφοραί) τοῦ ὄντος rückgeführt werden. Mit διαφοραὶ τοῦ ὄντος, 1061 a 14 (vgl. auch 1061 b 14), können also nur die *inneren* Unterschiede τοῦ ὄντος gemeint sein, und diese Textpassage bestätigt die oben vorgetragene sachliche Deutung der sog. Gegensatzlehre.

Auch der folgende Abschnitt 1061 a 18-28 legt die Gegensätze als das aus, *was* etwas ist („gerecht", „ungerecht"). Aus diesem Grunde nimmt auch diese Passage — wie Γ 2, 1004 b 22 — den Begriff der στέρησις auf, der auf dasjenige hinweist, dem eine ihm an sich zukommende Bestimmung fehlt. Dies wird sprachlich besonders deutlich in der Rede vom ὁ δίκαιος, 1061 a 24, demjenigen der gerecht *ist*. Die aristotelische Lehre von den Gegensätzen als Lehre von den gegensätzlichen Bestimmungen steht also — wie schon oben mit Blick auf Happs Ausführungen bemerkt — keineswegs in irgendeinem fraglichen oder offenen Verhältnis zur Lehre von jenem τρίτον, an dem sich die Gegensätze vollziehen, sondern ist ohne Blick auf das, *das* etwas ist, gar nicht zu verstehen, und sie indiziert als solche allein noch keineswegs eine frühe Entwicklungsphase des aristotelischen Denkens (so sicher Met. Γ im Kontext des spätplatonischen Philosophierens auch steht).

1061 a 28 bis 1061 b 7 versucht Aristoteles wiederum aus dem *Vergleich* mit der Vorgehensweise des Mathematikers die Methode des Philosophen zu bestimmen. Beide nehmen sich das ὄν unter einer bestimmten Rücksicht zum Thema. Damit ist deren Vergleichbarkeit auch schon beendet, da der Mathematiker unter Außerachtlassung (περιελών, 1061 a 29) alles Sinnlichen, z.B. der Schwere und Leichtigkeit, der Härte und deren Gegenteil etc., nur das ποσόν und συνεχές und dergl. untersucht, der Philosoph hingegen das ὄν untersucht, insofern es diesem zukommt, bestimmt zu sein, καθ' ὅσον ἐστὶν ὄν und seine gegensätzlichen Bestimmungen, insofern es bestimmt ist. Die Wendung lautet: τὰ γὰρ τούτῳ συμβεβηκότα καθ' ὅσον ἐστὶν ὄν, καὶ τὰς ἐναντιώσεις αὐτοῦ ᾗ ὄν, οὐκ ἄλλης ἐπιστήμης ἢ φιλοσοφίας θεωρῆσει, 1061 b 4-6. Dem ὂν ᾗ ὄν, insofern etwas etwas (anderes) ist, ist also Gegensätzlichkeit eigentümlich. Die sog. Gegensatzlehre gehört als integrales Bestandstück notwendig zur Lehre vom ὂν ᾗ ὄν. Daß συμβεβηκότα nicht — wie bei Bonitz, S. 242 — mit „Akzidentien" wiedergegeben werden kann, da in ihnen die Bestimmungen des ὄν καθ' ὅσον ἐστὶν ὄν (des ὄν, insofern es bestimmtes ὄν ist — die Wendung καθ' ὅσον ὄν folgt noch einmal im folgenden Satz 1061 b 9-10) gemeint sind, dürfte hinreichend deutlich sein.

Der abschließende Teil von K 3, 1061 b 11-17, behauptet nun, daß im Vorangegangenen die Lösung der früheren Aporie gegeben sei, wie nämlich über Vieles und der Gattung nach Unterschiedenes es dennoch *eine* Wissenschaft geben könne (πῶς ἔσται πολλῶν καὶ διαφόρων ὄντων τῷ γένει μία τις ἐπιστήμη 1061 b 16-17). Die Lösung besteht eben in der Rückführung der Unterschiede auf die ersten Gegensätze und der mannigfachen Bedeutungen von ὄν auf Eines und ein Gemeinsames hin. Sei es als was auch immer, in welch unterschiedlicher Gattung auch immer ὄν ausgesagt werden mag, immer zeigt es sich als Eines und bestimmtes ὄν.

K 4 bringt in der Sache, Abgrenzung der Philosophie von Mathematik und Physik, sowie in den Wendungen keine neuen Einzelbestimmungen; das Kapitel ist ohnehin äußerst abrißhaft. K 5 und 6 erörtern nochmals breiter das Prinzip vom zu vermeidenden Widerspruch und diskutieren (in K 6) die Gründe, die zur Aufstellung der gegenteiligen Thesen der Vorläufer geführt haben. Die inhaltlichen Parallelen zu Met. Γ sind augenfällig, wobei auch hier die Ausführungen in Met. Γ breiter und gründlicher entwickelt sind, sowohl was die eigentliche Explikation und den indirekten Beweisgang des Satzes vom zu vermeidenden Widerspruch betrifft, wie auch, was die Diskussion der gegenteiligen Thesen der Vorläufer betrifft. Trotz manch veränderter Akzentsetzung (daß hier z.B. das sog. Widerspruchsprinzip mehrfach mit Blick auf die „einander widerstreitenden Sätze", αἱ ἀντικείμεναι φάσεις, 1062 a 33-34 und 1063 b 15-17, entwickelt wird) verbleiben die Ausführungen im argumentativen Sachduktus von Met. Γ. Wir wenden uns also dem vieldiskutierten K 7 zu, machen zuvor jedoch noch auf die — für die gesamte Problemexplikation der πρώτη ἐπιστήμη bei Aristoteles bezeichnende — aristotelische Inkonsequenz in K 6, 1063 a 13-17, aufmerksam, die ebenso — und zwar breiter — in Γ 5 in der Kritik der herakliteischen und protagoreischen Lehre vorliegt, 1010 a 33 ff.: Man müsse im Gegensatz zu denjenigen, die ausgehend von der fortwährenden Veränderung des physisch Seienden die Möglichkeit der Wahrheit (des So-und-nicht-anders-bestimmt-seins) bestreiten, von dem ausgehen, was keine Veränderung zuläßt, den Himmelskörpern und also der ἀκίνητός τις φύσις. Auch wenn dieser Beweisgang als ein *zusätzlicher* Beweis gegen jene Lehren eingeführt wird, verrät die Einführung diese Beweisganges als solchen jedoch schon, daß der *Prinzipcharakter* des „bloß" widerlegenden Beweisganges fortlaufend in der Gefahr steht, mit einem positiven Beweis eines „Gegenstandes" (bzw. Gegenstandsfeldes), den man dem Gegner entgegenhält, parallelisiert zu werden. Es ist ja ein anderes, irgendeiner ἀκίνητός τις φύσις (im Sinne der Himmelskörper) bedürftig zu sein in der Wahrheitssicherung, ein anderes, diese Wahrheitssicherung aus den ἀρχαὶ τῶν ὄντων ᾗ ὄν zu führen, deren Widerlegung prinzipiell und daher faktisch unmöglich ist. Wiederum verschlingen sich hier beide Problemebenen der Prinzipienforschung im protischen Sinne mit derjenigen der in der Akademie unterschiedlich diskutierten Seinsstufung.

K 7 beginnt erneut mit der Abgrenzung der gesuchten Wissenschaft von den übrigen, die teils mittels der Wahrnehmung, teils durch bloße Annahme das Was einer Sache ihren Untersuchungen voranstellen. Die Abgrenzung der ἐπιστήμη θεωρητική von πρακτική und ποιητική geschieht ebenso kurz und definitorisch wie nur kurz eingeführt wird, daß der Gegenstand der ἐπιστήμη φυσική immer μετὰ τῆς ὕλης bestimmt ist, 1064 a 23-24. Die anschließende Charakterisierung, 1064 a 28 — 1064 b 6, der ἐπιστήμη θεολογική vollzieht sich von der Bestimmung des (im Unterschied zum physischen und mathematischen Gegenstand) durch χωριστόν und ἀκίνητον ausgezeichneten Gegenstandes der ἐπιστήμη θεολογική *her. Wenn* ein solcher Gegenstand eine solch ausgezeichnete οὐσία ist — was Aristoteles behauptet —, wird die ἐπιστήμη θεολογική von ihr handeln. Die Möglichkeit dieser Wissenschaft ist *abhängig gemacht*: εἴπερ ὑπάρχει τις οὐσία τοιαύτη 1064 a 36-37! (Die Möglichkeit der πρώτη ἐπιστήμη nach Met. Γ ist selbstredend von der *Existenz* einer solchen Seinssphäre oder einer solchen οὐσία gänzlich unabhängig.) Wenn Aristoteles in 1064 b 1-2 von den drei γένη τῶν θεωρητικῶν ἐπιστημῶν spricht, so resultiert solche Redeweise ersichtlich aus der Klassifikation der οὐσίαι, und die Vorrangstellung der ἐπιστήμη θεολογική resultiert aus der Vorzüglichkeit, nämlich Seinsunabhängigkeit und daher vollendeten Bestimmtheit, ihres Gegenstandes. Die ab 1064 b 6 erörterte Frage, ob die Wissenschaft τοῦ ὄντος ᾗ ὄν, die nach 1064 a 28-29 mittels des berühmt-berüchtigten „χωριστόν" der ἐπιστήμη θεολογική in K 7 gleichgestellt wird oder (besser:) erscheint, allgemein sei oder nicht, findet — wie schon oben erwähnt — die merkwürdig lapidare und kurze Antwort, daß sie allgemein sei, insofern sie die frühere Wissenschaft sei, — mit der bezeichnenden Einschränkung: εἰ δ' ἔστιν ἑτέρα φύσις καὶ οὐσία χωριστὴ καὶ ἀκίνητος : wenn es eine andere Natur und eine abgetrennte und unbewegte Wesenheit gibt. — . Andernfalls wäre die ἐπιστήμη φυσικὴ die πρώτη ἐπιστήμη, wie es im vorangehenden Satz heißt.

Die Frage nach der Echtheit von E 1 und K 7 insbesondere wurde seit Natorp[53] immer wieder diskutiert. Dieses Kapitel *nur* aus

53. Vgl. Anm. 53 zu Kap. II, S. 265 ff.

dem Grunde für unecht zu halten, weil diese anscheinend vorliegende Identifikation der ἐπιστήμη θεολογική mit der πρώτη ἐπιστήμη den Ausführungen von Met. Γ über die πρώτη ἐπιστήμη zu widersprechen scheinen, bleibt ein fragwürdiges Vorgehen. Wie gesehen argumentiert Aristoteles auch in Γ von der Typologie der οὐσίαι her. Wie immer es um die Echtheit dieser Ausführungen in Met. K steht, wird man doch festhalten müssen, daß der Sinn von πρώτη hier, in K 7, ein *typologischer* ist. Er ergibt sich von der Reihenaufstufung (ἐφεξῆς) der οὐσίαι, die wir auch in Γ 2 finden. Der Sinn von πρώτη in der argumentativen Entfaltung der πρώτη ἐπιστήμη in Met. Γ ist demgegenüber unzweifelhaft ein prinzipientheoretischer im erörterten Sinne von „konstitutionstheoretisch": Die πρῶται ἀρχαὶ καὶ αἰτίαι sind solche τοῦ ὄντος ᾗ ὄν, sie konstituieren und ermöglichen die Bestimmtheit von jedwedem, *auch* die Bestimmtheit der verschiedenen Typen von οὐσίαι. Die πρώτη οὐσία, diese οὐσία ἀκίνητος καὶ χωριστή, diese πρώτη καὶ κυριωτάτη ἀρχή aus K 7, ist Prinzip *nur hinsichtlich* der Bewegtheit des Seienden (obwohl auch dies nicht einmal in K 7 ausdrücklich gesagt wird).

Schließen wir diesen Exkurs zu E 1 und K 3-7 ab, so bleibt festzuhalten, daß die eigentlich inhaltliche Exposition und sachliche Entwicklung der πρώτη ἐπιστήμη *nur* in Met. Γ von Aristoteles vorgetragen wird. Spielte die Klassifikation und (akademische) Reihenstufung der οὐσίαι auch in Γ 2 eine — wenngleich untergeordnete — Rolle, so steht sie als *Leitfaden* der Klassifikation der ἐπιστῆμαι θεορητικαί in E 1 und K im Vordergrund. Für den Grad der Problembewußtheit, in welchem Aristoteles den hier „konstitutionstheoretisch" genannten Sinn der πρώτη ἐπιστήμη entfaltet, ist kennzeichnend, daß dieses prinzipientheoretische Problem der Bestimmtheit von ὄν in keiner der drei von Aristoteles genannten „theoretischen" Wissenschaften auch nur ansiedel*bar* ist. Die πρώτη ἐπιστήμη impliziert einen Sinn von θεωρία (und stellt selbst eine „theoretische" Wissenschaft dar), welcher sich nicht von einem Gegenstandsfeld *her* definiert, sondern es mit den Prinzipien zu tun hat, die ermöglichen, daß sich der Mensch überhaupt etwas zum Thema nehmen kann.

Der konstitutionstheoretische Sinn der Aufgabenstellung der

πρώτη ἐπιστήμη in Met. Γ läßt sich daher durch keine wie immer geartete Klassifikation von Typen von οὐσίαι — und der daran anschließenden Unterscheidung von theoretischen Wissenschaften — aufhellen und bestimmen. Die Typenunterscheidung von οὐσίαι und die hieran orientierte Unterscheidung von theoretischen Wissenschaften bleiben demgegenüber *äußerliche* Ein- und Abgrenzungsbemühungen innerhalb der Wissenschaftsordnung. Die völlige Unvergleichlichkeit der konstitutionstheoretischen Aufgabenstellung der πρώτη ἐπιστήμη resultiert aus ihrem mit Blick auf alle anderen einzelwissenschaftlichen Fragestellungen unvergleichlichen Frage*ansatz*: Weshalb zeigt sich *notwendig* jedwedes, sei es was auch immer, *als etwas* — also als *bestimmt*? Die Frage nach der Möglichkeit des Seins, d.h. also der Möglichkeit des Bestimmtseins, ist daher eo ipso identisch mit der Frage nach der Möglichkeit der Apophantik, d.h. der Möglichkeit, daß der Mensch immer etwas als etwas bestimmt. *Was ist, ist bestimmt!* Die Entfaltung des Prinzips der notwendigen Bestimmtheit liegt vor aller logisch-ontologischen Unterscheidungsmöglichkeit, sie hat immer schon logischen wie ontologischen Sinn.

„Ein Seiendes ist, weil es *etwas* ist; aber das heißt: weil *Etwas etwas ist.*"[54] Uvo Hölscher hat in seiner Abhandlung „Der Sinn von Sein in der älteren griechischen Philosophie" jedenfalls diesen Nagel auf den Kopf getroffen.

54. Uvo Hölscher, Der Sinn von Sein in der älteren griechischen Philosophie, Sitzungsberichte der Heidelberger Akad. d. Wissenschaften, Phil.-Hist. Klasse, Jahrgang 1976, 3. Abhandlung, S. 25

Rückblick
Die Aufgabe der Ersten Wissenschaft

„Aufgabe" kann auch meinen „Preisgabe". Das gedankliche Durchspielen auch dieses Sinnes von „Aufgabe" zwingt die Überlegung in die Notwendigkeit der Sache. Die Notwendigkeit der Sache wird angezeigt durch den gedoppelt genitivischen Sinn im Titel „Aufgabe *der* Ersten Wissenschaft".

Niemand *muß* die Wissenschaft des Arztes, Steuermannes oder Architekten erlernen oder ausüben. Als ἄνθρωπος jedoch ist jedermann „Wissenschaftler" im anfänglichen Sinne, d.h. durch seine zu-wissen-strebende Seinsbestimmtheit. Die Preisgabe der Ersten Wissenschaft wäre der vergebliche Versuch des ἄνθρωπος, als ἄνθρωπος seine Anthropizität preiszugeben, — axiomatisch ein Widersinn. Die Notwendigkeit solcher Vergeblichkeit resultiert aus der φύσις ἀνθρώπων, aus ihrem axiomatischen Grundriß, der *alle* Tätigkeit des Menschen als anthropin, im protischen Sinne als epistemisch bestimmt. Die „Kunstfertigkeit" der Ersten Wissenschaft, sich — denkend und handelnd — so zu verhalten, daß man sich nicht anders verhalten kann, wird in gewissem, nämlich im axiomatischen Sinne, von jedermann *gekonnt*. Insofern dieses *Können* die φύσις des Menschen bezeichnet, die er nicht preisgeben kann, ist sie als seine, seine Tätigkeiten ermöglichende, ihn und nur ihn charakterisierende *Energie* zu begreifen. Diese Bestimmtheit seines anfänglichen Im-Werke-seins, seine Wirklichkeit, seine Lage (so ἔργον im Gegensatz zum bloßen Wort auch als die Sache, die Lage), läßt ihm daher keine Ruhe, treibt ihn umher. Dieses eigentümliche Umhergetriebensein seiner φύσις zwingt den Autokineten zugleich in die Flucht (vor sich, als dem vor-wissenden) und auf die Jagd (nach, zu sich, als dem anfänglich Wissenden). Diese Selbstbewegung steht ihm nicht frei, da er sich vordem schon je durch sein (Vor-) Wissen fesselte und sich zu sich im Prozeß der Entfesselung von sich zu bringen versucht. Dieser auf Autarkie zielende Entsklavungs- und somit Freiheitsprozeß bestimmt das Ethos der menschlichen Tätigkeit: αὑτοῦ ἕνεκα καὶ μὴ ἄλλου, — letztanfängliches Weswegen dieser Urbewegung ist die Ur-Sache des Menschen, die zugleich die Ursache seiner Autokinesis ist.

Aus diesem Grunde ist niemand *nicht* auf die Weisheit bezogen. Weil in dieser Bezüglichkeit auf die Weisheit das „Weswegen ein jedes zu tun ist" steht, und somit das „in jedem Gute" (Met. A 982 b 5-6), ist die σοφία als ἐπιστήμη θεωρητική auch im anfänglichen Sinne praktisch-ethisch. Im Rekurs auf den axiomatischen Grundriß der φύσις ἀνθρώπων bestimmt sie nicht nur das Worumwillen der praktisch-ethischen Tätigkeit, sondern weist den axiomatischen Sinn von πρακτέον und ἀγαθόν so aus, daß sie sich aufeinander *notwendig* beziehen. Die Erste also und *nur* die Erste Wissenschaft ist ihrer Aufgabenstellung nach theoretisch *und* praktisch-ethisch. Dies kann sie *nur* sein, als sie ἐπιστήμη ζητουμένη ist, und so als *Bewegungs*ausdruck der φύσις ἀνθρώπων begriffen wird. Wollte man diese erstanfängliche Wissenssuche selbst nur vom Erstrebten her auslegen, würde man ihr ihren praktisch-ethischen Charakter entziehen. Und doch ist alle Suche *geleitet* von der σοφία, dem axiomatischen „Besitz" des Zu-suchenden (im Sinne der ontologisch bestimmten Wissen-Potenz der φύσις ἀνθρώπων). Weil die σοφία sich daher als ermöglichendes Prinzip der zu-wissen-strebenden Seinsbestimmtheit des Menschen erweist, hat sie für diese *konstitutive* Bedeutung. (Wohl zu unterscheiden von ihr bleibt der Begriff von σοφία als gewußtes Wissen, als zeitgeschichtlich bedingte Gestalt von σοφία).

Der „Mitte"-Charakter[1] der Ersten Wissenschaft als Wissensprozeß ergibt sich notwendig aus der Situiertheit der φύσις ἀνθρώπων. Diese ontologische Situiertheit des Menschen ist ihm daher nur zugänglich *in* und *aus* dieser Situiertheit selbst, er muß

1. Mit diesem Begriff sei hingewiesen auf den augustinischen Topos „experimentum medietatis". Vgl. hierzu Rudolph Berlinger, Augustins dialogische Metaphysik, Frankfurt 1962, und Wiebke Schrader, Die Erprobung der Mitte, Anmerkungen und Exkurse I, in: Perspektiven der Philosophie, Bd. V, Amsterdam-Hildesheim 1979; Anmerkungen und Exkurse II, ebd. Bd. VI, 1980; Anmerkungen und Exkurse III, ebd. Bd. Bd. VII, 1981.

sich unterscheiden in die Momente seines Spannungsfeldes. Die Systematik des ἄνθρωπος als das nur ihn charakterisierende ursprüngliche Gesetz des „Zusammenstands" der *seine* φύσις bestimmenden Momente ist „nur" explikabel *unter* diesem Gesetz.[2]

Die Methode solcher Explikation, ihre Argumentations- und Begründungsfigur muß zeigen, daß das Gesuchte schon das Prinzip der Suche ist. Dieser Nachweis geschieht ἐλεγτικῶς, rekurrierend auf das in „theoretischer" und „praktisch-ethischer" Hinsicht[3] axiomatische Unvermögen, das Gegenteil des Behaupteten zu denken und zu handeln, ohne in Widerspruch zu sich selbst zu geraten.[4]

Diese einzigartige Methode der Ersten Wissenschaft bestimmt auch die „Gründe und Ursachen", mit denen sie es im Gegensatz zu den übrigen Wissenschaften zu tun hat, als einzigartig, als *axiomatische* πρῶτα. Die πρῶτα im Sinne der ἀξιώματα sind καθόλου im uneingeschränkten Sinne, sie konstitutieren alles Denken und Handeln.

Die Kriterien für die Bestimmung der Ersten Wissenschaft (auch bei Aristoteles), ihrer Geartetheit (ποιότης), ihrer und nur ihrer Wissenschaftlichkeit und damit auch ihrer μέθοδος lassen sich ausschließlich aus ihrem Vollzugsort, der Seinssituiertheit des Menschen entwickeln. Somit muß das hermeneutische Problem der Ersten Wissenschaft aus der axiomatischen Notwendigkeit der letztanfänglichen Auto-Hermeneutik des Menschen begriffen werden.

2. Das pointiert gesetzte Wörtchen „nur" weist darauf hin, daß sich die Selbstauslegung des Menschen nur unter Maßgabe seiner eigenen Seinsbestimmtheit vollziehen kann und eben nicht aus dem *Vergleich* zu anderem, seien es nun „Götter" oder „Tiere". Hier liegt in der Sache das Problematische des wirkungsmächtigen gemeinakademischen Topos, das Philosophieren sei eine ὁμοίωσις θεῷ.

3. Daß die Elenktik auf die axiomatische Bestimmtheit der φύσις ἀνθρώπων bei Aristoteles bezogen ist und somit ebenso „theoretische" wie praktisch-ethische Bedeutung erhält, zeigt sich sehr schön in Buch Γ 4, 1008 b 14 ff. und Γ 7, 10012 a 23 ff. Vgl. oben den Hinweis auf die Grundlegung des Handelns und des Guten. Dies ist ein integrales Bestimmungsmoment der Sache.

4. Deshalb kann man sinnvoll nur vom logischen und/oder ontologischen *Aspekt* der Methode und des Themas von Erster Wissenschaft sprechen, weil einund dasselbe beide Unterscheidungshinsichten ermöglicht.

Die innere Gegenläufigkeit dieser Bewegung im (Selbst-)Verhältnis des Menschen (von φύσις ἀνθρώπων und ἄνθρωπος) nötigt alles Fragen nach den „anfänglichen" Gründen und Ursachen im Sinne der Axiomata in den aufzuhellenden Ursprung der Fragebewegung zurück. Die in der Sache somit *notwendig reflexive* Natur aller echten Prinzipienexplikation kann allein auch den reflexiven Charakter von Prinzipien im Sinne der Axiomata elenktisch ausweisen.

Die Wissenschaftlichkeit der Ersten Wissenschaft resultiert daher aus der Systematik ihres Themas, ihr wissenschaftlicher Selbstausweis muß rekurrieren auf den axiomatischen Grundriß der Sinnhaltigkeit allen Denkens und Handelns. Sofern ein behauptetes „Erstes" überhaupt widerspruchsfrei negiert werden *kann*, handelt es sich um kein „Erstes" im Sinne eines ἀξίωμα, um kein echtes philosophisches Prinzip.

Die aus der skizzierten Aufgabe der Ersten Wissenschaft sich ergebende Notwendigkeit, diese streng einzubinden in den axiomatischen Grundriß der φύσις ἀνθρώπων und die sich daraus ergebenden Folgen für die *mögliche* epistemische *Reichweite* dieser φύσις auszumessen, ist eine im Kontext des ontologisch-*kosmologisch* bestimmten Philosophierens bei Aristoteles nicht selbst behandelte Frage, vor die uns sein Denken in der Sache jedoch stellt.

Die Einsicht in den gedoppelt genitivischen Sinn in der Wendung „Aufgabe *der* Ersten Wissenschaft", in die Untrennbarkeit dessen, was sie uns zu wissen aufgibt, und der Unumgänglichkeit ihrer Aufgegebenheit, muß daher leitendes Prinzip für die Beschäftigung mit historischen Gestalten der prima philosophia sowie aller emendatio primae philosophiae sein. Diese Einsicht bleibt nur in der wachgehaltenen Frage nach der Notwendigkeit dieser Wissenschaft *selbst* erhalten. Der Begriff ihres *Ursprungs* ist ineins der Begriff ihrer *Notwendigkeit*, der Begriff ihres *Themas* und der Begriff ihres *Zieles*.

Der seit alters her geführte Streit um das Thema der (aristotelischen) Metaphysik hat von der Einsicht auszugehen, daß die Frage nach dem *Thema* der Philosophie sich nicht trennen läßt von der Frage nach ihrem *Ursprung*.

ANHANG

Anmerkungen zu Kapitel I

54. Die der Sache entsprechende Übersetzung des Terminus „ἄμεσος" ist von entscheidender Bedeutung für das Verständnis des ganzen Zusammenhanges. Der Terminus „ἄμεσος" steht in einander explizierendem Verbund mit „ἀναπόδεικτος" und „πρῶτα". Dieses Sinnganze bestimmt, sofern eine Erkenntnis oder ein Wissen prinzipiiert ist (anders formuliert: sofern Erkenntnis oder Wissen im ἄμεσα, ἀναπόδεικτα oder πρῶτα seinen Anfang und Begründungsursprung, seine ἀρχή findet), das ἐπίστασθαι als ἁπλῶς, — nur hier kann von Wissen im strengen Sinne gesprochen werden. Von hier aus ist dann auch die Tätigkeit des νοῦς zu bestimmen. Vgl. hierzu H. Seidl, Der Begriff des Intellekts (νοῦς) bei Aristoteles im philosophischen Zusammenhang seiner Hauptschriften, Meisenh. a. Glan 1971. In Kap. B I 2 „Die Wissenschaftsprinzipien und ihre Auffindung durch den Intellekt" bespricht Seidl den vorliegenden Textzusammenhang der Anal. post. Auch Seidl übersetzt ἄμεσος mit „unmittelbar", u.v.a. S. 74, was natürlich zwingt, die die ersten Prinzipien (ἄμεσα) erfassende Tätigkeit des νοῦς als „intuitiv-unmittelbar" zu bezeichnen, S. 85. Was dies näherhin heißen soll, ist eher durch das zu bestimmen, wie diese Erkenntnis *nicht* ist: „nichtdiskursiv", S. 84. Damit ist aber die Kriterienfrage für die — alles entscheidende! — Erkenntnistätigkeit des νοῦς nicht geklärt, wie Seidl das Dilemma auch bei v. Fritz sieht: „Offen bleibt das Problem eines Kriteriums für die Notwendigkeit und Allgemeinheit der vom Intellekt ‚intuitiv' erfaßten Definitionszusammenhänge." (Anm. 15, S. 92). Seidl macht trotz des Zusammenhangs der aristotelischen νοῦς-Lehre mit dem platonischen Sprachgebrauch mit Recht auf das bei Aristoteles fehlende Kennzeichen des ἅμα und ἐξαίφνης aufmerksam. Seidls demgegenüber vorgeschlagener Weg, den Zugang zu den ersten Prinzipien als *nicht-beliebig* auszuweisen (vgl. oben Anm. 19) — und worauf sonst zielte der Hinweis auf den Unterschied zu Platon an dieser Stelle —, bezieht sich auf die ἄμεσα im Sinne von θέσις und ὑπόθεσις, vgl. S. 79, S. Absatz. Seidl spricht hier von der inneren Notwendigkeit der Beweisprämissen im Sinne der Definitionen (also Prämissen im Sinne einzelwissenschaftlicher Prämissen), wobei diese Notwendigkeit „letztlich von den Axiomen der Widerspruchsfreiheit des Seins und des ausgeschlossenen Dritten" abhängig sei. Seidl sieht richtig, daß das Zusprechen der Prädikate, die in einer Definition einer Sache zugesprochen werden, den genannten Axiomen nicht widersprechen darf; daraus jedoch läßt sich keineswegs die Notwendigkeit eben dieser und keiner anderen Bestimmtheit einer Sache erschließen. Selbstverständlich ließe sich alles Definierte auch anders definieren, ohne damit schon in (Selbst-)Widerspruch zu geraten. Die Axiome liefern

nicht die Notwendigkeit der *jeweiligen* Bestimmtheit des Definierten, womit es in seiner jeweiligen Bestimmtheit kontingenzbetroffen bleibt. Dies ist auch von Seidl, S. 80, zugestanden in dem Satz: „Es ist klar, daß das genannte Definitionsverfahren das Sein des Subjekts voraussetzt [und damit ja wohl auch das *Sosein*], zunächst der Potenz nach im obersten Genus, sodann der zunehmenden Aktualität nach in den absteigenden Differenzen." Das heißt natürlich, daß „das Kriterium für die Richtigkeit für die induktiv aufgefundenen Ursachen", S. 79, das gesucht ist, längstens schon vorausgesetzt ist. Völlig anders verhält es sich hingegen mit den ἄμεσα im Sinne von ἀξιώματα, also mit der Notwendigkeit derjenigen Prinzipien, die nach Seidl letztlich überhaupt die Notwendigkeit der Definitionen gewährleisten, *alleine* gewährleisten. Deren Notwendigkeit besteht darin, daß sie *nicht anders gedacht werden können, ohne daß sich das Denken dabei in Selbstwidersprüche verwickeln würde* — das ist ja gerade das Kriterium für Notwendigkeit. Daß diese Prinzipien keine *empirisch-faktischen* Voraussetzungen sind, ergibt sich sofort daraus, daß bei allem Empirisch-Faktischen das Sich-anders-verhalten-können *widerspruchsfrei* gedacht zu werden vermag.

Seidl bezieht sich auf K. *v. Fritz'* Abhandlung, Die ἐπαγωγή bei Aristoteles, in: Sitzungsberichte d. Bayer. Ak. d. Wiss., Jg. 1964, Heft 3, wo v. Fritz die verschiedenen Arten von ἐπαγωγή diskutierend Aristoteles so auslegt, daß man zuletzt von „ersten nicht bewiesenen und nicht beweisbaren Sätzen ausgehen muß" (S. 53, auf diese Schrift kommen wir ausführlich noch zurück). Auch D. *Ross*, Aristotle's prior and posterior Analytics, Oxford 1949„ übersetzt ἄμεσος mit „immediate, or indemonstrable" (S. 509), was Ross den letzten Satzteil der Anal. post. „ἡ δὲ πᾶσα ὁμοίως ἔχει πρὸς τὸ πᾶν πρᾶγμα" so zu kommentieren nötigt: „i.e. science as a whole grasps its objects with the same certainty with which intuitive reason grasps the first principles". Was sind die Kriterien solcher Intuitivität, daß von „certainty" gesprochen werden kann? Was qualifiziert eine ἀρχή als πρώτη? Wann ist das ἐπίστασθαι an den Anfang einer Sache gelangt und damit allererst ἐπίστασθαι?

57. Kurt *v. Fritz*, Die ἐπαγωγή bei Aristoteles, in: Bayer. Akademie der Wissenschaften, Philos.-Historische Klasse, Sitzungsberichte Jg. 1964, Heft 3. Diese Abhandlung von v. Fritz darf wohl noch immer als instruktiv für die aristotelische ἐπαγωγή-Lehre in all ihren verschiedenen Bedeutungen und Bedeutungsnuancen dieses Terminus und der durchaus sich unterscheidenden Sachprobleme gelten, für die dieser noch nicht fest terminologisierte Terminus bei Aristoteles steht. Völlig zutreffend kritisiert v. Fritz alle vorschnellen Parallelen zum neuzeitlichen Induktionsbegriff und stellt S. 22/23 zunächst drei allgemeine, im weiteren zu differenzierende, Bedeutungen der ἐπαγωγή heraus: Diese kann meinen: 1) den Prozeß des Hinführens zum Allgemeinen, 2) das Herausbringen des Allgemeinen vermittels des Speziellen und 3) die Anwendung einer schon vorhandenen Erkenntnis auf einen Einzelfall.

Wenn nun die ἐπαγωγή bei Aristoteles zu den πρῶτα führen soll (denen der einzelnen Wissenschaften *und* denen aller Wissenschaften), dann erhebt sich die weitere Frage, ob auch hier ἐπαγωγή Vergleich*bares* meint. v. Fritz folgt terminologisch selbst der geläufigen Übersetzung: „Da jedoch ein regressus in infinitum bei der Beweisführung unmöglich ist, . . ., müssen diese ersten Sätze nicht nur unbewiesen, sondern unbeweisbar, ferner ‚erkennbarer' (γνωριμώτερα) oder evidenter sein als alle Sätze, die dann syllogistisch aus ihnen abgeleitet werden." In solchen Worten klingt das Dilemma an: Sind die πρῶτα „unbeweisbar" im Sinne von (überhaupt) „unerweisbar", dann hängt alles an der Unmittelbarkeit der Evidenz (vgl. auch S. 38: „die unmittelbare Einsicht" — als Übersetzung von νοῦς), und damit wird man gerade dem Gebiet nicht gerecht, welchem die Analytiken doch dienen sollen (S. 51): „im Gebiet der menschlichen Interkommunikation, oder genauer: der *argumentativen* Auseinandersetzung von Menschen miteinander" (Hervorh. v. Vf.).

v. Fritz arbeitet in seiner Abhandlung vorzüglich die Bedeutungsunterscheidungen von ἐπαγωγή auf dem Gebiet der Ethik, Physik und — im für v. Fritz strengsten Sinne von ἐπαγωγή — Mathematik heraus. Gerade auf dem Gebiet der Mathematik und in v. Fritz' Diskussion dieses Punktes kommt seine These deutlich zum Ausdruck (S. 40f.), wo sich v. Fritz gegen die von modernen Mathematikern (insbesondere von P. Hilbert) in der Grundlegungsfrage von Mathematik vorgetragenen Bedenken gegen den Evidenz- (und damit letztlich den Anschauungs-) Begriff wendet. Gleichwohl leugnet v. Fritz mit Grund nicht die sich aus dem (*von ihm* in dieser Form erstellten) Theorem der „unmittelbaren Evidenz" (S. 42) ergebenden Schwierigkeiten in der „Begründung der strengen Wissenschaft" (ebd.). Und zuzugeben ist auch, daß man diese Probleme nicht dadurch — wie moderne Mathematiker versuchen — „beseitigt, daß man ... die Axiome für willkürliche Festsetzungen erklärt" (ebd.). v. Fritz' Lösung des ganzen Dilemmas lautet: „Was hier weiter helfen kann, ist dann doch wohl nur eine Phaenomenologie sozusagen der faktischen Induktion" (S. 56).

Uns scheint, daß v. Fritz dennoch eine Frage nicht gestellt hat: Welchen Sinn und welch mögliche Bedeutung von ἐπαγωγή ergeben sich dort, wo es weder um die πρῶτα der Physik oder Mathematik, sondern um die πρῶτα des ἐπίστασθαι *selbst* geht? Auch hier genügt *ein* Beispiel (im Beweis des Satzes vom Widerspruch), um ein in allem λέγειν präsentes Allgemeines zur Anschauung zu bringen und damit die Allgemeingültigkeit dieses Satzes für alles ὄν und ὄν λεγόμενον einsichtig zu machen. Denkt man an das 4. Buch der Metaphysik, deutet sich die Möglichkeit an, die Elenktik als einen *Modus* der ἐπαγωγή verstehen zu können. Interessanterweise wendet v. Fritz selbst gegen die von ihm zitierte „Kritik an der ‚intuitiven Induktion'" eine *elenktische* Argumentation an, — *bezeichnenderweise* den Satz vom Widerspruch aufgreifend (S. 55/56): daß sich nämlich eben dieses Prinzip (als Prinzip allen logischen Schließens) nicht logisch erschließen lasse. Ist dieses gegründete Argument v. Fritz' nun *selbst* Resultat der von ihm vorgeschlagenen „faktischen Induktion"? Oder entsteht dieses Argument nicht im elenktischen Rekurs auf die Voraussetzungen allen (logischen) Schließens?

Überdies: Wäre v. Fritz eine solche Argumentation möglich mit den πρῶτα der Physik oder Mathematik? Offensichtlich bezeichnet der Satz vom Widerspruch ein πρῶτον des λέγεσθαι selbst und gehört damit in die πρώτη ἐπιστήμη, die Aristoteles ja von der Physik und Mathematik streng unterscheidet.

Ergänzend zu der gen. Abhandlung v. Fritz' ist — mit Blick auf die folgende Besprechung H.D.P. Lees Artikel — auch auf dessen, mit gutem Grund überall zitierten, Aufsatz: Die APXAI in der griechischen Mathematik, Archiv für Begriffsgeschichte, Bd. 1, Bonn 1955, einzugehen. v. Fritz behandelt hier in Breite die zum Thema stehende Unterscheidung von ἀξίωμα, θέσις und ὑπόθεσις, dabei genau — wie hier gefordert — dem Terminus „ἄμεσος" eine ausgezeichnete Bedeutung zumessend: „Da es jedoch zum Wesen einer auf Beweisen beruhenden Wissenschaft gehört, daß alles, was sich beweisen läßt, auch bewiesen wird, so müssen die ersten Prinzipien nicht nur unbewiesen, sondern auch unbeweisbar sein. Eben damit sind sie auch ἀμέσοι, d.h. ihre Erkenntnis ist nicht aus einer anderen abgeleitet oder durch sie vermittelt." (S. 22) Sodann setzt sich v. Fritz mit der aristotelischen Behauptung resp. Forderung auseinander, daß die ersten Prinzipien auch *einsichtiger*, γνωριμώτεροι, sein müssen als das aus ihnen Erschlossene. Nach v. Fritz, S. 23, ergibt sich als Komparationskriterium für Einsichtigkeit die ‚Einfachheit', was bezüglich der geometrischen Gebilde, vgl. Anm. 19, S. 23, einleuchtet, wenn nämlich in komplexen geometrischen Definitionen „Elementares" bzw. Einfacheres impliziert und damit vorausgesetzt wird. Insofern ist das Einfache „früher", πρότερον, gegenüber dem Komplexen. Aber das entscheidende Problem bleibt, daß auch das Einfachste nur „durch die unmittelbare Evidenz der Axiome", vgl. Anm. 20, S. 24, uns zugänglich ist, was bereits Heinrich *Scholz*, Die Axiomatik der Alten, in: Blätter für deutsche Philosophie IV, 1930, kritisiert (S. 276ff.) und als den fundamentalen Mangel des logischen Systems des Aristoteles bezeichnet.

Diese immer noch außerordentlich lesenswerte Abhandlung von H. *Scholz* ist zwar in der Differenzierung des Problems der Beweisbarkeit der Ersten Prinzipien überholt, in der Reichweite des systematischen Ertrages jedoch — auf den sich Scholz wie üblich konzentriert — gehen die philologisch subtileren hier besprochenen Arbeiten nicht über sein Ergebnis hinaus. Der philosophische Stil Scholz', mit einem distinkten Begriff der „präsenten" — d.h. hier in der Charakterisierung des „Axiom"-Problems im damaligen Stand der mathematischen Diskussion (die Scholzsche Parteinahme zur Brouwer-Weylschen Position gegenüber der Hilbertschen leitete auch K. v. Fritz) — Problemlage an die aristotelischen Texte heranzutreten, so daß man fast von einer Problem-‚konfrontation' sprechen kann, birgt wohl auf der einen Seite die Gefahr einer Überformung der Texte in sich, und zwar sowohl in sprachlicher wie in sachlicher Hinsicht, zwingt auf der andern Seite die systematischen Implikationen eines Textes — zumindest mit Blick auf die angelegte Fragestellung — ans Licht. Die sprachliche Überformung kommt in Scholz' Verknüpfung von „Unbeweisbarkeitsforderung — Hinlänglichkeitsforderung — Undefinierbarkeitsforderung", vgl. S. 261/262, zum Ausdruck. Natürlich handelt es sich bei Aristoteles nicht um eine Postulatenlehre, und sei es in mathematicis. Die Kritik Scholz' an der „Evidenzlehre" des Aristoteles ist zutreffend, — *vorausgesetzt*, die von Scholz als aristotelisch verstandene „Evidenzlehre" wäre de facto die aristotelische Position (damit einschließend die Kritik an der aristotelischen νοῦς-Lehre, die im Grunde auch noch Oehler, s.w.u., in der Sache aufgreift). U.E. ist das Problem der πρῶτα bzgl. der πρώτη ἐπιστήμη zureichend überhaupt nicht im mathematischen Problemhorizont diskutier*bar*, da der καθόλου-Charakter der ἀξιώματα eben *infolge* dieses Charakters in der Sache notwendig *reflexiver* Natur sein muß. Anders ausgedrückt: Mit Aristoteles wäre innerhalb der Scholzschen Diskussion zu sagen, daß die πρῶτα der Mathematik in den Bereich der θέσις fallen und *nicht* in den Bereich der ἀξιώματα; denn die πρῶτα der Mathematik muß *nicht* jeder schon mitbringen, der überhaupt nur *irgendetwas* erkennen und lernen will. *Sie* sind spezielle πρῶτα und eben darum keine ἀξιώματα. Zuzugeben ist Scholz immer noch, daß die *Kriterienfrage* bzgl. der πρῶτα, die Aristoteles mit „ἀξιώματα" bezeichnet, *nicht* durch eine wie immer geartete Evidenzlehre gelöst ist. Zuzugeben ist Scholz ferner, daß Aristoteles dies sehr wohl gesehen habe, da Aristoteles die *Notwendigkeit* der Axiome behauptet, ebd. S. 277. *Nicht* zuzugeben ist Scholz, daß Aristoteles dies — dennoch! — durch ein „Evidenzpostulat", ebd. S. 270, hätte lösen wollen, dessen letztes Fundament der „Aristotelische Glaube an die Vernunft sei, die den Menschen bei hinlänglicher Aufmerksamkeit nicht zum Opfer des Irrtums werden läßt", ebd. S. 270, mit Bezug auf Rhet. I 1, 1355 a 15ff. und Top. IV 4, 141 b 13 und VI 4, 142 a 10f. — die bekannten Stellen über die wohlgeschulte Urteilskraft —, *sofern* Scholz damit sagen will, daß es keine weiteren, von Aristoteles namhaft gemachten Wege zur Lösung der Kriterienfrage gibt. Zum letzteren w.u.

v. Fritz ist sich mit Scholz darin einig, daß mit dem Kriterium der unmittelbaren Evidenz (nach Aristoteles der Einsichtigkeit, welche Gleichsetzung hier eben für problematisch erachtet wird) der Gegentypus zur Hilbertschen „Wenn-so-Mathematik" aufgestellt ist, uneinig darin, was die Schwäche (Scholz) bzw. Stärke (v. Fritz) des von ihnen bei Aristoteles dafürgehaltenen Kriteriums betrifft. In jedem Falle muß v. Fritz darin voll zugestimmt werden, wenn er den ἀξίωμα-Begriff dem neuzeitlichen (normierten) Axiombegriff entgegensetzt und die bloße Widerspruchsfreiheit eines Systems „niemals die Wahrheit irgendeines in ihm vorkommenden Satzes verbürgen kann" (S. 34) und eben dies die aristotelische Entdeckung sei (S. 35). Wie aus der zuerst besprochenen, 9 Jahre späteren Abhandlung sich ergibt, bleibt das Problem der Ausweisbarkeit der ersten Prinzipien bei v. Fritz zumindest selbst problematisch, wie sich aus seinem Begriff der „Phaenomenologie ...der faktischen Induktion" ergibt, in welchem v. Fritz kein *Notwendigkeitskriterium* für das faktisch Induzierte beistellt (beistellen kann). Dennoch gibt uns v. Fritz einen wichtigen Hinweis zur Lösung der genannten Frage, wenn er ἀξίωμα von θέσις und ὑπόθεσις dadurch unterscheidet, daß ἀξίωμα die Prinzipien bezeichnet, „die allen Wissenschaften gemeinsam sind"

(Die APXAI ..., S. 37/38); damit ergibt sich aber direkt, daß deren Diskussion innerhalb und *nur* innerhalb der mathematischen Grundlegungsfrage zu kurz greifen muß, auch wenn Aristoteles in diesem Zusammenhang „mit konkreten Beispielen aus der Mathematik" (S. 43) operiert — aber nur *beispielsweise*! Wie weit mathematische Problemvorgaben Aristoteles hier beeinflussen, diese Frage, die im Zentrum der genannten Abhandlung steht, können wir dabei in Klammern setzen.

Gerade der Vergleich mit dem ersten Band der Elemente Euklids, dem unter Nr. 2 der Abhandlung die Aufmerksamkeit gilt, muß bei aller Ähnlichkeit der Terminologie Euklids *eben* im Problem des ἐφαρμόζειν, welche Methode nach v. Fritz' Ergebnis „in der Entstehung einer axiomatisch-definitorischen Grundlegung der Mathematik historisch eine entscheidende Rolle" gespielt hat (S. 45), auf die *Unterschiedlichkeit* des ἀξίωμα-Problems bei Aristoteles und Euklid aufmerksam machen. Die 5 αἰτήματα Euklids ebenso wie die 9 κοιναὶ ἔννοιαι sind spezifisch geometrische Lehrsätze, von welch letzteren „alle, außer den drei ersten, schon im Altertum aus *sachlichen* Gründen angefochten und aus ähnlichen Gründen in neuerer Zeit als wahrscheinlich nichteuklidisch angezweifelt worden" sind (S. 44, Hervorh. v. Vf.). Wie kann das ἐφαρμόζειν als *spezifisch* geometrisches Vorgehen (Methode?) das Vorgehen sein, die Notwendigkeit der ἀξιώματα, der *allen* Wissenschaften gemeinsamen Prinzipien, auszuweisen? *Daß* sich überhaupt ein solches Problem stellt, unterscheidet die systematischen Ebenen seiner und der ἀξίωμα-Lehre des Aristoteles. v. Fritz' subtile Darstellung der terminologischen Abhängigkeit und unterschiedlichen Verwendung von (auch von Aristoteles verwendeten, ursprünglich der Mathematik entstammenden) Termini bei Aristoteles und Euklid, hilft kaum in der Klärung der systematischen Eigenständigkeit, weil Eigengeartetheit desjenigen Problems, in welchem diese Termini bei Aristoteles zur Verwendung kommen. Gerade die Klärung dieses Problems dient jedoch der Frage nach dem Verhältnis von Mathematik und Philosophie und kann allein beantworten, was genau es heißen soll, Aristoteles habe sich „an der zu seiner Zeit vorhandenen Mathematik orientiert" (S. 102). Soll man unter Orientierung verstehen, daß Aristoteles *sein* Problem mittels einer vorhandenen mathematischen Begrifflichkeit entfaltet (die er dann selbst weiterentwickelt und differenziert), oder aber hat er sich von dieser Begrifflichkeit so leiten lassen, daß er sich auch im Problemfeld dieser Begrifflichkeit aufhielt?

Lehrreich an den Arbeiten v. Fritz' sind die Ausführungen über den *jeweilig* durchaus unterschiedlichen Sinn der entsprechenden Termini in den aristotelischen Schriften, was eben deutlich zeigt, daß sie noch nicht im engeren Sinne terminologisiert sind. Daraus folgt natürlich, daß sie auch aus dem jeweiligen Sachkontext heraus, in dem sie stehen, auszulegen sind. Für unsere Unterscheidung der Problemebenen von ἀξίωμα auf der einen und θέσις und ὑπόθεσις auf der andern Seite vgl. auch die bemerkenswerte Unterscheidung Aristoteles' selbst in Anal. post. 76 a 37ff, wo er die ἀξιώματα als κοιναί von den ὑποθέσεις als ἴδιαι ἀρχαί unterscheidet. Gegenüber all diesen Distinktionen sei die Kernfrage immer wieder festgehalten: Wie lassen sich die ersten Prinzipien aller ἐπιστητά (allen ὄν und allen ὄν λεγόμενον), des ἐπίστασθαι *selbst* also, in ihrer Notwendigkeit aufweisen, da sie nicht aus anderem begründet werden können? (Es geht *nicht* um bloß faktisch-empirische Voraussetzungen im Axiomproblem, da deren Anderssein widerspruchs*frei* gedacht werden kann!) Allein dieser Frage gilt hier die Aufmerksamkeit.

Zum mathematischen Charakter der aristotelischen Ausführungen über die ersten Prinzipien siehe auch den für das Verständnis der Sichtweise D. Ross' maßgeblichen Artikel von H.D.P. *Lee*, Geometrical Method and Aristotle's Account of First Principles, in: The Classical Quarterly, Vol. XXIX, London-New-York 1935, pp. 113-124. (Gohlke, loc. cit., vereinfacht den problematischen Zusammenhang in seinen Erläuterungen, S. 133: „Der Unterschied zwischen Hypothese und Axiom ist nicht logischer (!) Art, offenbar war nur die Rücksicht auf den Sprachgebrauch der Mathematiker (Eudoxos!) maßgebend für die Erwähnung in diesem Zusammenhang.") Die These H.D.P. Lees ist, daß Aristoteles' „analysis of first principles is in its essentials an analysis of the first principles of geometry as he conceived him". Die Abhandlung gliedert sich in I. eine Betrachtung der Parallelität zwischen der Lehre von den ersten Prinzipien bei Aristoteles und Euklid und II. den Vergleich zwischen der aristotelischen ἐπαγωγή und ἀπόδειξις und der διάνοια und νόησις der platonischen Dialektik. Lees Lehre von der „predominance of the influence of geometrical ideas in Aristotle's account of first principles in the Posterior Analytics", S. 113, hat weitgehend Schule gemacht, weswegen sie ausführlicher referiert sei. Die ersten Prinzipien, so Lee, sich strikt an die Begrifflichkeit des Textes haltend, müssen „immediate, i.e. indemonstrable" sein, „necessary", „more intelligible" und „causes of the conclusion" (S. 113). Es folgt die oben besprochene Unterscheidung in „axioms", „definitions" und „hypotheses". Mit Grund stellt Lee die axioms gegenüber den definitions und hypotheses heraus, ohne jedoch den systematisch entscheidenden punctum disparationis genau zu treffen. Dies folgt unmittelbar aus der fortwährend wiederholten Wendung, die axioms seien „common to more than one science" (S. 113), welche Wendung die Unschärfe der Interpretation wiedergibt. Wenn die Axiomata nur mehreren Wissenschaften gemeinsam sind, dann ist ihre Allgemeinheit *Gattungsallgemeinheit*, worin sie eben auch gerade speziell wären. Lee stellt zwei Definitionsmomente von axiom nebeneinander, ohne zu bemerken, daß das erste durch das zweite überholt ist: „(1) They are common to more than one science. (2) You must know them if you are to know anything — i.e., they must be presupposed if any process of reasoning is to be possible at all." (S. 113) Aus (2), das allerdings auch Aristoteles angibt, folgt, daß (1) lauten müßte: They are common to all sciences! Stattdessen verstärkt Lee diese Mißverständlichkeit, wenn er auf S. 114 davon spricht, daß die „axioms" im Gegensatz zu den „a single science" bestimmenden definitions and hypotheses „used by several sciences" sind. Dann aber folgt wiederum: „But though all sciences use the axioms, each science uses them only in so far as they are necessary for its own particular purposes". Diese Unschärfe im Ausdruck — und insbesondere der letzte Teil des zit. Satzes — zeigt deutlich, daß Lee unter axioms irgendwelche *inhaltlichen* Wissenschaftsprinzipien versteht, statt unter ihnen die Prinzipien allen wissenschaftlichen Vorgehens qua wissenschaftlichen zu verstehen. Daß Lee die Bestimmtheit der axioms unterschätzt und ihnen genus-Allgemeinheit zuspricht, wird aus dem Satz deutlich (S. 114): „And this characteristic is somewhat *vague* and *elastic* in that among the axioms are included principles of greater and less scope." (Hervorheb. v. Vf.) Auch wenn sich Lee auf Met. 1005 a 19-20 beruft (περὶ τε τῶν ἐν τοῖς μαθήμασι καλουμένων ἀξιωμάτων), heißt dies doch nicht, daß die *Verwendung* dieses *Terminus* es erlaubte, ihn „mathematisch" verstehen zu dürfen. Euklids „common notion 3", „if equals are taken from equals, equals remain" — so Lee — „have a logical status very similar to Aristotle's axioms. They are clearly principles extending beyond geometra: and they are principles assumed as *self-evident without proof*." Gerade hierin sehen wir den *Unterschied* zu Euklids κοιναὶ ἔννοιαι, daß Aristoteles sehr wohl die Axiomata *einsichtig* zu machen sucht, ja ihm diese Aufgabe sehr wohl bewußt ist, da die πρῶτα ansonsten nicht γνωριμωτέραι und damit im vorzüglichen Sinne ἐπιστητά sein könnte. *Daß* alle sie schon immer voraussetzen und voraussetzen müssen, ist ihr „proof". Das Bewußtsein um die Notwendigkeit ihres Ausweises (wenngleich auch nicht apodeiktischen Beweises) ergibt den unterschiedlichen Begriff zwischen den ἀξιώματα bei Aristoteles und den κοιναὶ ἔννοιαι bei Euklid. Ob überdies die Grundsätze der Geometrie selbst als geometrische begriffen werden können, sofern unter Grundsätzen — wenn man diese Parallelität bei Aristoteles und Euklid behauptet — die Prinzipien des ἐπίστασθαι selbst verstanden werden müssen, muß füglich bezweifelt werden. v. Fritz neigt dazu, diese „logisch" zu nennen, was u.E. aber auch nicht weiter hilft, wenn man damit dem Einwand moderner Mathematiker entgegnen will (was v. Fritz versucht), „die logischen Regeln [seien] selbst willkürlich festgesetzte(n) Spielregeln" (vgl. loc. cit., S. 56). Gerade hierin besteht ja die Aufgabe, nämlich die ἀξιώματα (eben *auch* der Logik) als für alles ἐπίστασθαι *notwendig* auszuweisen, welche Aufgabe sich auf eine Sache beziehen muß, die sich-nicht-anders-verhalten-kann, die Sache — wie Kant sagen würde — des „Vermögens zu denken selbst" (K.r.d.V., Vorrede A XVII), — eine nicht selbst *formale* „Sache", weswegen der Terminus „logisch" in seiner Applikation auf die ἀξιώματα *heute*, da wir unter „logisch" immer „formal-logisch" zu verstehen gewohnt sind, zu Mißverständnissen führt.

Im zweiten Teil seiner Abhandlung „II. νοῦς, ἐπαγωγή and Plato's Dialectic" geht es Lee um „the method by which, according to Aristotle, these fist principles are reached" (S. 118). Lee stellt die aristotelische νοῦς- und ἐπαγωγή-Lehre in den Kontext der platonischen συναγωγή und διαίρεσις-Lehre (umreißt kurz den doppelten Ursprung der platonischen Dialektik „in geometrical method" und „in the moral dialectic of Socrates" — auf diesen Zusammenhang bei Lee sei hier nicht eingegangen, vgl. zu dieser Problematik besser J. Stenzel, Studien zur Entwicklung der platonischen Dialektik von Sokrates zu Aristoteles, Leipzig

[2]1931; Ph. Merlan, From Platonism to Neoplatonism, Den Haag 1953; H.J. Krämer, Der Ursprung der Geistmetaphysik, Untersuchungen zur Geschichte des Platonismus zwischen Platon und Plotin, Amsterdam 1964) und handelt dann in „II (3) The apprehension of first principles in Aristotle" ab. Auch hier gehen wir noch einmal ausführlich auf die Skizze Lees ein, da sie in ausgezeichnetem Sinne für exemplarisch gelten darf.

Lee kontrastiert den νοῦς „with the demonstrative faculty ἐπιστήμη" (S. 120). Er beruft sich dabei auf die einschlägigen Stellen Anal. post. A 3 19-23, 100 b 5-14 (85 a 1; 88b 36) sowie auf die problemkorrespondierenden Stellen in E.N. Bk VI Ch. 6 1140 b 33ff. (1141 a 7/1142 a 25/1143 a 35 - b 10) und auf die Magna Moralia 1197 a 21 (ἡ μὲν γὰρ ἐπιστήμη τῶν μετ' ἀποδείξεως ὄντων ἐστίν, αἱ δ' ἀρχαὶ ἀναπόδεικτοι, ὥστ' οὐκ ἂν εἴη περὶ τὰς ἀρχὰς ἡ ἐπιστήμη, ἀλλ' ὁ νοῦς). Das sind die immer wieder zitierten Stellen für die These, von den πρῶτα, von den ἀναπόδεικτα, gebe es *keine* Wissenschaft. „Νοῦς then apprehends first principles, and the method of νοῦς is intuitive." (Lee, S. 120) Und er fährt fort: „This is evident from the general contrast between νοῦς and ἐπιστήμη. The function of ἐπιστήμη is reasoning" und des νοῦς „is the intuitive. (Compare νόησις and διάνοια in Plato)." Sodann wird die bekannte Stelle 1143 b 5 zitiert, wo Aristoteles νοῦς und αἴσθησις (vgl. Anm. 1 bei Lee auf S. 120: „αἴσθησις ... is the most general term for immediate perception whether sensuous or intellectual") identifiziere („τούτων οὖν ἔχειν δεῖ αἴσθησιν, αὕτη δ' ἐστὶ νοῦς"), sowie Met. 1072 b 21 („νοητὸς γίγνεται θιγγάνων καὶ νοῶν"). Lees Konklusion (bezugnehmend auf Ross, Aristotle, p. 217): „And so ‚intuitive reason' seems a fair translation of νοῦς" (S. 120). Wiederum parallelisiert Lee Aristoteles' νοῦς und Platons νόησις jeweils kontrastierend mit ἐπιστήμη und διάνοια (eine Vorandeutung zu Kl. Oehlers Arbeit, s.w.u.), und wiederum wird der mathematische Ursprung der Anal. post. betont. Neben νοῦς, hier also als „intuitive reason" verstanden, nennt Aristoteles die ἐπαγωγή als Weg zu den ersten Prinzipien. Diese wird der ἀπόδειξις gegenübergestellt und bezeichnet als ἡ ἀπὸ τῶν καθ' ἕκαστα ἐπὶ τὰ καθόλου ἔφοδος (105 a 15; vgl. dazu die entsprechenden Stellen 81 a 40; 108 b 10 und für den Zusammenhang mit der αἴσθησις 81 b 5; 100 b 3 — wir brauchen hier auf dieses Kernproblem innerhalb der ἐπαγωγή-Lehre nicht weiter einzugehen. v. Fritz hat die bleibende Problematik scharf herausgearbeitet). Lee schließt sich der These Burnets, Ethics of Aristotle, p. 273, an: „This procedure is, in effect, the procedure of the natural sciences",wobei für die Auffindung ethischer Prinzipien der ἐπαγωγή-Lehre die Lehre vom ἐθισμός korrespondiere: „'Εθισμός is a sort of ethical ἐπαγωγή." (S. 121)

Damit ist ein Umriß der Problemfülle gegeben, die hier nicht auszufalten ist. Für uns entscheidend ist die einflußreiche These Lees, daß der „mathematical strain of thought" bei Aristoteles (und Platon) in theoreticis maßgeblich sei und der „non-mathematical strain" in „the natural and moral sciences".

Man sieht leicht, daß der *entscheidenden* Frage, welchen *Kriterien* der νοῦς in der Erkenntnis der ersten Prinzipien unterworfen ist (sei es, daß man diese Tätigkeit im Sinne von αἰσθάνεσθαι oder θιγγάνειν faßt, — was eben infolge der sachlichen Notlage nur metaphorisch zu verstehen ist und eben keine Lösung bietet), *keine* Antwort gegeben ist. Man muß dies einmal in aller Schärfe sagen: Wenn Aristoteles den πρῶτα Notwendigkeit zuspricht, dann *müssen* dafür Kriterien angebbar sein! Und Aristoteles *muß* diese Notwendigkeit behaupten, da sich die Fundamente aller nur möglichen ἐπιστητά und allen ἐπίστασθαι ansonsten „anders-verhalten-könnten" und damit alle Erkenntnis vorläufig bliebe — das aber heißt, wie gesehen, Erkenntnis wäre *überhaupt* nicht mehr *als* Erkenntnis begreifbar, da die Vorläufigkeit von Erkenntnis nunmehr ihr Prinzip wäre. Der „Anfang" wäre durch den anfangs- und endlos iterierenden Begründungsregreß oder -progreß ersetzt!

Dieses Problem ist von Klaus *Oehler*, Die Lehre vom noetischen und dianoetischen Denken bei Platon und Aristoteles, Zetemata Heft 29, München 1962, klar erkannt und eindeutig beantwortet worden (im Sinne der Kriterien*losigkeit*). Auch auf diese Studie ist kurz aus ihrem Zusammenhang einzugehen.

Die in vielem grundlegende Arbeit Oehlers lautet im Untertitel: Ein Beitrag zur Erforschung der Geschichte des Bewußtseinsproblems in der Antike". Die ersten Sätze der Einleitung dieser Arbeit greifen jedoch mit Recht den Terminus „Reflexion" auf: „Gleichwohl hat die griechische Philosophie eine in ihrem eigenen Rahmen vollgültige Reflexion auf das Erkennen selbst besessen. Darin ist von großer Bedeutung das von ihr festgestellte Verhältnis des im Urteil sich aussprechenden dianoetischen Denkens zum noetischen Erfassen der Wesenheiten, ohne welches Urteile nicht sinnvoll wären." (S. 1) Die unbestreitbare These Oehlers, daß sich die Reflexion der griechischen Philosophie eben nicht im neuzeitlichen, bewußtseinsphilosophischen Sinne vollzog und damit trotz der Entdeckung der Apriorität „nichts über die Subjektivität des Erkennens" gesagt ist (S. 260), haben wir mit Blick auf unsere Fragestellung auszufalten. Dabei ist zu betonen, daß die vorliegende Studie der Arbeit Oehlers schon infolge ihrer Thematik viel verdankt. Sie sucht einen aristotelischen Gedanken fruchtbar zu machen, den Oehler als solchen in seiner Arbeit noch nicht ins Zentrum gestellt und ausgewertet hat.

Mit Grund heißt es am Ende der Oehlerschen Arbeit (S. 261): „Wir stehen heute am Ende der philosophischen Bewegung der Neuzeit und stehen daher dem neuzeitlichen Glauben an ein absolutes Fundament des Wissens im Selbstbewußtsein kritisch gegenüber." Und zum Schluß der Einleitung (S. 9): „Die große Gefahr in unserer gegenwärtigen philosophischen Situation ist der Rückfall in den eben erst und, wie einschränkend hinzugefügt werden muß, auf weiten Strecken und in mancherlei Gestalt noch höchst unvollkommen überwundenen Subjektivismus." Wenn Oehler im Schlußkapitel „2. Die von Platon und Aristoteles erreichte Bewußtseinsstufe und die Grenzen iherer Phänomenologie des Bewußtseins" andeutet, daß die — neuzeitlich gedachte — Konstituierung von Welt aus der transzendentalen Subjektivität letztlich eben doch mißlingt und demgegenüber die antike Philosophie (hier Aristoteles) die Wahrheitsfrage streng am Wahrnehmen des αἰσθάνεσθαι und Einsehen des νοεῖν (S. 249), also am „gegenständlich Wirklichen" (ebd.) festmacht (noch schärfer formuliert Oehler S. 251: „Das Entscheidende, woran es bei dem Wahrnehmen und der noetischen Erkenntnis im Unterschied zum dianoetischen Denken ankommt, ist nur, daß hier tatsächlich eine *von außen* kommende Einwirkung, ein sinnlicher oder geistiger Eindruck, erlitten wird, dessen *transzendenter* Grund ein Ansichseiendes ist." Hervorh. v. Vf.), so stellt Oehler zwei einander gegenläufige Typen von Wahrheitssicherung und Wissensfundierung mit ihren je spezifisch eigentümlichen Aporien vor. Wie dabei die Frage soll entschieden werden können, *was* eigentlich vom antiken Denken das „zukünftige Denken übernehmen können" soll (oder muß), bleibt freilich offen.

Der entscheidende Mangel — so Oehler — der antiken Philosophie in der Beantwortung der „Frage nach dem Grund der Möglichkeit objektiver Erkenntnis überhaupt" (S. 259), „das heißt methodisch, gerechtfertigte Wissenschaft begründen" und damit den „Subjektivismus der Sophisten überwinden" (ebd.) zu können, besteht nach Oehler gerade in der letztlich notwendigen Kriterienlosigkeit des hinnehmenden Charakters der noetischen Erkenntnis, die sich — vgl. obige Zitation — auf eine „von außen kommende Einwirkung , ... dessen transzendenter Grund ein Ansichseiendes ist", bezieht.

An genau diesem Punkte setzt unsere Arbeit an: Nicht bestreitbar bleibt Oehlers These bezüglich derjenigen ἄμεσα, die Aristoteles in Anal. post. 72 a 14-17 in θέσις und ὑπόθεσις unterscheidet, und die wohl die ἀρχαί der Einzelwissenschaften und der gegenständlichen Erkenntnis genannt werden können, vgl. dazu auch Lee und Burnet. Wir unternehmen aber zu zeigen, daß dies von *den* ἄμεσα nicht gilt, die Aristoteles a.a.O. ἀξιώματα nennt. (Vgl. hier zu Oehler S. 163-166) Was jeder schon immer mitbringen *muß*, um *überhaupt* erkennen oder lernen zu können — Aristoteles a.a.O. —, das eben läßt sich *nicht* als dem νοῦς und dem νοεῖν „transzendenter Grund" fassen, und *diese* ἀρχαί erfaßt der νοῦς *nicht* infolge einer „von außen kommenden Einwirkung", weil *diese* ἀρχαί im Sinne von ἀξιώματα die ἀρχαί des νοεῖν *selbst* sind.

Wenn man darauf besteht, daß diese Prinzipien bei Aristoteles eben „ontologisch" fundiert seien und unter „ontologisch" versteht „die Seinsarchitektur von οὐσία betreffend", hat man den sachlich entscheidenden Punkt verfehlt. Selbstverständlich haben die ἀξιώματα ebenso „ontologische" wie „logische" Bedeutung, — nur eben erweist sich deren Erkenntnis als *Selbstexplikation* des νοῦς und vollzieht sich — worauf alles ankommt — nicht als „von außen kommende Einwirkung". Oehlers These impliziert die klare Erkenntnis um die Bedeutung des ausweisbaren Zuganges zu den ἄμεσα und bezieht eindeutig — i.S. der letztlichen Unausweisbarkeit — Stellung. Diese sachlich entscheidende Frage wird nicht behandelt in der Arbeit von H.J. *Krämer*, Der Ursprung der Geistmetaphysik, Amsterdam 1964, dessen bekannte Gegenthese zu Oehlers Verständnis der aristotelischen „Theologik" zu Met. Λ hier nicht weiter darzulegen ist. Bemerkt werden sollte jedoch, daß dieses Wissenschaftsproblem von Erster Wissenschaft natürlich so lange nicht auftaucht, als man die πρώτη ἐπιστήμη mit „Theologik" identifiziert und sich z.B. nach der Bedeutung der Lehre von den 55 unbewegten Bewegern fragt, mit der es Erste Wissenschaft *als* Theologie wohl zu tun hat. Die geradezu erbitterte Kritik Krämers an Oehler, in: Theologie und Philosophie, 44. Jg. 1969, SS. 363-382 und 481-505, mag Oehler in noch so vielen philologisch-historischen Einzelfragen korrigieren — an Oehlers Problem, dem wohl aktuellsten Problem der philosophischen Auseinandersetzung mit der Antike, ändert dies nichts.

Damit nun stellt sich ein gegenüber der Oehlerschen Untersuchung neuartiges Problem, dieser dabei weder in ihrem Ergebnis widerstreitend noch dieses korrigierend, sondern die Thematik erweiternd. Dies ist deshalb möglich und eine eigenständige Erörterung der „Grundlegung" dessen, was Aristoteles ἀξιώματα nennt, notwendig, da weder bei Oehler noch sonst (mit wenigen Ausnahmen, vgl. die später behandelten Arbeiten von Ingeborg *Schüßler* und Leo *Lugarini*) der systematisch unterschiedliche Rang, d.h. hier genau die systematische *Eigenständigkeit* der aristotelischen ἀξίωμα-Lehre (*gegenüber* der Lehre von θέσις und ὑπόθεσις) als solche deutlich erkannt ist. (v. Fritz hat hier die wichtigsten Hinweise gegeben, vgl. dazu später.) Die Gründe dafür liegen — wie gesagt — bei Aristoteles selbst, der z.B. an der angegebenen Stelle in den Anal. post. *sowohl* θέσις und ὑπόθεσις als auch ἀξίωμα unterschiedslos als ἄμεσα und πρῶτα begreift, *weil* er noch *vor* der Unterscheidung von Gegenstandsbestimmung und Reflexionsbestimmung und damit *vor* der Unterscheidung der Prinzipien beider und deren je eigentümlichen Prinzipiencharakter steht (was natürlich nicht heißt, daß dieses Problem bei Aristoteles nicht vorhanden wäre).

Aus der ganzen Problemlage ergibt sich nun unweigerlich das nächste Problem, daß die gesamte aristotelische Wissenschaftslehre im springenden Punkt, d.h. in ihrem Sachanfang selbst, droht, nicht- bzw. unwissenschaftlich zu werden, da die πρῶτα nicht in den Status der γνωριμώτερα und damit ἐπιστητά (Notwendigkeitscharakter bezüglich des νοῦς, da bei anderer Sachlage das Denken in Widersprüche gerät) überführt werden können. Es war Pierre *Aubenque*, der aus dem Problem der scheinbaren Unmöglichkeit einer Systematisierbarkeit der πρῶτα und der Unabschließbarkeit der Suche nach den πρῶτα die Folgen zog — dabei, wie wir denken, das aristotelische Philosophieren an einem spezifisch neuzeitlichen Wissenschafts*anspruch* messend, der selbst zuhöchst Fragwürdiges impliziert. Vielleicht erweist sich die Dogmatismus/Skeptizismus-Alternative bezogen auf die Systematik menschlicher Wissensmöglichkeit als ein Scheinproblem.

Pierre Aubenque, Le problème de l'être chez Aristote, Paris 1962. Vgl. zu diesem für unsere Gesamtproblematik außerordentlich fruchtbaren Buch den von Aubenque vor der Berliner Kantgesellschaft in Berlin am 5. Juni 1959 gehaltenen Vortrag, abgedruckt in: Zeitschrift für philosophische Forschung, Bd. XV, 1961, S. 321-333: Aristoteles und das Problem der Metaphysik. Die Grundthese Aubenques lautet: „weil er [Aristoteles, nach Aubenque paradigmatisch für alles

Philosophieren] suchte und doch nicht fand, was er suchte, findet er in diesem Suchen selbst, was er nicht suchte." (vgl. den zit. Aufsatz S. 333). Aubenque wendet sich, und die in „Le problème de l'être chez Aristote" en détail durchgeführte Analyse des in dem gen. Aufsatz Skizzierten bestätigt dies in der Auseinandersetzung mit den klassischen Kommentatoren und der scholastischen Aristotelesinterpretation, gegen eine als System angelegte Aristotelesinterpretation. So ist der Initialpunkt der Aubenqueschen Überlegung die Thematisierung des aristotelischen Aporiebegriffes. Auch hier wurde der Analyse dieses Begriffes maßgebliche Bedeutung beigemessen. Aubenque nimmt seinen Ansatz nun bei *den* Aporien, die nicht *in uns* (ἐν ἡμῖν), sondern *in den Sachen selbst* (ἐν τοῖς πράγμασιν) liegen. „Mit diesen fängt die Metahysik an" (loc. cit., S. 323 bezugnehmend auf Met. α 1 , 993 b 8). Folgerichtig weist Aubenque der Philosophie ihren anfänglichen und letzthinnigen Charakter eines *zetetischen* Unternehmens zu, wobei ihm — dem Wissenschaftsbegriff des Aristoteles in den Zweiten Analytiken folgend (vgl. loc. cit. S. 326) — unter der Hand die *Wissenschaftlichkeit* dieses zetetischen Tuns selbst verlorenzugehen droht. Nimmt man den Wissenschaftsbegriff der Zweiten Analytiken als den allein maßgeblichen für die Bestimmung der aristotelischen Wissenschaftslehre im Ganzen, ist die These Aubenques unvermeidlich. Aber gerade hierin besteht, wie die von Aristoteles selbst behauptete wissenschaftliche *Unselbständigkeit* der apodeiktischen Wissenschaft in Anal. post. A 1-3 und B 19 zeigt, der notwendig zu erhebende Einwand gegen die Ausgangssituation der Arbeit von Aubenque.

Um das Dilemma deutlich hervorzuheben, sei dies wiederholt: *Sofern* die Apodeiktik den Sinn von Wissenschaft erschöpft, verliert die Erste Wissenschaft ihren epistemischen Charakter (loc. cit., S. 326). Und weiter: Da je nach bekannter Lehre des Stagiriten, und auch auf diese Unterscheidung bezieht sich Aubenque für seine These, „πρὸς ἡμᾶς" und „καθ' αὑτό" (expl. Nik. Eth III, 5, 1112 b 23) immer zu unterscheiden sind und im Falle — so Aubenque — der Metaphysik beide (nämlich Erkenntnis- und Seins-) Ordnungen „niemals" (loc. cit., S. 327) zusammenfallen, weil die vorbereitende, protreptische oder zetetische Untersuchung kein Ende findet (die Zetesis nicht *finit* ist, wie wir problemvorweisend mit Blick auf Kant sagen können), aus diesem Grunde *kann* Aristoteles die gesuchte Wissenschaft, die Erste Wissenschaft, nach Aubenque nicht finden.

Damit fällt Aubenque eine Sachentscheidung, die in dem zit. Aufsatz in aller Deutlichkeit schon skizziert ist: „Man kann dem positiven Inhalt der aristotelischen Metaphysik erst gerecht werden, wenn man nicht mehr von ihr erwartet, was nicht darin zu finden ist, nämlich ein *System*. Denn wiederum ist die Unmöglichkeit des Systems die Wirklichkeit der Untersuchung, der *Zetesis*." (loc. cit., S. 333)

Was für uns von besonderem Interesse an der Arbeit Aubenques ist, zeigt sein mehrfacher Bezug auf die Philosophie Kants (und besonders auf die *Dissertation* Kants aus dem Jahre 1770, vgl. Le problème de l'être chez Aristote, u.a. S. 55, Anm. 2; in dem zit. Aufsatz S.332/333 auf Kants Vorwurf, Aristoteles habe die

Kategorien nur „rhapsodistisch" aufgefaßt). Das Dilemma aller Systemphilosophie, im Propädeutischen verharren zu müssen, nicht über die Einleitung — so wie Aubenque das idealistische Einleitungsproblem auf Aristoteles bezieht — ins System hinauskommen zu können, dieses von Aubenque angezielte Problem läßt sich u.E. nur schwerlich auf das aristotelische Philosophieren applizieren. Aubenque unterstellt Aristoteles, ein System schaffen zu wollen („Aristoteles wollte ohne Zweifel ein System schaffen und hat uns eine ‚Rhapsodie' hinterlassen", vgl. S. 333). Aber liegt hierin nicht die Gefahr, den Systembegriff im neuzeitlichen Sinne (zumindest, was seine systematische Finitheit betrifft, und dies ist offensichtlich gemeint) verwenden zu müssen? Indem Aubenque so auf der einen Seite den überzogenen Wissenschaftsanspruch neuzeitlicher Systemphilosophie an Aristoteles heranträgt, indem er zeigt, daß Aristoteles (und eben nicht nur er) einen solchen Anspruch nicht einzulösen vermag, da — wie wir sagen würden — die Propädeutik nicht finit sein kann, scheint Aubenque die Wissenschaftlichkeit der Zetesis aufgeben zu müssen. Gerade dies aber wäre zu fragen: Wenn die von Aubenque aus prinzipiellen Gründen in ihrer Realisierbarkeit bestrittene neuzeitliche Systemphilosophie *nicht* einen widerspruchsfreien Begriff von Wissenschaftlichkeit liefert und liefern kann, dann kann man deswegen noch nicht der Ansicht sein, daß damit Wissenschaftlichkeit selbst unmöglich sei. Statt den Systemgedanken als Maßstab für Wissenschaftlichkeit zu nehmen, welcher Systemgedanke — implizit schon beim frühen Kant — im Idealismus selbst auf seine wissenschaftliche Tragfähigkeit hin diskutiert wurde, sollte man sich an die aristotelischen Ausführungen halten, die die wissenschaftliche Bedürftigkeit der apodeiktischen Wissenschaft lehren *und* gleichzeitig die Wißbarkeit und damit wissenschaftliche Zugänglichkeit dessen, wessen die apodeiktische Wissenschaft bedürftig ist.

Der unbestreitbare Wert der Aubenqueschen Arbeit liegt in dem Ansatz, den Gedanken der Zetesis für den Begriff und damit die Möglichkeit von Erster Wissenschaft fruchtbar gemacht zu haben. Und in der Tat: Aristoteles konzipiert die Erste Wissenschaft als zu suchende, aber doch eben *auch* als in gewissem Sinne schon immer gefundene. Diese Doppelsinnigkeit — und das versuchten wir in der Analyse von Met. A zu zeigen — von Erster Wissenschaft ist kein *Mangel*, sondern eine Notwendigkeit! Die Notwendigkeit gründet in der φύσις ἀνθρώπων, desjenigen, der die Erste Wissenschaft sucht, der darin — in dieser Suche — Erste Wissenschaft zugleich *tätigt*. Aubenque hat u.E. völlig zurecht den Aporiebegriff herausgestellt, aber eben noch nicht hinreichend genug. Die Bedeutung des Aporiebegriffs resultiert letztlich aus der die Physis der Menschen selbst betreffenden anfänglichen und unaufhebbaren Aporie und nicht aufgrund irgendwelcher Aporien; wie hat man unter dieser Voraussetzung also die (Wissens-)Bewegung zu verstehen? Kann man als ἄνθρωπος, dessen Seinsort zwischen noch-nicht und nunmehr-Wissen anfänglich und letztlich liegt, das *Ziel* der Wissenssuche, als *einer* ἀρχή (τέλος) neben der ἀρχή des *Mangels*, zum *alleinigen* Maß für die Frage nach der *epistemischen Artung* dieser Urbewegung des Menschen machen?

Wie Le problème de l'être chez Aristote zeigt, bleibt die Science recherchée die Science introuvable, und (vgl. die conclusion: la Science Retrouvée, S.485ff.) die Unmöglichkeit einer Theologie als Wissenschaft sowie die (wie Aubenque im einzelnen zu zeigen versucht) doppelte Unmöglichkeit einer Ontologie als Wissenschaft zwingen zu einem neuen Begriff der φύσις ἀνθρώπων: „On pourrait dire du philosophe ce que Sophocle dit de l'homme, qu'il en est παντοπόρος ἄπορος, un être d'autant plus riche en ressources qu'il en est plus dénué." (S. 489)

Aubenques gelungener Versuch, hinter dem durch die Kommentatoren und dem ma. Aristotelesbild „systematisierten" Aristoteles, hinter einem begrifflichen System einer aristotelischen Philosophie, die lebendige, zetetisch verfahrende aristotelische Forschung wiederzufinden, trägt die Gefahr in sich, daß er im Ansatz nicht *vor* die philosophische Problemkonstellation zurückgeht, die Kant „Dogmatismus-Skeptizismus" nannte. Noch immer scheint dieses Problem nicht behoben. Wie läßt sich dieser Problemalternative im Begriff von Wissenschaft entrinnen? Wie läßt sich eine zetetische Wissenschaft, eine Wissenschaft, die zetetisch ist, und eine Zetesis, die wissenschaftlich ist, entwickeln? Die Arbeit von Pierre Aubenque zeigt, daß der Begriff einer „zetetischen Wissenschaft" vor ein Problem stellt, daß bereits Kant deutlich vor Augen stand und das er im Gedanken einer „scientia propaedeutica" lösen zu können glaubte.

62. Vgl. hierzu die den aristotelischen Text ausgezeichnet wiedergebende Passage bei Seidl, loc. cit., S. 81-85. Dennoch scheint uns die entscheidende Frage nach den Kriterien der Intellekterkenntnis offen geblieben zu sein. Dieses Offenbleiben der Frage ist Resultat der *Doppelsinnigkeit* dessen, was Aristoteles ununterschieden behandelt. Die πρῶτα meinen *sowohl* die den Einzelwissenschaften zugrundeliegenden Definitionen ihres je eigentümlichen Untersuchungsgegenstandes — und hier wird und muß die ἐπαγωγή ihren Ausgang von der αἴσθησις nehmen *derart*, daß im Resultat die durch diesen Ausgang bedingte Kontingenz eingeschlossen ist, was auf die besprochenen Probleme in der ἐπαγωγή-Lehre führen muß —, *als auch* die πρῶτα des ἐπίστασθαι (oder aller ἐπιστητά, aller nur je *möglichen* ἐπιστητά) selbst. Im letzteren Falle wird ἐπαγωγή ebenso in einem anderen Sinne (ἕτερος τρόπος) verstanden werden müssen wie das „ἀπὸ αἰσθήσεως", 100 a 11, sofern man beides auf die Erkenntnis der πρῶτα im Sinne von ἀξιώματα glaubt applizieren zu sollen (wozu der aristotelische Text eben *infolge* der Nichtunterscheidung beider Problemebenen im Kap. 19 nicht nötigt). Diese Unterscheidung beider Problemebenen wird von Seidl nicht vollzogen, was daran zu sehen ist, daß er auf S. 79 der genannten Arbeit das Kriterium für die Richtigkeit der induktiv aufgefundenen Ursachen" (Subjekt-Definitionen) in den Axiomen der Widerspruchsfreiheit und des ausgeschlossenen Dritten glaubt finden zu können, welche, wie schon gesagt, natürlich in keinem Falle die Notwendigkeit der Bestimmtheit oder Inhaltlichkeit der Subjektdefinitionen begründen können. *Diese* Axiome sind die Prinzipien aller Definitionen (aufgrund ihrer

allein kann *überhaupt* definiert werden), nicht jedoch liefern sie die Gründe für die Bestimmtheit einer Definition. So berechtigt Seidls ausdrücklicher Hinweis auf die Bedeutung von ἕξις ist, läßt sich bei dem hier gestellten Problem jedoch nicht sehen, wie man mit der in „ἕξις" angezielten Sache *hier* weiterkommen will, — dazu jedoch noch w.u.

Es sei darauf hingewiesen, daß H. *Wagner* in seiner Einleitung zur aristotelischen Physik (Aristoteles, Physikvorlesung, Darmstadt 1967, S. 317) den Terminus „ἐκ" im genannten Zusammenhang kurz erläutert und zwar in der Rezension von J.M. *Le Blond* (Logique et méthode. Étude sur la recherche des principes dans la physique Aristotélicienne, Paris 1939). Wagner diskutiert Le Blonds Ausführungen zu den Analytischen Schriften und dem Problem des Zuganges zu den προτάσεις, ἄμεσοι — von Wagner „Grundurteile" oder „Letzturteile" genannt, von denen er zurecht behauptet: „für sie ist im Hinblick auf den Wahrheitscharakter der Wissenschaft als solcher *Wahrheit* gefordert (bloße ἔνδοξα erfüllen diese Forderung nicht)". Weiter unten, S. 317, heißt es: „Der Vf. sucht sich nun dem genauen Begriff dessen, was Aristoteles als Grundurteile bezeichnet, dadurch zu nähern, daß er die Frage stellt: Was bedeutet dies, daß Aristoteles offenbar teilweise an eine begrenzte, teilweise an eine fast unbegrenzte Anzahl von Grundurteilen denkt (155ff.). Mit Recht setzt er da zunächst die formalen Prinzipien beiseite: denn nicht *aus* ihnen, sondern ihnen *gemäß* wird geschlossen und bewiesen (Widerspruchsprinzip usw.) (vgl. Anal. post. I 32, 85 a 36 - b 3)." Das klingt einleuchtend; dennoch bleibt die Frage, ob dies auch für jenes „ἐκ" und „διά" bezüglich der ἄμεσα im Sinne von ἀξιώματα gilt: Denn wie sollte aus diesen *Bestimmtes* erschlossen werden? Auf diese *allgemeine* Funktion der ἀξιώματα macht Wagner wiederholt aufmerksam. Die ἀξιώματα können als im schlechterdings universalen Sinne allgemeine — d.h. *alle* Wissenschaften prinzipiierenden — Prinzipien niemals die Notwendigkeit der *Bestimmtheit* des Einzelwissenschaften je eigentümlichen Untersuchungsgegenstandes, der in θέσις oder ὑπόθεσις (horismetisch oder epagogisch) aufgestellt wird, begründen. Diesen ἀξιώματα darf die horismetische oder epagogische Bestimmung *als* Bestimmung nicht widersprechen, ohne daß jedoch die ἀξιώματα je die Notwendigkeit einer Definition in ihrer Bestimmtheit begründen könnten, womit jeder Versuch, die Kontingenzbetroffenheit von Definitionen mittels der Axiome aufheben zu wollen, zum Scheitern verurteilt ist.

So bleibt die Frage nach den Kriterien der Erkenntnis der πρῶτα im Sinne von θέσις und ὑπόθεσις *offen*. Bzgl. der ἀξιώματα kann es keine Frage sein, daß auch Aristoteles der Ansicht war, daß sie *nicht* „Grund geben" für die Bestimmtheit eines Einzelseienden (um einmal eine andere, nicht minder eindeutige Stelle zu zitieren: Met. B 3, 997 a 3-11, endet: χρῶνται γοῦν ὡς γιγνωσκομένοις αὐτοῖς καὶ ἄλλοι τέχναι! Und noch bestimmter 997 a 12-13: καθόλου γὰρ μάλιστα καὶ πάντων ἀρχαὶ τὰ ἀξιώματά ἐστιν). Vgl. Met. A 2, 981 a 25 ff.: Am genauesten unter den Wissenschaften sind die, welche am meisten auf das Erste sich beziehen, — wie Aristoteles weiter erläutert: damit auf das Höchste und

Allgemeinste, von dem es dann weiter heißt, „aus" („ἐκ") und „aufgrund" („διά") ihrer wird das übrige, τἄλλα, erkannt. Oder auch Met. Γ 3, 1005 a 22-24: ἅπασι γὰρ ὑπάρχει τοῖς οὖσιν ἀλλ' οὐ γένει τινὶ χωρὶς ἰδίᾳ τῶν ἄλλων. καὶ χρῶνται μὲν πάντες, ὅτι τοῦ ὄντος ἐστὶν ᾗ ὄν, ἕκαστον δὲ τὸ γένος ὄν. Man kann die ἀξιώματα nicht durch das Seiende ausweisen wollen, weil die ἀξιώματα ὑπάρχει τοῖς οὖσιν, d.h. das ὄν ermöglichen *als* ὄν. Das *Fundierungsverhältnis* ist ein solches des ὄν durch die ἀξιώματα und *nicht umgekehrt*! In diesem Sinne können die ἀξιώματα — vgl. dazu auch Kap. II dieser Arbeit — auch nicht nur als bloß „logische" Prinzipien begriffen werden, wie sie Wagner, loc. cit., bezeichnet (vgl. den im Anhang mitabgedruckten Vortrag des Vfs., insbesondere S. 308 ff.) Die ἀξιώματα „machen den (Sach-)Anfang" und „liegen (insofern) zu Grunde" (ὑπάρχειν) *allem* ὄν *und* ὄν λεγόμενον, sie lassen sich nur *hinsichtlich* ihrer sowohl „logischen" wie „ontologischen" Grundgebungsfunktion auslegen.

66. v. Fritz, Die ἐπαγωγή bei Aristoteles, loc. cit., S. 19. Dieser Hinweis betrifft das — zwar überall genannte, jedoch keineswegs auf seine Konsequenzen hin ausgewertete — „immer wahr" der die πρῶτα erkennenden Wissenschaft bzw. der noetischen Erkenntnis, was *nur* bzgl. der Erkenntnis der πρῶτα im Sinne der *ἀξιώματα* im strengen Sinne ausgesagt werden kann. Diese bezeichnende Einschränkung hat v. Fritz nicht gesehen. Er kommt im Zusammenhang seiner Diskussion der Knealschen Induktionslehre (W.C. Kneale, Probability and Induction, Oxford 1949), der auf die Äquivalenz einer allquantorischen Behauptung mit der Behauptung der Unmöglichkeit des Gegenteils aufmerksam macht , — leider dieses Problem im Zusammenhang der *naturwissenschaftlichen* Erkenntnisproblematik diskutierend und *nur* in diesem und nicht im (reflexions-)philosophischen Problemhorizont. Die Fruchtbarkeit dieses Gedankens für den Bereich der ἀξίωμα-Lehre — und nur diese! — blieb v. Fritz damit verborgen. Seidl nennt als Parallelen zu diesem Fingerzeig Ethica Nic. Z 7, 1141 a 18-20 und b 2-3 bezüglich der σοφία und De an. Γ 6, 430 b 28 mit der unsere Frage nicht lösenden Erläuterung: „Jede Wissenschaft ist deshalb immer wahr und notwendig, weil ihre Prinzipien es sind, und diese sind wiederum immer wahr und notwendig, weil der Intellekt sie als solche erfaßt." loc. cit., S. 85. Das 4. Buch der Metaphysik führt als *Ausweis* für die Notwendigkeit des „immer wahr seins" der Axiomata die ἀπόδειξις ἐλεγκτικῶς ein. Dies bleibt eben das Entscheidende, daß sich Aristoteles sehr wohl die Frage nach dem Kriterium für das „immer wahr sein" stellt. Interessanterweise notiert Seidl, loc. cit., S. 85, indem er unsere These bestätigt und den Begriff „intuitiv" einschränkt, daß diese Intellekttätigkeit besser „nicht-intuitiv" zu nennen sei („denn zumindest die induktive Auffassung der einzelwissenschaftlichen Prinzipien erfolgt nicht intuitiv-unmittelbar, sondern in einem längeren definitorischen Verfahren. Selbst die Axiome bedürfen zu ihrer Erhärtung [!] ausführlicher Widerlegung ihres Gegenteils (s. Metaphysik Γ 3 ff.).").

Genau diese Unterscheidung steht hier zum Thema: Die Epagogik bezieht sich

— jedenfalls im engeren Sinne — auf die ersten inhaltlichen („materialen" — oder „spezifischen", um nicht Assoziationen an die so leicht mißverständliche Form-Inhalt-Unterscheidung zu wecken, die leicht dazu führt, die Universalität der ersten Prinzipien — hier im Sinne der ἀξιώματα — als „Formalität" auszulegen) Prinzipien der Einzelwissenschaften, die Elenktik auf die allen Wissenschaften anfänglich vorausliegenden Prinzipien. Die letzteren sind in einem völlig anderen Sinne *Resultat* der jeweiligen Untersuchung, da sie auf unterschiedlichem Wege ermittelt werden, weswegen beiden Typen von Prinzipien auch sehr wohl in zu unterscheidendem Sinne Notwendigkeit (und damit Wissenschaftlichkeit) zukommt. Es spricht für die Textnähe der Arbeit Seidls, wenn er, ohne das Problem freilich zu entfalten, diese aristotelische Unterscheidung eigens betont. In der Sache hängt natürlich an der Sinnentfaltung dieser Unterscheidung die Klärung des eigentlich kritischen Punktes der νοῦς-Lehre bei Aristoteles, da die νοητά, sofern sie das Prädikat „wahr" beanspruchen, eben in irgendeinem Sinne ἐπιστητά sein und damit sich *Kriterien* des νοεῖν finden lassen *müssen*. Man wird Aristoteles kaum unterschieben dürfen, daß er diesen problematischen Nerv seiner Lehre (im Aufweis der βεβαιοτάτη ἀρχή) nicht bemerkt habe. Zu einer solchen These führte — in der Konsequenz — die oben besprochene Arbeit Oehlers und ihres Verständnisses der Noetik bei Aristoteles.

77. Vgl. Anm. 33, S. 75, und besonders zu Paul Natorp Anm. 53 zu Kap. II, S. 265-273. Die Diskussion um die Auslegung der Ersten Wissenschaft als „Theologik" und/oder „Ontologik" bildet wohl — neben der Frage des methodischen Zugriffs dieser Diskussion (man denke an die kontrovers diskutierte Fruchtbarkeit sprachphilosophisch orientierter Studien) — den hauptsächlichsten Streitpunkt. Vgl. dazu bes. F.L. Beeretz, Die Aufgabe der „Metaphysik" des Aristoteles, in: Φιλοσοφία, Athen 1974, und F.P. Hager (Hrsg.), Metaphysik und Theologie des Aristoteles, Darmstadt 1969. Seit W. Jaegers epochemachendem Werk (Aristoteles, Grundlegung einer Geschichte seiner Entwicklung, Berlin ²1955) hat sich das klassische Auslegungsdilemma durch eine Fülle philologisch subtiler Arbeiten zur Entwicklungsgeschichte der aristotelischen Philosophie derart verkompliziert, daß die Frage nach dem Verhältnis von sachlicher *Argumentation* und historischer *Dokumentation* in der Beantwortung des gen. Streitpunktes mitunter kaum noch entscheidbar erscheint. Natürlich ist die Frage, welcher Text in welcher Zeit abgefaßt wurde, maßgeblich für die akzentuiert philosophiehistorische Frage, aus welcher jedoch nur zu häufig nahtlos systematische Argumente geschlußfolgert werden (s. z.B. die Diskussion zwischen Jaeger und v. Arnim: Die Jaeger entgegenlaufende These z.B. H. v. Arnims, Die Entstehung der Gotteslehre des Aristoteles, SB Wien, 1931, wirft ein völlig anderes Licht auf die gen. Frage: Λ, K und N seien frühe Schriften, K sei später durch B, Γ, E und N durch M neu bearbeitet worden). Gohlke, Die Entstehung der aristotelischen Prinzipienlehre, Tübingen 1954, versteht wiederum K und Λ als späte Schriften, wohingegen Ross z.B. bzgl. K mit H. v. Arnim korrespondiert, — Jaegers Kern-

these der ursprünglichen Platonnähe der aristotelischen Entwicklung bestreitet z.B. W. Wieland, Die aristotelische Physik, Göttingen 1962. Zur hier nur anzudeutenden Diskussion vgl. P. Moreaux (Hrsg.), Aristoteles in der neueren Forschung, Darmstadt 1968.

Häufig scheinen Kontroversen auch durch die nur ungenügend explizit gemachte *leitende Hinsicht* einer Studie ausgelöst zu werden. Steht im Zentrum der Untersuchung eine mehr historische Fragestellung oder eine mit — was als solches ja nicht illegitim ist — neuzeitlichen Distinktionen arbeitende Frage? Eine im neuzeitlichen Sinne sprachphilosophische Studie muß Aristoteles nicht eo ipso unterstellen, er hätte in diesem Sinne auch seine These vorgetragen, welcher Eindruck auf der andern Seite leicht entsteht, solange man nicht immer deutlich zwischen den angelegten Interpretationshinsichten und dem Selbstverständnis des interpretierten Autors unterscheidet. Man vgl. z.B. H. Wagners Kritik in der Einleitung zur Physikübersetzung, loc. cit., an der oben zitierten Arbeit W. Wielands oder die Kritik Seidls in der Einleitung der von ihm besorgten Metaphysikausgabe, 2. Halbband, Hamburg 1980, an P. Aubenques Vorgehen, vgl. dazu dessen Aufsatz, Les origines de la doctrine de l'analogie de l'être. Sur l'histoire d'un contresense, in: Les Etudes philosophiques (1), 1978.

Was die Kernthese Wielands von der Sprachgebundenheit (so mancher) aristotelischer „Topoi" betrifft, die ja, wie Wagner bei aller Polemik zugesteht, eine Reihe von zutreffenden Ergebnissen liefert, so affiziert sie von vorneherein *nicht* das *hier* aufgeworfene Problem in der Bestimmung der ἀξιώματα. In der Reflexion auf die *alles* ὄν als ὄν konstituierenden ἀρχαί vollzieht sich bei Aristoteles eben *kein* Rekurs auf den faktischen Sprachgebrauch. Dieser mag zwar *Anlaß* sein, ist aber in seiner *Bestimmtheit* für das Resultat ohne Bedeutung, da ansonsten — bei Mißbrauch der ἀξιώματα — die *notwendige Widersprüchlichkeit* — eben unabhängig des *jeweils* Behaupteten — nicht elenktisch nachgewiesen werden könnte, da eben *nichts* unter Nichtanwendung (χρῆσθαι) der ἀξιώματα behauptet werden könnte. Dazu w.u. Wielands bereits früh geäußerte Abwehr des „protischen" Problems von Wissenschaft: „Reflexionsbegriffe [so die Interpretation Wielands bzgl. der aristotelischen Prinzipien] bedürfen keiner Letztbegründung" (vgl. Kant-Studien, Bd. 52, 1960/61, S. 218) bezieht sich *nie* auf die Prinzipien im Sinne der ἀξιώματα, — und kann dies auch nicht. Daß Wielands Rückbezug *seines* Begriffs von „Reflexionsbegriff" auf denjenigen Kants, S. 215, Anm. 12 (man kontrolliere den Bezug auf B 316 der K.d.r.V.!) nur aufdeckt, daß Wieland das *transzendentale* Problem, das bei Kant im Hintergrund steht, eben *nicht* aufgreift, wird aus seiner Bestimmung der Reflexionsbegriffe als einem „Repertoire von Gesichtspunkten" (Wieland meint: sprachlichen Gesichtspunkten, — empirisch-faktischen Gesichtspunkten zuletzt) deutlich. Weil das Auffinden eines Repertoires rekurriert auf den faktischen Sprachgebrauch, ist natürlich Wielands Rede von der aristotelischen Philosophie als einem „*System* von Reflexionsbegriffen" wohl nur „umgangssprachlich" gemeint, — welcher Systembegriff bei Kant hier, in diesem Zusammenhang, gerade wesentlich ist. Im weiteren fragt man sich, was wohl Aristoteles veranlaßt haben mochte, das Problem von ἐπιστήμη als solches letztlich der *πρώτη* ἐπιστήμη zu entfalten; — als ob im neuzeitlichen Begriff von „Letztbegründung" nicht das Problem des (systematischen) Anfangs thematisch wäre!

Innerhalb der differenzierten Diskussion um die Erste Wissenschaft als „Theologik" und/oder „Ontologik" kann hier noch nicht Stellung bezogen werden, wohl aber *zu* ihr. In der Bestimmung des Begriffs „Erster Wissenschaft" löst offensichtlich weniger Met. A die Kontroversen aus als diejenigen Texte, die deren Thematik näherhin bestimmen, *weil* Met. A das Problem der Ersten Wissenschaft ganz allgemein diskutiert, d.h. mit Blick auf die diese Wissenschaft aus sich hervortreibenden ἀρχαί, m.a.W. die anfänglichen Bestimmungsmomente der φύσις ἀνθρώπων, die allererst die *Notwendigkeit* von Erster Wissenschaft einsichtig machen. Nur scheinbar ist jedoch Met. A für die Begriffsbestimmung von Erster Wissenschaft unergiebiger als beispielsweise Γ, E, K oder Λ. Was immer man unter dem „Gegenstand" der Ersten Wissenschaft versteht („das Seiende als Seiendes", das „höchste Seiende" — deren Verhältnis zueinander), die Frage nach der *Notwendigkeit* einer solchen Wissenschaft ist *außerhalb* des Sinnkontextes von Met. A nicht beantwortbar und damit — nach Aristoteles selbst! — nicht zureichend begriffen. Aus dieser Notwendigkeit von Erster Wissenschaft *alleine* kann u.E. die Thematik näherhin bestimmt werden, die *daher* mit deren μέθοδος nur *ineins* behandelbar ist (dies selbst wiederum ist Ergebnis von Met. A). Der „allgemeine" oder wohl besser „grundsätzliche" Charakter der Ausführungen in Met. A ist ja derart, daß er eine Fülle von Implikationen enthält, die mit Blick auf erst in der Neuzeit explizit gewordene Probleme fruchtbar entfaltet werden können.

Walter Bröcker, Aristoteles, [3]1964, hat in der 1933 abgeschlossenen Arbeit — ähnlich wie hier — mit der Untersuchung von Met. A (1 und 2) begonnen, um sodann „Die aristotelische Philosophie als Frage nach der Bewegung" („die in sich selbst gleichsam Sein und Zeit zumal ist", Vorwort, S. 6) auszulegen und zwar quer durch die Metaphysikschrift, De anima und De interpretatione einbeziehend. Das Überraschende dabei mag sein, daß die — gerade unter der Problemoptik Heideggers — doch so naheliegende Frage nach der „Bewegung" der φύσις ἀνθρώπων (als selbst einem bestimmten Verhältnis von „Sein und Zeit"!) in der Diskussion von Met. A 1 und 2 zu kurz kommt. Bröcker — und dies wird aus den 1964 angefügten „Retraktationen zu Aristoteles" deutlich — hat sich u.E. nicht hinreichend auf die Implikationen von Met. A eingelassen, die verschiedenenen Wissenschaftskriterien nicht — was der Text, wie gezeigt, fordert — unterschieden und damit die Problemtragweite von Met. A wohl unterschätzt. So heißt es in den Retraktationen, S. 231: „Wissenschaft selbst im ganzen erscheint nur als eine Weise, wie dem Menschen das Seiende offenbar wird. Dies Problem taucht zuerst bei Kant auf. Aber als sittliches Wesen ist der Mensch auch noch auf andere Weise auf das Seiende bezogen. Er ist genötigt, sich selbst als Ding an sich im Ganzen des an sich Seienden und insbesondere im Verhältnis zum ersten Ding an sich, zu Gott, zu denken. Neuerdings erscheint dasselbe Problem bei Heidegger, wenn dieser Wissenschaft als eine abgeleitete Form des Inderweltseins zurückzudenken und zurückzustellen unternimmt. Diese Entwicklung führte zu der Frage, ob die Philosophie dann noch in demselben Sinne Wissenschaft sein kann wie die anderen Wissenschaften.

So weit geht die aristotelische Reflexion noch nicht." Wir haben demgegenüber zu zeigen versucht, daß Met. A eben genau dieses Problem sehr wohl aufwirft. Nach Aristoteles — wenn man sich sprachlich anschließen will — ist das „Inderweltsein" *anfänglich epistemisch* und nicht ist das wissenschaftliche Weltverhalten ein derivativer Modus des „Inderweltseins" (welche Annahme aus der *vorhergehenden Verkürzung* des Wissenschaftsbegriffes *folgt*). Nichts anderes besagt der erste Satz von Met. A. Aristoteles begreift die Wissenschaft(sdisziplinen) aus „ihrem Grunde", von der diese allererst ermöglichenden epistemischen Seinsverfassung des Menschen, wobei sich *dieser* Sinn von „epistemisch" nicht durch eine Wissenschafts*disziplin* erschließen läßt. Im Gegenteil: Ohne leitenden Begriff des Wissenschaftlichkeitssinnes dieser epistemischen Urnatur des Menschen müssen die (von ihm hervorgebrachten) Wissenschaftsdisziplinen in ihrem Wissenschafts*begriffe* unverstanden bleiben.

Dieses Beispiel — pointiert mit Blick auf eine noch präsente „Schule" gewählt — mag anschaulich machen, von welcher Tragweite die Auseinandersetzung mit solch scheinbar selbstverständlichen Ausführungen, wie sie in Met. A vorliegen, sein kann. In der Sprache dieser Schule gesprochen: Der fundamental(ste)-ontologische Charakter des Inderweltseins, weil nur dieses *auszeichnend*, ist dessen „epistemischer" Charakter.

Anmerkungen zu Kapitel II

1. Seit J. *Stenzel*, Zahl und Gestalt bei Platon und Aristoteles, Darmstadt [3]1959, geriet zunehmend ins Zentrum dieser Abhängigkeit die Frage nach dem Einfluß der „ungeschriebenen Lehre" Platons auf Speusippos, Xenokrates und Aristoteles. Nach dem Erscheinen der Arbeit Paul *Wilperts*, Zwei aristotelische Frühschriften über die Ideenlehre, 1949, die leider zumeist mehr umwillen ihrer Quellensammlung als um ihrer Sachinterpretation willen rezipiert wird (vgl. die sachliche Deutung Wilperts der Prinzipienableitung von ἕν und ἀόριστος δυάς, S. 172 ff., und sein Verständnis des *Relations*begriffs ἕν und der von Platon noch ununterschiedenen Einheitsbegriffe, besonders S. 179 — diese Thesen Wilperts bleiben wichtige Wegmarken zum Verständnis auch der sog. aristotelischen „Gegensatzlehre"), erschien eine Fülle z.T. subtiler Literatur zum Thema, von denen hier wenigstens diejenigen genannt seien, die zum Verständnis der Problemtopoi von Met. Γ herangezogen wurden, auch wenn Met. Γ oder die aristotelische Problemführung in ihrer Abhängigkeit vom platonisch-akademischen Lehrgut nicht immer explizit in diesen Arbeiten zum Thema steht: Hans J. *Krämer*, Arete bei Platon und Aristoteles, Abh. Heidelb. Ak. phil. hist. Kl. 1959, 6; ders., Der Ursprung der Geistmetaphysik, Amsterdam 1964; ders., Die platonische Akademie und das Problem einer systematischen Interpretation der Philosophie Platons, Kant-Studien 55 (1964); ders., Zur geschichtlichen Stellung der aristotelischen Metaphysik, Kant-Studien 58 (1969); Konrad *Gaiser*, Platons ungeschriebene Lehre, Stuttgart [2]1968; ders., Quellenkritische Probleme der indirekten Platonüberlieferung, in: Idee und Zahl. Studien zur platonischen Philosophie, Abh. Heidelb. Ak. phil. hist. Kl. 1968, 2; Heinrich *Gomperz*, Platons philosophisches System, in: Proceedings of the 7th International Congress of Philosophy, Oxford 1930; Philip *Merlan*, Beiträge zur Geschichte des antiken Platonismus, Philologus 89 (1934); ders., Aristotle's Unmoved Movers, Tradition 4 (1946); ders., From Platonism to Neoplatonism, Den Hague [1]1953, [2]1960 (mit neuer Vorrede); ders., Besprechung von Krämer, UGM, in: Philos. Rundschau 15 (1967); ders., Zwei Bemerkungen zum aristotelischen Plato, Rhein. Mus. III (1968); Léon *Robin*, La théorie platoniciènne des idées et des nombres d'après Aristote. Étude Historique et Critique, Paris 1908 (Hildesheim 1963); ders., Platon, Paris 1935; ders., Aristote, Paris 1944; Willy *Theiler*, Die Entstehung der Metaphysik des Aristoteles, Mus. Helv. 15 (1958); ders., Einheit und unbegrenzte Zweiheit von Platon bis Plotin, in: Isonomia (1964).

Die breit diskutierte Frage nach der Abhängigkeit des aristotelischen Denkens von der Akademie scheint mittlerweile eine philologische Spezialdisziplin geworden zu sein. Das Interesse an dieser Frage ergibt sich naturgemäß aus dem sachlichen Gewicht dieser Abhängigkeit. Auch wenn Aristoteles selbst einer der wichtigsten Zeugen dieser Abhängigkeit ist mit seinen direkten und indirekten Referaten der akademischen Systeme, scheint die Aufgabe — neben dem faktischen Vergleich von Termini und Problemtopoi zwischen seinem Denken und den Vertretern der Akademie — heute wieder besonders darauf gerichtet werden zu müssen, jeweils zu unterscheiden, ob man von „Übernahme" und „Aus-" bzw. „Umgestaltung" von Problemen und Problembegriffen der Akademie durch Aristoteles oder von einer „Einordnung" derselben in die genuin aristotelische Gedankenführung sprechen muß, was dann wohl eine (Um-)Deutung dieser Problemtopoi durch Aristoteles voraussetzt — insbesondere mit Blick auf die aristotelische Vorliebe, das eigene Denken in einer Tradition der Problemdurchdringung zu sehen. Diese Frage ist im eminenten Sinne für das Verständnis der Lehrstücke von Met. Γ 2 (Reihenaufstufung der οὐσίαι, Konvertibilität von ὄν und ἕν, der sog. Gegensatzlehre und auch der πρὸς-ἕν-Relation) von Bedeutung, — (dazu jedoch später). Ob man ohne ein sachliches Verständnis der Prinzipienlehre Platons — wie es z.B. noch P. Wilpert versuchte — nur mit schematischen Vergleichen (die, was die Darstellung der platonischen Prinzipienableitung betrifft, eben auch P. Wilpert initiierte) des Verhältnisses und der Abhängigkeiten der aristotelischen Termini und Problemtopoi vom akademischen Lehrgut (vgl. die Übersicht bei H. *Happ*, Hyle, Berlin 1971, S. 440 ff.) in diesen Fragen letztlich wesentliche Fortschritte wird machen können, bleibt fraglich, so sehr auf der andern Seite die im engeren Sinne philologische Arbeit allererst die Voraussetzungen für ein sachliches Urteil ermöglicht. Das Problem der Reihenstufung der οὐσίαι (unter dem Stichwort „ἐφεξῆς") steht nicht nur im Kontext akademischen Lehrgutes, sondern spiegelt — bei allen Unterschieden z.B. des mathematischen Seinsbereiches bei Aristoteles — sicher ganze Lehrstücke der Akademie selbst wieder. Von hier aus jedoch parallel anzunehmen, daß bei Ähnlichkeit, ja selbst Identität der Termini (so setzt Aristoteles dem ἕν—πλῆθος in Γ 2 ausdrücklich ὄν—μὴ ὄν parallel) ebensolches z.B. in der sog. Gegensatzlehre in Γ 2 bei Aristoteles vorliege, bleibt eine vorschnelle Annahme. Und es bleibt eine ebenso sachlich problematische Frage, ein Denken nur aus seiner historischen Eingebundenheit und von seiner Vorläuferschaft her, wie es außerhalb jener und ohne Blick auf diese verstehen zu wollen. Auch hier wird die jeweilige Untersuchung Akzente setzen müssen, und wir klammern für unsere spezielle Aufgabe die Frage nach der Abhängigkeit des aristotelischen Denkens vom akademischen Lehrgut weitgehend aus. Dennoch sei zumindest angedeutet, welcher sachliche Rückbezug für das Verständnis auch von Met. A 1 und 2 u.E. besonders interessant erscheint: Die Beziehung der — aristotelisch formuliert — ὄρεξις τοῦ εἰδέναι auf das Theorem der erotischen Bewegung des Philosophen, wie sie vorzüglich Platons Symposion entwickelt. Die Doppelnatur des Satyrs, die Lehre vom μεταξύ, die Prinzipien des die erotische Bewegung antreibenden Mangels wie deren Zielgerichtet- und Zielgeleitetheit, die ethische Qualität dieser Bewegung — all dies findet in der (auto-)kinetischen Bewegung der φύσις ἀνθρώπων in Met. A seine genaue Entsprechung. Die *systematische Lage-Entsprechung* des Philosophierens als solches findet wohl etwas zu wenig Aufmerksamkeit in den einschlägigen Arbeiten zum Abhängigkeitsverhältnis der aristotelischen Philosophie von der Akademie, wohl, weil man in Met. A 1 und 2 einen eher „nur" protreptischen Sinn sah.

2. Unter den Vertretern dieser sog. „theologischen" Deutung sind natürlich an erster Stelle zu nennen Philipp *Merlan*, From Platonism to Neoplatonism, loc. cit., und Joseph *Owens*, The Doctrine of Being in the Aristotelian Metaphysics, [1]1951, [2]1963; Léon *Robin*, La pensée grecque, [5]1962; zur Übersicht über die Positionen der Literatur vgl. Heinz *Happ*, Hyle, loc. cit., S. 316 ff.; Enrico *Berti*, La filosofia del primo Aristotele, Padova 1962; Giovanni *Reale*, Il concetto di filosofia e l'unità della metafisica di Aristotele, [3]1967; ders., Aristotele, La Metafisica, Traduzione, Introduzione e Commento, Bd. 1, Einleitung, Neapel [1]1968; Jules *Vuillemin*, De la logique à la théologie; cinq études sur Aristote, Paris 1967 (insbesondere die fünfte Studie); sowie die Rezensionen der beiden letzten Bücher durch Hans *Wagner*, in: Archiv f. Gesch. d. Philos., Bd. 51, 1969, S. 298 ff.; weiteren Überblick über die Überblicke bei *Happ*, Hyle, S. 312, Anm. 5. Wir brauchen angesichts dieser mannigfachen Darstellungen die Positionen nicht noch einmal in Breite vorzutragen. Giovanni *Soleri* hat die wesentlichen Argumente gegen die „theologische" Deutung vorgetragen in: Orizzonte della Metafisica Aristotelica, Sapienza II, 1958 (als Übersicht über die Forschungslage bis 1971 sei nochmals *Happ*, Hyle, S. 310-326, mit den Literaturverweisen im Anmerkungsteil genannt). Es ist unmöglich, alle Argumente für und gegen die „theologische", „ontologische" oder „ousiologische" Deutung zu wiederholen, sie stützen sich im wesentlichen auf die identischen Textstücke in Met. Γ, E 1, K 3-7. Die Athetese der der eigenen Deutung widerstreitenden Passagen (häufig z.B. — in der Nachfolge Natorps — K 7 mit der Wendung „ὂν ᾗ ὂν καὶ χωριστόν", so auch durch Pierre *Aubenque*, Le problème de l'être chez Aristote, [2]1966, S. 39-43, wie übrigens auch durch Mansion, Elders, Düring) bleibt ein schwaches Argument, da es seinerseits letztlich natürlich immer auch *Folge* der jeweiligen Sachdeutung ist, die beansprucht, sich auf die Texte zu stützten. Wir wollen uns hier dennoch zumindest exemplarisch auf den sprachlich scharf konturierten und zusammenfassenden Aufsatz von Ph. *Merlan*, Ὂν ᾗ ὂν und πρώτη οὐσία: Postskript zu einer Besprechung, in: Philos. Rundschau, 6 (1959) kurz einlassen: Die vornehmlich gegen den Mansionschen Standpunkt — A. *Mansion*, Philosophie première, philosophie seconde et métaphysique chez Aristote, Revue philosophique de Louvain 56, 1958 — gerichteten Abhandlung bezieht sich wiederum (wie schon in: From Platonism to Neoplatonism) auf die einschlägigen Partien in Met. Γ, E 1 und K. Merlan wendet sich zunächst dem *Wagner*schen Einwand (in: Zum Problem des aristotelischen Metaphysikbegriffes, ebd. in: Philos. Rundschau, 7, 1958) zu, daß πρώτη οὐσία in Γ 3, 1005 a 35, nicht dasselbe wie in E 1, 1026 a 29-32, bedeuten *müsse* (jedoch *könne* — das läßt Wagner offen). Merlan, ohne die Frage der problematischen Textlage gerade dieses Textstückes zu erörtern, argumentiert nun mit

der Reihenstufungsthese der οὐσίαι ab 1004 a 2, die sicher in Γ 2 einen eigenen, gesonderten Problemtopos neben der Lehre vom ὂν ᾗ ὂν und der sog. Gegensatzlehre darstellt. Ebenso verweist er auf die angedeuteten verschiedenen Typen von οὐσίαι zu Beginn von Γ 3, 1005 a 19 ff. Daß im *Kontext* der Reihenstufung der οὐσίαι die πρώτη οὐσία auf jene ἀκίνητος οὐσία oder οὐσία χωριστή hinweist bzw. mit ihr identisch ist, darauf pocht Merlan zurecht. Aber dieses Argument reicht in der Sache nicht weit genug: Zu klären hätte man die systematische Bedeutung der Lehre von der Reihenstufung der οὐσίαι *als solcher* in Met. Γ, geklärt werden müßte, ob sich diese Lehre *zwingend* aus der bis dahin vorgetragenen Lehre vom ὂν ᾗ ὂν und der Konvertibilität von ὂν und ἓν ergibt, zu klären wäre, ob, angenommen, was faktisch textlich folgt, sei auch so von Aristoteles dahingesetzt, auch *sachlich* einander folgt — m.a.W. zu klären wäre die systematische Beziehung derartiger Problemtopoi zueinander, zu klären wäre, ob sie Problemtopoi auf systematisch identischer Problemebene sind. Davon jedoch ist keine Rede, weder hier, noch in „From Platonism to Neoplatonism". Die Zitate parellelisieren Textstücke, deren Parallelisierbarkeit vorgängig darzulegen wäre.

Ein weiterer Problempunkt der These *Merlans* betrifft die von ihm — wie in „From Platonism to Neoplatonism" — auch in der genannten Abhandlung, S. 150, scharf angewandte Interpretationsalternative der Lehre vom ὂν ᾗ ὂν, daß in ihr ein entweder „Abstrakt-Allgemeines" *oder* eine „individuell" gedachte οὐσία zum Thema stehe. Der Einwand von *Happ*, Hyle S. 321, daß Merlan und Owens hier ein neuzeitliches Philosophem (nämlich die Alternative von „Nur-Begrifflichem", das leer und abstrakt ist, und konkreter Seinsfülle, die Merlan zu seiner „(ultra-)realistisch aufgefaßten Theologik", ebd., geführt habe) an Aristoteles herantragen, bleibt unscharf. Weshalb sollte nicht mit einer erst im Laufe der nach-aristotelischen Philosophie gemachten, pointiert alternären Unterscheidung das aristotelische Denken schärfer und besser konturiert verständlich werden? Der methodisch problematische Einwand Happs ist jedoch durch einen Einwand, der Merlans *Sach*verständnis von „allgemein" betrifft, zu ersetzen: Kann die Allgemeinheit von Prinzipien eine abstrakt-leere Allgemeinheit sein? Wenn auch Individuiertes als Individuiertes notwendig durch allgemeine Prinzipien konstituiert ist, die zwar nicht selbst Individuiertes repräsentieren, dennoch sehr wohl selbst bestimmt sind, die m.a.W. „allgemein", jedoch nicht „abstrakt-allgemein" bzw. „abstrakt-leer" sind, bleibt seine Interpretationsalternative ein hölzernes Eisen. Die Möglichkeit eines in diesem Sinne nicht abstrakt-leeren Allgemeinen tritt bei Merlan nicht in den Blick, was sofort die philosophisch erhebliche Frage nach seinem Verständnis des philosophischen Prinzipbegriffs nach sich zieht.

Zur Kritik an Happs Kritik an Merlan vgl. auch Thomas A. *Szlezák*, Rezension von Happ, Hyle, in: Gött. Gel. Anz., 225, 1973. Diese umfangreiche Rezension von philologischer Seite bezieht weitgehend Merlans Position der Gleichsetzung der Thematik von ὂν ᾗ ὂν und πρώτη οὐσία. In Anm. 32 macht Szlezák jedoch auf eine bedeutende Unstimmigkeit zwischen den Merlanschen Behauptungen aufmerksam, daß „das ontologisch Vorgeordnete oder ‚Frühere' bzw. ‚Erste' teils als ‚weniger bestimmt' (Kant-Studien 343, 350), teils als ‚das Bestimmteste' bezeichnet wird (UGM 151)" und weist auf die eindeutige Entscheidung dieser Frage bei Aristoteles (Protreptikos fr. 5 p. 32, 15 ff. Ross) „zugunsten der größeren Bestimmtheit des ‚Früheren'" hin. Die in 1026 a 30 angesprochene „Allgemeinheit" der ersten Substanz als Einzelseiendes (καθόλου οὕτως ὅτι πρώτη), die Szlezák mit Grund „von der Allgemeinheit des Gattungsbegriffs" unterscheidet, bleibt u.E. dennoch nur eine „Allgemeinheit" im Sinne der *bestimmten* Abhängigkeit (nämlich in der — *einzelnen* — Bestimmung „bewegt") der übrigen οὐσίαι von der πρώτη οὐσία, keine „Allgemeinheit" von Prinzipien im Sinne der πρῶται ἀρχαὶ καὶ αἰτίαι τῶν οὐσιῶν bzw. τῶν ὄντων. Im Sinne der größeren Bestimmtheit des Früheren wird man die πρώτη οὐσία sachlich als die gegenständliche Auslegung des Inbegriffs dessen, was von sich her (selbst-)bestimmt ist, fassen dürfen.

Ein wichtiges — für unsere eigene Auseinandersetzung besonders bedeutsames — Argumentationsglied der Merlanschen Überlegungen betrifft das Wörtchen „ᾗ" in der Formel „ὂν ᾗ ὄν" ab S. 152. Merlan legt mit Recht den Finger auf dieses Wörtchen. Wie legt er es in der Formel ᾗ ὂν aus? Gegen Mansions These, ᾗ X meine bei Aristoteles immer die Hinsicht, unter der wir etwas vom Gesichtspunkt X ansehen, und ὂν ᾗ ὂν bezeichne daher nie absolut Seiendes (wie es u.v.a. z.B. auch Bärthlein vermutet, vgl. dazu später), wendet Merlan ein, daß ᾗ X nicht *notwendig* immer reine „Prädikatsphrase" bezeichne. Mit Verweis auf Anal. post. A 4, 73 b 25 — 74 a 32 (τὸ καθ' αὑτὸ δὲ καὶ ᾗ αὐτὸ ταὐτόν), und der aristotelischen Redeweise, daß τῷ τριγώνῳ ᾗ τρίγωνον δύο ὀρθαί (dem Dreieck als Dreieck betrachtet kommt die Winkelsumme von zwei Rechten zu), legt er nun ὂν ᾗ ὂν als Seiendes-*an-sich*, wesentlich Seiendes, Was-an-sich-ist (und damit schon etwas sprunghaft als „Quelle des Seins") aus. Mit dem Rückgriff auf Platon, Rep. I 15, 341 B-C (Ἰατρὸς ἀκριβεῖ λόγῳ — Arzt im eigentlichen Sinne des Wortes), parallelisiert er „nichts als Arzt sein" mit „nichts als Seiendes sein", „und so ist das ὂν ᾗ ὂν nichts als Seiendes, das kein anderes Geschäft hat außer dem, zu sein", S. 153. Man sieht gerade an der letzten Wendung, wie doppeldeutig dieses „nichts als Seiendes, das kein anderes Geschäft hat außer dem, zu sein" wird: Ist dies Geschäft *im Gegensatz* zum Geschäft, *nicht* zu sein, zu verstehen oder ist es das Geschäft dieses Seienden (also schon sprachlich *vorweg* als *einzelnes* Seiendes angesprochenen Seienden), nur *bestimmt* zu sein, höchst bestimmt Seiendes zu sein, was keineswegs auf dasselbe hinausläuft?

Merkwürdigerweise erwähnt Merlan eine wichtige Stelle (!) aus Γ 2 (1004 b 10-11), die ihm unmöglich entgangen sein kann, da sie von Aristoteles ausdrücklich den πάθη „τοῦ ὄντος ᾗ ὄν" und „τοῦ ἑνὸς ᾗ ἕν" in 1004 b 5 gleichgestellt ist, gerade *nicht*: ἐπεὶ ὥσπερ ἔστι καὶ ἀριθμοῦ ᾗ ἀριθμὸς ἴδια πάθη — „weil wie auch der Zahl als Zahl eigentümliche Bestimmtheiten zukommen"! Warum erwähnt er nicht diese Stelle, die auf den ersten Blick *für* seine Auslegung des ᾗ ὂν zu sprechen scheint? Sollte Merlan nicht bemerkt haben, daß im Deutschen wie im Griechischen es heißt: „der Zahl als Zahl eigentümliche Bestimmtheiten“ und dies eben *keineswegs* bedeutet, daß damit von *einer* Zahl, sondern von *den* Zahlen die Rede ist (und damit dementsprechend in der Formel „ὂν ᾗ ὄν“ mit dem ersten „ὄν“ keineswegs ein *einzelnes* ὄν sprachlich intendiert sein kann)? So steht in der ἐπιστήμη φυσική mit τὸ ὂν ᾗ κινούμενον nicht *ein* Seiendes zum Thema, insofern dieses bewegt ist, sondern das Seiende überhaupt, insofern es bewegt ist — und ebenso steht in dem von Merlan vielzitierten E 1, 1025 b 26-27, daß die (φυσική) θεωρητική περὶ τοιοῦτον ὂν ὅ ἐστι δυνατὸν κινεῖσθαι, über solches ὄν handelt, das der Bewegung fähig ist, und natürlich nicht über *ein* ὄν. Was mag einen Gelehrten vom Range Merlans veranlassen, statt auf die *textlich unmittelbar gegebene Parallele* in Γ 2 auf die sprachlich völlig andere Wendung Platons zurückzugreifen, mit der man „vielleicht“ die ᾗ-Formel des Aristoteles „illustrieren“ kann, wie Merlan selbst, S. 152, einschränkend bemerkt?

Vgl. auch zum Verständnis des „ᾗ“ *Happ*, Hyle, S. 386 f., mit durchgängig Merlan widerstreitenden Belegangaben. Happ weist zurecht nach, daß mit dem ersten ὄν in der Formel τὸ ὂν ᾗ ὄν „*Substanzen und Relationen* zu verstehen“ sind (wie so häufig auch hier der Versuch, sich etwas unter Termini *vorzustellen* — wir verstehen unter diesem ὄν grundsätzlich alles, was sich *als* ὄν ansprechen läßt), legt jedoch die Hinsicht der Betrachtung — wie durchgängig von Happ so gesehen — dahin aus, „daß sie *sind*“. Happ versteht dies, wie der Kontext zeigt, *im Gegensatz* zu „daß sie *nicht* sind“, also im Sinne der Existenz und nicht im dem Sinne „daß sie bestimmt sind“ (zwischen beiden Verstehensmöglichkeiten muß man sich sachlich *entscheiden*). Vgl. dazu nochmals Uvo *Hölscher*, Der Sinn von Sein in der älteren griechischen Philosophie, loc. cit., ein wesentlicher und sachlich grundsätzlich Entscheidung fällender Aufsatz, der sich in den umfangreichen Literaturangaben bei Happ noch nicht findet (Kurzfassung des Aufsatzes von Hölscher 1971 in: Die Interpretation in der Altertumswissenschaft, hrsg. v. W. Schmid, also zeitgleich wie Hyle erschienen, jedoch 1969 vor dem 5. Kongreß der Féderation Internationale des Associations d'Études Classique vorgetragen). Zur Problematik sei auch nochmals verwiesen auf Charles *Kahn*, The Greek Verb ‚to be‘ and the Concept of Being, loc. cit. Wenn Happ davor warnt, das „*Ineinander* von Ontologie, Usiologie, Theologik und Ursachenlehre“, S. 394, zugunsten *einer* Deutung oder der Übergewichtung einer Deutung zu ersetzen, muß man an Happ auf der anderen Seite die Forderung erheben nachzuweisen, daß dieses „Ineinander“ auch *sachlich zu denken* sei (übrigens ist an dieser Stelle bezeichnenderweise nicht die Lehre von den „Gegensätzen“ mit in das „Ineinander“ aufgenommen, die für das Verständnis der Formel ὂν ᾗ ὄν dem aristotelischen Text nach unabdingbar einzubeziehen ist — vgl. dazu unseren Ansatz —, ein Einordnungsproblem, an dem die Literatur um das Durcheinander von Ontologie, Theologik und Usiologie weitgehend krankt).

Man sieht leicht, wie problematisch das wechselseitige Parallelisieren von Problemtopoi und Termini aus verschiedenen Metaphysikbüchern ist. Bei der Auswahl ist schon immer das vorgängige Verständnis des Interpreten leitend. In der ganzen Diskussion mangelt es häufig an einer durchgängigen, Satz für Satz kommentierenden Erörterung insbesondere der ersten beiden Kapitel von Met. Γ, die *zugleich* das systematische Verhältnis der unterschiedlichen Problemtopoi thematisierte. Die Hauptschwierigkeit, die sich aus der theologischen Deutung ergibt, betrifft die Behandlung des μὴ ὄν und damit der Negation, die ja ausdrücklich zur Aufgabenstellung der πρώτη ἐπιστήμη gehört (dazu jedoch später).

Auch wenn die These von „From Platonism to Neoplatonism" häufig kritisiert und zunehmend unterschiedliche Auffassung findet (vgl. z.B. schon die gegenteilige Auffassung der Textlage bei Willy *Theiler*, Die Entstehung der Metaphysik des Aristoteles, loc. cit.; auch ders. in: Metaphysik und Theologie des Aristoteles, hrsg. v. Fr.-P. Hager, Darmstadt 1969), bleibt der Zusammenhang des Themas vom ὄν ᾗ ὄν und der πρώτη οὐσία unbestritten und sind Positionen z.B. von Natorp und Aubenque mit deren Athetesen aristotelischer Textstücke kaum noch möglich. Fraglich ist im Ernst wohl nur noch das *Wie* des Zusammenhangs.

Zur Interpretation des „ᾗ" in der Formel „ὄν ᾗ ὄν" vgl. auch L. *Elders*, Aristote et l'objet de la métaphysique, in: Revue philosophique de Louvain, Bd. 60, 1962 S. 165-183, in welchem Aufsatz sich Elders auch kritisch — sich partiell der Position Merlans anschließend — mit der Merlanschen Identifikation von ὄν ᾗ ὄν und πρώτη οὐσία auseinandersetzt. Die Abhandlung gibt einen kurzen Überblick über die Positionen von Alexander v. Aphrodisias, Asclepius, Th. v. Aquin, Bonitz, Jaeger, Muskens, Wilperts, Mansion und Owens: mit Jaeger sieht Elders „une opposition assez prononcée chez Aristote entre deux conceptions de la metaphysique, à savoir cell d'une science générale de l'être, d'une part, qui veut relier tous le êtres à leur principes, et finalement à l'Un et à la Pluralité (une science d'inspiration platonicienne), et, d'autre part, la conception d'une philosophie de l'être immatérielle, immobile, qui laisse l'être mobile comme objet de la seule physique"; dementsprechend muß er mit Jaeger den entwicklungsgeschichtlichen Interpretationsansatz zur Erklärung der Differenz in der aristotelischen Themenstellung der πρώτη ἐπιστήμη geltend machen und — in Konsequenz — K 7, 1064 a 28 — b 13 für unecht halten. Zum platonischen Gebrauch von ᾗ weist Elders auf Phaidros 256 e, Politeia 276 d und Philebos 23 e und 59 a hin.

Ausführlich setzt sich mit dem Ausdruck „ᾗ" in der Formel „ὄν ᾗ ὄν" auch Lauri *Routila*, Die aristotelische Idee der Ersten Philosophie, loc. cit., S. 103 ff., mit Bezug auf die Analytischen Schriften auseinander. Er sieht — im Gegensatz zu Merlan und Owens — in der Formel „ὄν ᾗ ὄν" eine Formalstruktur zum Ausdruck gebracht, so daß diese Thematik „auf einer anderen [?] Ebene als der Titel οὐσία", S. 121, zu stehen kommt, welch letzterer Titel sich nur als der eigenartige Fokus erweise, „auf den die übrigen Seienden seinsmäßig rückbezogen sind", ebd. Routila, der im Gegensatz zu Merlan und Owens die Differenz von Ontologie (Met. Γ) und Theologik (Met. Λ) betont, erklärt diese durch eine „Verlagerung des Interesses bei Aristoteles", S. 136, die zwei Fassungen seiner Kategorienlehre zur Folge gehabt habe. Dennoch bleibt Routilas Rede von unterschiedlichen Ebenen der Fragestellungen wohl nur eine façon de parler, wenn er glaubt, die „echt aristotelische Zurückführung der Ontologik auf die Theologik" erklärt zu haben, vgl. den Schluß seiner Arbeit S. 142 f.: Der kosmologische (meta-physische, Λ) Überbau erhalte nur einen ontologischen (meta-dialektischen, Γ) Unterbau, der „den Überbau nicht untergräbt". Erstens fragt man sich, wie die Ontologik, die auf die Theologik *zurückgeführt* wird, zugleich deren *Unterbau* soll abgeben können, zweitens bleibt vor allem ungeklärt, ob nicht zwischen der πρὸς-ἕν-Problematik (einer ontologisch-logischen Fragestellung, die sich als urteilstheoretische Unterscheidung erweist) und der οὐσίαι-Reihenordnung (unter den Kriterien von (ἀ)κινητόν/(ἀ)χωριστόν und damit der kosmologisch-theologischen Fragestellung) unterschiedliche Ebenen im Sinne unterschiedlich *systematischer* Problemebenen zum Ausdruck kommen. Aus dieser Ungeklärtheit wird verständlich, wenn es S. 141 vorsichtig heißt: „ist die ‚Theologik' in diesem Sinne überhaupt imstande, die allgemeine Wissenschaft vom Seienden *im Sinne des Buches* Γ durchzuführen? Sie ist, wie mir scheint, dazu nicht imstande." Wenn deren Unterschied der Ebenen ein systematischer ist, dann ist sie (die Theologik) dazu *prinzipiell* nicht imstande.

Auch Klaus *Oehler*, Die Lehre vom noetischen und dianoetischen Denken bei Platon und Aristoteles, in: Zetemata Heft 29, München 1962, sowie in mehreren Aufsätzen, neuerdings zusammengefaßt in: Der unbewegte Beweger des Aristoteles, Frankfurt 1984, schließt sich im Prinzipiellen der Deutung Merlans an (S. 23, Anm. 6) und identifiziert πρώτη οὐσία mit ὂν ᾗ ὄν (S. 23). Erste Philosophie ist bei ihm „speziell" (S. 25), handelt von *einem* Gegenstand und einem *Gegenstand*. — Mit Recht weisen die Vertreter der „theologischen" Deutung auf die Textstellen hin, in denen die πρώτη ἐπιστήμη mit der ἐπιστήμη θεολογική bei Aristoteles identifiziert oder zumindest gleichgesetzt erscheint. Diese Tatsache ist als solche kaum in Frage zu ziehen. Umgekehrt ist nicht einsichtig, wie es bei einem Verständnis des Aristoteles von πρώτη ἐπιστήμη *nur* als Theologik zu den eigenartigen Wendungen insbesondere von Met. Γ und des dort vorliegenden Zusammenhanges der einzelnen Problemtopoi (ὂν ᾗ ὄν „Gegensatzlehre", ἀξίωμα-Lehre, etc.) kommen soll. Es bleibt die Frage, ob die unterschiedlichen Problemstränge im Konzept der πρώτη ἐπιστήμη, die Aristoteles zu identifizieren scheint, auch in der Sache als ein einheitliches Konzept verstanden werden können oder ob nicht doch in den einzelnen Problemtopoi Sachfragen auf unterschiedlich systematischen Ebenen zum Thema stehen.

Oehlers Unterscheidung von dianoetischem und noetischem Denken, die er als berechtigte Sachunterscheidung noch bei Husserl vorliegen sieht (ebd. S. 103, vgl. Anm. 2 auf S. 102 und den Zusatz von 1984 in dem 1973 geschriebenen Aufsatz „Der höchste Punkt der antiken Philosophie" — offenbar in Anlehnung, S. 105, an die Kantische Diktion, vgl. K.d.r.V. B. 134, betitelt, wobei Kant unter dem „höchsten Punkt" ein *Prinzipien*gefüge und ein Prinzipien*gefüge* versteht, Oehler hingegen in der Auslegung des aristotelischen Textes daraus einen „höchsten Gegenstand" macht), besteht in der Alternative von dianoetischem als sprachlich-urteilsmäßigem, diskursivem Erkennen und noetisch-intiutivem (vorurteilsfähigem) Erfassen des „Vernunftvermögens". Diese Unterscheidung läßt sich insofern zurecht auf die aristotelischen Texte abstützen, soweit sie sich auf das Erkennen einer *bestimmten* οὐσία bezieht, deren spezifische Seinsbestimmtheit selbst nur noetisch und nicht mehr diskursiv vermittelt erfolgt (gleiches gilt für das Erkennen mathematischer Sachgehalte, vgl. zusammenfassend Happ, Hyle, S. 584 ff.). Die „Unbeweisbarkeit" der noetisch eingesehenen Seinsbestimmtheit einer *bestimmten* (Einzel-)Erkenntnis einer *bestimmten* οὐσία ist von daher *Folge*, vgl. auch I. *Schüßler*, Aristoteles, Philosophie und Wissenschaft, loc. cit., S. 38 ff. sowie auch die gute Darstellung bei Kl. *Wurm*, Substanz und Qualität, Berlin 1973, der sich in der Auslegung von Met. Γ an Merlan anschließt, vgl. S. 125, Anm. 125 (eine vorzügliche, unter H. Dörrie gearbeitete Dissertation, vgl. für unseren Kontext bes. Kap. II, S. 60-132, die Auslegung der πρὸς-ἓν-Relation). Die Frage erhebt sich jedoch, ob sich die Erkenntnis der πρῶται ἀρχαὶ καὶ αἰτίαι τῶν ὄντων ᾗ ὄν *innerhalb* des alternären Modells von „dianoetisch-noetisch" verstehen läßt. Sicher nicht! Das Dilemma der Oehlerschen Intention, „Selbstbewußtsein" und „Reflexion" in der antiken Philosophie freizulegen, entspringt u.E. dem Ansatz seiner Fragestellung, die einen bestimmten Reflexionsbegriff impliziert. Oehler weist nun zurecht die Differenz zwischen göttlichem und menschlichem Denken darin auf, daß das menschliche Denken prinzipiell auf anderes verwiesen bleibt, es also differenzbetroffen bleibt, so daß nur das göttliche Denken „vollendetes" Denken, Wissen des Wissens sein könne (die alte, unbedachte Voraussetzung dabei undiskutiert übernehmend, daß die „vollendete" Weise des Denkens seine Differenzunbetroffenheit sei, — unbedacht, weil hier der Differenzbegriff nicht hinreichend geklärt ist, vgl. dazu unsere Ausführungen zur Urteilslehre in Γ 2 bzgl. der Differenz der jeweiligen Bestimmtheit der Urteilsglieder und der Differenz in der logischen Unterscheidung von Subjekts- und Prädikatsfunktion als solcher). Der unterschiedlichen Behandlung des Reflexionsproblems in der Antike und in der neuzeitlichen Subjektivitätsphilosophie durch Oehler — mittels des Aufweises der Vorrangstellung des „Objektiven" gegenüber dem Denken und dem Begründungsversuch des Selbstbewußtseins aus dem Ich in der Neuzeit — läßt sich grundsätzlich zustimmen. Dies gilt unabhängig von dem Oehler-Krämerschen Streit um die Inhaltsgebundenheit des göttlichen Denkens bei Aristoteles (vgl. H. J. *Krämer*, Grundfragen der aristotelischen Theologie, in: Theologie und Philosophie 44, 1969). Trotzdem bleibt das Problem der *bewußten* Beziehung des Denkens auf sich von dem Problem der Selbstbeziehung (oder Selbstbezüglichkeit des Denkens) schärfer zu trennen, als dies u. E. Oehler tut. Der Rückgriff auf die im ‚Charmides' von Platon vertretene These, daß selbstbezogenes Wissen, das keinen Gegenstand außer sich hat, nur dem göttlichen Denken vorbehalten sei und sich dieser Topos bei Aristoteles wiederhole, ist in der Sache zwar zutreffend, spricht jedoch dem menschlichen Denken auch nur einen *bestimmten* Sinn von Reflexionsfähigkeit ab. Weshalb menschliches Denken im Verstehen von etwas notwendig dennoch „selbstbezogen“ sein muß (ohne daß es sich dies auch bewußt machen müßte), darüber sagt uns jene Lehre nichts. Wenn Oehler den neuzeitlichen Reflexionsbegriff ins Visier seiner Kritik bringt, dann denjenigen, der sich im Horizont einer Philosophie des „absoluten“ Ich (Selbstbewußtsein) artikuliert, das alle seine Objekte — zumindest der Bestimmtheit nach — hervorbringt. Reflexivität im Sinne von Selbstbezüglichkeit des Denkens ist jedoch notwendiges Prinzip der *Möglichkeit* der Objektbezogenheit des Denkens, woraus natürlich nicht eine wie immer gedachte seinsmäßige Dependenz der Objekte vom Denken, noch völlige Dependenz der Bestimmtheit der Objekte vom Denken erschlossen werden darf. Als *Prinzip* der *„ursprünglich synthetischen Einheit“* ist es auch bei Kant nur Prinzip*moment* eines ursprünglich Prinzipien*ganzen*, in das es eben *als* Moment eingebettet bleibt (vgl. die Arbeit v. Vf., Kants Theorie des Denkens, Amsterdam 1977). Die Selbstbezogenheit der φύσις ἀνθρώπων in der ὄρεξις τοῦ εἰδέναι ist konstitutive Voraussetzung der Möglichkeit der Objektbezogenheit des Denkens. Daß das „vollendete“ Denken als ein differenzfreies *vorgestellt* wird, demgegenüber sich das menschliche Denken in einem erotischen Prozeß befinden und das es nur im „Augenblick“ höchster Gewißheit erreichen können soll (welch metaphorische Redeweise nur Folge des ungeklärten Differenzbegriffes ist), ändert an der konstitutionstheoretischen Sachlage, in der sich der Sinn dieses Differenzbegriffes allein hinreichend klären läßt, nichts (vgl. zu diesem Annäherungsprozeß auch die von S. Mansion beeinflußte Diss. von John *Dudley*, Gott und Θεωρία bei Aristoteles, Frankfurt a.M. 1981, die die aristotelische Theologie als systematisches Fundament der aristotelischen Ethik auszuweisen sucht, wobei man sich fragt, ob der Gottesbegriff in der aristotelischen Ethik nicht bei näherem Hinsehen auch seinerseits Folge des Begriffs dem menschlichen Seins ist, insofern von der Defizienz des Denkens auf dessen Perfektion geschlossen wird, statt nach den konstitutiven Prinzipien eben dieses Denkens in seiner Defizienz zu fragen).

Der Oehlerschen Kritik des neuzeitlichen Reflexionsbegriffs (als eines Bewußtseinsbegriffes) unter dem absoluten Primat des Ich in der Subjektivitätsphilosophie wird man beipflichten müssen — daß damit jedoch der „neuzeitliche“ Reflexionsbegriff als solcher (als Prinzipbegriff der notwendigen Selbstbezüglichkeit allen objektgebundenen Denkens, der eben nicht jene metaphysische Voraussetzung des absoluten Ich involviert) getroffen sei, ist sachlich zu bestreiten. Oehler schüttet das Kind mit dem Bade aus, wenn er den neuzeitlichen Reflexionsbegriff mit dem idealistischen Reflexionsbegriff identifiziert und der Kritik unterwirft, so daß zuletzt nur eine Rückkehr zur älteren philosophischen Tradition übrigbleibt. Oehler scheint zu übersehen, daß die Vergegenständlichung eines Prinzips der notwendigen Selbstbezüglichkeit des Denkens in allem Denken-von … zu einem Wesen reiner Selbstdurchdringung bzw. Selbstbewußtheit keineswegs — gerade mit Blick auf die aristotelische Theologie — ein Spezifikum neuzeitlichen Denkens ist, auch wenn der Weg dieser Vergegenständlichung von der Antike her gesehen über den Begriff des vollendeten Objekts, neuzeitlich gesehen über den Begriff des vollendeten Bewußtseins laufen mag, was in der Konsequenz der Oehlerschen Auffassung liegt.

Im Gegensatz zu Oehler verstehen wir unter „Reflexivität" hier die ontologische Auszeichnung der φύσις ἀνθρώπων, in aller Erkenntnisbemühung doch auf sich gerichtet zu sein, darin also, daß jede Wissensbemühung im Horizont der Selbstaufhellung dieser φύσις ἀνθρώπων steht. Wir legen den Reflexionsbegriff also von Beginn an nicht bewußtseinstheoretisch aus, sondern weisen die Sinnhaltigkeit der ὄρεξις τοῦ εἰδέναι von der *Selbstbezogenheit* der φύσις ἀνθρώπων her auf, die immer etwas als etwas versteht, immer „welt"-verstehende φύσις ist. Einig mit Oehler sind wir darin, daß der antike Sinn von Reflexion uns Wesentliches zu sagen hat und spezifisch neuzeitliche Paradoxien vermeidet, eben *weil* er nicht im Horizont der Subjektivitätsphilosophie bewußtseinstheoretisch substruiert ist. Auf der andern Seite ist festzuhalten, daß der produktive Sinn des selbstbezüglichen Charakters aller Wissenssuche nicht eigens als solcher bei Aristoteles thematisiert wird, nur hinsichtlich der Autarkiegerichtetheit des Menschen ethisch ins Blickfeld tritt und dort sofort in den *Vergleich* zu einem vollendet Autarken gestellt wird — in Met. A ebenso wie in der nikomachischen Ethik, vgl. dazu auch die vorstehend genannte Arbeit von Dudley. Die *sachliche Problematik* eines jeden solchen Vergleichs ließe sich ironisch in die Frage kleiden: Was versteht der — insbesondere aristotelische! — Gott schon von der Welt? Die *Defizienz*, in der wir Menschen mit Blick auf die Seinsautarkie Gottes stehen, kehrt sich unter dieser Fragerücksicht schnell um!

Mag der aristotelische Gott — was bei Oehler aus systematischen Gründen seines Reflexionsbegriffs unmöglich ist — die unbewegten Beweger zu seinem Denkinhalte haben (was Krämer behauptet) oder nicht, er wird doch nichts verstehen und begreifen, solange wir das Verstehen und Begreifen von etwas als ein Verstehen und Begreifen von etwas *als etwas*, also in ontologischer wie apophantischer Differenz (oder ontologischer wie apophantischer Unterschiedenheit) ansehen müssen. Gerade dies aber ist das Problem der φύσις ἀνθρώπων, und in diesem *systematischen* und der φύσις ἀνθρώπων *spezifisch eigenen* Problem erweist sich jeder Vergleich von Mensch und Gott als *äußerlich* und — systematisch gesehen — als unmöglich und irreführend.

3. Zum Verständnis der mathematischen Methode als einem „Komplementärverhältnis von ‚Subtraktion' und ‚Wesensschau'" vgl. *Happ*, Hyle, S. 584 ff. Die aristotelische ἀφαίρεσις auf der einen Seite wie das Erfassen des jeweiligen Sachgehaltes auf der anderen Seite als νοεῖν oder θιγγάνειν (Met. Θ 10, 1051 b 24 f. oder Λ 7, 1072 b 21) im mathematischen Bereich brauchen wir hier nicht zu erörtern. Der Unterschied zum Problem der Erkenntnis der πρῶτα im Sinne der ἀξιώματα des Philosophen sollte aber noch einmal kurz angedeutet werden: Das νοεῖν oder θιγγάνειν, als welches sich das νοεῖν im Erfassen eines z.B. geometrischen Sachverhaltes erweist, ist niemals auf das Erfassen der in den ἀξιώματα gefaßten Prinzipiensachverhalte zu übertragen. Im mathematischen Bereich geht es

um ein Erfassen eines je einzelnen Sachverhaltes, z.B. der inneren Winkelsumme des Dreiecks, im philosophischen Bereich geht es um die Einsicht in den prinzipiellen und allgemeinen Sachverhalt des Erkennens selbst, also um ein Allgemeines, das *für alles* je Erkannte konstitutives Prinzip ist, nicht selbst für einen einzelnen Sachverhalt. Der gleiche Unterschied besteht daher zur „Wesenserkenntnis“ einer *bestimmten* οὐσία. Daher haben νοεῖν, θιγγάνειν und ἀφαίρεσις wie ἐπαγωγή jeweils nicht nur verschiedenen Sinn (vgl. nochmals den instruktiven Aufsatz von K. *v. Fritz*, Die ἐπαγωγή bei Aristoteles, loc. cit., und ders., Die APXAI in der griechischen Mathematik, in: Archiv f. Begriffsgeschichte 1, 1955), sondern stehen jeweils auf unterschiedlich systematischen Problemebenen, was eben das nur bei den πρῶται ἀρχαὶ καὶ αἰτίαι im Sinne der ἀξιώματα mögliche ἀποδεῖξαι ἐλεγκτικῶς zeigt, welcher Beweisgang natürlich ebenso bei der οὐσία-Erkenntnis unmöglich ist. Die Unmöglichkeit der „Beweisbarkeit“ der οὐσία-Erkenntnis hat sehr gut herausgearbeitet I. *Schüßler*, Aristoteles, loc. cit., 4. Kap., S. 38-57 (nicht eigens behandelt ist die Frage nach der Beweisbarkeit der οὐσία-Erkenntnis in der dennoch lesenswerten Diss. von Matthias *Kessler*, Aristoteles' Lehre von der Einheit der Definition, in: EPIMELEIA, Bd. 26, München 1976, welche Arbeit sich auf das Verständnis von Met. H 6 und Z 12 konzentriert). Diese Volkmann-Schluck/M. Heidegger verpflichtete Arbeit ist insbesondere mit ihrem 2. Teil: „Philosophie und Axiomatik“ („Die axiomatische Grundlegung des Wissens überhaupt“, S. 65-143) für uns von besonderem Interesse, da Schüßler als einer der wenigen Interpreten die ganze Axiomatik des Aristoteles konsequent „ontologisch“ auslegt. In wichtigen Einzelfragen stimmen wir ihr voll zu. Ihr Verständnis von „Ontologie“ („Das philosophische Wissen ist wesentlich Darlegung des *Seins* des Seienden, *Ontologie*“ — S. 10 mit Verweis auf M. Heidegger in Anm. 21, Die Grundprobleme der Phänomenologie, Ges.-Aus. II, 24, Frankfurt 1975, und Sein und Zeit, [1]1927) und die Gesamtthese ihres Buches stellen wir hier nicht zum Thema. Der schillernden Mehrdeutigkeit des Seinsbegriffs, der auch diese Arbeit selbst wie ein roter Faden durchzieht, hätte man konsequent im Verfolg der prinzipientheoretischen Aufgabenstellung der πρώτη ἐπιστήμη entgehen können. Der Schwerpunkt der Arbeit ist die philosophische Deutung des aristotelischen Denkens von der Tradition des Heideggerschen Seinskonzeptes her und nicht die philologische Aufarbeitung der in sich doch sehr unterschiedlichen Textaussagen der Metaphysikschrift des Aristoteles selbst. Die freie — und weitgehend ohne Nennung der Forschungspositionen gegebene (die Arbeit wird ihrerseits von der weitgehend philologisch orientierten Aristotelesforschung so gut wie überhaupt nicht berücksichtigt, zu Unrecht wie wir meinen) — Skizzierung der inneren Abfolge der aristotelischen Problemtopoi in der Aufgabenstellung der πρώτη ἐπιστήμη im 2. Kap. des 2. Abschnittes des 2. Teils ihrer Arbeit stellt den Leser vor die Frage, weshalb die Forschung gerade in diesem Punkt überhaupt derart divergierend sein kann.

Wenn Schüßler auf der einen Seite das Widerspruchsprinzip als „Arche des Wissens“ durch „die *Unterscheidung des Seins und des Nichtseins*“ auslegt derart, daß „der erste Gedanke, der alles Wissen ermöglicht" sei, „Seiendes *ist* (= besteht), d.h. sein Sein ist von Nichtsein geschieden", S. 87, auf der anderen Seite unter dem Titel „Der Weg in die allgemeine Ontologie" nach der *„Bestimmtheit des Seins als des Grundes* des Seienden" fragt, um das Problem der „Vielheit der Seinsbestimmtheiten", S. 98, m.a.W. das Kategorienproblem zu erörtern, so wird deutlich, daß hier die Grundfrage nach dem Sein *zunächst* als Frage nach dem Sein *im Gegensatz* zum Nichtsein, und erst *in der Folge* als Frage nach der Bestimmtheit des Seins (Seiendes ist auch bestimmt, indem es etwas nicht ist,) verstanden ist. Der Zusammenhang beider Fragestellungen wird in der Arbeit von Schüßler nicht deutlich, obwohl Schüßler die Abfolge beider Fragen sich ausdrücklich im folgenden, S. 98 ff., zum Thema nimmt. Insbesondere bleibt das Verhältnis der πρώτη ἐπιστήμη als Theologik und Prinzipienwissenschaft (von der Bestimmtheit des Seins) zu unbestimmt, vgl. S. 107, Anm. 27. Der Rückgriff auf den aristotelischen veranschaulichenden Vergleich in E 1, 1026 a 23-31, reicht natürlich nicht zu, das Problem zu lösen, wie die Theologik, die nur *ein* Genos betrachtet dennoch *allgemein* sein könne. Schüßler neigt der Auffassung zu, die πρώτη οὐσία als *Inbegriff* von Bestimmtheit zu verstehen, zweifellos die sachlich bedeutendste Funktion der πρώτη οὐσία, die von Aristoteles auf der andern Seite dennoch auch als höchster „Gegenstand" in der Seinsstufung der οὐσίαι ausgelegt wird. Im letzteren Sinne steht die Rede von der πρώτη οὐσία jedoch auf einer anderen systematischen Problemebene als im ersteren, was dann eben auch ausdrücklich zu machen ist. So sehr der Ansatz Schüßlers, nämlich die Axiomatik als Anfang des Wissens (der Wissens*möglichkeit*) zu verstehen, unserem Ansatz entspricht, S. 86 ff., so problematisch bleibt es bei ihrem Verständnis von „Sein" (welches das Nicht-sein von sich ausschließt), zu einem philosophischen Sachverständnis der aristotelischen Aufgabenstellung der πρώτη ἐπιστήμη zu kommen, daß diese nämlich *auch* die Gegensätze zu untersuchen habe. Diese Themenbestimmung tritt folglich in der Arbeit Schüßlers nie in Erscheinung (und kann es wohl infolge ihres Seinskonzeptes auch nicht). Damit bleiben in dieser „sachlichen Besinnung auf Grundgedanken", S. 103, Anm. 15, von Beginn an philologische Textprobleme insbesondere in Met. Γ 2 ausgespart (die immerhin kapitale sachliche Fragen nach sich ziehen) und ihre Zustimmung zu Ernst Vollraths Ansicht (vgl. E. *Vollrath*, Die These der Metaphysik, Wuppertal/Ratingen 1969, S. 84-89), daß sich die sachliche Besinnung auf Grundgedanken „durch ihre Ergebnisse bewähren" muß, ebd., kann jedenfalls keine Bewährung am aristotelischen Text meinen. So begrüßenswert diese Arbeit in vielen Formulierungen und Problemfassungen ist, so eigenartig bleiben bekannte unterschiedliche oder gar anscheinend widersprüchliche Textfassungen der aristotelischen Metaphysikschrift ausgespart — ebenso wie die Behandlung der diesbezüglich ja nicht armen Literatur recht knapp ausfällt. Damit setzt sich Schüßler leider selbst der Gefahr aus — zumal in ihrer sprachlichen Diktion —, daß ihre Arbeit nur als Interpretation aus dem Philosophieverständnis der Heideggerschule klassifiziert wird. Der wesentliche Unterschied zum vorliegenden Ansatz besteht problemtopologisch gesehen darin, daß sie die Frage nach dem Sein (im Sinne von „Seiendes ist" im Gegensatz zu „Seiendes ist nicht") der Frage nach der Bestimmtheit des Seienden vorordnet, welch letztere Frage sie an einer Stelle, S. 102, *ausdrücklich* mit der Grundfrage von Met. Γ (ὄν ᾗ ὄν) gleichsetzt, wobei sie allerdings ein völlig überflüssiges „τί" einschmuggelt: „Folglich zieht sich die erste Wissensfrage nach der Bestimmtheit des Seienden als solchen (= τί τὸ ὄν ᾗ ὄν) in die Frage nach dem wesentlich Seienden (= τίς ᾗ οὐσία) zusammen." Das „ὄν ᾗ ὄν" zielt jedoch nicht selbst auf ein „τί", da unter dieser Formel die ermöglichenden *Prinzipien* möglicher Was-haltigkeit erörtert werden. Auch die Wendung „τίς ᾗ[!] οὐσία bleibt natürlich eine Schüßlersche — sprachlich übrigens unmögliche — Erfindung, da Aristoteles in Met. Z 1, 1028 b 4 von „τίς ἡ οὐσία" spricht. Und die Behauptung in Anm. 14, S. 102, Aristoteles entwickle beide Fragen (die nach dem ὄν ᾗ ὄν und der οὐσία) in ihrem Zusammenhang in Met. Z 1, stimmt so nicht, da Z 1 die Frage nach dem ὄν (*nicht* nach dem ὄν ᾗ ὄν) als ὄν ἁπλῶς stellt und so in die Lehre von der οὐσία mündet. Unstimmigkeiten dieser Art ergeben sich wohl, wenn der Interpretation ein philosophisches Konzept vorgängig zugrundeliegt (die Behauptung nämlich, daß die Ablösung der modernen Wissenschaften von der Philosophie bei Aristoteles im Ansatz, statt der wie wir meinen wohlbegründeten *Unterscheidung*, vorgezeichnet sei — eine recht mutige Behauptung übrigens, die immerhin *ohne* Auseinandersetzung mit der Entstehungsgeschichte der neuzeitlichen Wissenschaften aufgestellt wird).

4. Vgl. Phys. A 185 a 4-5: ἡ γὰρ ἀρχὴ τινὸς ἢ τινῶν — Diese Aussage stellt den Interpreten einmal abgesehen davon, wieweit die Einsicht in den Verhältnis(relations-)Charakter von Prinzipien bei Aristoteles selbst durchgehalten wurde, vor die sachliche Frage, ob sich die Prinzipien der πρώτη ἐπιστήμη als von *identischem* Relationscharakter mit Blick auf das, wofür sie Prinzipien sind, verstehen lassen wie z.B. die Prinzipien der ἐπιστήμη φυσική, m.a.W. vor die Frage nach dem *philosophischen* Prinzipienverständnis selbst. Ein reflektiertes *Urteil* über die Abhängigkeiten der verschiedenen aristotelischen Problemtopoi (so eben die Frage nach den πρῶται ἀρχαί in der Thematik vom ὄν ᾗ ὄν und die Frage nach der πρώτη οὐσία) ist ohne sachliches Verständnis derart fundamentaler philosophischer Fragen wohl nicht möglich. Die Frage nach Parallelität, Unterschiedlichkeit oder Selbigkeit der Metaphysik als „Ontologie" oder „Theologik" erscheint in völlig anderem Licht, je nachdem, ob man von der Selbigkeit der Problemebenen beider ausgeht oder von der These, daß in der „Theologik" sachlich eine Vergegenständlichung prinzipientheoretischer Sachverhalte vorliegt. Vgl. auch zur Konsequenz des Hereinspielens „physikalischer" Überlegungen in die aristotelische Theologik nochmals die wichtige (weil unter sachlichen *Beurteilungskriterien* stehende) Arbeit von W. Schrader, Ob Aristoteles Gott hat beweisen wollen, loc. cit. Ausgehend von der Frage nach der Rechtmäßigkeit der thomasischen Rezeption der aristotelischen „Gottesbeweise" entwickelt die Vf. das aristotelische „Gottes"-Problem unter dem Horizont von Met. Λ und Phys.

H und Θ, also dem dort zum Thema stehenden Bewegungsproblem, in das die Lehre von der πρώτη οὐσία eingebettet ist, und in welches die akademisch-aristotelische Lehre von der Reihenstufung der οὐσίαι und also die kosmologische Lehre von den vielen unbewegten Bewegern hereinspielen. Sicher wäre es in der Konsequenz dieser Arbeit interessant, die Frage nach der Unterschiedlichkeit der Problemebenen in der aristotelischen „Theologik" auch dort zu stellen, wo die πρώτη οὐσία als τὸ θεῖον vom Gedanken des Inbegriffs der vollendeten Bestimmtheit (Prinzip dessen, was bestimmt ist, im Unterschied zu dem, was etwas ist) eingeführt wird oder in anthropologisch-ethischen Überlegungen zum Autarkieproblem auftaucht.

Auch die Wagnerschen Interpretationen (Aristoteles, De Interpretatione 3, 16 b 19-25, und: Über das aristotelische πολλαχῶς λέγεται τὸ ὄν, beide jetzt in: H. *Wagner*, Kritische Philosophie, Würzburg 1980) sind durchgängig von der philosophisch notwendigen Unterscheidung der systematischen Ebenen von Prinzip und Prinzipiat geleitet. Merkwürdigerweise erörtert Wagner in seiner Stellungnahme zur Position Merlans (Zum Problem des aristotelischen Metaphysikbegriffs, ebd.) *nicht* die sachlichen Konsequenzen für die Diskussion der Frage nach der Selbigkeit des Themas vom ὄν ᾗ ὄν und der πρώτη οὐσία — ebensowenig übrigens wie Merlan und (verständlichererweise) die vornehmlich philologisch akzentuierten Studien zum Thema. Naürlich kann Aristoteles den „unbewegten Beweger" aus Met. Λ als ἀρχή auslegen, als ἀρχή der einzelnen Bestimmung „bewegt" des Seienden, nicht jedoch als ἀρχή der Bestimmtheit(smöglichkeit) des Seienden *überhaupt*, als Prinzip dessen, daß sich jedwedes als etwas (irgendwie Bestimmtes) *notwendig* zeigt. Sollte letzteres die Fragestellung von Met. Γ mit seinem Thema vom ὄν ᾗ ὄν sein, sind dem Versuch, beide Themen (vom ὄν ᾗ ὄν und von der πρώτη οὐσία) zu identifizieren, prinzipiell *sachliche* Grenzen gezogen, die natürlich auch dann weiter Bestand haben, wenn bei Aristoteles *de facto* eine solche Identifikation vorliegen sollte. Die Themenstellung von Met. Λ ist unumstritten darin, daß es hier neben/infolge der kosmologischen Lehre von der Reihenstufung der οὐσίαι um einen — wenngleich vorzüglichen — *Gegenstand* geht, die Themenstellung von Met. Γ jedoch als ganze ist umstritten und — wie wir meinen *infolgedessen* — auch einzelne Bestimmungen aus E 1 und K (insbesondere K 7), vgl. dazu weiter unten.

5) Beide Abhängigkeitsordnungen und die Abhängigkeit der ἐφεξῆς-Ordnung vom akademischen Lehrgut sind ausführlich erörtert worden. Wir nennen hier nur einige Arbeiten: Günter *Patzig*, Theologie und Ontologie in der ‚Metaphysik' des Aristoteles, Kantstudien 52, 1960/61; ders. Die Entwicklung des Begriffs der Usia in der ‚Metaphysik' des Aristoteles, Diss., Göttingen 1950. Patzig nennt die πρὸς-ἓν-Beziehung „Paronymie", durch welche die Akzidenzien auf die οὐσία und — noch in den von Patzig als früh angesehenen Büchern A, B, Γ, E, (K) Λ — die οὐσία auf die πρώτη οὐσία bezogen seien, also Ontologie und Theologik paronymisch untrennbar verbunden seien, wohingegen Aristoteles in

den von Patzig als spät angesetzten Büchern Z, H, Θ von einer paronymischen zu einer „analogischen" Ontologie übergegangen sei. Zur philologischen Kritik (zur sachlichen Kritik vgl. auch Anm. 4 der im Anhang abgedruckten Vorträge) an dieser These vgl. *Happ*, Hyle, S. 453 ff. Zur gegenteiligen These von Patzig kommt G.E.L. *Owen*, Logic and metaphysics in some earlier works of Aristotle, in: Aristotle and Plato in the Mid-fourth Century, Göteborg 1960. Zur Kritik an Owen vgl. E. *Berti*, in: 5. Symp. arist., und *Happ*, Hyle, S. 458 f. Zur Diskussion und Abhängigkeit der Reihenordnung vgl. G. *Colle*, Aristote, La Métaphysique. Traduction et commentaire, I 1912, II/III 1922, IV 1931; J. *Tricot*, Aristote, La Métaphysique, 2 Bde., [2]1953; G. *Reale*, La Metafisica, Neapel 1968 (mit Verweisen in Bd. 1, S. 323); zur Abhängigkeit der Reihenordnung von der Akademie und insbesondere Platon vgl. Ph. *Merlan*, Aristotle's Unmoved Movers, Traditio 4, 1946; ders., From Platonism to Neoplatonism, Den Haag 1960; H.J. *Krämer*, Der Ursprung der Geistmetaphysik, [2]1967; Übersicht bei H. *Happ*, Hyle, S. 342 ff. Der Umwandlung der „Implikationsordnung" von Früher-Später in der platonisch-akademischen Elementenlehre durch Aristoteles, die Bedeutung derselben für die „theologische" Deutung der Metaphysik und die Probleme im Verständnis derselben behandelt im einzelnen *Happ*, Hyle, S. 342 ff, die aristotelischen Abweichungen von der platonisch-akademischen Ordnung zusammenfassend S. 374 f.

6) Diese These liegt durchgängig den Arbeiten von Horst *Seidl* zugrunde, Der Begriff des Intellekts (νοῦς) bei Aristoteles, in: Monographien zur philosophischen Forschung 80, Meisenheim 1971; ders., Aristoteles. Zweite Analytiken, in: Elementa-Texte, Bd. 1, 1984, vgl. die Einleitung; ders., Beiträge zu Aristoteles' Erkenntnislehre und Metaphysik, in: Elementa, Schriften zur Philosophie und ihrer Problemgeschichte, Bd. XXXV, 1984; sowie besonders die Einleitung der von ihm bei Meiner besorgten Metaphysik-Ausgabe des Aristoteles: Aristoteles' Metaphysik, 1. Halbband, griech.-dt., 1982, S. XXXVI ff.: Seidl pocht wiederholt auf den Zusammenhang von Anal. post. I 1-2 und II 1-8 und Met. E 1, da hier der Unterschied der Einzelwissenschaften von der Ersten Wissenschaft übereinstimmend skizziert sei. Da die Einzelwissenschaften „Dasein" und „Wassein" ihrer Gegenstände voraussetzen, sei eben dies zu untersuchen Sache der πρώτη ἐπιστήμη: „Im Gegensatz nun zu den Einzelwissenschaften befaßt sich die Metaphysik nicht mit einem begrenzten Bereich des Seienden, sondern mit allem Seienden ‚als Seienden', d.h. insofern es ist, und dies besagt: mit dem Wassein und Dasein aller Gegenstände, wovon die übrigen Wissenschaften keine Rechenschaft mehr geben." (S. XLI der Met.-Ausg., Bd. 1). Dementsprechend lautet die Konsequenz S. XLIII, ebd.: „... daß das ‚Seiende als Seiendes' vor allem die sinnlichen Substanzen betrifft". Die πρώτη ἐπιστήμη hätte also demnach *alle* einzelnen Gegenstände zu untersuchen und zwar nach Dasein und Wassein. Unter „Dasein" versteht Seidl wohl im Gegensatz zu Nicht-Dasein Existenz. Vgl. zu dieser Bedeutung von „sein" Charles *Kahn*, The Verb 'be' and its Synonyms,

Foundations of Language, Suppl. 16, Dordrecht 1973; ders., The Greek Verb 'to be' and the Concept of Being, in: Foundations of Language, Vol. II, 1966, sowie ders., Why Existence does not Emerge as a Distinct Concept in Greek Philosophy, in: Archiv f. Gesch. d. Philos., Bd. 58, 1976, S. 324 ff., insbesondere S. 326 mit Bezug auf die Anal. post. zu empfehlen; vgl. hierzu auch die These Ch. Kahns aufgreifend Uvo *Hölscher*, Der Sinn von Sein in der älteren griechischen Philosophie, in: Sitzungsberichte d. Heidelb. Akad. d. Wiss., Jahrg. 1976, 3. Abhdlg. Die Seidlsche, an der strengen scholastischen Unterscheidung von existentia/essentia orientierte Interpretation hätte sich mit in den genannten Arbeiten vorgelegten umfangreichen Belegen und Sachargumenten für das Nicht-thematisch-werden des Existenzproblems als eines eigenen philosophischen Grundproblems in der antiken, insbesondere im aristotelischen Denken auseinanderzusetzen. Die an Problemen außerordentlich implikationsreichen Arbeiten von Ch. Kahn lassen sich, was den hier verhandelten Diskussionspunkt betrifft, in zwei Zitate aus dem zuletzt genannten Aufsatz Kahns zusammenziehen, S. 333: „What is a human being (τί ἐστιν ἄνθρωπος)? Thus for Aristotle as for Plato, existence is always εἶναι τι, being something or other, being something definite. There is no concept of existence as such, for subjects of an indeterminate nature." Und ebd.: „Since this conception of reality is articulated in Plato by copula sentences of the form "X is Y", it turns out that even the concept of existence gets expressed in this predicative form: as we have seen, Platon Greek for "X exists" is "X is something", εἶναι τι. In the scheme of categories which Aristotle takes as the starting point for his own investigation of being, this predicative pattern serves as the primary device for analyzing τὰ ὄντα, *what there is*, and for showing how the various kinds of predication, and not the concept of existence, that becomes the central and explicit theme of Aristotle's metaphysics, as it was the implicit theme of Plato's discussion of Being in the *Sophist*." Weil das zentrale und explizite Thema der aristotelischen Metaphysik sich sprachlich — und Kahns Studien sind sprachanalytischer Natur — als Theorie der Prädikation auslegt und auslegen *muß*, zeigt sich das Problem unter konstitutionstheoretischer Hinsicht als das Problem der Bestimmtheit oder, wie Hölscher es völlig zutreffend nennt, als das Problem des „*Wirklichseins* einer Sache, nicht im Sinne des wirklich Vorhandenseins, sondern des *Wirklich-Dies-seins*: ἔστιν, *er ist es*." (S. 47, Kursivierung v. Hölscher) oder des etwas-als-etwas. Hölscher spricht sehr gut vom veritativen und gnoristischen „ist". Von hier aus wird verständlich, wenn Kahn wohl mit Recht behauptet, daß das anselmianische Problem bei Aristoteles (und im frühgriechischen Denken) überhaupt keinen Ort hat, vgl. den letztgenannten Aufsatz. Zu einer anderen Auffassung gelangt Kl. *Oehler*, Die Lehre vom noetischen und dianoetischen Denken bei Platon und Aristoteles, loc. cit., S. 143, daß nämlich das „εἶναι als Prädikat nicht nur rein logische Bedeutung hat. Vielmehr zeigt sich der Doppelaspekt des kopulativen Seins bei Aristoteles eben darin, daß es immer auch die Bedeutung des Existierens hat, ohne daß es zu einer eindeutigen Unterscheidung gekommen wäre." Aus der *zutreffenden* Ansicht, daß das kopulative *sein* nicht *nur* logische Bedeutung habe, sondern „ Bestimmung des Seienden als solchen ist" (ebd., S. 144), *folgt* jedoch *nicht* Oehlers These, dessen Behauptung, daß der „Begriff von A in dem Urteil ‚A ist existent', insofern A existent ist, auch keine zusätzliche Bestimmung erhalte" (ebd., S. 145 mit explizitem Hinweis auf Kants Bestimmung des Prädikats „Sein"), in der Sache natürlich zu bestreiten ist, da in „A ist nicht existent" ebenso dem A eine Bestimmung hinzugefügt wird wie in "A ist existent" (andernfalls gäbe es zwischen beiden Urteilen keinen Unterschied) — nur ist eine solche Bestimmung nicht „Prädikat" im terminologisch engen Sinne Kants (Bestimmung mittels des Verstandes im Gegensatz zur Bestimmung mittels der Anschauung, man denke an jene für die Frühphase des Kantischen Denkens so wichtige Entdeckung der nicht prädikativ, sondern nur anschaulich erfaßbaren Unterscheidung isomorpher Gegenstände wie der „rechten und linken Hand" z.B.). Oehler *identifiziert* das Synthesissein mit dem *logischen* Synthesissein im Urteil (da wir uns *vor* der Kantischen Unterscheidung von anschaulicher und verstandesmäßiger Bestimmung bei Aristoteles befinden, wählen wir den Ausdruck „Bestimmtsein") und kann nur *infolge* dieser verengenden Voraussetzung von Kant her sagen, „daß die Bedeutung von εἶναι beziehungsweise ὄν nicht im Synthesissein ohne Rest aufgeht" (ebd., S. 143). Kants These zielt einzig auf die Unmöglichkeit, „Dasein aus bloß möglichen *Begriffen* herleiten zu wollen" (Kursivierung v. Vf.), vgl. „Der einzig mögliche Beweisgrund zu einer Demonstration des Daseins Gottes", in: Akad.-Ausg., II, 63 ff.; vgl. zur Thematik auch kurz H. *Wagner*, Über Kants Satz, das Dasein sei kein Prädikat, in: Kritische Philosophie, 1980. Anders formuliert: Ob etwas existent ist oder nicht, dies läßt sich nicht aus „bloßen' Begriffen entscheiden. Auch — so ist Oehler entgegenzuhalten — was nicht existent ist (der Bockshirsch), ist *bestimmt* (und ihm kommt in diesem Sinne „Synthesissein" zu). — Ein schönes Beispiel, wie philosophisch-sachliche Vorentscheidungen das philologische Verständnis leiten können.

7. Der — auch für unsere Auslegung der ὄν ᾗ ὄν-Problematik — hochbedeutsamen und so umstrittenen Textpassage, Περὶ ἑρμενείας 3, 16 b 19-25, hat H. *Wagner* seinen aufhellenden Aufsatz gewidmet: Aristoteles, De Interpretatione 3, 19 b 16-25, in: Kritische Philosophie, 1980, S. 201-212 (zuerst erschienen in: Philomates. Studies and Essays in the Humanities in Memory of Philip Merlan, Den Haag 1971, S. 95-115). Ich gebe kurz den griechischen Text sowie das Wagnersche Verständnis desselben wieder: αὐτὰ μὲν οὖν καθ' αὑτὰ λεγόμενα τὰ ῥήματα ὀνόματά ἐστι καὶ σημαίνει τι, — ἵστησι γὰρ ὁ λέγων τὴν διάνοιαν, καὶ ὁ ἀκούσας ἠρέμησαν, — ἀλλ' εἰ ἔστιν ἢ μὴ οὔπω σημαίνει· οὐ γὰρ τὸ εἶναι ἢ μὴ εἶναι σημεῖόν ἐστι τοῦ πράγματος, οὐδ' ἐὰν τὸ ὂν εἴπῃς ψιλόν. αὐτὸ μὲν γὰρ οὐδέν ἐστιν, προσσημαίνει δὲ σύνθεσίν τινα, ἣν ἄνευ τῶν συγκειμένων οὐκ ἔστι νοῆσαι. Die Wagnersche kommentierende Übersetzung lautet: „Nimmt man die ῥήματα für sich, losgelöst aus dem Urteilssatz, so sind sie ὀνόματα und haben (als solche auch) jeweils eine bestimmte Sachbedeutung; treibt man jedoch das Isolieren so weit, daß (bei Zerlegung etwa des Prädikats

ὑγιής ἐστιν) nur noch allein ‚ist' oder auch (im negativen Urteilssatz) ‚ist nicht' dasteht, *so hat dieses Bruchstück überhaupt noch keine Sachbedeutung.*"

Und nun schließt das folgende (b 22-25) völlig einsichtig und konsequent an: „denn ‚sein' oder auch ‚nicht sein' ist kein Wort, das die Sache (den Gegenstand) bezeichnen würde" (d.h. es sagt überhaupt *nichts* von Sache und Gegenstand – was sollte das *esse copulae* davon sagen?) „und es bezeichnet auch keine Sache in der alleinstehenden Partizipform ‚seiend'. Denn es selbst ist gar nichts, bezeichnet aber eine bestimmte Synthesis (nämlich die Urteilssynthesis von S und P), unter der sich freilich nichts denken läßt, solange man von ihren beiden Gliedern (S und P) absieht." – Ende des Wagnerschen Zitats

Diese vorzügliche, die Erklärertradition im einzelnen durchgehende und sie in der Auslegung der vorliegenden Stelle widerlegende Abhandlung weist selbst auf die Bedeutung des Zusammenhanges unserer Stelle mit dem Theorem von der Mehrdeutigkeit des Terminus ‚seiend' hin (S. 206, Anm. 7), welches Theorem H. *Wagner* in: Über das aristotelische πολλαχῶς λέγεται τὸ ὄν, in: Kritische Philosophie, S. 213-226, ebenso grundsätzlich wie scharfsichtig erörtert. Eigenartigerweise zieht Wagner nirgends die Konsequenz aus seinen Überlegungen für das Verständnis der Formel „ὄν ᾗ ὄν". Dies ist kurz zu erläutern, da die Ausführungen Wagners für unser Verständnis der Aufgabenbestimmung von Met. Γ von integraler Bedeutung sind.

Wagner legt in beiden Aufsätzen dar, daß nach Aristoteles weder „sein (εἶναι)" noch „nicht sein (μὴ εἶναι)", weder „ist (ἔστιν)" noch „nicht ist (οὐκ ἔστιν)" und weder „seiend (ὄν)" noch „nicht seiend (μὴ ὄν)" irgendeine *Sach*bedeutung im Gegensatz zum ῥῆμα haben. In all diesen Ausdrücken kommt eine „Synthesis" (von dem, was bestimmt ist, und dem, was es ist – „Gegenstand" und seine „Bestimmtheit" in Wagnerscher Diktion) zum Ausdruck, die „Verknüpfung zwischen dem Begriff des Gegenstandes und dem Begriff seiner Bestimmtheit" (vgl. im letztgenannten Aufsatz S. 225). Wagner zeigt damit also, daß das Problem der Urteilssynthesis *das* aristotelische Problem ist. „Aber – und damit sind alle Vorgänger von Parmenides bis Platon überholt – nicht der Gegenstand mehr und nicht mehr die Bestimmtheit sind das eigentliche ὄν, sondern eben deren Verknüpftheit, jene Verknüpftheit, deren Ausdruck im Urteil das ‚ist' darstellt. Das apophantische ‚ist' enthüllt das Seiende; aber das Seiende ist die Verknüpftheit des Gegenstandes mit seinen Bestimmtheiten und der Bestimmtheiten mit ihrem Gegenstand." (ebd., S. 225) Man hat Wagner auch zuzustimmen, wenn er (ebd., S. 226) abschließend bemerkt, daß vom aristotelischen Theorem des πολλαχῶς λέγεται τὸ ὄν „geschichtlich am wirksamsten das Theorem von der Analogizität des Terminus ‚seiend'" gewesen ist, jedoch dabei die *systematisch primäre Sachimplikation* dieses Theorems vom πολλαχῶς λέγεται τὸ ὄν, nämlich „das Lehrstück vom Synthesischarakter dessen, was da seiend heißt", „so gut wie gar nicht wirksam" geworden sei (ebd.).

Auch wenn die *Betonung* Wagners auf dem esse copulae liegt und man einschränkend festzuhalten hat (vgl. auch U. Hölscher, loc. cit., S. 31), daß Aristoteles zwar mit *sein* das kategoriale Sein der Prädikation im Auge hat, dieses dennoch aber nicht nur als logische Verknüpfung gefaßt ist, sondern nur als Zwiefältigkeit des Einen, d.h. daß *sein* das innere Gefälle von Bestimmtheit und dessen, was bestimmt ist, anzeigt, also die Lehre vom substantialen Sein (οὐσία) impliziert — wird durch die Ausführungen Wagners deutlich, daß sich die „Frage nach dem Sein" bei Aristoteles als Frage nach der *Bestimmtheit* dessen, was wir seiend nennen, stellt. Die spezifisch aristotelische Lehre von der einsinnig-abhängigen Bezogenheit des Einen (Bestimmtsein) auf das andere (was bestimmt ist) ist dabei die von Beginn an *eingeschränkte* aristotelische Fassung der Frage nach der Bestimmtheit. Systematisch gesehen erweist sich die Frage nach dem *sein* als Frage nach der Bestimmtheit dessen, was wir ‚seiend' nennen, als primär — daß wir jedoch *nur*, was von sich her bestimmt ist (und nicht selbst von anderem ausgesagt werden kann), im Vollsinne ‚seiend' nennen, ist ein aus der ersten Fragestellung sich *nicht zwingend ergebendes Lehrstück*. Beide Lehrstücke, die Frage nach dem *sein* als Frage nach der Bestimmtheit dessen, was wir nur (je) seiend nennen, und die Lehre von der (ontologischen und logischen) Priorität dessen, was bestimmt ist, gegenüber dem, was etwas ist, müssen sachlich unterschieden werden, auch wenn sie bei Aristoteles ununterschieden zugleich und nebeneinander herlaufen. Diese notwendig vorzunehmende systematische Unterscheidung verbietet die *sachliche Identifikation* der Lehre vom ὂν ᾗ ὂν mit einer wie immer gearteten οὐσία-Lehre. Die Urteils- bzw. Seins*synthesis* steht bei Aristoteles nie *rein*, sondern immer unter der *ousiologischen Ponderierung* innerhalb der Zwiefältigkeit des Seienden zum Thema — dies ist gegenüber den beiden Aufsätzen Wagners geltend zu machen. Auf der anderen Seite arbeitet Wagner das demgegenüber systematisch tiefere Problem heraus, das Aristoteles *zwar* unter der vorgängigen Ponderierung innerhalb der Zwiefältigkeit des Seienden *dennoch* zur Aufgabe mitstellt.

Es wird von dieser Sachlage her gesehen damit auch deutlich, worin die Met. Γ betreffenden Auslegungsschwierigkeiten *in erster Linie* bestehen: darin nämlich, systematische Entscheidungen treffen zu *müssen*, die der aristotelische Text noch nicht hergibt und hergeben kann.

Die aristotelische Frage nach dem Synthesischarakter dessen, was wir ‚seiend' nennen, oder nach der Bestimmtheit des ὂν steht unter der vorgängigen Auslegung dieses Synthesischarakters als einem ὑπάρχειν, logisch gesprochen: die aristotelische Auseinandersetzung mit der Urteilsfunktion als solcher steht unter der vorgängigen Auslegung derselben als einem einstelligen Prädikator. Die Rechtfertigung dieser vorgängigen Auslegung als Folge des implizit immer leitenden Gedankens der Autarkie des Seins (des Bestimmtseins) im strengen Sinne bleibt eine — auch die sich an Aristoteles anschließende philosophische Tradition betreffende — problematische Verkürzung. *Nicht bestimmen die Urteilsglieder die Urteilsfunktion, sondern die jeweilige Urteilsfunktion bestimmt den Sinn der Urteilsglieder* (vgl. hierzu zusammenfassend den Aufsatz von Werner *Flach*, Urteil, in: Handbuch philosophischer Grundbegriffe, Bd. 6, München 1974; zur grundsätzlichen Unterscheidung der systematischen Problemebenen im Urteilsproblem vgl. ders., Negation und Andersheit, München/Basel 1959). Und wenn die Urteilsfunktion als ein ὑπάρχειν (Zukommen des einen dem andern) ausgelegt wird, *ergibt* sich die Lehre vom ὄν *als* οὐσία und vom ὄν *als* einem kategorial *eigenschaftlich* verstandenen Zukommenden. Dieser systematische Sachverhalt muß aber solange verborgen bleiben, als die Möglichkeit, die Urteilsfunktion *anders* als ein ὑπάρχειν zu deuten, noch gar nicht in den Blick getreten ist. Daß das Entstehen der neuzeitlichen (Natur-)Wissenschaften *notwendig* eine systematisch konzentrierte Zuwendung zum Problem der Urteilssynthesis (bei Kant dann explizit thematisiert in der Rückfrage nach der „Möglichkeit" der Naturwissenschaften) nach sich ziehen mußte, wenn man zu einem *Begriff* des faktischen Vorgehens dieser neuartigen — und zunächst ja nur faktisch vollzogenen — Wissenschaften gelangen wollte, liegt auf der Hand. Denn daß ihnen durchgängig ein verändertes Konzept der Urteils*funktion* zugrundelag (z.B. in der Verwendung des Äquivalenzverhältnisses in physikalischen Ausdrücken, „=", das gerade *kein* Eigenschaftsverhältnis anzeigt), ist nicht schon mit der überraschenden — und das Pathos der Zeit hervorrufenden — faktischen Verwendung logisch-ontologischer Grundbegriffe anderen Typus einsichtig, sondern bedarf der eigenen Reflexion auf deren — sie überhaupt konstituierenden — urteilstheoretische Voraussetzungen.

Daß es Fortschritte in der urteilstheoretischen Konzeption waren, die die systematischen Differenzierungen der aristotelischen Metaphysik gegenüber den vorsokratischen und platonisch-akademischen Lehren hervortrieben (so H. *Wagner*, Über das aristotelische πολλαχῶς λέγεται τὸ ὄν, loc. cit., S. 224), diese These gehört zur *philosophisch-sachlichen Beurteilung* des aristotelischen Vorgehens, dessen sich Aristoteles nicht selbst in dieser Ausdrücklichkeit bewußt war. Man sollte sich dabei nur davor hüten, unter „Urteilstheorie" eine nur logische oder rein sprachphilosophische Theorie zu verstehen, statt sie als konstitutionstheoretische Reflexion auf die Ermöglichungsprinzipien der Bestimmtheit zu begreifen (und damit die Ermöglichungsprinzipien des Bestimmtseins als Voraussetzung jeglicher Ontologie i.S. von Gegenstandskonzeption sowohl wie des Urteils überhaupt als Voraussetzung der formalen Logik). Daß diese Prinzipien innerhalb der Tradition der Subjektivitätsphilosophie latent der Gefahr ausgesetzt sind, subjektivistisch oder gar psychologistisch mißdeutet zu werden, zeigt sich als ein Problem des spezifisch neuzeitlichen, subjektivitätsphilosophisch substruierten Denkhorizontes, innerhalb dessen hier diese konstitutionstheoretischen Überlegungen zu stehen kommen, berührt jedoch nicht die sachliche Notwendigkeit der systematischen Fragestellung des Konstitutionsproblems der Bestimmtheit.

Daß *ohne Blick* auf diese systematische Problemstellung insbesondere Met. Γ nur unzureichend zu verstehen ist, ebenso wie dieses Buch *nicht nur* von dieser Problemstellung geleitet ist, sondern daß hier verschiedene Probleme unterschiedlich systematischer Ebenen mit- und nebeneinander herlaufen, ist die bereits mehrfach wiederholte These der vorliegenden Arbeit. Besonderes Gewicht und Augenmerk legen wir naturgemäß dabei auf die Konstitutionsproblematik in der Fragestellung vom ὂν ᾗ ὄν, da diese bisher weder von den sog. „ontologischen" noch „theologischen" Deutungen explizit gemacht wurde.

Zum „reflexiven" Charakter der aristotelischen Argumente in Met. Γ und zum Zusammenhang der Anal. post. mit der ἀξίωμα-Lehre in Met. Γ vgl. auch die 1972 erschienene Diss. von Herbert A. *Zwergel*, Principium contradictionis, Meisenheim am Glan. Auf S. 2 kommt der systematische Ansatz der Arbeit gut zum Ausdruck: „Die Wissenschaft vom ὂν ᾗ ὂν kann in der Abgrenzung von den apodeiktischen Wissenschaften als die Wissenschaft von den Bedingungen der Möglichkeit, überhaupt Wissenschaft zu betreiben, erfaßt werden." Die Arbeit betont den Zusammenhang des logischen und ontologischen Charakters des Widerspruchsprinzips und sucht in Kap. 6. 1-4, S. 108-136, die aristotelische elenktische Begründung dieses Prinzips gegen Łukasiewicz zu retten. Die Arbeit unterscheidet im einzelnen gut die verschiedenen Argumentgänge für das Widerspruchsprinzip und dessen ontologische, psychologische und logische Formulierung.

8. Das Sein ist, um mit Ernst *Tugendhat* zu sprechen (TI KATA TINOΣ, Eine Untersuchung zu Struktur und Ursprung aristotelischer Grundbegriffe, Freiburg-München 1958), „zwiefältig verstanden", weil sich jedwedes als etwas zeigt. Daß sich damit die Frage nach dem Sein ineins als die Frage nach der Apophantik auslegt, ist somit zwingend. Vgl. auch die Arbeit von Ernst *Vollrath*, Studien zur Kategorienlehre des Aristoteles, Ratingen 1969, dessen grundsätzlicher These (S. 3), „daß bei Aristoteles ein Unterschied zwischen logisch und ontologisch nicht gemacht werden darf", man zustimmen muß, auch wenn sich die konstitutionstheoretische Frage nach der Bestimmtheit des Seienden auf ihren logischen oder ontologischen *Aspekt* hin untersuchen läßt. Im Allgemeinen kann der alte Streit um die logische *oder* ontologische Bedeutung der aristotelischen Kategorienlehre (F.A. *Trendelenburg*, Geschichte der Kategorienlehre, in: Histor. Beitr. z. Philos., Bd. I, Berlin 2/1876; ders., De Aristotelis Categoriis, Berlin 1833; H. *Bonitz*, Über die Categorien Aristotelis, Sitz.-Ber. d. Wiener Akad., Phil.-Hist. Classe, X, 1853; O. *Apelt*, Die Kategorienlehre des Aristoteles, Beitr. z. Gesch. d. griech. Philos., Leipzig 1891; C. *Prantl*, Geschichte der Logik im Abendlande, Leipzig 1855-1870; H. *Maier*, Die Syllogistik des Aristoteles, Tübingen 1896-1900) heute als beigelegt gelten. Doch auch wenn die opinio communis infolge der Textlage des corpus aristotelicum mittlerweile die Untrennbarkeit des logischen wie ontologischen *Aspekts* der Fragestellung der aristotelischen Kategorienlehre vertritt, so heißt dies nicht, daß damit die Folgen für Ansatz und Begriff der aristotelischen Lehre von der πρώτη ἐπιστήμη durchschaut wären, die in Met. Γ immerhin die *systematischen Voraussetzungen* für die Kategorienlehre erörtert (Frage nach dem ὂν ᾗ ὄν). Wir sprechen von der Untrennbarkeit der „Frage nach dem Sein" und der „Frage nach der Apophantik" im Sinne von der Kategorialität all dessen, was wir „seiend" nennen, daß notwendig jedwedes, das wir „seiend" nennen, sich als

bestimmt-seiend zeigt. Vgl. auch S. 13 f der Arbeit Vollraths. Den Arbeiten zum Kategorienproblem des Aristoteles wäre prinzipiell für das Verständnis des *Ansatzes* der Problemstellung bei Aristoteles geraten mitzubedenken, daß der Frage nach dem „etwas als etwas" und — pointiert gesagt — der Frage nach dem „etwas als es selbst" die Überlegung zur Seite zu stellen ist, daß manches *nur aus seinem Verhältnis zu anderem bestimmt und bestimmbar ist*. Von hier wird deutlich, daß die „Frage nach dem Sein" und die „Frage nach der Apophantik" bei Aristoteles von Beginn an unter die Blickrichtung der Frage nach der οὐσία — sprachlich gesehen — unter die Subjekts-Prädikats-Betrachtung fällt, was gegenstandstheoretisch die „Ontologie der Substanz" und die Orientierung der Logik am „S-i-P"-Schema nach sich zieht. Daran ändert nichts die zutreffende Beobachtung, daß Aristoteles dem Schema „P ist ein S Zukommendes" folgt, da „Zukommen" als ein *einsinniges Gefälle*, als ὑπάρχειν gefaßt ist.

9. Die Verknüpfung von „Ontologie" (πρὸς-ἕν-Relation) und „Theologie" (mittels der ἐφεξῆς-Ordnung) in Met. Γ (vgl. G. *Patzig*, Theologie und Ontologie, loc. cit.) ist häufig konstatiert, auch das Verhältnis beider Ordnungsbegriffe diskutiert und unter entwicklungsgeschichtlichem Gesichtspunkt abgehandelt worden (vgl. Anm. 5 oben). (Zum Problem von „Analogie" und „πρὸς-ἕν" bei Aristoteles vgl. auch die systematischen Absichten unterstehenden Aufsätze von J. *Vuillemin*, De la logique à la théologie; cinque études sur Aristote, Paris 1967, hier die zwei ersten Aufsätze.) Man sollte sich jedoch des prinizipiell *systematischen Unterschieds beider Problemebenen* bewußt sein, innerhalb deren beide Ordnungsvorstellungen stehen: Geht es im Problem des πρὸς-ἕν um die Bestimmtheitsmöglichkeit des ὄν, insofern sich das ὄν notwendig und immer *als* etwas zeigt, so im Problem von ἐφεξῆς um die axiologisch-ontologische Ordnung unterschiedlicher οὐσίαι nach dem Gesichtspunkt von κινητός/ἀκίνητος — χωριστόν/ἀχώριστον. Die Frage nach der Bestimmtheitsmöglichkeit (mit der aristotelischen *Antwort* der Hingeordnetheit des ὄν, das anderem zukommen kann, auf das ὄν, das seinerseits zuletzt anderem nicht zukommen kann, der aristotelischen οὐσία-Lehre also) betrifft *jede* οὐσία, die Frage nach der Reihenaufstufung der οὐσίαι mündet in die Frage nach der Begründung der Kriterien, nach denen die ἐφεξῆς-Ordnung aufgestellt wird. Letztere ist zunächst ein Problem der *Klassifikation* von οὐσίαι (physischen, mathematischen und theologischen Gegenständen) und infolge daher ein Problem, unter welcher Rücksicht die einen von den anderen (oder zuletzt von einer πρώτη οὐσία) „abhängig" — unter Rücksicht ihrer einzelnen Bestimmung „bewegt" — sind. Prinzipiell erweist sich diese „Abhängigkeit" als Abhängigkeit unter einer *bestimmten* Hinsicht! Das πρὸς-ἕν erläutert die ὂν ᾗ ὄν-Problematik, wie nämlich etwas etwas sein kann, und erläutert dieses fundamentale Problem der *Bestimmtheit überhaupt* dann *sofort* im Sinne des ὑπάρχειν (vgl. Anm 6). Keineswegs vermag das oberste Glied in der ἐφεξῆς-Ordnung in irgendeinem Sinne die Frage zu lösen, wie etwas (z.B. das Dreieck) etwas („Summe der inneren Winkel gleich zwei rechten") sein kann.

Wenn man also von „Verknüpfung" von Ontologie und Theologik bei Aristoteles mittels der πρὸς-ἕν-Relation und der ἐφεξῆς-Ordnung spricht (eine These, der sich auch Hellmut Flashar anschließt, vgl. den Bd. 3 des neuen Ueberweg, loc. cit., S. 377), so kann sich dies nur auf den textlichen Zusammenhang, genauer auf das Vorhandensein beider Ordnungstheoreme im Γ der Metaphysik, beziehen. Wie beide Ordnungsgefüge sachlich zusammenhängen, ist gerade die dabei offene Frage, und die Ungeklärtheit dieses Zusammenhanges, die den Grad der Problembewußtheit des Aristoteles hier wiedergibt, ist gerade spezifisches Kennzeichen der aristotelischen Erörterung der Problematik von Met. Γ. Da sich nun kein Text, ohne ihn auch sachlich zu *beurteilen*, verstehen läßt, wird der Interpret den Zusammenhang beider selbst sachlich zu durchdenken haben. Die scheinbar glatte Lösung, beide Problemebenen einfach parallel nebeneinander stehen zu lassen, enthält selbst schon eine massive sachliche Deutung des Interpreten, daß nämlich textlich nebeneinander Stehendes auch sachlich-systematisch auf gleicher Ebene stünde. Ein „bloßes Konstatieren des Textbefundes" bleibt eine Fiktion, es sei denn, sie wiederholte den vorliegenden Text im Sinne der Identitätsaussage, womit jedoch nichts zu verstehen gegeben wäre (der Text wäre nicht *als* etwas — Differentes — verstanden). Die Voraussetzung des Verstehens bleibt eben die Differenz von zu-verstehendem etwas und dem, *als was* dies verstanden wird. Und diese Differenz markiert den für die philologisch *wie* philosophisch akzentuierte Untersuchung schwierigen Punkt. Wie immer akzentuiert, das Verstehen eröffnet *als* Verstehen zwischen Text und verstandenem Text eben jenes Problem der Bestimmtheit, das im ὂν ᾗ ὂν allgemein zum Thema steht. Die Möglichkeit des Verstehens selbst oder des Erkennens im allgemeinsten Sinne steht in der Frage nach der Bestimmtheits- und Urteilsmöglichkeit eo ipso mit zum Thema.

Wenn man — zurecht — die ἐφεξῆς-Ordnung bei Aristoteles in den Kontext der akademischen Philosophie stellt und im πρὸς-ἕν-Lehrstück ein spezifisch aristotelisches Lehrstück sieht, so bestätigt sich nur der Ansatz unserer Interpretation, die systematische Bedeutung der Problemstellung vom ὂν ᾗ ὂν als Frage nach der Bestimmtheit dessen, was wir „seiend" nennen, als die primäre Problematik von Met. Γ zu verstehen und die Typologie der οὐσίαι als ein systematisch dependentes Lehrstück anzusehen, das seinerseits die spezifisch aristotelische Ponderierung des ὂν ᾗ ὂν voraussetzt, die ihrerseits eine vorgängige Auslegung des ὂν ᾗ ὂν unter dem Kriterium der Seinsautarkie des Seienden darstellt.

10. Vgl. die genannten Arbeiten von Owens, Reale und Merlan, dessen berechtigte Bezugnahme auf E 1 und K 7 insbesondere und Darstellung des Zusammenhanges des aristotelischen Denkens von akademischen Lehren im allgemeinen als solche in der Forschung ebenso aufgenommen und weiter bearbeitet wurde, wie deren beider Beurteilung umstritten bleibt. Die Frage bei der Kritik an der Merlanschen Position bleibt dennoch, ob sie der Tendenz nach vom Textbefund oder von systematischen Argumenten her vorgetragen wird. Daß eine — im strengen Sinne — (de facto) Identifikation von „Ontologie" und „Theologik" im

aristotelischen Text *nicht* vorliegt, kann mittlerweile als Allgemeingut angesehen werden. Umstritten bleibt jedoch die Frage, *wieweit* beider Parallelisierung oder Übereinstimmung im Text vorliegt. Und umstritten muß diese Frage wohl auch bleiben, da sie in ihrer Beantwortung schon die selbst problematische Frage der Gewichtung der zitierten Textstellen (und Echtheitsfragen) als eindeutig beantwortbar voraussetzt. Das Problem der Gewichtung einzelner Textstellen, ganzer Kapitel und Bücher — in unserem Zusammenhang also besonders von E 1 und Buch K — ist aber seinerseits ohne sachliches Verständnis des jeweiligen Horizontes — und dazu gehört die *Beurteilung* seiner systematischen Bedeutung — nicht möglich. Aus unserer Fragestellung heraus ergab sich die Konzentration auf Met. Γ aus der *nur* hier ausführlich *entwickelten* Fragestellung nach dem ὄν ᾗ ὄν, das in E 1 und K bloß wie ein fester Lehrtopos erscheint. Unternimmt man eine Satz für Satz folgende Interpretation von Γ 1-4, zeigt sich im Vergleich dazu sehr schnell der abrißhafte, schematische Charakter von E 1 sowie von K 3, 4 und 7, wobei K 5 und 6 in der wiederholten Erörterung des Widerspruchsprinzips noch am ehesten argumentativ-entwickelnder Charakter zugesprochen werden kann (gerade hier aber in der Sache nichts wesentlich Neues gegenüber Γ vorgetragen wird). E 1 und K 7 aber werden um einzelner Bestimmungen bzw. Klassifikationen willen herangezogen, vgl. auch unseren Exkurs zu E 1 und K 3-7 (vgl. zur Abhängigkeitsbeziehung dieser Texte auch K. *Bärthlein*, Die Transzendentalienlehre der alten Ontologie, Teil I, Berlin 1971). Die *unvermittelte* Parallelisierung der genannten — schon in ihrem Schriftstil so unterschiedlichen — Partien erscheint uns zumindest problematisch, ganz abgesehen von den das Buch K betreffenden Echtheitsfragen, s. dazu nochmals Études sur la Métaphysique d'Aristote (Actes du 6.e Sympos. Arist., ed. P. Aubenque), Paris 1979. Damit wird nicht die Sinnhaltigkeit des Vergleichs von Textstellen als solche bestritten. Da dieses Parallelisieren in der Literatur jedoch dermaßen überhand genommen hat, scheint es zumindest eine gerechte Forderung zu sein, die Notwendigkeit eines Versuchs einer durchgängigen und geschlossenen Sachinterpretation einzelner Lehrstücke, die in einem textlichen Ganzen vorgetragen werden, zu betonen. Gerade mit Blick auf die Textlage der Metaphysikschrift des Aristoteles zeigt sich der Versuch, aus einzelnen Aussagen verschiedener Partien ein Ganzes zur Darstellung zu bringen, als besonders schwierig. Und diese hier allgemein erhobene Forderung bleibt auch dann legitim, wenn im einzelnen der Textverlauf eines Lehrstückes — wie z.B. gerade im Γ 2 — fraglich ist. Zumindest entgeht man damit der latenten Gefahr, *nicht* zu rechtfertigen, warum man beim Vergleich von Parallelstellen eben manche Stellen *nicht* heranzieht.

11. Die These von der „aporetischen" Konzeptualisierung der πρώτη ἐπιστήμη bei Aristoteles hat Pierre *Aubenque* ausführlich entwickelt, Aristoteles und das Problem der Metaphysik, in: Zeitschr. f. philos. Forsch., Bd. 15, 1961; ders., Le problème de l'être chez Aristote, Essai sur la problématique aristotelicienne, Paris [2]1966. Die These Aubenques ist als ganze allgemein auf Ablehnung

gestoßen, vgl. dazu auch *Happ*, Hyle, loc.cit., S. 135, auch Emilio *Berti*, in: Giornale di metafisica, 18, 1963. Auch Ingemar Düring vertritt die These der Unvereinbarkeit von „Ontologie" und „Theologik" bei Aristoteles, vgl. Aristoteles, Darstellung und Interpretation seines Denkens, Heidelberg 1966, vgl. auch sein entwicklungsgeschichtliches Verständnis des aristotelischen Denkens *von* der „Theologik" *zur* „allgemeinen Wissenschaft des Seienden" mit Blick auf Werner *Jaeger*, Aristoteles, [2]1955 — das Problem der berüchtigten *Entwicklungs*geschichte des aristotelischen Denkens können wir für unsere Zwecke ausklammern, zumal „nahezu jeder chronologische und schichtenspezifische Ansatz auf einer angenommenen Entwicklungslinie des Aristoteles in der Folgezeit wieder bestritten worden ist", so Hellmut Flashar im neuen Ueberweg, loc. cit., S. 178 und ff. Auch wenn die zahlreichen Arbeiten zum entwicklungsgeschichtlichen Problem des aristotelischen Denkens uns heute eher darüber belehren, auf welch ungesichertem Boden wir in dieser Frage stehen, verunmöglichen sie doch so eingängige Thesen wie jene einflußreich gewordene von W. Jaeger, die aristotelische Entwicklung sei eine solche vom „Platoniker" zum „Empiriker", und diese Arbeiten sind schon allein unter dieser Rücksicht von großer Bedeutung. Das derzeit abnehmende Interesse an der entwicklungsgeschichtlichen Frage darf dennoch nicht darüber hinwegtäuschen, daß sie nach wie vor von sachlich erheblichem Gewicht ist, auch wenn sie nicht mehr beanspruchen kann, die „Schlüsselfunktion zum Verständnis" des aristotelischen Denkens einzunehmen, vgl. Flashar, loc. cit., S. 182. (Zum philosophisch-sachlichen Problem einer „entwicklungsgeschichtlichen" und „genetischen" Interpretation, nicht *nur* mit Blick auf Kant, vgl. Dieter *Henrich*, Über Kants Entwicklungsgeschichte, in: Philos. Rundschau, 13, 1965, sowie die einleitenden methodischen Bemerkungen d. Vf., Zu Kants Dissertation von 1770, in: Perspektiven der Philosophie, Bd. 6, 1980.) Prinzipiell ist zur Problematik von Vereinbarkeit bzw. Unvereinbarkeit von „Ontologie" und „Theologik" (sowie von „Ousiologie" und „Prinzipienwissenschaft") bei Aristoteles darauf hinzuweisen, daß diese Fragen neben der Aufgabe, den Sinn solch eher problemtopologischer Begriffe in ihrer keineswegs einhelligen Bedeutung bei den Interpreten zu unterscheiden, wohl kaum ohne ein Sachverständnis derartiger philosophischer Grundbegriffe seitens des Interpreten selbst anzugehen sind. Dies wird leider nur allzu oft in der Konzentration auf den Text vergessen. Ein Paradebeispiel für diesen Mißstand ist die allerdings „vieldeutige Verwendung des Terminus ‚Prinzip'" bei den Interpreten!

12. Vgl den Kommentar von D. *Ross*, Aristotle's Metaphyics, Bd. 1, [3]1953, S. 256. Ross unterteilt die Passage in „three sub-sections": 1003 b 19-36 — 1004 a 2 („is probably out of place"), 1004 a 2-9 und 1004 a 9-31. Diese Unterteilung entspricht weitgehend den Problemtopoi von der „Konvertibilität von ὄν und ἕν", der „ἐφεξῆς-Ordnung der οὐσίαι" und der sog. „Gegensatzlehre". Deren sachlicher Zusammenhang mit der Lehre vom ὄν ᾗ ὄν bleibt eine crux der Interpretation, was nicht nur die älteren Kommentare, z.B. A. *Schwegler*, Die Metaphysik

des Aristoteles, 1847, Nachdurck 1968, S. 149 ff., sondern auch neuere, z.B. Giovanni *Reale*, loc. cit., S. 320 ff., zeigen. Daß Met. Γ überhaupt auseinanderfalle in „zwei (nur äusserlich aneinander geknüpfte und schwerlich ursprünglich zusammenhängende) Hälften, deren erste die Beantwortung und Lösung der wichtigeren Aporien, und eben damit eine prinzipielle Grundlegung der vorliegenden Wissenschaft, — deren zweite eine begründende, theils polemische, theils apologetische Abhandlung über den Satz des Widerspruchs enthält" — mit diesem bezeichnenden Verständnis des Gesamtkontextes von Met. Γ ist Schwegler, vgl. S. 149, keineswegs allein geblieben. Zur Abtrennung von Γ 1-2 von der „bloß logischen" Thematik ab Γ 3 s. später. Als besonders kritisch wird der Übergang 1003 b 36 — 1004 a 2 gewertet (vgl. Bonitz und Ross zur Stelle). Zur Textlage von Γ, insbesondere Γ 2, vgl. nochmals K. *Bärthlein*, Die Transzendentalienlehre der alten Ontologie, I. Teil: Die Transzendentalienlehre im Corpus Aristotelicum, Berlin 1972. Diese ausführliche Sachkommentierung von Γ 1-4 (S. 153-257) stellt mit gutem Grund die Forderung auf, Γ infolge seiner Eigengeartetheit (vgl. auch Anhang I) aus sich heraus auszulegen. Vgl. die Gliederung des Textes von Γ 2, S. 157, und den „Rückblick auf Met. IV 1-2", S. 198-204. Die Auseinandersetzung Bärthleins hat gegenüber anderen Auseinandersetzungen mit der Thematik von Met. Γ den Vorzug, daß sie *explizit* systematische Fragen an den Text stellt, die sich erst aus der nachkantischen philosophischen Tradition stellen. (So wird mit Recht die Vergleichbarkeit der πρὸς-ἓν-Relation im Thema ὂν ᾗ ὂν mit dem Beispiel der Heilkunde in Γ 2 in Frage gezogen.) Die Auslegung, daß im Thema ὂν ᾗ ὂν „ein ‚Wissen', das allem Wissen um Mathematisches und um Naturgegenstände, ‚*voraus*geht', das also eine apriorische Bedingung für solches Wissen um besondere Seinsbereiche ist", bewegt sich — bei allen kantischen Anklängen („apriorische Bedingung") — in der Nähe unseres Verständnisses, insofern Bärthlein auf die allgemeinen konstitutionstheoretischen Voraussetzungen jeglicher Einzelerkenntnis (Erkenntnis von Einzelnem, Gegenständlichem) anspielt, die er jedoch wieder insoweit bei Aristoteles eingeschränkt vorliegen sieht, daß Aristoteles auf diese „Urbedingung" nicht reflektiert habe (S. 201) und insoweit — in der Sache — nicht von „Erster Philosophie" gesprochen werden könne. Die ganze Kritik Bärthleins resultiert daraus, daß er bei Aristoteles eben noch keine Reflexion (des Subjekts) auf die Bedingungen des Wissens (die — kantisch im Sinne Bärthleins — innerhalb der Subjektivität liegen müßten) vorliegen sieht. Mit Recht — *diesen* Sinn von Reflexion erfüllen die zweifellos *dennoch nur* reflexiv zu nennenden und nur so zu verstehenden Überlegungen des Aristoteles in Met. Γ nicht. Unter Voraussetzung, daß keine echte philosophische Reflexion bei Aristoteles vorliege, wird dementsprechend die Gegensatzlehre sehr gegenständlich von Bärthlein ausgelegt (vgl. S. 193 ff.), wenn das eine Glied des Paares ὂν — μὴ ὂν (ἓν — πλῆθος) als prozeßfreies, eigentliches Sein und das andere als prozeßhaft, uneigentliches Sein gefaßt wird — zur Zurückweisung der aristotelischen These von der Konvertibilität von ὂν und ἓν vgl. Bärthleins vorhergehendes Verständnis der entsprechenden aristotelischen Textpassage. Zur Frage der Zugehörigkeit des sog. Widerspruchsprinzips und Drittensatzes zur Thematik vom ὂν ᾗ ὄν vgl. S. 210 ff., wobei, wenn man beide Prinzipien als Prinzipien des Urteils bzw. der im Urteil sich vollziehenden Bestimmung auslegt, das ὂν ᾗ ὄν (insofern in diesem Ausdruck das noch — kategorial — Bestimmte oder Kategorienjenseitige von Bärthlein verstanden wird) als „Transzendentales" *vor* seiner urteilslogischen Bestimmung zu stehen kommt. — Auch wenn wir die Thematik vom ὂν ᾗ ὄν als Frage nach der Möglichkeit des Bestimmtseins von ὄν verstehen, sei ausdrücklich auf die Arbeit Bärthleins verwiesen, der durch die konsequent an die Texte herangetragenen systematisch differenzierten Fragestellungen viele Offenheiten in der aristotelischen Problemführung nachweisen kann sowie zu wesentlichen Konstatierungen im einzelnen gelangt, vgl. z.B. seine Bemerkung zur aristotelischen Aprioritätslehre (S. 213) im Kontext der ἀξίωμα-Problematik (ebd. f.).

Die Beziehung vom ὂν ᾗ ὄν auf das Prinzip der Identität, „das schon dem vorprädikativ gegebenen Seiendem als Seiendem Eindeutigkeit verleiht", auf der einen Seite und des Widerspruchsprinzips und des Drittensatzes auf die — *gegenüber* der Sphäre des Vorprädikativen liegenden — Urteilslehre andererseits ist Resultat der Beziehung der aristotelischen Problemführung auf diejenige Urteilslehre in der nachkantischen, modernen transzendentalphilosophischen Tradition, wie sie von den Wagnerschülern am prägnantesten W. *Flach* (Artikel „Urteil", im Handbuch philosophischer Grundbegriffe, Bd. 6, München 1974) dargestellt hat. Die Identifikation Bärthleins von ὂν ᾗ ὄν (das er durchgängig — uns auch aus seiner eigenen Gedankenführung heraus unverständlicherweise — als „das erste Seiende" bezeichnet) mit dem Prinzip*moment* der notwendigen Identität (Beziehung auf sich) des Urteilssubstrates, das noch *vor* seiner prädikativen Bestimmung steht, erscheint uns völlig undurchführbar. Die Folge ist, daß Bärthlein Aristoteles mangelnde Unterscheidung in der Sachproblematik (in der Theorie der Urteilskonstitution) vorwerfen muß. Unserem Verständnis nach stellt sich das Problem des „Vorprädikativen" (dessen, was noch nicht prädikativ — kategorial — ausgesagt ist) bei Aristoteles *dennoch* immer auch als das Problem der *Bestimmtheit* dessen, was ausgesagt werden kann, wobei das Zentralproblem in der Frage nach dem ὂν ᾗ ὄν *nicht* die Frage nach dem „Vorprädikativen" ist, sondern in der Frage nach den Prinzipien möglicher Bestimmtheit τῶν ὄντων und damit möglicher Prädikation besteht. (Was bei Bärthlein „Vorprädikatives" heißt, steht bei Aristoteles — wie gesagt — immer als ein Bestimmtes zum Thema, *von dem* ausgesagt bzw. *dem* etwas zugesprochen wird. Auch die „rein" noetische Erkenntnis eines Wesenssachverhaltes, die Aristoteles als θιγγάνειν bezeichnet, vgl. auch S. 44 ff., mag zwar etwas — sprachlich! — „Vorprädikatives" erfassen, dennoch kein schlechterdings Unbestimmtes.) In diesem Sinne stellt sich die moderne Unterscheidung von „prädikativ"/„vorprädikativ" als problematisch heraus: Das als „vorprädikativ" Bezeichnete kann selbst nur als Prinzip*moment* des Bestimmtseins begriffen werden und ist *außerhalb* des Prinzipien*ganzen* möglicher Bestimmtheit gar nicht thematisier*bar*. *Infolge* der Identifikation von ὂν ᾗ ὄν mit dem Prinzip*moment* der notwendigen Identität des Urteilssubstrates, vgl. zusammenfassend auch S. 198 f. der gen. Arbeit Bärthleins, muß die aristotelische Lehre von der Konvertibilität von ὄν und ἕν natürlich problematisch werden, vgl. S. 173 ff. Vgl. auch die Bärthleinsche Übersetzung der Passage 1003 b 26-33, S. 175/6, zu deren Auslegung übrigens wie häufig trotz gegenteiliger Forderung Bärthleins immer wieder von Bärthlein selbst auf sog. „Parallelstellen" (hier Met. Δ) zurückgegriffen wird. Auch wenn man der Bärthleinschen Arbeit den weitgehenden Verzicht auf Einbeziehung der philologischen Forschung zu Aristoteles vorwirft (so H. Flashar im neuen Ueberweg, loc. cit., S. 440, welchem Urteil man nicht so ohne weiteres wird zustimmen können), bleibt die durchgehende Paraphrasierung des Textes sowie der Versuch, die aristotelischen Problemtopoi unter modernen systematischen Fragestellungen zu verstehen (ein Unternehmen, dem H. Flashar in seiner Aristotelesdarstellung im Ueberweg — keineswegs zum Vorteil dieser Darstellung, insbesondere des Themas der πρώτη ἐπιστήμη — aus dem Weg geht), ein begrüßenswertes Unterfangen. Die Schwierigkeit jeder philosophischen Auseinandersetzung mit dem aristotelischen Text bleibt es, auch dort ein systematisch reflektiertes inhaltliches Verstehen zu erreichen, wo der Text in der Problemführung noch ununterschieden systematisch differente Fragestellungen ineins behandelt (und nicht die kleinste Schwierigkeit der akzentuiert philologischen Auseinandersetzung mit dem aristotelischen Text bleibt es, eben *auch* dort ein systematisches Verstehen zu implizieren, wo dieses nicht selbst reflektiert und ausdrücklich gemacht wird).

Die Unterscheidung von „vorprädikativ"/„prädikativ" scheint jedoch eine genuin aristotelische Unterscheidung selbst zu sein mit Blick auf die in Met. E 4, Θ 10 und Περὶ ἑρμενείας behandelte Wahrheitsthematik, vgl. dazu auch zusammenfassend Joseph *Moreau*, Aristote et la vérité antéprédicative, in: Aristote et les problèmes de méthode (Symposium aristotelicum), Louvain/Paris 1961. So wichtig diese aristotelische Unterscheidung des prädikativen Wahrheitsproblems von der „vérité antéprédicative" (sei es der bloßen Wahrnehmung von etwas oder dem „rein" noetischen Erfassen des Wesensgehaltes einer Sache bzw. Sachverhaltes in der Geometrie) ist, so darf hierüber nicht aus den Augen verloren gehen, daß gerade *mit* dieser Unterscheidung das Problem der *Bestimmtheit* dessen, was da „vorprädikativ" „bloß" wahr-genommen oder noetisch erfaßt wird, aufgeworfen ist, da sich anders überhaupt nicht von einer „*vérité* antéprédicative" sprechen läßt; denn sowohl das sinnliche wie das noetische Erfassen von etwas ist kein Erfassen eines schlechterdings Nichtbestimmten. Das Wahrheitsproblem der Prädikation fällt natürlich nicht schon zusammen mit dem Wahrheitsproblem selbst, worauf M. *Heidegger*, Sein und Zeit, Tübingen [12]1972, § 44 (S. 212 ff.) zurecht hinweist. Ebensowenig deckt sich das Bestimmtheitsproblem mit dem Problem des kategorial Bestimmten (wir müssen also durchaus von der Bestimmtheit des „Kategorienjenseitigen" — um den von Bärthlein so häufig verwendeten Terminus aufzugreifen — sprechen). Das, was prädikative Wahrheit ermöglicht, steht bei Aristoteles gerade zum Thema, indem er die notwendigen Bestimmungsprinzipien des λόγος in der Unterscheidung der substantialen, prädikativen und kopulativen Bedeutung des Terminus ὄν als die die Wahrheitsdifferenz eröffnenden Urteilsfunktionen expliziert. Mag man dieses Ermöglichende der prädikativen Wahrheit mit Heideggers Worten als Grundzug der Unverborgenheit oder Anwesenheit des Seienden verstehen, so ist es gerade Aristoteles' Problem, daß nicht einfach schon „Anwesenheit" (oder „Präsenz") des Seienden als dies Ermöglichende verstanden werden kann, sondern Anwesenheit eben Anwesenheit eines *notwendig Bestimmten* bedeutet. Insofern kommt übrigens auch nicht — wie Heidegger vermeint — bei Platon die „ἀλήθεια unter das Joch der ἰδέα", vgl. Platons Lehre von der Wahrheit, Bern ²1954, sondern die Ideenverfaßtheit (Bestimmtheit) ist das *Konstitutive* jeglicher Anwesenheit. Weil Heidegger das Problem der Bestimmtheit dem prädikativen Wahrheitsproblem zuweist, zeigt sich ihm die platonisch-aristotelische Wahrheitsproblematik als ein Verschieben „des Orts der Wahrheit" von der Unverborgenheit als dem Grundzug des Seienden zur Richtigkeit des „Blickens" — also von der ἀλήθεια zur ὀρθότης des Denkens. — Daß das Problem der Bestimmtheit mit Blick auf nachkantianische Urteilstheorien, die Heidegger wohl immer mit im Blick hat, nicht nur ein Problem des (genitivus subjectivus) Denkens, sondern ein Problem des (genitivus objectivus) Denkens an ihm selbst als es selbst ist, vgl. dazu den Aufsatz des Verfassers, Apriorität des Denkens bei Kant, in: Perspektiven der Philosophie, Bd. 10, 1984, insbesondere die systematische Erörterung des Bestimmtheitsproblems, S. 273-281. Das Problem der Bestimmtheit ist — bleiben wir in Heideggers Diktion — das eigentliche Problem der Frage nach dem Sein, weil die Prinzipien möglicher Bestimmtheit allererst so etwas wie „Sein" eröfffnen.

Die spezifisch moderne Unterscheidung von „vorprädikativ"/„prädikativ" verdeckt den konstitutionstheoretischen Sinn der Frage nach den Prinzipien der Bestimmtheit, indem sie das Bestimmtheitsproblem nur als ein Problem des (genitivus subjectivus) sprachlich sich äußernden Denkens versteht und die Wahrheitsthematik als ganze der ὀρθότης des (subjektiven) Denkens zuweist, ohne zu bedenken, daß sich gerade mit Blick auf die Frage nach der Bestimmtheit des Denkens selbst, seiner *als es selbst*, das Problem der Bestimmtheit als *zwar* „vorprädikatives" *und dennoch* Bestimmtsein (des — genitivus subjectivus *und* genitivus objectivus — Denkens) wiederholt. Die Bestimmtheit des (genitivus objectivus) Denkens an ihm selbst, die das Denken in der Reflexion auf sich prädikativ zu erfassen sucht, *ist nicht selbst eine Frage bloß der Prädikation* — anders formuliert: die Wahrheit des (genitivus objectivus) Denkens ist von der Wahrheit des (genitivus subjectivus) Denkens zu unterscheiden. Die Prinizpien der Bestimmtheit des Denkens an ihm selbst sind daher nicht als — in welchem Sinne auch immer — „subjektive" Prinzipien des Denkens zu verstehen. Dieser Hinweis mag hier genügen, um den konstitutionstheoretischen Sinn der Frage nach der Bestimmtheit als Frage *notwendig immer schon ineins* nach der möglichen Bestimmtheit des Denkens selbst, das sich apophantisch im Urteilen auslegt, und der möglichen Bestimmtheit des ὄν, das sich immer *als* ὄν zeigt, auch aus neuzeitlicher Problemsicht anzudeuten.

13. Vgl. die in Anm. 1 genannten Arbeiten. Die Dominanz der genuin philologisch ausgerichteten Arbeiten zum Thema der Abhängigkeit des aristotelischen Denkens vom akademischen Lehrgut liegt in der Natur der Sache. Trotzdem ist festzuhalten, daß nicht nur terminologische, sondern auch problemtopologische Parallelen nicht eo ipso sachliche Problemparallelität oder -abhängigkeit bedeuten. Die Philosophiegeschichte — nicht zuletzt Aristoteles' Verständnis der Vorsokratiker — legt beredtes Zeugnis davon ab, daß gerade das *philosophische* Verstehen von Philosophemen der Vorläufer ein Transponieren dieser in den eigenen systematischen Horizont und Kontext darstellt (darstellen *muß*). Schließlich — vorsichtig formuliert — ist es nicht vorab ausgemacht, daß ein solches Verstehen der Sache nicht näher kommt, die der zu-verstehende Text aus seinem Problemhorizont heraus *intendierte*. Dieses für jedes Verstehen konstitutive *Verhältnis* von „faktischer Textlage" und „intendiertem Problemgehalt", das allererst Interpretation *notwendig* macht, ist die eigentliche Mitte allen Verstehens. Eine „bloß faktische Textlage" bleibt ebenso ein Grenzbegriff wie der „bloß intendierte Problemgehalt"; dennoch kann beider Verhältnis nicht als ein wechselseitig *identisches* Bedingungsverhältnis begriffen werden. Dagegen spricht auch nicht die These, daß jede historisch orientierte Studie ebenso von vorgängig systematischen Konzepten geleitet bleibt (wie immer sie sich dies bewußt macht — man denke z.B. an die wechselvolle Geschichte der philologischen Platonrezeption) wie daß jede systematische Studie von einem historisch vermittelten Sinn von „Systematik" geleitet ist (wie immer sie sich dies bewußt macht). Spätestens in der Nachfolge der Hegelschen Philosophie ist dem systematischen Philosophieren explizit die Thematik der *eigenen* historischen Vermitteltheit eben *als* ein *systematisches* Problem mitaufgegeben. Die notwendige Verwiesenheit beider Fragestellungen darf weder darüber hinwegtäuschen, daß ihre Differenz nicht dennoch prinzipieller Natur, noch darüber, daß ihre Verwiesenheit keine gleichsinnige ist.

14. Vgl. z.B. die Arbeit I. *Schüßlers*, loc. cit., die trotz ihrer Auseinandersetzung insbesondere mit Met. Γ die Gegensatzproblematik im Kontext der übrigen Lehrstücke dieses Metaphysikbuches praktisch völlig übergeht. Das eigenartig ungelöste Verhältnis von Gegensatzproblematik und Theologik, die einander auszuschließen scheinen, bemerkt *Happ*, Hyle, loc. cit., S. 430 ff., vgl. das Resultat S. 446: „Aristoteles läßt also in den Gegensatzlehren von Γ/K die akademische Lehre von den zwei obersten Prinzipien und den in ihnen gründenden Gegensätzen deutlicher als anderswo hervortreten, vertritt aber keine akademische Prinzipienlehre mehr, sondern ordnet die Gegensätze (vor allem das oberste Gegensatzpaar ἕν—πλῆθος) seiner Seinsstufung *ein* und *unter*, ohne sie wiederum darin völlig aufgehen zu lassen." Ein solches Urteil mag als Resultat einer Untersuchungshinsicht, die die Textlage möglichst als solche zu konstatieren versucht, genügen. Wie jedoch diese „Ein-" und „Unterordnung" sachlich zu verstehen ist, darauf gibt dieses Vorgehen nicht die geringste Antwort (womit das *Urteil*, das in den Termini „Ein-" und „Unterordnung" verborgen liegt, fragwürdig werden muß).

Einen Hinweis auf das systematische Problem, das sich hinter der sog. „Gegensatzlehre" verbirgt, gibt mehr als die aristotelische Anspielung auf die akademischen und vorsokratischen Gegensatzlehren der von ihm in Met. Γ explizit gemachte *Kontext* der Gegensatzproblematik mit dem *Negationsproblem*, — ein deutlicher Hinweis dafür, daß sich dieses Lehrstück weniger kosmologisch und elemententheoretisch denn vielmehr urteilstheoretisch verstehen läßt. (Verwiesen sei noch einmal auf den dem aristotelischen Kontext entsprechenden Kontext der „Gegensatzproblematik" im platonischen Sophistes, wo sich die Untersuchung von ὄν und μὴ ὄν bzw. ἕν und πλῆθος auch in der Frage nach der Möglichkeit des λόγος im Sinne des wahrheitsdifferenten Urteils eingebettet findet. Ein problemtopologisch hinreichend breiter wie terminologisch genauer Vergleich insbesondere des platonischen Sophistes mit Met. Γ steht wie gesagt noch aus.)

53. Paul Natorp, Thema und Disposition der aristotelischen Metaphysik, in: Philosophische Monatshefte, XXIV. Bd., Heidelberg 1888, S. 37-65 und 540-574. Diese gelehrte Abhandlung Natorps übte mit ihrer Skizzierung der sachlichen Alternative innerhalb der aristotelischen Themenbestimmung der Metaphysik (deren Thema sei entweder „allgemein" oder „speziell") ungewöhnlichen Einfluß aus. Auch wenn vieles heute als überholt gelten kann, lohnt sich doch eine genauere Auseinandersetzung mit Natorps Argumentation, da sich hinter ihr eine noch immer ungehobene und daher immer wiederholte Argumentfigur verbirgt. Aus diesem Grunde gehen wir näher auf Natorps Abhandlung ein.

Natorp behandelt „Thema und Disposition der aristotelischen Metaphysik", der *ganzen* Metaphysikschrift. E — insbesondere E 1 — hat bei Natorp die Funktion eines Scharniers, doch ist es eingebaut und umrahmt von Natorps Verständnis der Bücher A, B, Γ als den „Präliminarien" der eigentlich thematischen *Durchführung* des Themas der aristotelischen Metaphysik, nämlich Z, H, Θ [ohne Θ 10], M, N und Λ [das Natorp immer für den Schlußstein nimmt]; K gilt ihm als nacharistotelische Paraphrase, und Δ von Andronikos nachträglich an diesen Ort gesetzt [περὶ τοῦ ποσαχῶς]. Buch I betrachtet Natorp als erläuternden Anhang („gewissermaßen selbständige Abhandlung", 573), der der Beseitigung dialektischer Schwierigkeiten diene, die sich im Anschluß an Γ 2 mit den Themen der Konvertibilität von ὄν und ἕν, Selbigkeit, Verschiedenheit, Gegensatz etc. stellen könnten.

Zu Beginn entwickelt Natorp kurz sein Verständnis des eigentlichen Themas der aristotelischen Metaphysik anhand einer Skizze von A, B, Γ als den „Präliminarien" [Thema sei die Untersuchung über die „Substanz" oder, „was für Aristoteles damit fast unmittelbar identisch ist", des „Seienden als seiend", S. 37, d.h. näherhin desjenigen, „wovon alles Andere, eben dem Begriffe nach, abhängt", ἤρτηται, 1003 b 17, Natorp S. 41]. Natorp versteht darunter, „wie wir fast im kantischen Ausdruck das aristotelische ὄν ᾗ ὄν wiedergeben dürften", S. 39, den „Gegenstand überhaupt". „Fast" fügt Natorp einschränkend hinzu, und erläutert in Anm. 5, daß Aristoteles nicht erkannt habe, daß eine Untersuchung über den „Gegenstand überhaupt“ nur Sinn hat als „Untersuchung über die Bedingungen und Gesetze der Gegenständlichkeit der Erkenntniss“, obwohl ihm von Platon her der Weg zu dieser Einsicht offen gestanden habe.

Nach Natorps Ansicht hat Aristoteles zwar den transzendentallogischen Sinn der ganzen Aufgabenstellung also nicht begriffen, d.h. hat nicht begriffen, daß der „Gegenstand *überhaupt*“ als der *theoretische* Gegenstand Leistung des Denkens in seiner apriorischen Gegenstandsbezogenheit ist, dennoch stehe der Gegenstand *überhaupt* zum Thema, d.h. also die οὐσία überhaupt. Natorps Einschränkung [„Fast“] betrifft also nur das Wort „Gegenstand“ (d.h. eben die von Aristoteles nicht erkannte Gegenständ*lichkeit* der οὐσία, weshalb er sein Thema „ontologisch“, also als „Reales“, deute, womit ihn eben die kantische Kritik treffe), nicht jedoch betrifft diese Einschränkung das Wort „überhaupt“!

Dieser ganze Punkt, der im Haupttext von Natorp einen halben Satz (= 2 Zeilen) und in Anm. 5 zwei Sätze einnimmt, stellt die systematische Grundlage der gesamten Abhandlung Natorps dar. Und das ist nun zu zeigen: Hier liegt ein von Natorp undurchdachtes Problem, das auch keiner seiner Kritiker bis heute aufgedeckt hat und das die Diskussion um die zentrale Frage, ob das Thema der aristotelischen Metapyhsik nun „allgemein“ oder „speziell“ sei (d.h. über nur *einen* Seins- bzw. Gegenstandsbereich gehe) in eine Sackgasse geführt hat [seien dies nun z.B. Ross, Merlan oder noch Happ]. Natorp nämlich suggeriert, daß Aristoteles, obgleich er den transzendentallogischen Sinn von Gegenständlichkeit nicht erkannt habe, so doch den transzendentallogischen Sinn von „allgemein“ (bzw. „überhaupt“) denke. Und eben das ist der springende Punkt: Der transzendentallogische Sinn von „allgemein“ ist keineswegs identisch mit dem gattungslogischen Sinn von „allgemein“, gegen den sich die Kritiker Natorps wenden. Allerdings macht Natorp diesen Punkt selbst nicht nur *nicht* explizit, sondern verschleift die Sinndifferenz beider Begriffe.

Dieser Punkt ist es, der die gesamte gelehrte Abhandlung Natorps so unglückselig doppeldeutig macht und von den Kritikern nicht erkannt wurde: Daß nämlich Natorps *Grundalternative*, S. 49, einerseits handle die Metaphysik von Seiendem überhaupt und sei darin allgemein [Natorps Position], oder andererseits behandle die Metaphysik ein bestimmtes Gebiet des Seienden, also einen besonderen Gegenstand, und sei insofern „speziell“ [was Natorp streng ablehnt], selbst als ganze doppeldeutig ist. Dieser „unleidliche Widerspruch“, S. 49, in der Themenbestimmung der aristotelischen Metaphysik, „da ὄν ἁπλῶς oder ᾗ ὄν und ὄν τι καὶ γένος τι (1025 b 8/9) einander ausschließende Gegensätze sind“ — und damit sind wir mitten in den Problemen von E 1 — enthält sicher mehr als ein Problem, das sich in der genannten Alternative zweier disjunktiv zueinander stehenden Thesen erschöpft.

Zu Natorps Diskussion von E 1 im einzelnen: Kernproblem ist ihm die „Gleichsetzung der Fundamentalphilosophie mit der Theologie“ in E 1 [sowie K 1-8], S. 548. Insgesamt stimme E 1 mit Γ 1 derart überein, daß es fast bloß als Variante von Γ 1 gedeutet werden könne, S. 47. Auffällig sei jedoch, daß E 1 weniger differenziert sei als Γ. S. 49/50: „Nach allgemein angenommener Interpretation soll sie [die „Grundwissenschaft"] zum Ergebniss haben, dass die philosophische Grundwissenschaft einerseits zwar (was wir eben bestätigt hören wollten) die sei, welche vom Seienden *überhaupt handelt, andrerseits aber doch, oder vielmehr ebendamit, ein bestimmtes Gebiet des Seienden, nämlich das Unwandelbare und Stofflose, zum besonderen* Gegenstande habe.

Daß diese doppelsinnige Auffassung der Aufgabe der πρώτη φιλοσοφία einen unleidlichen Widerspruch einschliesst, da ὂν ἁπλῶς oder ᾗ ὂν und ὄν τι καὶ γένος τι (1025 b 8.9) einander ausschliessende Gegensätze sind, scheint man sich bisher nicht deutlich gemacht zu haben. Eine Wissenschaft, die vom Seienden überhaupt und als solchem handelt, muss allen denen, die je ein besonderes Gebiet des Seins behandeln, gleichermassen übergeordnet, sie kann nicht zugleich mit einer derselben, und sei es die wichtigste, vornehmste, identisch sein. ...

Wirklich hat nun Aristoteles, wenigstens bis zu dem Punkte, bis zu welchem wir seiner Erörterung gefolgt sind, diesen Widerspruch auch nicht begangen. Es hiess: ob es noch ein anderes γένος gebe ausser demjenigen, welches den Specialgegenstand der Physik bez. der Mathematik bildet, dies zu erkennen sei Sache einer fundamentaleren, der überhaupt fundamentalen Wissenschaft; oder, diese grundlegende Wissenschaft habe nicht wie die theoretischen Specialdisciplinen, blos vom Wandelbaren und Stofflichen, sondern »auch« vom Unwandelbaren und Stofflosen zu handeln; auch von diesem, nämlich in gleichem Sinne wie von den anderen γένη τοῦ ὄντος, sofern sie das Ob? und das Was? derselben festzustellen hat."

Kernthese Natorps ist also: Gott bzw. das Göttliche ist *nur auch* Thema der πρώτη φιλοσοφία. Natorp liest das καί in E 1, 1026 a 16 beiordnend. Den restlichen Teil von E 1 habe man nach Natorp „am ärgsten mißverstanden", S. 53. Es geht um die Deutung von 1026 a 29-31: εἰ δ' ἔστι τις οὐσία ἀκίνητος, αὕτη προτέρα καὶ φιλοσοφία πρώτη, καὶ καθόλου οὕτως ὅτι πρώτη. Natorp liest: „Gibt es eine unwandelbare Substanz, so ist vielmehr ⟨diese⟩ (‚Wissenschaft' ergänzt Natorp im Gegensatz zu Alexander, der οὐσία ergänzt) die fundamentalere [Natorp hatte auf den Sinn von πρώτη in A, B, Γ hingewiesen — wir kommen darauf zurück] Philosophie, und sie ist allgemein, eben sofern sie die fundamentalere ist (d.h. diejenigen Fundamente legt, die allen γένη τοῦ ὄντος gemeinsam sind [Natorp hatte sich hier auf Γ bezogen]".

Natorp wendet sich dabei gegen Alexander und die „neueren Erklärer", S. 54/55: „Also die von einem bestimmten γένος, dem Uebersinnlichen, handelnde Wissenschaft soll ebendamit nicht nur die »erste« sein, was in einer veränderten Bedeutung von πρῶτος noch wohl angehen möchte; sondern, sofern die erste, auch die allgemeine; was in diesem Falle, d.h. wenn »die erste« bedeuten sollte »die vornehmste« (weil vom vornehmsten γένος handelnde), ein vollkommener Widerspruch wäre.

Steht aber unsere Interpretation, wie mir scheint, unangreifbar fest, so ist die

Gleichsetzung mit der »Theologik« in keiner Weise mehr zu halten. Die bezeichneten Sätze (l. 18 und 21) sind zu beseitigen als Randglossen eines Unberufenen, die dann in den Text geriethen. Nach ihrer Entfernung ist der Zusammenhang formell und materiell klar und wohl verständlich.“

Daß Natorp dennoch Zweifel an seiner Lesart implizit zugesteht, beweist das Folgende, S. 55/56: „Immerhin würde ich eine so folgenreiche, von den herrschenden Ansichten weitabführende Athetese nur mit halbem Muthe wagen, wenn nicht ein fernerer, sehr auffälliger, auch längst bekannter, aber in der fraglichen Rücksicht nicht beachteter Umstand bestätigend hinzukäme.

Die Ausdrücke θεολόγος, θεολογία, θεολογεῖν haben nämlich bei Aristoteles, abgesehen von unserer Stelle und der unechten Parallele K 7 (s.u. § 10), die ganz feststehende Bedeutung, nicht einer *wissenschaftlichen Lehre* von Gott oder den Göttern, also einer *philosophischen Disciplin*, sondern der *dichterischen (mythischen) Erzählung* von den Göttern, (Göttersage,) entsprechend etwa den Ausdrücken μυθολόγος, μυθολογία, μυθολογεῖν.“ (Und Natorp fügt mit Blick auf die historischen Konsequenzen S. 58 hinzu: „Man darf ernstlich zweifeln, ob die Kirchenlehrer des Mittelalters es wohl hätten unternehmen können, die christliche Theologie auf die Metaphysik des Aristoteles zu pfropfen, wären sie sich klar darüber gewesen, eine wie untergeordnete Stellung der Lehre von Gott im Gesammtplane der philosophischen Fundamentallehre vom Seienden nach Aristoteles' Absicht zukommen sollte; sie hätten dann eben nicht von der Annahme ausgehen können, dass nach Aristoteles »Theologie« nicht bloss *eine*, sondern *die* Philosophie sei.“)

Der zweite Teil von Natorps Abhandlung dient der „ferneren Sicherung und Vervollständigung unseres Resultats“, S. 540, wobei er die noch nicht berücksichtigten Stellen bei Aristoteles selbst heranzieht (insbesondere aus Γ 2, Z 1, H 1, die Behandlung der 6. Aporie aus B in M, N, sowie Λ) als auch die älteren Peripatetiker (neben Eudem vor allem Theophrast), um dann ab S. 549 den „Grundplan der πρώτη φιλοσοφία nachzuweisen“. Die Argumente und Kriterien für diese Nachzeichnung sind jedoch im 1. Teil der Abhandlung dargelegt, und auf sie müssen wir uns im weiteren konzentrieren.

Rekapitulieren wir jedoch vorher: Natorp hatte Recht, wenn er seine Athetesen von 1026 a 18-19 und 21-22 nicht allein auf die Lesart von E 1 glaubt abstützen zu können. Genau gesehen differiert Natorps Lesart nur in zwei Punkten von der üblichen, nämlich sein Verständnis von προτέρας in 1026 a 23 und des καί in 1026 a 16 und damit des Verständnisses des Sinnzusammenhanges der jeweiligen Sätze. Natorp liest προτέρας als „fundamentalere“ und das καί als „auch“ und damit das καί ... καί *nicht* als ein solches „sowohl ... als auch“, das anderes ausschließt. Wichtig ist festzuhalten, daß die Lesart von καί in 1026 a 16 — setzen wir voraus, daß sie möglich sei — *abhängig* ist von Natorps Deutung von προτέρας als „fundamentalere“ [das hat Ross z.B. nicht gesehen, der Natorp im Metaphysikkommentar zur Stelle zitiert und Natorps Verständnis des καί kritisiert]. Und hinter Natorps Verständnis von προτέρας („fundamentalere“)

steht sein Verständnis von πρώτη, das er jedoch nicht auf E 1 abstützt (und abstützen kann), sondern nur auf die Interpretation von A, B, Γ. Die Frage nach der bloßen Lesart von E 1 hat man daher zunächst von der Frage nach dem Zusammenhang von E 1 mit A, B, Γ zu unterscheiden.

Was ist also zur Lesart von E 1 durch Natorp zu sagen? Es geht um die Frage, ob in den Begriffen „ὂν ἁπλῶς", „ὂν ᾗ ὄν", „προτέρα", „καθόλου" und „πρώτη" eine Wissenschaft qualifiziert wird, die *nur* ein τιμιώτατον γένος auf τί ἐστι und εἰ ἐστι zu untersuchen habe, oder (alternativ von Natorp verstanden) die alle οὐσίαι auf τί ἐστι und εἰ ἐστι zu untersuchen habe und darunter *nur auch* die πρώτη οὐσία [S. 52: Natorp sieht infolge des Themas πρώτη οὐσία auch den Grund für den „höchsten Rang" der πρώτη φιλοσοφία, hält diese axiologische Wertschätzung jedoch nicht hinreichend von jenem „fundamentalen" Rang der πρώτη φιλοσοφία unterschieden]. Natorp setzt jenen Begriffen das περὶ ὄν τι καὶ γένος τι in 1025 b 8 entgegen. Das scheint eine klare Alternative zu sein, die Natorps Gegner ausräumen müssen. Das καί ... καί in 1026 a 16 sowie das προτέρα in 1026 a 13 zu lesen wie Natorp führt auf das Problem, daß Aristoteles in E 1 die Unterscheidung der theoretischen Wissenschaften eindeutig von der Unterschiedenheit ihrer Gegenstände abhängig macht (mit Ausnahme während des Vergleichs in 1026 a 25-27, dazu später). Das προτέρα in 1026 a 13 hat offensichtlich *abhebende* Funktion gegenüber Physik und Mathematik. Der mit εἰ eingeleitete Satz schafft eine Bedingung, zieht eine allgemeine Konsequenz (die als solche mit Blick auf 1025 b 21-25 ohnehin klar und somit überflüssig wäre), die dann — *da* Physik und Mathematik *betrachtende* Wissenschaften ja *auch* sind — mit ἀλλά *determiniert* wird. Drehen wir den Gedanken um: Wenn es keine ewige, unbewegte und abgesonderte Wesenheit gibt, dann ... gibt es auch keine gegenüber Physik und Mathematik „frühere Wissenschaft". Das entspricht genau — um nur in E 1 zu bleiben — 1026 a 27-28. Und diese Stelle, die Natorp nicht athetiert, widerstreitet kontradiktorisch dem zwingenden Implikat der Natorpschen These, daß es auch dann eine allgemeine Wissenschaft von der οὐσία überhaupt geben müsse, selbst wenn es keine ewige, unbewegte und abgesonderte Wesenheit gäbe [auch wenn es — da der Status der mathematischen Gegenstände fraglich ist — nur Wesenheiten gäbe, die *zwar* χωριστά *jedoch* auch κινητά sind; denn als Prädikate sind diese Begriffe nur einschränkende Bestimmungen des Begriffs οὐσία].

Ein weiteres Argument, nunmehr gegen Natorps Lesart des καί ... καί als nicht-ausschließendem „sowohl als auch", sei angefügt: Nach Natorps Lesart bedeutete der Satz also: ἡ δὲ πρώτη καὶ περὶ χωριστὰ καὶ ἀκίνητα // καὶ περὶ χωριστὰ μὲν ἀλλ' οὐκ ἀκίνητα // καὶ περὶ οὐ χωριστὰ μεὺ ἀλλ' ἀκίνητα. Die πρώτη φιλοσοφία wäre durch die zwei Prädikate χωριστόν und ἀκίνητον nur verkürzend bezeichnet, wenn sie doch die οὐσίαι von Physik und Mathematik ebenfalls auf ihr τί ἐστι und εἰ ἐστι *auch* zu betrachten hätte. Wäre das aber von Aristoteles intendiert gewesen, hätte er dies eben *hier* sagen müssen. Die Differenz der πρώτη φιλοσοφία zur Physik und Mathematik wäre dann die gewesen — und zwar in erster Linie gewesen —, daß sie sie *umfaßt*, und erst in zweiter Linie, daß sie *auch* noch einen eigenen Gegenstandsbereich besitzt. Und das ist klarerweise von Aristoteles nicht gesagt.

Soweit zur Lesart von E 1 durch Natorp; angenommen jedoch, diese contra-Natorpsche Argumentation wäre stichhaltig, was ist dann in der Sache erreicht? Wir hätten Natorps Lesart von προτέρα und καί ... καί zwar als mit zu großen Problemen behaftet nachgewiesen, nicht jedoch Natorps These widerlegt, daß zwischen den Bestimmungen καθόλου, ὂν ἁπλῶς, ὂν ᾗ ὂν und ὄν τι καὶ γένος τι ein „unleidlicher Widerspruch" herrscht. [Natorp hat hier im Grunde eine barocke Festungsanlage gebaut: Nach der Eroberung dieses Festungsabschnittes stellt sich heraus, daß dieser Abschnitt für die eigentliche Festungsanlage überflüssig war und damit der Streit um diesen Abschnitt.] Immerhin wäre Natorp gezwungen, da er ja nicht ganz E 1 athetiert, einen recht unverdeckten Widerspruch in den aristotelischen Ausführungen zur πρώτη φιλοσοφία selbst zu konstatieren, was er Aristoteles ungern zumuten würde.

Bevor man nun mit Natorp einen weiteren Kreis um E 1 zieht, ist aufmerksam zu machen, auf welche Probleme Natorp *nicht* hinweist, die sich in E 1 stellen und die für Natorps Deutung, die πρώτη φιλοσοφιά habe die οὐσία überhaupt zum Thema, außerordentlich vertrackte Fragen hätte aufwerfen müssen:

Natorp verweist zwar auf 1025 b 16-18, womit gesagt ist, daß die gesuchte Wissenschaft von τί ἐστι und εἰ ἔστι all dessen zu handeln habe, wovon die übrigen Wissenschaften die Wissenschaften sind [und darüber läßt sich streiten, wie man das genau verstehen soll], — Natorp setzt sich jedoch *nicht* mit 1026 a 31-32 auseinander: Was immer es auch bedeutet, daß die gesuchte Wissenschaft περὶ τοῦ ὄντος zu handeln habe, im letzte Satzteil heißt es: καὶ τί ἐστι καὶ τὰ ὑπάρχοντα ᾗ ὄν. Wenn nämlich ὂν ᾗ ὂν den Gegenstand überhaupt bezeichnet, so kann — da Gegenstand-*überhaupt* nicht selbst ein Gegenstand ist, sowenig die οὐσία-überhaupt selbst eine οὐσία sein kann — die Wissenschaft vom ὂν ᾗ ὂν nur Lehre vom demjenigen sein, *kraft dessen* etwas eine οὐσία ist, also eine allgemeine Prinzipienlehre derjenigen Bestimmungsstücke, die etwas notwendigerweise an sich haben muß, um οὐσία sein zu können (und diese Bestimmungsstücke können nicht wieder selbst οὐσίαι sein). Wenn sie aber keine οὐσίαι sind, wenn also die οὐσία-überhaupt [nach Natorp Thema der Metaphysik] keine οὐσία sein kann, dann ist rätselhaft, wie Aristoteles vom τί ἐστι dieses Themas und von den ὑπάρχοντα desselben sprechen kann. Hat denn die Rede vom τί ἐστι und den ὑπάρχοντα nicht nur Sinn eben mit Bezug auf die οὐσία und d.h. natürlich mit Bezug auf je-bestimmte οὐσίαι? [Die Kritiker Natorps haben interessanterweise nicht ausgewertet, was *für* sie zu sprechen scheint; vielleicht enthält dieser Punkt jedoch für sie selbst erhebliche Schwierigkeiten.]

Abschließend zu Natorps Deutung von E 1 ist noch hinzuweisen auf seine *allgemeinen* Bestimmungen zu E 1: Natorp will das eigentliche Thema der Metaphysik „im Eingang der Bücher Γ und E" sehen: „Die Darlegung der philosophischen Grundwissenschaft, welche das ‚Seiende als seiend', oder, was für Aristoteles fast unmittelbar identisch ist, die ‚Substanz' zum Problem hat", S. 37, will Natorp mit „größerer Strenge als bisher zur Durchführung" bringen. In den §§ 3 und 4 beschäftigt sich Natorp nach § 2, in welchem er sich den einführenden Büchern A, B zuwendet, auf sechs Seiten abbreviatorisch hauptsächlich mit Γ 1 und 2. Von E 1 hieß es ja, S. 47: „Dasselbe stimmt im Grundgedanken mit Γ 1 derart überein, dass es fast als bloße Variante jener früheren Auseinandersetzung erscheint"; wie die nachstehenden Sätze jedoch ergeben, betrachtet Natorp E 1 aber auch als Variante nicht nur von Γ 1, sondern bezieht es auf Γ 1-4, über welche Kapitel in §§ 2 und 3 kurz vorher bei Natorp die Rede war. Und so kompliziert die Sachlage in Γ 2 auch ist [es ist von den εἴδη τοῦ ὄντος ᾗ ὄν die Rede, die Natorp unmittelbar für identisch hält mit dem Thema von ταὐτόν/ὅμοιον καὶ τῶν τούτοις ἀντικειμένων, die alle auf das Erste, zu Grunde liegende in jeder Aussage, d.h. auf die Substanz zurückbezogen werden, so Natorp, ohne sich doch positiv über die Systoichienlehre zu äußern; ferner ist die Rede von der den Hauptgedanken störend unterbrechenden Passage 1004 a 1-9 über die Klasseneinteilung der οὐσίαι, die Alexander wie Bonitz fälschlich mit den εἴδη τοῦ ὄντος identifiziert hätten; es ist die Rede vom Widerspruchsprinzip und von der πρὸσ-ἕν-Struktur des πολλαχῶς λέγεται τὸ ὄν], — eigenartigerweise finden sich in E 1 all die Probleme und Lehrtopoi von Γ 2, die Natorp mehr benennt als expliziert, *nicht* (mit Ausnahme der γένη τοῦ ὄντος parallel zum — allerdings nach Natorp störenden — Textteil 1004 a 1-9 in Γ 2). Wie daher Natorp E 1 als Variante von Γ 1-4 betrachten kann, bleibt also sehr fraglich; bedeutsamer als diese bloße Behauptung Natorps jedoch ist, daß Natorp *sein* Verständnis des Themas der Metaphysik viel *wesentlicher* an Γ bindet als an sein Verständnis von E 1, wie nach seinen einführenden Worten zu erwarten gewesen wäre. Und hier, wo Natorp sich also hätte konzentrieren müssen, sind seine Ausführungen fragmentarisch (betreffend: 1003 b 19 - 1004 a 2: εἴδη τοῦ ὄντος; die Lehre von der Konvertibilität von ὄν und ἕν; 1004 b 26 - 1005 a 13: die sog. Gegensatzlehre verspräche keinen wesentlichen „Gewinn für unsere gegenwärtige Absicht", S. 45), inhaltlich nicht explizierend, sondern allenfalls sortierend (Unterschied der εἴδη von den γένη τοῦ ὄντος) und höchst fragwürdig (weil Problemkontexte nicht berücksichtigend), äußerlich parallelisierend (die mannigfachen Bedeutungen von ὄν werden von Natorp so auf die οὐσία rückbezogen wie die mannigfachen Bedeutungen der εἴδη τοῦ ὄντος [bei ihm die gegensatzpaarigen Begriffe] auf die οὐσία).

Damit steht man vor der eigenartigen Situation: Will man sich mit Natorps Verständnis von Thema und Disposition der aristotelischen Metaphysik auseinandersetzen — und das geschah bisher weitgehend in der Auseinandersetzung mit Natorps Verständnis von E 1 (und K) —, so ist man in Wahrheit rückverwiesen auf Natorps Auseinandersetzung mit Γ; und da erinnert man sich an den § 13 seiner Abhandlung, wo er den Grundplan der Metaphysik darlegen möchte und A, B *und* — man staune! — Γ zu den Büchern mit „bloss präparativen Charakter" zählt. S. 549: „Gehen wir denn daran, den Grundplan der πρώτη φιλοσοφία nachzuweisen, so darf bezüglich der Bücher A B Γ auf das oben §§ 2-4 Gesagte verwiesen werden. Diese Bücher haben einen bloss präparativen Charakter; es fragt sich, ob denn nun mit E die Hauptuntersuchung beginne. Diese Frage ist entschieden zu verneinen; ja es ist wohl dieses ganze Buch, möchte immerhin Aristoteles zum Verfasser haben, aus der Composition der πρώτη φιλοσοφία auszuscheiden." Wenn also die Substanzbücher Z H Θ sowie M N und Λ den Kern der Metaphysik bilden, so entnimmt Natorp doch *de facto* den Plan des ganzen Hauses aus Γ, einem „präparativen" Buch.

Wir müssen also von vorne beginnen, dem § 2 der Natorpschen Abhandlung, S. 38/9: „Gleich die einführenden Kapitel A 1 und 2 wollen zeigen, τίς ἡ φύσις τῆς ἐπιστήμης τῆς ζητουμένης [εἴρηται fehlt im Zitat] καὶ τίς ὁ σκοπὸς οὗ δεῖ τυγχάνειν τὴν ζήτησιν καὶ τὴν ὅλην μέθοδον (c. 2 extr.). Ihren Gegenstand bilden die π ρ ῶ τ α ι ἀρχαὶ καὶ αἰτίαι (982 b 8). Das Wort πρῶτος hat hier natürlich den für Aristoteles feststehenden, technischen Sinn des begrifflich Fundamentalen, Allem zu Grunde Liegenden; es handelt sich demnach um das Allgemeinste, Abstracteste von dem, was überhaupt Gegenstand wissenschaftlicher Untersuchung sein kann. Dieser höchste, weil allgemeinste und abstracteste Gegenstand ist aber, wie wir Γ 1 erfahren werden, der Grundbegriff vom »Gegenstand überhaupt«, wie wir fast im kantischen Ausdruck das aristotelische ὂν ᾗ ὄν wiedergeben dürften."

Natorp versteht also unter πρῶτος das begrifflich Fundamentale, allem zugrunde Liegende, Allgemeinste, Abstrakteste. Und das bezeichnet er als „Gegenstand", und zwar als „Gegenstand überhaupt", — ein wahrhaft paradoxer Begriff: Kann überhaupt Gegenstand sein, dem man das Wort „überhaupt" zuspricht?

Der Übergang zu Γ besteht dann in der Natorpschen Identifikation der πρῶται ἀρχαὶ καὶ αἰτίαι mit der οὐσία, dem begrifflich Ersten, „wovon alles Andere, eben dem Begriffe nach, abhängt".

„Dies ist nun soweit klar und consequent", S. 41, beginnt der 1. Satz des § 3 bei Natorp, und damit muß alles Folgende dunkel bleiben, weil im Sachansatz der Natorpschen Gedankenführung nicht klar ist, was denn „allgemein", „abstrakt" und „begrifflich fundamental" eigentlich bedeuten soll. Zwei Wege nämlich sind jetzt verbaut: „Allgemein" kann das Thema der Metaphysik *nicht* sein im Sinne des Gattungsallgemeinen, und auch kein bestimmter Gegenstand kann Thema der Metaphysik sein, weil das Thema dann eben nicht „allgemein" und „abstrakt" wäre. Und damit stehen wir vor einer derart radikalen Alternative, deren *beide* Seiten in Paradoxien führt, daß es undenkbar scheint, daß Aristoteles, wäre er vor dieser Alternative gestanden, sie auch nicht bemerkt hätte.

Entweder — erinnern wir uns an die Wendung aus E 1, 1026 a 30-31: καὶ καθόλου οὕτως ὅτι πρώτη — ist die gesuchte Wissenschaft „allgemein", insofern (weil) sie erste ist" (und wir denken hinzu: weil sie auf den vorzüglichsten Gegenstand geht) [und dann *ist* diese Wissenschaft zuletzt eben *nicht* allgemein, sondern nur vermittelterweise so bezeichenbar, insofern die übrigen οὐσίαι „irgendwie" von der πρώτη οὐσία „abhängen"], oder sie ist insofern erste Wissenschaft, als sie „allgemein" ist, dann behandelt sie zuletzt jedoch weder einzelne οὐσίαι, noch alle οὐσίαι, noch die höchste οὐσία, ja im strengen Sinne überhaupt keinen „Gegenstand" [und dann handelt diese Wissenschaft nicht von Seiendem oder von οὐσίαι, sondern nur von den *Prinzipien* des Seienden]. Beide Deutungen führen offensichtlich zu Schwierigkeiten, deren Unlösbarkeit sich mit umfangreichen Erklärungen allenfalls vernebeln läßt. Die Frage stellt sich daher, ob die ganze Alternative nicht falsch gestellt wurde. Andernfalls müßte denkbar sein, daß Aristoteles aus Unaufmerksamkeit dieses Dilemma innerhalb seiner Themenbestimmung der Metaphysik nicht bemerkt habe. Oder tragen die Interpreten allererst die alternativen Fragestellungen an den Text heran, wenngleich verleitet durch anscheinend gegenläufige Textpartien, die für den Autor jedoch offensichtlich kein alternatives Problem darstellten?

Man wird kaum umhin kommen, Natorps alternativen Sachansatz — auch unabhängig von der aristotelischen Problemlage — sachlich zu durchdenken, was die Kritiker Natorps bisher unterließen; und daß Natorps alternativer Interpretationsansatz *in sich* unklar ist, sollte gezeigt werden.

Natorps Abhandlung zeigt eine typische Problemlage auf: Die Kriterien für seine Auslegung der Themenbestimmung der aristotelischen Metaphysik bezieht er wesentlich aus seiner Deutung von Met. Γ, die er ihrerseits in seiner Abhandlung nur höchst rudimentär expliziert. Neben den oben dargelegten Problemen dieser Natorpschen Auseinandersetzung mit Γ sei noch auf einen verräterischen Hinweis auf S. 573 verwiesen, wo Natorp so nebenbei von der zweiten Hälfte von Γ behauptet, sie handle „über die Formalprincipien". Auch hier liegt offenbar eine völlig unaristotelische Unterscheidung von „ontologisch/logisch" vor, die sich bis heute durchgehalten hat. Und — angenommen — die Themenbestimmung der aristotelischen Metaphysik in Γ läge vom Textbefund her endlich klar zutage, so stellte sich noch immer die Frage, ob dann diese Themenbestimmung der Metaphysik in Γ eigentlich argumentativ entwickelt oder nur thetisch vorgetragen wird. Und da dies — wie es scheint, man denke an Γ 1, den indikativisch formulierten ersten Satz — offensichtlich von Aristoteles im letzteren Sinne vorgetragen wird, müssen wir wohl den Sinn von „Einführung" und „bloßer Einleitung" neu überdenken, mit welchen Termini Natorp wie üblich die Ausführungen in Met. A und B charakterisiert. Daß das „Einleitungsproblem" in das Philosophieren bereits selbst ein eminent *inner*philosophisches Problem ist, ist sicher keine Hegelsche Entdeckung, sondern nur die wohlbegründete Erinnerung an einen Sachverhalt, der Platon sowohl wie Aristoteles nur zu vertraut war. Natorp stellt sich nicht die Frage, wie man von den Einleitungsbüchern — insbesondere Met. A 1 und 2 — in argumentativer Sachfolge zu den Lehrtopoi insbesondere von Met. Γ gelangt, womit diese in der Gefahr stehen, wie monolithische Blöcke nur textfaktisch behandelt zu werden.

Zum Problem der „Analytischen Schriften"

Von welcher Wissenschaftlichkeit ist die Philosophie *selbst*?

Aristoteles kennt keinen dem deutschen Wort „Wissenschaftlich*keit*" korrespondierenden Terminus. Das bedeutet nun nicht, daß die hierin angezielte Frage von ihm nicht gestellt worden sei. Es mag allenfalls bedeuten, daß diese Frage noch nicht in solch spezifischer Bewußtheit gestellt worden ist.

Philosophie, und dies zeigt Met. A, heißt anfänglich und letztlich „Erste Wissenschaft", mag sie sich noch so speziellen Themen zuwenden. Diese Selbigkeit wird insofern behauptet, als alle Wissenssuche zuletzt auf die „ersten Gründe und Ursachen" zielt. „Erste Wissenschaft" kann also nicht so ausgelegt werden, als ob sie die Wissenschaft (oder das Tun) sei, die die „ersten Gründe und Ursachen" nur *explizierte*. „Erste Wissenschaft" heißt *die* Wissenschaft, die dieses Erste sucht, von ihr als zu suchender bereits selbst geleitet und von ihr als sie nichtbesitzend so doch ermöglicht.

Met. A gab bereits Wissenschaftskriterien für die Wissenschaften und die Erste Wissenschaft, die sich — wie sich zeigte — grundsätzlich von den übrigen unterscheidet. Die „Gründe" und „Ursachen" der Wissenschaften unterscheiden sich von den „Gründen" und „Ursachen" der Ersten Wissenschaft in jeder Hinsicht: Zwar mögen wir sie wohl alle „allgemein", „lehrbar" und „genau" nennen, doch gilt dies jeweils in schlechthin anderem Sinne. Überdies werden nur die „Gründe" und „Ursachen" der Ersten Wissenschaft „um ihrer selbst willen" gesucht und nur sie sind frei vom „Bezug auf Nutzen", nur sie machen „frei" und sind daher „göttlich". So ergibt sich notwendig auch die Andersartigkeit der μέθοδοι der Wissenschaft*en* und der μέθοδος der Ersten Wissenschaft.

In der Schrift über das, was nach Ansicht des Aristoteles das *Spezifische* des wissenschaftlichen Tuns als solchen ist, behandelt er die hier zur Rede stehende Unterscheidung so, daß diese Unterscheidung direkt im Zentrum der Überlegungen steht. Diese Schrift, die sog. Analytischen Schriften oder die Analytica, haben wir daher in den Blick zu nehmen, und zwar unter ausschließlicher Rücksicht unserer Fragestellung. Für unsere Zwecke mögen hier diejenigen Kapitel der Anal. post. zur Untersuchung stehen, die am schärfsten diese Problematik zum Ausdruck bringen und die seit je auch im besonderen Interesse der Forschung standen. Es sind dies die ersten drei Kapitel der Anal. post. sowie deren letztes, Kap. 19. Da diese auch in der modernen Forschung ausgiebig diskutiert wurden, werden später deren wesentliche Thesen skizziert.

Zur konzeptionellen Gestaltung der Analytika gilt noch immer — und nicht ganz zu Unrecht — Maiers Unterscheidung zwischen der „Lehre vom reinen Syllogismus" und der „Lehre von der Apodeixis und dem dialektischen Syllogismus (die Anwendung des logischen Syllogismus im Gebiet der Apodeiktik und Dialektik)"[1]. Maier versteht die erste Analytik als Unternehmen, „die logischen Formen des Urteils und des Schließens unabhängig von allen metaphysischen Erwägungen aufzusuchen"[2] und die zweite Analytik als Lehre von der Apodeixis, die „in die syllogistische Form das metaphysisch Allgemeine"[3] einführe.

1. Heinrich Maier, Die Syllogistik des Aristoteles, Tübingen 1896, Vorwort, III.

2. ebd.

3. ebd., der dialektische Syllogismus steht demgegenüber in der Topik zur Untersuchung. Mit Recht wirft Maier Prantl die mangelnde Unterscheidung zwischen der ersten und zweiten Analytik vor, vgl. E. Prantl, Geschichte der Logik im Abendlande, Bd. 1-4, Darmstadt 1955 (Nachdruck der Ausgabe von 1867). Maier, a.a.O., V: „Zwischen der ersten und den zweiten Analytiken besteht ein principieller Unterschied." Trotz Maiers Übereinstimmung mit Prantls und Trendelenburgs Abwehr der Gleichsetzung der aristotelischen „Logik" mit der formalen Logik der Neuzeit hebt Maier hervor, daß Aristoteles die logischen Formen „nicht auf metaphysische Principien begründet" habe, obwohl ein „unbewusster Zusammenhang zwischen dem Allgemeinen, das uns in den logischen Formen der Urteile über Allgemeines und der Syllogismus begegnet, und dem metaphysischen Begriff besteht", ebd. IV/V. Maier gesteht Trendelenburg und Prantl mit Blick auf die aristotelischen Ausführungen über das Widerspruchsprinzip und den Drittensatz jedoch die „ontologische Seite der aristotelischen Logik" zu.

Die Frage nach dem logischen und/oder ontologischen Status der aristotelischen Logik ist nach wie vor aktuell, — mit Grund, vgl. dazu auch die Einleitung

Aus dieser Unterscheidung Maiers ergibt sich scheinbar mit Notwendigkeit die Einschätzung des sachlichen Verhältnisses der ersten und zweiten Analytik: Behandelt die erste den Syllogismus als solchen, so verwendet ihn die zweite „für die Zwecke des wissenschaftlichen Verfahrens"[4]. Apodeiktischer und dialektischer Syllogismus sind so gleichsam species eines genus, das in den ersten Analytiken als solches zum Thema steht. Auch Ross[5] widmet dieser Sicht breiten Raum: „In the former it is syllogism in general that Aristotle analyses; his object is to state the nature of the propositions which will formally justify a certain conclusion. In the latter it is the demonstrative syllogism that he analyses; his object is to state the nature of the propositions which will not merely formally justify a certain conclusion, but will also state the facts on which the fact stated in the conclusion depends for ist existence."[6] Auch E. Kapp vertritt ausdrücklich diese Sichtweise.[7] Diese Auffassung, die ersten Analytiken seien das Allgemeinere gegenüber dem Beson-

in die Physikübersetzung H. Wagners, Darmstadt, S. 273ff. Wir werden auf diese problematische Unterscheidung zurückkommen. Natürlich finden sich bei Aristoteles Überlegungen, die wir heute „logisch" im Sinne von formallogisch nennen, nur stehen diese vor einer expliziten Unterscheidung von „logisch" und „ontologisch". Schwieriger scheint es, in der Interpretation mit dem Begriff „ontologisch" zu operieren. Hier klingt immer ein Gedoppeltes mit: „ontologisch" im Sinne — wie wir heute sagen würden — von „gegenstandsbestimmend" sowie im Sinne von „die Prinzipien möglicher Gegenstandsbestimmung betreffend". Beides findet sich kaum unterschieden in dem, was man unter aristotelischer „Ontologie" zu verstehen pflegt, *weil* dies bei Aristoteles noch nicht bewußt unterschieden wird. Daß sich sehr wohl eine Unterscheidung im angegebenen Sinne finden läßt, wird sich zeigen.

4. ebd., V.

5. W.D. Ross, Aristotle's prior and posterior analytics, Oxford 149, vgl. Einleitung.

6. ed., 2/3. Im zweiten Teil der Einleitung setzt sich Ross ausführlich — in Abhebung zu F. Solmsen, Die Entwicklung der Aristotelischen Logik und Rhetorik, Berlin 1929 — mit der vieldiskutierten Frage der Abfassung der beiden Analytiken auseinander, auf die hier nicht weiter eingegangen zu werden braucht.

7. E. Kapp, Artikel „Syllogistik", in: Paulys Real-Encyclopädie der Classischen Altertumswissenschaft, Stuttgart 1931, Sp. 1046-1067. Kapp betrachtet die zweiten Analytiken als das Besondere gegenüber dem Allgemeinen (den ersten Analytiken).

deren der zweiten Analytiken, läßt sich ohne weiteres auf die berühmte Stelle 71b 23-24 stützen, nach der die Voraussetzungen des apodeiktischen Syllogismus nicht die des Syllogismus als solchen sind, — anders gewendet, daß es den Syllogismus auch ohne Apodeixis gebe.

Eine in verschiedenen Thesen wiederkehrende Sichtweise versteht die zweiten Analytiken auch als „Wissenschaftslehre"[8], zurecht insofern, als ja der apodeiktische Syllogismus „von wahren und notwendigen Prämissen ausgehen muß"[9], und damit direkt Bezug nimmt auf das Problem von Wahr und Falsch resp. Wissen. Dieser Terminus „Wissenschaftslehre" kann nun allerdings auch nur in einem laxeren Sinne verwendet werden, als ja eine Reihe von Fragen in seiner Verwendung unbeantwortet bleiben. Auf der einen Seite ist damit natürlich nicht „Wissenschaftstheorie" im modernen Sinne des Wortes als Methodologie der Wissenschaften gemeint, da Aristoteles in der Lehre vom apodeiktischen Syllogismus ganz allgemein den Wissen liefernden Syllogismus in seiner allgemeinsten Architektur, rekurrierend auf bzw. anfangend von „ersten" Gründen, darlegt. Auf der andern Seite will die Lehre vom apodeiktischen Syllogismus selbst *Wissenschaft* sein, und insbesondere dieses Problem des Verhältnisses der Wissenschaftlichkeit der „Wissenschaftslehre" selbst zu dem in ihr explizierten Sinn von Wissenschaft verbirgt sich hinter der bloßen Bezeichnung der zweiten Analytiken als „Wissenschaftslehre". Und man wird — wie im einzelnen noch zu zeigen ist — kaum behaupten können, es gäbe dieses Problem in den zweiten Analytiken nicht.[10] Das Verhältnis der beiden Analytiken erscheint so auf der einen Seite recht klar, wirft aber in der Sache doch recht implikationsreiche Fragen auf. Zwar

8. So K. v. Fritz, Die ἐπαγωγή bei Aristoteles, in: Bayer. Akad. d. Wiss., Philos.-histor. Klasse, Sitzungsberichte, Jg. 1964, Heft 3, S. 32.

9. ebd., mit Berufung auf Topica I, 100a 23-25, Anal. post. 71b 20ff. und 73a 21ff.

10. Verwiesen sei schon jetzt auf die dem nur scheinbar entgegenstehende Aussage Aristoteles' in 100b 10-15, daß das Prinzip des Beweises nicht selbst Beweis und damit Prinzip der Wissenschaft nicht selbst Wissenschaft sei. Auf diese für uns wichtige Stelle kommen wir noch ausführlich zurück.

behandeln die ersten Analytiken den Syllogismus „als solchen" in dem Sinne, daß man sie durchaus als — zumindest im Ansatz — „Formale Logik"[11] bezeichnen kann, zumal in Ansätzen Terme durch Buchstaben ersetzt werden, womit die Satzverhältnisse in ihrer formalen Struktur schärfer hervortreten (und damit das Problem der Implikation von Sätzen aufgrund ihrer bloßen Satzform überhaupt thematisierbar wird). In diesem Sinne ist das Thema der ersten Analytiken allerdings „genereller" als das der zweiten.

Auf der andern Seite ist innerhalb der rein syllogistischen Lehre Sinn und Funktion des Syllogismus selbst nicht zu klären. Dies wird umso deutlicher, wenn man versucht, die ersten Analytiken im Sinne der modernen Logik als „Wissenschaft von den Implikationen der Aussageformen"[12] zu verstehen. Nicht nur, daß bloße Wenn-dann-Relationen sich zu *beliebigen* Zwecken (z.B. als rhetorisches Machtmittel) einsetzen lassen — was Aristoteles durchaus genau sieht —, bleibt darüber hinaus die Notwendigkeit des Konnexes solcher Implikationsverhältnisse bei Aristoteles ungeklärt.[13] Zudem klärt die Lehre von der Implikation von Sätzen (genauer von Aussagesätzen, also Urteilen) infolge ihrer Satz*form* (d.h. infolge ihrer je *bestimmten* Satzform) nicht diejenigen Prinzipien, die etwas zu einem Satz, näherhin zum Aussagesatz, also zum *Urteil* bestimmen. Argumentiert man von dieser neuzeitlichen Einsicht her, daß die (formale) Logik als *Disziplin*, d.h. innerhalb ihrer, nicht ihren *Begriff* und d.h. ihre Voraussetzung (nämlich die Urteils*möglichkeit*) entfalten kann und *hierin* eine ihrer Grundlegung *bedürftige* Wissenschaft bleibt, soweit sie auch wie alle Wissenschaftsdisziplinen infolge ihrer spezifischen Fragestellung Selbständigkeit bezüglich des von ihr zu Explizierenden beanspruchen kann und muß, wird die gezeichnete Sichtweise des Verhältnisses beider Analytiken um einige Fragen bereichert: Denn nunmehr könnte es durchaus sein, daß die zweiten Analytiken nicht nur als „species" zur ersten ange-

11. So z.B. K. v. Fritz, loc. cit., S. 32.

12. So z.B. P. Lorenzen, Formale Logik, Berlin 1970, S. 5.

13. Was z.B. „Implikation" selbst bedeutet, ist bekanntlich mit dem am eigenschaftslogischen Urteil orientierten aristotelischen Logiktyp selbst nicht zu lösen.

sehen werden müssen, insofern sie tatsächlich eine spezifischere Frage aufwerfen, sondern möglich wäre immerhin, daß sie, und — im Gegensatz zum dialektischen Syllogismus — *nur* sie, in Referenz auf das Wissensproblem zur Klärung des Syllogismus, d.h. zu seiner *Funktion* im Ganzen der menschlichen Wissenssuche beitragen. Dann aber wird man nicht mehr die zweiten Analytiken nur als eine „Anwendung" oder „speziellen Fall" der syllogistischen Lehre betrachten können, sondern sich zumindest fragen müssen, inwieweit sie zum Begriff (Sinn und Zweck) des Syllogismus beitragen. Und daß die Ausführungen in den Anal. post. bzgl. des ἀξίωμα-Problems ein Thema anschneiden, das zur *Voraussetzung* aller Syllogistik (als Lehre von der logischen Implikation der Urteilsformen) gehört, ist offensichtlich, da es die ἀξίωμα-Thematik mit der Möglichkeit des Urteils als solchen zu tun hat.

Der erste Satz der Analytiken bestimmt deren Aufgabe: zu untersuchen sei der Beweis und die beweisende Wissenschaft (ἡ σκέψις, ὅτι περὶ ἀπόδειξιν καὶ ἐπιστήμης ἀποδεικτικῆς). Insofern beides auf Wissen führt und, wie es im unmittelbaren Anschluß weiter heißt, sodann πρότασις, ὅρος und συλλογισμός zu bestimmen sei, *untersteht* die Untersuchung von πρότασις, ὅρος und συλλογισμός der Klärung von ἀπόδειξις und ἐπιστήμη ἀποδεικτική. Es ist daher auch zu fragen, welchen Sinn die Syllogistik *außerhalb* dieses ihres *Bezuges* auf das Wissen haben soll, in dem sie bei Aristoteles steht. Die nächste Frage muß daher die sein, ob sie in diesem Bezug *wesentlich* steht, oder anders gesagt, ob dieser Bezug für ihren Begriff *konstitutiv* ist.

Aristoteles weiß sehr genau, daß es den Syllogismus sehr wohl auch ohne Bezug auf πρῶτα (nicht jedoch — und das ist hier der springende Punkt — ohne Bezug auf die πρῶτα im Sinne der ἀξιώματα!) gibt, nicht jedoch den Beweis, vgl. Anal. 71b 23-24. Und so notwendig es natürlich ist, die syllogistischen Modi auch außerhalb dieses Bezuges zu klären, so ist damit noch nichts über die Funktion dieses Bezuges für das Verständnis vom Syllogismus gesagt.

Nach dem zu Met. A Gesagten kann es keine Frage mehr sein, daß auch die Syllogistik bei aller (relativen) immanenten Selbständigkeit ihres Themas auf die eigentlichen πρῶτα allen menschlichen Denkens bezogen ist (auf *welche* πρῶτα, ist bereits angedeutet, und dies wird i.F. zum Thema stehen). Kehrt man den Gedankengang um und betrachtet also die ganze Syllogistik als bloße Wenn-dann-Lehre, die über immer nur vorläufige Gründe nicht hinauskäme und damit nicht über vorläufiges Wissen, verstünde man sie nur als taktische Diskussionshilfe, so untersteht ihre Anwendung in jedem Falle einem bestimmten Zwecke desjenigen, der sich der argumentativen Strenge der Syllogistik bediente. Wiederum müßte derjenige also „Gründe" haben, *diesen* Zweck gegenüber anderen zu wählen. Damit leitete also auch in diesem Sinne wiederum „Wissen" die syllogistische Praxis, — wie immer gesichert dieses „Wissen" dann sein mag.

Wiederum hat man es mit dem eigenartigen Sachverhalt zu tun, daß man zunächst sehr wohl etwas (hier die Syllogistik) glaubt verstehen zu können (ohne das Problem der Ersten Wissenschaft im Blick zu haben), nach Einsicht in die πρῶτα wird unverständlich, wie man vorher glauben konnte, die Sache zu verstehen. Wie die αἴσθησις, ἐμπειρία, τέχνη und ἐπιστήμη jede für sich ihren zunächst verständlichen Sinn haben, so auch die Syllogistik. Aber daß sie alle ihren gemeinsamen Ursprung und Zielgrund haben, diese Erkenntnis macht sie allererst einsichtig und damit wahrhaft verständlich. Etwas ist eben erst begriffen, wenn es aus seinem Ursprung und seinem Zielgrund, seinem Sinngrund begriffen ist. Dies schließt die Eigenständigkeit der Sache, die es zu verstehen gilt, nicht aus, weswegen sich sehr wohl eine vom Problem der ἀπόδειξις absehende Syllogistik vortragen läßt, — dies sogar notwendig ist.

Daraus ergibt sich also, daß dort, wo Aristoteles das Problem der ἀπόδειξις *selbst* behandelt — und dazu gehört *wesentlich* das Problem des An-apodeiktischen —, über den Begriff *auch* der Syllogistik entschieden wird, ohne daß dabei in ihre immanente Problemarchitektur eingegriffen würde.

Absichtlich wurde so pointiert von Apodeiktik und Syllogistik gesprochen, obwohl bekanntlich Syllogismus und ἐπαγωγή nach Aristoteles *die* Weisen sind, wie wir zum Wissen gelangen. (*Wie* dies näherhin zusammenhängt, ist hier noch nicht auszuführen, vgl. w.u.) Das Vorstehende hatte allein die Absicht, darauf aufmerksam zu machen, daß neben der berechtigten Auffassung des apodeiktischen Syllogismus als einer spezifischen Art des allgemein darstellbaren Syllogismus letzterer in einem ganz andern Sinne vom Problem der ἀπόδειξις betroffen ist, nämlich in eben demjenigen Sinne, in welchem Aristoteles, das Problem der Apodeiktik abhandelnd, das Problem der An-apodeiktik berührt.

DIE URSPRUNGSFRAGE DER ERSTEN WISSENSCHAFT BEI ARISTOTELES UND DEREN „SICHERSTES PRINZIP“*

Gerade die Themenbestimmung der πρώτη ἐπιστήμη in der aristotelischen Metaphysikschrift erweist sich seit alters her als die Crux in der Auslegung dieses abendländischen Grundtextes. Differenziertheit und Gelehrsamkeit im Auslegungsstreit um diese Themenbestimmung und der wieder und wieder unternommene Versuch, diesen Streit durch nochmalige forensische Auseinandersetzung mit den einschlägigen Metaphysikbüchern einer Lösung zuzuführen, legten zunehmend die Vermutung nahe, dieser Streit habe seinen Grund nicht zuletzt in den aristotelischen Ausführungen selbst. Lassen sich nun systematische Schwierigkeiten in den aristotelischen Erörterungen für jenen Auslegungsstreit identifizieren, so beinhaltet die Auseinandersetzung mit diesen naturgemäß auch einen methodischen Vorschlag für den Umgang mit den aristotelischen Ausführungen und — in der Folge — den sie betreffenden Auslegungsstreit.

Die Abhandlung ist zuerst erschienen in: Perspektiven der Philosophie, Bd. XIII, (= AGORA, Festschrift für Rudolph Berlinger), S. 151-188.

Im folgenden sind nach einleitenden Bemerkungen zwei Vorträge zusammengeschlossen, deren erster im Juni 1986 an der Universität Köln, deren zweiter im Januar 1987 an der Universität Bamberg gehalten wurden. Beide sind durch Zwischenüberschriften kenntlich gemacht und nur geringfügig verändert. Der erste Vortrag steckt den gedanklichen Ansatz und Horizont der Problemführung ab, innerhalb dessen der zweite sich einem problemreichen Lehrstück des Aristoteles zuwendet, das für den skizzierten Ansatz von substantieller Bedeutung ist und leider selbst nur in problematischer Textlage bei Aristoteles vorliegt. Daß sich vieles — auch in abweichenden Punkten — der gelehrten Literatur zum Thema verdankt, sei ausdrücklich vermerkt. Sie hier mit einzuarbeiten, hätte es, neben dem Problem des Platzmangels, erfordert, den Vortragsstil zu ändern. Die knappen Hinweise auf die Literatur versuchen, für die hier verfolgte Frage wesentliche Thesen und Probleme sowohl der Textlage bei Aristoteles wie in der Problemrezeption der Literatur exemplarisch zu verdeutlichen.

Als ἐπιστήμη hat auch die πρώτη ἐπιστήμη irgendwie mit dem zu tun, der eine solche „Wissenschaft" entfaltet. Daß diese Sachlage auch Aristoteles nicht unvertraut war, dafür stehen exemplarisch die ersten beiden Kapitel des ersten Metaphysikbuches, — ausgerechnet diese. Wen immer wir für die textliche Anordnung der Metaphysikbücher verantwortlich zeichnen, er hat damit, diese beiden Kapitel an den Anfang zu stellen, einen treffsicheren Instinkt bewiesen.

Dennoch: Daß es stets der Mensch ist, der so etwas wie Wissenschaft und sei es gar solches wie „Erste Wissenschaft" entdeckt (oder entwirft), — hilft uns denn diese nicht gerade allzu tiefsinnige Einsicht im zur Rede stehenden Problem weiter? In der Tat: Nichts wäre abwegiger, als Aristoteles sei es eine auch nur implizit angelegte „anthropologische Grundlegung" der πρώτη ἐπιστήμη unterstellen zu wollen. Von welcher Art ist also der angespielte Zusammenhang im sogenannten Einleitungsbuch des Metaphysiktextes?

Daß die σοφία eine ἐπιστήμη „gewisser Gründe und Ursachen" ist, 982 a 1-3, zeigt sich als Ergebnis von Met. A, cp. 1, und daß die gesuchte Wissenschaft Wissenschaft der „ersten Gründe und Ursachen" ist, weil das „am meisten Wißbare" das Erste ist, 982 b 1, womit sich die σοφία als *Erste* Wissenschaft auslegen muß, erweist sich als Ergebnis von Met. A, cp. 2. Nimmt man solche „Ergebnisse" wie Topoi zum Ausgang der weiteren Lektüre, indem man diese häufig bloß „protreptisch" verstandenen Einleitungskapitel in die Nähe begriffsdefinitorischer Ausgangslehrstücke rückt, bleibt der Met. A, cp. 1 und 2, durchtragende argumentative Explikationsgang verdeckt. Denn nicht die σοφία ist das umspannende Thema von Met. A, cp. 1 und 2, sondern die φιλο-σοφία, da beide Kapitel nichts als die Entfaltung der φύσις ἀνθρώπων als ὄρεξις τοῦ εἰδέναι (Infinitiv!) darstellen. Was den ἄνθρωπος *als* ἄνθρωπος auszeichnet, erweist sich als die ὄρεξις τοῦ εἰδέναι, und *auf was* der ἄνθρωπος seiner φύσις nach *hin* ausgelegt ist, darauf antwortet die Lehre von der σοφία. Diese Urbezogenheit auf die σοφία erlaubt und erzwingt es, von der dem ἄνθρωπος *eigentümlichen* φύσις zu sprechen. *Als* ἄνθρωπος ist der Mensch also notwendig auf σοφία bezogen, und diese Bezogenheit liegt — wie wir noch sehen werden — allen Modi seiner ὄρεξις τοῦ εἰδέναι schon anfänglich *zugrunde*, ist nicht nur deren bloß gradativer Abschluß.

Der Zusammenhang von φύσις ἀνθρώπων und σοφία zeigt sich somit als ein *notwendiger* Zusammenhang. *Mit* der φύσις des ἄνθρωπος ist schon die Bezogenheit des ἄνθρωπος auf die σοφία gegeben, diese Bezogenheit definiert geradezu die dem ἄνθρωπος spezifische φύσις, läßt sich also nur als ontologische Bezogenheit verstehen. Genau aus diesem Grunde wäre es abwegig, von einer sei es auch nur implizit angelegten „anthropologischen Grundlegung" der πρώτη ἐπιστήμη bei Aristoteles zu sprechen. Das ist für das folgende festzuhalten.

Dies bedeutet nun: Das aristotelische Konzept einer πρώτη ἐπιστήμη als der gegenüber seinen Vorläufern bestimmtere Versuch einer Antwort auf die Frage nach der σοφία beansprucht etwas darzulegen, das nicht wie irgendeine der Einzelwissenschaften zu einem *Zeitpunkt* entstehen *kann*. Dies ist festzuhalten trotz des Topos, daß man erst dann — faktisch — Wissenschaft suchte und zu philosophieren begann, als die Lebensnotwendigkeiten für den alltäglichen Bedarf befriedigt waren und man Muße hatte (Met. A, cp. 2, 981 b 17 ff.). Met. A, cp. 1 und 2, bestätigt in der Kritik an den Vorsokratikern, Platon und den akademischen Zeitgenossen, daß Aristoteles auch deren philosophische Bemühungen als noch relativ unbestimmte Antworten auf jene immerfort bestehende Frage nach der σοφία verstand (— denken wir nur an jenes, das aristotelische Selbstverständnis kennzeichnende Urteil über die Früheren in Met. A, cp. 10, 993 a 15-16: ψελλιζομένῃ γὰρ ἔοικεν ἡ πρώτη φιλοσοφία περὶ πάντων —).

Die den Metaphysiktext eröffnende aristotelische Überlegung zum Zusammenhang der (πρώτη ἐπιστήμη als der aristotelischen Antwort auf die Frage nach der) σοφία mit der φύσις ἀνθρώπων zeigt, daß sich weder das eine noch das andere ohne einander zureichend thematisieren lassen, weil sie nur *mit Bezug* aufeinander auch verstanden werden können. Die dem ἄνθρωπος als ἄνθρωπος eigentümliche Bezogenheit auf die σοφία, deren spannungsreiche Dynamik Aristoteles unter dem Titel der ὄρεξις τοῦ εἰδέναι erörtert, muß daher als der systematische Leitfaden zum Verständnis jeglichen Versuches werden, die σοφία in einem bestimmten Konzept einzuholen, — und wie sollte dies dann nicht auch für das aristotelische Unternehmen einer πρώτη ἐπιστήμη gelten?

Damit zeigt sich der eingangs angedeutete methodische Vorschlag zur sachlichen Auseinandersetzung mit der aristotelischen Themenbestimmung der πρώτη ἐπιστήμη zugleich auch in der ihm eigenen Schwierigkeit: Da Aristoteles zwar den grundsätzlichen Zusammenhang von σοφία und φύσις ἀνθρώπων explizit darlegt, ihn aber *nicht* seinerseits auch in der Themenbestimmung der πρώτη ἐπιστήμη explizit leitend sein läßt[1], lassen sich zwar die durch jenen Zusammenhang geforderten Konsequenzen vom Interpreten explizit machen in der Auslegung (der Schwierigkeiten) der aristotelischen Themenbestimmung der πρώτη ἐπιστήμη, nicht jedoch sind damit die dieser Themenbestimmung wohl auch selbst zuzuordnenden Schwierigkeiten schon auch behoben, geschweige denn, daß in jenem altehrwürdigen Streit um diese auch schon eine Entscheidung herbeigeführt ist (was ja, wenn die Philosophen den Streit schon lieben — auch wenn sie ihn zumeist so gern aus der Welt geschafft wüßten —,

1. In dem in problematischer Offenheit stehenden Verhältnis der *systematischen Lagebestimmung* des Philosophierens in Met. A, cp. 1 und 2, nämlich so zwischen Vorwissen und Wissen zu stehen, daß der Prozeß des Philosophierens sich als ein Prozeß der Wissensgrundlegung ausweist, und der Zielbestimmtheit dieses Prozesses als einer ὁμοίωσις θεῷ, die — für uns Menschen! — wenngleich nie völlig einzulösen ist (expl. Met. A 1, 982 b 28-29: διὸ καὶ δικαίως ἂν οὐκ ἀνθρωπίνη νομίζοιτο αὐτῆς ἡ κτῆσις — „deswegen wird auch ihr Erwerb [der gesuchten göttlichen Wissenschaft] für nicht menschenmöglich gehalten"), sehen wir den krisenhaften Punkt, über dessen systematischer Sprengkraft man nicht hinweg ist, wenn man — auch wie Aristoteles selbst — am gemeinakademischen Topos des Philosophierens als einer ὁμοίωσις θεῷ festhält. Auf die Parallelität der systematischen Lagebestimmung des Philosophierens in Met. A, cp. 1 und 2, und der Eroslehre in Platons Symposion, in der Diotima den Dämon (ontologisch!) als μεταξύ faßt (vgl. Symp. 201 d ff., aber auch die vorangegangene elenktische Prüfung des Agathon, indem ihn Sokrates von der Bedürftigkeit dieses „Gottes" überzeugt, 199 d ff., besonders 201 b 1 f.), sei ausdrücklich hingewiesen.

Der Zusammenhang von Met. A, B und Γ, d.h. der Lage- und Zielbestimmung des Philosophierens, der Kritik an den Früheren und den akademischen Zeitgenossen, dem Aufwerfen der Grundfragen der σοφία in aporetischer Form und der spezifisch aristotelischen Anordnung und Problementwicklung der inhaltlichen Problemtopoi in Met. Γ ist wohl ohne Entscheidung in der angedeuteten Schwierigkeit der Lage- und Zielbestimmung des Philosophierens kaum zu klären, — eine Entscheidung, die Aristoteles eben nicht fällt, weil er diese Schwierigkeit nicht selbst als *systematisches* Problem erkannte.

nur eine bedauerliche Verarmung der philosophischen Problemlandschaft darstellen könnte, geht es doch zuletzt um nichts weniger als um den Begriff des Philosophierens selbst).

Sollte ausgerechnet in dem — zumindest für Philosophen — so wie selbstverständlich erscheinenden Eingangssatz des Metaphysiktextes ein Sachgehalt von *ontologischem* Rang angesprochen sein, von dem aus dann auf manch im Schatten liegende Schwierigkeit ein wenig Licht fallen und der so manchen Problemtopos des genannten altehrwürdigen Streites in erneute Fraglichkeit setzen könnte, so wäre dies Pikanterie genug, um, wenn es uns schon nicht gegeben ist, weise zu sein wie die Götter, zur Lust an der philosophischen Betätigung selbst beizutragen. Sollte — im Gegensatz zur These des vorliegenden Ansatzes — die aristotelische Eingangserörterung im Metaphysiktext jedoch keinen Sachgehalt von genanntem Range ansprechen und also die vorhin in den Potentialis gestellte Konsequenz in den Irrealis zu setzen sein, erwiese sich der Ansatz als dennoch von spezifisch *philosophischem* Unterhaltungswert, da ja im Eingangssatz des Metaphysiktextes von unserer φύσις nicht behauptet wird, daß sie nur einzusehen bestrebt sei, was bereits eingesehen wurde.

Der Ansatz dieser Fragestellung selbst, den systematischen Anfang der πρώτη ἐπιστήμη aus der Ursprungsfrage nach der σοφία, die sich mit und durch die φύσις des ἄνθρωπος stellt, zu ermitteln, um diesen Anfang, der — welch ein Zufall! — zu Beginn des Metaphysiktextes angesprochen scheint, probeweise für den Leitfaden des sachlichen Verständnisses der aristotelischen Themenbestimmung der πρώτη ἐπιστήμη zu nehmen, — dieser Ansatz der Fragestellung erlaubt es, das folgende, nur problemskizzierende „Anfangs"-stückchen dem mit der vorliegenden Festschrift geehrten Jubilar zu widmen, den jene vorhin genannte Lust rastlos hinaustreibt, um „Vom Anfang des Philosophierens"[2] zu berichten.

2. Rudolph Berlinger, Vom Anfang des Philosophierens, Frankfurt 1965. Daß mit dieser Anfangsthematik nicht jenes Pathos der Anfänglichkeit aufgegriffen ist, das sich vor aller zeitgeschichtlichen Bedingtheit weiß, zeigt G. Schmidt, Nihil veritate antiquius, in diesem Band, indem er zu Recht auf die Bedeutung des Ereignisbegriffs bei Berlinger hinweist. Eben weil der existentialphilosophisch zentrale Ereignisbegriff der Kriterien bedarf, um nicht mit einem bloß historischen Gesche-

Die Frage nach dem Ursprung der Ersten Wissenschaft als die systematisch erste Frage der Ersten Wissenschaft selbst

Einleitend sei abrißhaft an einige der Hauptschwierigkeiten in unserem derzeitigen Verstehen der πρώτη ἐπιστήμη bei Aristoteles erinnert. Da diese Erinnerung die Aporien der Textauslegung und der Textlage selbst im gegebenen Raum nicht zu entfalten hat, seien zumindest die hier ins Auge springenden Problemtopoi vorstellig gemacht. Dieses Vorstelligmachen der genannten Problemtopoi vollzieht sich so, daß wesentlich unterschiedliche Verstehensmöglichkeiten und die sich daraus ergebenden Konsequenzen wenigstens angedeutet werden.

Statt nun im zweiten Schritt eine direkte Lösung der sachlichen wie textlichen Probleme dieser insbesondere in Met. Γ vorgelegten Themenbestimmung der Ersten Wissenschaft zu suchen, verfolgen wir anschließend die sachlich-argumentative *Entwicklung* dieser Themenbestimmung als solcher, und zwar anhand von Met. A, cp. 1 und 2. (Es sei angedeutet, daß man diese beiden Kapitel gemeinhin als bloß allgemein gehaltene Einleitungsschriften versteht und sie dem literarischen Genre des Προτρεπτικός zuweist, also den in der Antike verbreiteten „Werbeschriften für das Philosophieren". Daß Aristoteles hier in den für uns wichtigen Punkten gemeinakademische Positionen vorträgt, erhöht die Bedeutung für das Weitere.) In diesem zweiten Schritt versuchen wir, die Frage nach dem *Thema* der Ersten Wissenschaft auf die Frage nach ihrem *Ursprung* rückzuführen, der Frage also, warum es derart Merkwürdiges wie „Erste Wissenschaft" *überhaupt* gibt, ja — und hierin besteht die Pointe — nach Aristoteles geben *muß*. Wir machen uns m.a.W. ein wenig auf die Su-

hensbegriff zusammenzufallen, muß — wenn das Philosophieren geschichtliches Ereignis sein soll — nach der diesem Ereignis eigentümlichen Systematik gefragt werden können, dem systematischen Anfang des Philosophierens.

che nach dem Faden der Ariadne für die eingangs erwähnten Probleme.

Der dritte Schritt, zu prüfen nämlich, ob wir diesen Faden der Ariadne in der Tat auch ausfindig gemacht haben, läßt sich im gegebenen Rahmen nicht leisten. Das Urteil hierüber sei dem Leser überlassen; gewarnt sei er dabei schon jetzt vor den suggestiven Fragen, mit denen er dennoch leise zur Parteinahme für das folgende zu veranlassen gesucht wird.

Der alte Streit besteht nach wie vor, ob die aristotelische Lehre von der Ersten Wissenschaft nun zuletzt als „Theologik" (Lehre vom „vorzüglichsten Geschlecht des Seienden", den „göttlichen Dingen") oder als „allgemeine Ontologik" (Lehre vom „Seienden im Allgemeinen" oder Lehre vom „Seienden in seinen allgemeinsten Bestimmungen") zu verstehen sei, wie beides je für sich und in welchem Zusammenhange sie zu begreifen seien. Wir können diesen Streit um die „theologische" und/oder „ontologische" Deutung noch erweitern um diejenigen Ansätze der Interpreten, die das Gewicht auf den sog. „usiologischen" und „prinzipienwissenschaftlichen" Aspekt legen. Wenn man heute dahin tendiert, keinen all dieser Aspekte der aristotelischen Aufgabenbestimmung der Ersten Wissenschaft zu vernachlässigen, sondern alle *zusammen*zudenken, so bleibt es doch nach wie vor die spezifisch philosophische Aufgabe, all diese Aspekte auch zusammenzu*denken*, d.h. aus ihren inneren systematischen Beziehungen heraus zu verstehen.[3] Der — naturgemäß von altphilologischem Forschungsinteresse geleiteten — starken Gewichtung von entwicklungsgeschichtlichen und textkritischen Fra-

3. Vgl. zu dieser Forderung und den i.F. angedeuteten vier zentralen Problempunkten die die Literatur breit einbeziehende Arbeit von Heinz Happ, Hyle, Berlin 1971, insbesondere S. 326, wo Happ „eine ‚komplexe' Interpretation" vorschlägt, die keinen „nichtssagenden Kompromiß" darstelle und keine „klare Entscheidung umgehen möchte". Daß sich eine solch komplexe Interpretation „ungezwungen" ergibt, „wenn man den aristotelischen Text ungeschmälert zu Wort kommen läßt", dem schließen wir uns mit Blick auf die faktische Textlage an. Daß dieser Kompromiß aber in der *Sache* dennoch kaum schließ*bar* ist, wollen wir zeigen.

gestellungen ist von akzentuiert philosophischer Seite die Frage nach dem sachlichen Zusammenhang, ggfs. nach der systematischen Dependenz bzw. Inkohärenz derartiger Aspekte bzw. ganzer Lehrtopoi zur Seite zu stellen. Je differenzierter die Auseinandersetzungen auf philologischer Seite wurden, desto grundsätzlich differenter die Auseinandersetzungen auf philosophischer Seite.

Zunehmendes Gewicht fand in dieser Auseinandersetzung die Arbeit am IV. Buch der sog. Metaphysikschrift, da sich erstens nur hier *alle* wesentlichen Lehrtopoi der Ersten Wissenschaft finden, zweitens in einigermaßen argumentativ durchgeführter Form (im Gegensatz z.B. zu E 1 und K 3-7, wenn wir denn diese Teile für authentisch halten dürfen), drittens aber, weil es hier — wirft man einen Blick auf die Forschungslage — zum Teil einfach *sachlich* ganz unklar ist, um welches Problem und um welche Fragestellung es Aristoteles hier überhaupt geht, — was man z.B. vom „theologischen" Buch Λ, dieser kosmologischen Schrift, so nicht behaupten kann.

Zum ersten Problem:
Met. Γ erklärt indikativisch, daß es eine Wissenschaft gebe, die „τὸ ὂν ᾗ ὄν" betrachte und dasjenige, „was diesem als solchem zukomme", ὑπάρχοντα καθ' αὑτό. Was bedeutet diese erratische und — wie sich bald zeigen wird — in dieser Prägnanz unübersetzbare Formel „τὸ ὂν ᾗ ὄν", die man zumeist mit „das Seiende als Seiendes" oder „das Seiende, insofern es seiend ist," übersetzt?

Γ 2 entfaltet zu Beginn nicht nur das Lehrstück von der *mannigfachen Bedeutung* — und daher zumeist unbemerkt unterschiedlichen Verwendung — des Terminus ὄν, sondern listet mit Beispielen auf, was man — also die Griechen zu Zeiten des Aristoteles — alles ὄν nennt: erstens: ὄν nennt man dasjenige, das anderes ist, die οὐσία (die Substanz, den Sokrates also, der weise ist); zweitens: ὄν nennt man all die Bestimmtheiten, die etwas — die οὐσία, der Sokrates, — ist (also die Bestimmtheit „weise", das Prädikat, das Sokrates ist); drittens: ὄν nennt man auch die Verneinungen und somit Bejahungen, das Zukommen und Nichtzukommen von-etwas-zu-etwas *selbst* (also das weise-„sein" des Sokrates bzw. das einfältig-„nichtsein" des Sokrates). — Das bestätigt auch ausdrücklich das 3. Kap. von Περὶ ἑρμενείας (cp. 3, 16 b 19-25, vgl. hier weiter unten).

Wir müssen also die mannigfachen Bedeutungen des einen Terminus ὄν in drei *prinzipiell* voneinander unterschiedene Grundbedeutungen aufteilen, die allen übrigen kategorialen Unterscheidungen zugrundeliegen: In die Bedeutung desjenigen, *dem* anderes zukommen kann (dies und nur dies können wir im Deutschen sprachlich mit „das Seiende" übersetzen), ὄν in der Bedeutung „Substanz" also, zweitens in die Bedeutung desjenigen, das *anderem* zukommen kann, ὄν als ὄν κατηγορούμενον (das von anderem kategorial prädizierte ὄν, die qualitative oder quantitative Bestimmtheit etc.), und drittens in die Bedeutung der Bestimmtheits- oder Synthesis*relation* selbst, die Aristoteles zumeist als „Zukommen" (ὑπάρχειν) von-etwas-zu-etwas versteht.

Wir sollten dabei nicht — wie es so häufig geschieht — vergessen, daß diese drei prinzipiell unterschiedenen, einander also excludierenden Bedeutungen des einen Terminus ὄν ebenso einander implizieren und wechselweise erfordern: jede dieser drei Grundbedeutungen des Terminus ὄν läßt sich ja nur *mittels* der anderen überhaupt *explizieren* und damit der Sinn ihrer jeweiligen *Funktion* nur überhaupt verstehen. Sie alle stehen daher in einem gewissen Konstitutionsverhältnis zueinander. Auch damit jedoch ist ihr Gefüge untereinander keineswegs hinreichend geklärt.

Unser Verständnis der bekannten aristotelischen Lehre vom ontologischen und sprachlogischen Primat der Bedeutung οὐσία des Terminus ὄν, *weil* nämlich die anderen Bedeutungen des Terminus ὄν *von dieser* ausgesagt werden[4], steht von Beginn an vor der folgenrei-

4. Günther Patzig hat in seinem Aufsatz: Theologie und Ontologie in der Metaphysik des Aristoteles, in: Kantstudien 52, 1960/61, und in seiner Dissertation, Die Entwicklung des Begriffs der Usia in der ‚Metaphysik' des Aristoteles, Göttingen 1950, die These vertreten, daß Ontologie und Theologie durch die πρὸς ἕν-Beziehung untrennbar verbunden seien, durch welche die Akzidenzien auf die οὐσία und — noch in den von Patzig früh datierten Büchern A, B, Γ, E, (K), Λ — die οὐσία auf die πρώτη οὐσία (aus Λ) bezogen seien. In den von Patzig spät datierten Büchern Z, H und Θ sei Aristoteles von der „paronymischen" zur „analogischen" Ontologie (Typenordnung der οὐσίαι) übergegangen. Diese einflußreiche These, der sich noch Hellmut Flashar anschließt (vgl. den 3. Bd. des neuen Ueberweg, Grundriss der Geschichte der Philosophie, Basel/Stuttgart 1983, S. 377), macht als solche leider nicht deutlich, daß das vom Textbefund her konstatierte

chen Frage, ob es das Lehrstück von der Substanz, οὐσία, war, welches das Lehrstück vom „Zukommen", ὑπάρχειν (der Bestimmtheitsrelation also) als einem *immer einsinnigen Beziehungsgefälle* nach sich zog, oder ob auf der anderen Seite die aristotelische Konzeption der Bestimmtheitsrelation als einem immer einsinnigen Zukommen von-etwas-zu-etwas nicht ihrerseits die Substanz-Lehre zur Folge hatte. Die Frage danach, ob und — wenn ja — in *welcher* Form sich das, was man „aristotelische Logik" zu nennen sich angewöhnt hat, an der griechischen Grammatik orientiert, hängt ersichtlich mit der gerade berührten Frage zusammen.

Für die erratische Formel „τὸ ὄν ᾗ ὄν" ergibt sich aus all dem, daß — zumindest auf den ersten Blick — *sowohl* der erste *wie* der zweite Ausdruck ὄν zunächst *jede* dieser drei Grundbedeutungen oder auch alle zugleich tragen können. Es ist daher natürlich eine kapitale Vorentscheidung, τὸ ὄν mit „das Seiende" zu übersetzen, was wir in so gut wie allen deutschen Übersetzungen finden. Damit ordneten wir nämlich *vorweg* die Frage nach dem substantialen Sein der Frage nach dem prädikativen und kopulativen Sein vor; ein derzeit heftig umstrittenes Problem, hinter dem sich — wie leicht ersichtlich — systematisch ebenso intrikate wie folgenreiche, weil das Verständnis des gesamten Problemhorizontes betreffende, systematische Konsequenzen verbergen.

Als Randbemerkung sei hinzugefügt, daß für das Verständnis der Formel „τὸ ὄν ᾗ ὄν" mitentscheidend ist, ob wir den bestimmten Artikel τό nur auf das erste ὄν oder auf den ganzen Ausdruck „ὄν ᾗ ὄν" beziehen wollen. Wenn wir z.B. die Formel übersetzen

Neben- und Miteinander dieser beiden für Aristoteles so wichtigen Ordnungsvorstellungen zwei systematisch völlig divergente Ordnungsbegriffe verbindet. Die Frage nach der axiologisch-ontologischen Reihenordnung von unterschiedlichen Typen von οὐσίαι nach dem Gesichtspunkt von κινητός/ἀκίνητος und χωριστόν/ἀχώριστον entstammt der kosmologischen Problemstellung, die Frage nach der πρὸς ἕν-Struktur entstammt der Frage nach der möglichen Bestimmtheit von ὄν überhaupt, da *jedes* ὄν sich *als* bestimmtes ὄν zeigt. Macht man sich nicht den systematischen Unterschied der axiologisch-ontologischen *Klassifikation* und der Ebene derjenigen Prinzipien (ἀξιώματα), die *jedwedem* ὄν (ἅπασι τοῖς οὖσιν ὑπάρχει, vgl. den zweiten Vortrag w.u.) zukommen, bewußt, läuft man Gefahr, in philosophicis Äpfel und Birnen zu addieren.

mit „das Seiende, insofern es seiend ist", wenn wir also den bestimmten Artikel nur auf das erste ὄν beziehen und das zweite partizipial mit „seiend" wiedergeben, schließen wir schon sprachlich aus, daß wir das Seiende daraufhin untersuchen, insofern es *nicht*-seiend ist. Letzteres aber gehört nach Γ 2, 1003 b 10, jedoch mit zur Untersuchung vom „ὂν ᾗ ὄν" hinzu. Das ganze Problem der Negation erhält so — nach Aristoteles — einen *integralen* Stellenort im Thema „ὂν ᾗ ὄν". Überdies erweist sich die partizipiale Übertragung von ὄν mit „seiend" als *selbst mehrdeutig*, was für den Übersetzer wie für den Leser von verwirrender Folge ist: denn auch das deutsche Wörtchen „seiend" sagt von sich her nicht, ob damit nun „existent-seiend" oder „bestimmt-seiend", also „etwas-seiend" gemeint ist. Der Leser steht daher vor der mißlichen Frage, ob es hier letztlich um die Existenz-von-etwas oder um die Bestimmtheitsmöglichkeit dessen geht, was wir nur überhaupt ὄν nennen. Es sind dies zwei Fragestellungen, die in ihrer sachlichen Differenz kaum noch überboten werden können.

Die Frage bleibt also, ob die gängige Verstehensalternative der sog. „theologischen" und/oder „ontologischen" Deutung mit ihren Spielarten überhaupt die *Sinnfülle* umfassen und in ihrem Ursprung ausloten kann, für die die genannte Formel steht.

Zum zweiten Problem:

Unmittelbar mit dieser Urformel vom „ὂν ᾗ ὄν" hängt die Lehre von der Konvertibilität von ὄν und ἕν zusammen: Daß „Eines" sein muß, *wovon* wir etwas aussagen oder *dem* etwas zukommt, daß sich also das „Eines"-sein auf ὄν in der Bedeutung οὐσία bezieht, sagt uns der Text noch klar. Ob aus dem „Eines"-sein der Substanz jedoch die Eindeutigkeit des „Zukommens", also die Eindeutigkeit der Seinssynthesis bzw. die Eindeutigkeit der Urteilsrelation *folgt*, oder ob *umgekehrt* aus der Eindeutigkeit des „Zukommens" das „Eines"-sein der οὐσία folgt, ist mit Blick auf Γ 3 und 4 ebenfalls keineswegs eine ausgemachte Sache. (Hinzu kommt, daß eine Analyse des Widerspruchsprinzips — vgl. weiter unten — ergibt, daß Aristoteles unbemerkt auch vom „Eines"-sein der Bestimmtheiten, sei es z.B. des Begriffs „Mensch" als „zweifüßiges Lebewesen" oder des Prädikats „süß" spricht.) Diese Frage entspricht derjenigen, ob die Erörterung des Widerspruchsprinzips in Γ 3 und 4 eine *Konsequenz* der Substanzlehre für den „bloß-logischen" Bereich darstellt (wie viele Autoren so häufig neuzeitlich disziplinäre Unterscheidungen an den aristotelischen Text herantragen), oder ob in der Erörterung des Widerspruchsprinzips die innere Ermöglichung, also die Grundlegung der Möglichkeit des „Eines"-seins-von-etwas expliziert wird und worin dieser Grund dann eigentlich genau zu verstehen ist. Gefordert ist hier eine nochmalige Analyse der so häufig traktierten aristotelischen Ausführungen zum Widerspruchsprinzip.[5] Wir befinden uns

5. Daß trotz der nicht gerade gering zu nennenden Anzahl der Auseinandersetzungen mit den aristotelischen Erörterungen zum sog. „Widerspruchsprinzip" (Prinzip vom auszuschließenden Widerspruch) eine erhebliche Präzision nicht nur nötig, sondern auch möglich ist (weil fundamentale Probleme noch nicht einmal in den aristotelischen Ausführungen selbst erkannt wurden), wird im zweiten, im Anschluß hier abgedruckten Vortrag, deutlicher werden. Aristoteles spricht im Kontext seiner Erörterungen zum „Widerspruchsprinzip" nicht bloß vom notwendigen „Eines"-sein der Bedeutung οὐσία im Terminus ὄν, sondern auch vom (und zwar von Aristoteles nicht davon ausdrücklich unterschiedenen) notwendigen „Eines"-sein der Bedeutung des καθ' ἑνός im Terminus ὄν (der Prädikatsfunktion, vgl. Met. Γ 5, 1010 b 23-24) sowie vom notwendigen „Eines"-sein der kopulativen Bedeutung des Terminus ὄν (Met. Γ 4, 1006 a 28-31). Und er *muß* dies auch! Darauf kommt es an.

Zum hervorgehobenen *Prinzip*charakter des sog. „Widerspruchsprinzips" durch den von Aristoteles ausdrücklich (vgl. Anal. post., cp. 2, 3 und 19) terminologisierten Ausdruck ἀξίωμα vgl. die beiden in der Literatur zu Unrecht kaum berücksichtigten Arbeiten von Ingeborg Schüßler, Aristoteles, Philosophie und Wissenschaft, Frankfurt 1982, insbesondere 2. Teil: „Philosophie und Axiomatik" und Leo Lugarini, Aristoteles e l'idea della filosofia, Florenz 1961. So problematisch die Gesamtthese der Arbeit Schüßlers sein mag, die Durchdringung der systematischen Implikationen des ἀξίωμα-Problems ist von philologischer Seite so gut wie nicht zur Kenntnis genommen worden. Lugarini hat den Zusammenhang von Ontologie und Apophantik herausgestellt, eine Arbeit, die im deutschsprachigen Raum bis auf die genannte Arbeit von Happ (S. 322/323) kaum je ausdrücklich berücksichtigt wurde.

Noch immer lesenswert ist die unter Hirschberger ausgearbeitete Dissertation von Herbert A. Zwergl, Principium contradictionis, Meisenheim am Glan 1972, mit ihrer guten Zurückweisung der in der logischen Rezeption vor allem im angelsächsischen Sprachbereich einflußreichen, bereits 1911 vorgelegten Arbeit des polnischen Logikers Jan Łukasiewicz, Über den Satz des Widerspruchs bei Aristotehier auf einem Problemgebiet, wo sich die Interpreten zumeist von ihren eigenen, schon mitgebrachten Vorstellungen von „Logik" leiten lassen, statt die Frage nach dem Sinn dieses Begriffs selbst zum Thema zu machen.

Zum dritten Problem:
Die meisten Differenzen weist die — hier fast ausschließlich altphilologisch akzentuierte — Literatur in der Auslegung der sog. „Gegensatzlehre" auf. Wohin das Lehrstück von der Rückführbarkeit von allem, was wir ὄν nennen, auf ὄν und μὴ ὄν, auf ἕν und πλῆθος („Eines" und „Menge" bzw. „Vieles", πολλά, — wie Aristoteles ausdrücklich in platonischer Diktion hinzufügt) *sachlich* einzuordnen ist, diese Frage führte zu den unterschiedlichsten Antworten. Diese Frage nur aus dem Zusammenhang mit den kosmologischen und begriffsdialektischen Gegensatzlehren der Vertreter der platonischen Akademie und der sog. „Prinzipienlehre" Platons selbst her zu verstehen, dafür sprechen die eindeutig terminologischen Abhängigkeiten. Auf diesen Zusammenhang hat man hingewiesen, um von diesem Argument her die frühe Abfassung von Met. Γ zu behaupten, da Aristoteles hier offensichtlich (noch) in starker Abhängigkeit vom platonisch-akademischen Gedankengut stehe. (Hinzu kommt ja die anscheinend parallele Übernahme der vom obersten Gegensatzpaar abhängigen gegensatzpaarigen Begriffe wie „selbig"-„anders", „ähnlich"-„unähnlich", „gleich"-„ungleich", der sog. Systoichienlehre.)[6]

les, in: Bulletin intern. de l'Acad. des sc. de Cracovie, Cl. d'Hist. et de Philos., 1911, S. 15-38.

6. Auf welcher Problemebene dieses Lehrstück bei einem Gelehrten wie Philip Merlan, From Platonism to Neoplatonism, Den Haag, 1960, S. 173/174, zu stehen kommt und zwar *allein* zu stehen kommt, zeigt seine erklärende Verbeispielung in der Frage, *wie* alles aus etwas besteht („consists") — nämlich wie aus „being" und „non-being" so Wasser aus „hydrogen" und „oxygen" —, auf der Problemebene der Bestimmung des Seienden im Sinne der *Woraus-Frage*, die Aristoteles bekanntlich als die verkürzende Fragestellung der meisten vorsokratischen Philosophien bereits in Met. A 3 (als ἐξ οὗ-Frage, 983 b 8) kritisiert, weil alles Fragen nach dem ἐξ οὗ (und εἰς ὅ, Wohinein des Vergehens) nur Prinzipien von *hyletischer Artung* ermitteln kann (also nur nach *einem* Typus von Prinzip fragt, ebd. 983 b 6-8): τῶν δὴ πρώτων φιλοσοφησάντων οἱ πλεῖστοι τὰς ἐν ὕλης εἴδει μόνας ᾠήθησαν

Diesem Zusammenhang stehen auf der anderen Seite jedoch sachlich gewichtige Ausführungen des aristotelischen Textes gerade in Met. Γ 2 entgegen; nur so viel sei angedeutet: Nach 1004 a 21-22 offenbart Gegensätzlichkeit einen Unterschied, Unterschied aber ist *Andersheit.* Die ungeklärte Frage lautet dabei, ob διαφορά und ἑτερότης, also Unterschied und Andersheit eines Seienden von einem anderen Seienden oder Unterschied und Andersheit des Seienden *in sich* gemeint sind, also: insofern z.B. Sokrates weise ist, trägt er Unterschied und Andersheit in sich. Die sachliche Frage, ob die sog. „Gegensatzlehre" bei Aristoteles nicht schon in *sein* systematisches Ganzes eingebaut und nur aus diesem Ganzen heraus von ihm rezipiert wurde (was ja kein Einzelfall in der aristotelischen Rezeption insbesondere platonischer Theoreme ist), sich damit also als ein völlig verändertes Problemstück darstellt, kann durch den Hinweis auf die terminologischen Abhängigkeiten von der Akademie nicht als beantwortet gelten. Die aristotelische Kritik an den Gegensatzlehren der Früheren, daß die Dinge nicht *aus* Gegensätzen bestehen, sondern sich Gegensätze — sei es z.B. „warm"-„kalt" — immer an einem Dritten, der Substanz nämlich, vollziehen, diese Kritik wird ja unter *Voraussetzung* der Lehre von der Substanz geführt, die sich gerade auch in Met. Γ findet. Oder wollte man sich der kühnen These anschließen, die Verwendung des Terminus οὐσία in Met. Γ sei hier noch ganz „platonisch", also zuletzt im Sinne des prädikativen Seins[7] (wo doch gerade hier, in Met. Γ, das prädikative vom substantialen Sein so deutlich unterschieden ist)?

ἀρχὰς εἶναι πάντων. — Der Vergleich dient Merlan dazu, die Nicht-Abstraktheit dieses „Allgemeinen", das *allem* zukommt, zu erläutern.

7. Diese These liegt der umfangreichen Arbeit von H. Schmitz, Die Ideenlehre des Aristoteles, 3 Bde., Bonn 1985, zugrunde, vgl. für den unseren Kontext bes. §§ 23-29, wo der Aristoteles von Met. Γ 2 geradezu als „Ultra-Platonist" ausgelegt wird, s. 1. Bd., Zweiter Teil, S. 100. Die Argumentation von Schmitz bedient sich naturgemäß des alten Arguments, daß der aristotelischen οὐσία (als ‚Wesen') gerade Allgemeinheitscharakter zuzusprechen ist, wenngleich auf niedrigerer Stufe als der platonischen Idee. Dem ist entgegenzuhalten, daß Aristoteles in Met. Γ de facto weniger über die οὐσία als über die *Funktion* der Bedeutung οὐσία im mannigfach ausgesagten Terminus ὄν spricht. Und Aristoteles *muß* hier die οὐσία über die Funktion des πρῶτον τὸ καθ' οὗ in den drei prinzipiell zu unterscheidenden Be-

Zum vierten Problem:
Als letztes sei noch auf die *kosmologische Ordnung* in Γ 2 hingewiesen, wenn Aristoteles *Typen* von Substanzen in eine in sich abhängige Reihenordnung, ἐφεξῆς, stellt, indem er den sublunaren Bereich des Bewegten und der Veränderung Unterworfenen vom supralunaren Bereich der Gestirnswelt unterscheidet und den mathematischen Bestimmtheiten im Gegensatz zu Platon, Xenokrates und Speusipp einen untergeordneten Sonderbereich zuweist. Offensichtlich geht es

deutungen des Terminus ὄν (πρῶτον τὸ καθ' οὗ, τὸ καθ' ἑνός und das absolut gebrauchte εἶναι und μὴ εἶναι) einführen; denn sinnvoll läßt sich von οὐσία nur sprechen, indem man sie von den anderen Bedeutungen des Terminus ὄν unterscheidet *und* auf sie bezieht, was m.a.W. bedeutet, daß der Funktions*zusammenhang* dieser drei grundsätzlich zu unterscheidenden Bedeutungen des Terminus ὄν schlicht das systematisch primäre und tiefere Problem darstellt. Und dies bedeutet nichts weniger als die Irreduzibilität des Seienden in seinem urteilsstrukturellen Sinne. Daß der Terminus οὐσία in Met. Γ *Folge* der notwendigen Funktion des πρῶτον τὸ καθ' οὗ im Urteil ist, das eben ist hier spezifisch aristotelisch. Hier entscheidet sich *sachlich* die Frage nach Platonnähe bzw. -ferne der aristotelischen Ausführungen in Met. Γ. Schmitz präferiert für diese Entscheidung den biographisch-psychologischen Erklärungsweg, man vgl. seine breiten Erörterungen (a.a.O., S. 147 ff.) über die von ihm bei Aristoteles entdeckte Absicht, daß Aristoteles nämlich Γ 1 und 2 als Vortragsmanuskript abgefaßt habe, „das Aristoteles nicht lange vor Speusipps Tod (338) im Kollegenkreis an der Akademie gehalten hat, um sich diesem und dessen Adepten als künftiger Scholarch zu empfehlen". Bedenkt man zudem, daß Aristoteles zum Zwecke der Lehrstuhleinschleichung „sich bei Speusipp beliebt machen" wollte und er also seine eigene Konzeption einem Publikum „diplomatisch so nahebringen will, daß der echte Gegensatz seiner Denkweise und der in diesem Publikum herrschenden durch einen trügerischen Anschein von Harmonie verdeckt wird" (a.a.O., S. 155, — immerhin, ein wenig Hoffnung bleibt, da Aristoteles sich glücklicherweise „nur ganz wenig zu verstellen" brauchte, a.a.O., S. 154), so hat man allerdings guten Grund, sich mit den aristotelischen Ausführungen zum Widerspruchsprinzip so ausgiebig zu befassen, wie es in dem umfangreichen Werk von Schmitz geschieht, — der Leser möge die Stelle selber suchen (im Sachregister braucht man dabei nicht unter „Widerspruchsprinzip" oder „Widerspruchssatz" oder dergl. zu suchen). „Da der Gedankengang von Γ 3 bis zum Buchschluß zwanglos durchläuft" (!, a.a.O., S. 492) und Aristoteles hier offenbar nicht von weiteren aufzudeckenden taktischen Raffinessen geleitet ist, muß Schmitz sich auch nicht mit mehr als 2 Seiten Kurzdarstellung dieser so wenig kurzweiligen Passage aufhalten.

hier thematisch im Gegensatz zu allen bisher genannten Problemtopoi *nicht* um eine Fragestellung, die wir irgendwie als „reflexiv" verstehen müßten, sondern geradezu um das Inventar des Kosmos. Und damit stehen wir vor der Frage, in *welchem Sinne* von „reflexiv" wir denn eigentlich diejenigen aristotelischen Ausführungen zu begreifen haben, die *nur* als von irgendwie „reflexiver" Artung verstanden werden können.

Sicher läßt sich diese Frage nach der *Artung* reflexiver Überlegungen bei Aristoteles nicht *nur* als die Frage stellen, wie er sich den Phänomenen des Bewußtseins und des Selbstbewußtseins gestellt hat[8], eine Vorgehensweise, die einen neuzeitlichen Reflexionsbegriff

8. Diese Fragestellung lag der Arbeit von K. Oehler, Die Lehre vom noetischen und dianoetischen Denken bei Platon und Aristoteles, in: Zetemata Heft 29, München 1962, zugrunde. Daß sich das Reflexionsproblem als Bewußtseins- bzw. Selbstbewußtseinsproblem stellt, übernimmt Oehler aus neuzeitlich-idealistischer Sicht, die er gerade zu kritisieren versucht, indem er diesem Ansatz die antike Vorrangstellung des „Objektiven" entgegensetzt. So legitim es auf der einen Seite ist, der Frage nachzugehen, wie sich die Antike den Phänomenen des Bewußtseins und Selbstbewußtseins gestellt hat, so sollte man diese Frage nicht für identisch halten mit der Frage nach der „Reflexion" in der Antike. Ohne Zweifel nämlich entfaltet — z.B. in unserem Kontext hier — Aristoteles die πρῶται ἀρχαὶ καὶ αἰτίαι, in Met. Γ als ἀξιώματα begriffen, *nicht* in intentio recta, also notwendig in einem bestimmten Sinne der intentio obliqua, die dennoch keineswegs irgendeine Überlegung zu den Phänomenen des Bewußtseins bzw. Selbstbewußtseins darstellt. Die von Oehler ansonsten zu Recht betonte Unterscheidung von noetischem und dianoetischem Denken ist in dieser Art auch unzureichend, die spezifische Einsichtsform in diejenigen ἀρχαί, die Aristoteles ἀξιώματα nennt, darzulegen. Wie wollte man auch die Erkenntnisweise der ἀξιώματα, aufzeigbar mittels des ἀποδεῖξαι ἐλεγκτικῶς, in der ihr eigentümlichen Weise verstehen, wenn man sie bloß in die Unterscheidung von noetisch und dianoetisch zwängte? Gerade dieses ἀποδεῖξαι ἐλεγκτικῶς impliziert notwendig einen reflexiven Sinn, der Anzeige dafür ist, daß sich das Reflexionsproblem nicht auf die Frage nach den Phänomenen des Bewußtseins bzw. Selbstbewußtseins reduzieren läßt. Daß das ἀποδεῖξαι ἐλεγκτικῶς selbst nur möglich ist auf dem Hintergrund der ontologischen Selbstbezogenheit der φύσις ἀνθρώπων, die es dem ἄνθρωπος ermöglicht, in der Frage nach Sinn und Möglichkeit aller Wissensstufen die spezifische Bezogenheit seiner φύσις auf die ὄντα aufzuhellen, lenkt den Blick auf das Problem der Reflexion als auf ein Problem ontologischer Selbstbezüglichkeit. Einig mit Oehler sind wir darin, daß der antike Sinn von Reflexion uns Wesentliches zu sagen hat und spezifisch neu-

— übrigens mit den ihm eigenen Aporien — zum Maßstab des Reflexionsproblems als solchen macht und damit auch für die Beurteilung reflexiver Ausführungen bei Aristoteles.

Damit sei die skizzenhafte Problemübersicht beendet. Beginnen wir mit der aristotelischen Problem*entwicklung* des Themas der Ersten Wissenschaft in Met. A., cp. 1 und 2:

Wovon wird also unter dem Thema „τὸ ὂν ᾗ ὄν" mit seinen immanenten Lehrtopoi das Wissen gesucht? Zuletzt geht es ja hier — und das sollten wir nicht vergessen — um den Begriff des Philosophierens selbst!

Fragen wir also in unserem zweiten Schritt, warum wir *überhaupt* nach Wissen streben. Vielleicht hängt diese Frage mit all dem Vorstehenden zusammen.

Met. A beginnt mit einer Behauptung: Πάντες ἄνθρωποι τοῦ εἰδέναι ὀρέγονται φύσει — „Alle Menschen streben ihrer Natur nach (oder ihrer Seinsbestimmtheit nach, also notwendig) zu wissen." Der zweite Satz veranschaulicht den im ersten Satz nur behaupteten ontologischen Sachverhalt, nicht begründet er ihn, wie Bonitz fälschlich suggeriert, wenn er σημεῖον statt mit „ein Zeichen" mit „ein Beweis dafür" übersetzt: „Ein Zeichen dafür ist die Liebe zu den Sinneswahrnehmungen; denn auch abgesehen von ihrem Nutzen lieben wir sie um ihrer selbst willen und am meisten unter allen Wahrnehmungsarten diejenige mittels der Augen." Der Grund dafür, so fährt Aristoteles fort, liegt darin, daß wir das Sehen suchen, τὸ ὁρᾶν αἱρούμεθα, weil es uns die meisten Unterschiede offenbart, weil es uns also etwas-als-etwas, etwas als ein anderes (den Baum als einen grünen) sehen läßt.

zeitliche Paradoxien vermeidet, eben weil er sich nicht im Horizont einer bewußtseinstheoretisch substruierten Subjektivitätsphilosophie artikuliert. Wenn uns nach Oehler fraglich bleibt, was uns eigentlich der antike Sinn von Reflexion Positives zu sagen hat, weil die Vorrangstellung des „Objektiven" vor dem Bewußtsein nicht minder paradoxbehaftet ist als die neuzeitlich-idealistische Vorstellung, wie Oehler selber sieht, so liegt die Frage nahe, welchen Wert die (offensichtlich in dieser Form selbst spezifisch neuzeitliche) Alternative einer Vorrangstellung sei es des „Objektiven", sei es des Bewußtseins für das Reflexionsproblem hat.

Ist es ein Zufall, daß hier in der Veranschaulichung wie im ersten Satz das Ziel unseres Strebens mit einem substantivierten Infinitiv, das „zu-sehen" und das „ein-zu-sehen", bezeichnet wird, was in keiner Übersetzung zum Ausdruck kommt? Fehlt denn nicht gerade das Entscheidende in der Frage, wonach wir da eigentlich streben sollen? Oder streben wir unserer Seinsbestimmtheit nach einer *Tätigkeit*?

Konzentrieren wir uns auf die systematische Argumentführung, die die *Notwendigkeit* des im ersten Satz der Metaphysikschrift ja nur *behaupteten* (ontologischen) Sachverhalts darlegen soll.

Wir streben einzusehen, um der Unwissenheit zu entgehen, der ἄγνοια. Aber was heißt eigentlich „Unwissenheit"? Wir entdecken unsere Unwissenheit, indem wir in Verlegenheit geraten, ἐν ἀπορίαις, über unser widersprüchliches *Schon-wissen* von den Dingen; wir wundern uns nicht einfach über „Sonne, Mond und Sterne", sondern über unsere divergierenden Ansichten *über* die Dinge. ὁ δ' ἀπορῶν καὶ θαυμάζων οἴεται ἀγνοεῖν — „wer in Verlegenheit gerät und sich verwundert, glaubt nicht zu wissen". („ἀπορία" ist der aristotelische Fachterminus für das anscheinende Sichwidersprechen unterschiedlicher Ansichten über ein- und dieselbe Sache.)

Der Ursprung unseres Strebens zu wissen, der ὄρεξις τοῦ εἰδέναι, liegt daher in der ursprünglichen Bestimmtheit des Menschen *selbst*. Denn der Mensch hat schon immer irgendwelches Wissen von den Dingen.

Weshalb jedoch streben wir nach etwas, wenn nicht aufgrund eines Mangels? Ist es der Mangel an Wissen um die Dinge, eben z.B. um „Sonne, Mond und Sterne", der unser Streben zu wissen hervortreibt? Das wäre ein Mangel *in Bezug* auf ein *anderes*, als es die Seinsnatur des Menschen selbst ist. Davon sagt uns der erste Satz der Metaphysikschrift jedoch nichts. Er spricht offensichtlich von einem Mangel dieser unserer Seinsbestimmtheit selbst, da doch im Ausdruck φύσει die *Notwendigkeit* des Strebens ausgesagt wird und damit also ein *prinzipieller* Mangel behauptet wird.

Heißt das aber nun nicht, daß die φύσις ἀνθρώπων, diese Seinsnatur des Menschen, von sich selbst fortzukommen sucht? Warum bleiben wir eigentlich nicht, was wir da sind?

An dieser Frage entscheidet sich wohl Ursprung, Sinn und Begriff der Wissenssuche als solcher!

Was kennzeichnet also diesen ursprünglichen Mangel der Seinsnatur des Menschen, der behoben werden soll? Wenn die Weisheit, die σοφία, die wir da angeblich in diesem Streben zuletzt suchen, uns *frei* machen soll, wird deutlich, daß wir anfänglich an irgendetwas *gebunden* sind, durch irgendetwas gefesselt sind. Worin besteht nun — wie wir annehmen müssen — diese Seins-Fessel der Menschen?

Die Fessel der Seinsnatur des Menschen besteht eben darin, schon immer irgendwelches Wissen von allem zu haben, das uns *als* Wissen — wie jedes Wissen von etwas — an etwas bindet. Wir durchschauen ja den Kosmos nicht in und durch uns selbst und sind deswegen auf anderes verwiesen, auf Seiendes nämlich.

Der ursprünglichen Bestimmtheit nach fesselt der Mensch sich *selbst* also, weil er schon immer irgendwelches Wissen von den Dingen hat. Dieses Schon-wissen ist seinerseits *Folge* seines Strebens zu wissen, — und dennoch sucht er sich seiner Fesseln zu entledigen.

Damit scheint der erste Satz der Metaphysikschrift vollends rätselhaft zu werden.

Nehmen wir jedoch diese Selbstfesselung näher in den Blick: Daß wir schon immer irgendein Schonwissen oder Verstehen von den Dingen haben, bedeutet ja, daß die Seinsnatur des Menschen *ursprünglich* in irgendeinem *Verhältnis* zu den Dingen steht — oder sagen wir: daß der Mensch in Seinsbeziehung zu den ὄντα steht. Müssen wir also nicht fragen, ob der angestrebte Prozeß der Befreiung der Seinsnatur des Menschen ein Prozeß der *Loslösung vom Seienden selbst* sein soll? Zeigt sich damit das Streben nach Weisheit, der Prozeß des Philosophierens, als ein Prozeß von der Seinsbezüglichkeit der Natur des Menschen auf Seiendes hin zur Seinsautarkie, zur Seinsunbezogenheit des Menschen auf Seiendes? Läßt sich denn jenes δόγμα κοινόν, dieser philosophische Gemeinplatz der platonischen Akademie — wie wir es seitdem bis heute wie einen an ihm selbst problemfreien Topos überall wiederholt finden —, tatsächlich vom Philosophieren behaupten, daß es nämlich eine ὁμοίωσις θεῷ, ein Verähnlichungsprozeß mit dem Gott oder den göttlichen Dingen sei? Wurden denn die Götter oder der Gott des Aristoteles nicht gerade eben ontologisch als Inbegriff von Seins*un*bezüglichkeit (auf anderes) ausgelegt? Welche Vorstellung vom θεός muß denn leitend sein, wenn jenes δόγμα κοινόν soll gelten können? Und ließe sich, wenn jenes δόγμα κοινόν soll gelten können, die es leitende Vorstellung zurecht — zumindest aristotelisch — noch „θεός" nennen? Läßt sich also das Philosophieren als eine ὁμοίωσις θεῷ verstehen, wenn wir an den θεός aus Met. Λ denken, diesen höchsten Gegenstand der aristotelischen Kosmologie in der Stufenhierarchie der οὐσίαι, den — selbst wenn wir ihn „spekulativ" deuteten und bloß als Inbegriff des möglichkeitsunbetroffenen Seienden verstünden — immer und gerade noch *nicht* auszeichnete, auf was hin *wir* da streben? Zwar bedarf der sublunare Bereich des Bewegten und der Veränderung Unterworfenen ontologisch und damit zu seiner Erklärung des Supralunaren, doch können wir allenfalls von der Begründungs*funktion* des Supralunaren für das Sublunare sprechen, nicht jedoch von der ontologischen Angewiesenheit der göttlichen Dinge auf das Sublunare.

Macht die aristotelische Lehre von der φύσις ἀνθρώπων, diese Lehre der ontologischen Eigengeartetheit des Menschen, nicht deutlich, daß die Problematik in der Rede vom Philosophieren als einer ὁμοίωσις θεῷ darin besteht, daß zuletzt *ontologisch Differentes* verähnlicht werden soll? Stoßen wir damit nicht auf eine von Aristoteles selbst nicht bemerkte unauflösbare Aporie eines gemeinakademischen philosophischen Grundverständnisses, die sich auch bei ihm in dem problematischen Verhältnis seiner νοῦς-Lehre im Kontext seiner Seelenlehre äußerte?

Wonach streben die Menschen da notwendig? Sie suchen sich zu entfesseln von ihren *Meinungen über* die Dinge, *nicht* aber *vom Seienden selbst*. Die doxische und irrtumsgefährdete Beziehung zu Seiendem soll eine epistemische werden, eine durch Wissen um Gründe gesicherte Beziehung.

Nicht schon unsere ursprüngliche Bezogenheit zu Seiendem macht uns also unfrei und sklavisch, sondern die doxische Bestimmtheit dieser Bezogenheit. Wir streben daher zu wissen, um einem Mangel unserer selbst zu entkommen, nicht aber, um zu sein wie die Götter, deren φύσις wohl nur als frei von jener ὄρεξις τοῦ εἰδέναι zu denken ist.

Treiben wir die Veranschaulichung, die Aristoteles in Met. A 2 in des Simonides Zitat gibt, auf die Spitze und fragen wir uns, was denn für eine *Sorte* von Göttern wir wären, wenn wir im Vollbesitze der Weisheit stünden: Wir wären Götter, die in *ursprünglicher*, d.h. *Seins*beziehung zu Seiendem stünden und zwar so, daß wir das Seiende in all seinen Bestimmtheiten wüßten. Doch — um zu pointieren — : Was verstehen schon jene aristotelischen Götter dort im supralunaren Bereich von den Dingen hier im sublunaren Bereich? Wozu bräuchten sie diese?

Auf der einen Seite haben wir die Seinsbeziehung der Natur des Menschen zu Seiendem also nicht als dasjenige zu verstehen, wovon wir uns befreien sollen. Auf der anderen Seite versklavt uns jedoch eine bestimmte Weise dieser Urbezüglichkeit, nämlich die doxische Bestimmtheit dieser Bezüglichkeit. Daher müssen wir uns fragen, wie es denn kommt, daß uns jene ontologische Beziehung zu Seiendem überhaupt zur Fessel werden *kann*, zu einer Versklavung des Menschen führen kann.

Erinnern wir uns an den zweiten Satz der Metaphysikschrift: Schon die sinnliche Wahrnehmung, diese elementarste Weise der Beziehung des Menschen zu Seiendem, gibt uns *Unterschiede* zu erkennen, läßt uns immer etwas-als-etwas wahr-nehmen. (Auch das deutsche Wort „Wahrnehmung" zeigt also, daß die sinnliche Wahrnehmung schon irgendwie urteilender Natur ist, indem sie uns immer etwas-als-etwas wahrnehmen läßt.) Unsere Bezogenheit zu Seiendem ist derart, daß dieses uns *notwendig und immer* nur als *bestimmtes* zugänglich ist. So, wie wir den Baum als einen grünen wahrnehmen, erkennen wir in allen Wissensstufen immer etwas-als-etwas. Und in dieser Differenz steht alles zu uns, was wir erkennen: Jedwedes zeigt sich uns als ein *bestimmtes*, in *innerer* Differenz. Und damit taucht allererst die Möglichkeit der Frage auf, ob das, als was wir da je etwas erkennen, dem Gegenstand des Erkennens in der Tat auch zukommt. Die Möglichkeit von „wahr" und „falsch" gründet daher in dem Seinssachverhalt, daß uns jedwedes ὄν nur *als* ὄν begegnet.

Muß es also nicht eine Wissenschaft geben, die uns lehrt, was es denn eigentlich heißt, daß uns jedwedes nur als bestimmtes begegnet, eine Wissenschaft vom „ὄν ᾗ ὄν", vom ὄν, insofern es notwendig bestimmtes ὄν, also *τι* ὄν, ist? Muß es also nicht eine Wissenschaft geben, die aufhellt, warum uns etwas immer nur *als* etwas zum Gegenstand der Wahrnehmung, der Erinnerung, der Erfahrung, der

Wissenschaft und des Erkennens und zum Thema des Nachdenkens werden kann?

Wir übertragen jetzt also „ὂν ᾗ ὄν" mit „etwas als etwas" („Seiendes als etwas seiend"). Nur so nämlich begreifen wir, was es *überhaupt* heißt zu wissen. Nur so können wir Einsicht in das *Prinzip* unserer Selbstfesselung gewinnen, um uns des doxischen Charakters unserer Bezogenheit auf Seiendes zu entledigen, nicht jedoch, um uns dieser Bezogenheit selbst zu entledigen.

Unsere ursprüngliche Bezogenheit auf Seiendes als immer schon bestimmt Seiendes — oder anders formuliert: auf immer schon verstanden Seiendes — ermöglicht daher unsere Selbstfesselung ebenso wie sie das leitende Prinzip unserer Selbstentfesselung von unseren Vormeinungen über das Seiende ist.

Nun wird deutlich, daß die Weisheit eben *nicht* der gradative Abschluß in der Reihe der Wissensstufen ist, wie es Met. A 1 im Aufstieg von der αἴσθησις (der sinnlichen Wahrnehmung), der μνήμη (der Erinnerung), der ἐμπειρία (der Erfahrung) zu τέχνη (Kunstfertigkeiten) und zu ἐπιστήμη (den einzelnen Wissenschaften) nahezulegen scheint und wie wir dies in allen Kommentaren auch wiederfinden. (So schreibt Bonitz im einleitenden Urteil über Met. A 1 im Kommentar: „Es wird beschrieben, auf welche Weise wir gradativ von der Sinneserkenntnis zur Erkenntnis der Prinzipien aufsteigen." Ein Urteil, das isoliert genommen, eine kapitale Fehldeutung des systematischen Gehaltes der aristotelischen σοφία-Lehre darstellt und sich dennoch überall wiederfindet.)

Das Wissen der Weisheit ist von gänzlich anderer *Artung* als alles Einzelwissen von Seiendem. Und doch ist es allein das *zuletzt* Gesuchte, das eigentlich „Erste", unseres ursprünglichen Strebens zu wissen. Von Beginn an, von seinem systematischen Anfang her, liegt das Streben nach Weisheit allen Wissensstufen schon zugrunde. Die Weisheit muß sich daher als „Erste Wissenschaft" auslegen, weil diese und nur diese Wissenschaft in der Tat auf das *Erste* geht, den systematischen Anfang aller Wissenssuche selbst nämlich.

Deswegen läßt sich auch nur vom Wissen der Weisheit allein sagen, daß es uns frei mache, daß es auf keinen (äußeren) Nutzen gerichtet sei, daß es — wie die sinnliche Wahrnehmung — begehrenswert sei „um ihrer selbst willen", ἑαυτοῦ ἕνεκα. Denn nur in der

Weisheit und durch sie begreift der Mensch seine φύσις, nur in ihr ist er *bei sich*, und das heißt jetzt in der nur ihm *allein* eigentümlichen Urbezogenheit zu Seiendem, die den aristotelischen Göttern gerade fehlt.

Sollte also die Frage nach dem Ursprung, die Frage nach der *Notwendigkeit* unseres Strebens zu wissen, – im griechischen Text steht ein Infinitiv, es geht also nicht um irgendwelche Wissensgehalte, – sollte also diese Frage nach dem Ursprung nicht zusammenhängen mit der Frage nach dem *Thema* der Ersten Wissenschaft? Hat Aristoteles nicht gerade gezeigt, daß die ursprüngliche Frage unserer Suche zu wissen auf das systematisch „Erste" all unseres Wissens zielt?

Wenn wir uns in unserer Bezogenheit auf Seiendes verstehen wollen, ist es dann nicht konsequent zu fragen, was es denn eigentlich bedeutet, daß wir alles immer und notwendig als etwas begreifen, in der inneren Differenz also von dem, das wir zu begreifen suchen, zu dem, als was wir es zu begreifen suchen? Muß uns diese Frage nicht auf den immer notwendigen Unterschied führen zwischen dem, was da im Erkennen (auch in der sinnlichen Wahrnehmung, wie gesehen) jeweils erkannt wird, und der Bestimmtheit, als was wir etwas immer erkennen, – und vor allem auf die Frage, wie denn beides überhaupt zusammenstehen kann, auf die Frage also nach dem inneren *Synthesis*charakter des Seienden?

Und wie kommt es, daß dasjenige, das wir da jeweils in seinen vielen Bestimmtheiten erkennen, trotz seiner vielfachen Bestimmtheit dennoch Eines sein muß? Daß sich jedwedes als Eines und dennoch als Vieles zeigt, heißt dies nicht, daß sich jedwedes als von innerer Gegensätzlichkeit, als von innerer Differenz zeigt (so, wie sich der Baum als grün, so groß und vielfach bestimmt zeigt)? Müssen wir daher nicht von der inneren „Andersheit" des Seienden sprechen, die ihrerseits allererst so etwas wie Erkennen ermöglicht? Wird also die Frage der alten kosmologischen Gegensatzlehre, *woraus* nämlich alles entstehe und *wohinein* alles vergehe, dieses Denken in Prinzipien von stofflichem Typus, wie Aristoteles es bezeichnet, nicht vertieft durch die Einsicht, daß uns jedwedes ὄν in innerer Differenz begegnet, was eine Prinzipienlehre von der inneren Unterschiedenheit des Seienden nach sich ziehen muß, die erkennen läßt, warum jedwedes Seiende ein *ontologisches Urteil* darstellt?

Die Frage nach dem Ursprung der Ersten Wissenschaft bei Aristoteles suchte den Grund der Notwendigkeit von Erster Wissenschaft selbst aufzudecken. Dieser Grund besteht in der notwendigen Suche des ἄνθρωπος nach der σοφία. Notwendig ist diese Suche, weil sich die ontologische Bezogenheit des ἄνθρωπος zu Seiendem als von δόξα betroffen und somit als aporetisch erweist und daher das „Streben zu wissen" sich in Wahrheit als ein Streben zeigt, Schon-wissen in echtes Wissen zu überführen. Dies kann zuletzt nur gelingen und diese Seinslage des Menschen kann zuletzt nur begriffen werden, wenn Einsicht erlangt ist in jenen Grund, der *jegliches* „Wissen" (sei es Vorwissen oder begründetes Wissen) ermöglicht. Dieser Grund besteht in der *nur* dem ἄνθρωπος eigentümlichen Bezogenheit zu Seiendem, nämlich auf es als auf ein immer bestimmt Seiendes bezogen zu sein. Seiendes zeigt sich ihm notwendig *als* Seiendes, d.h. als bestimmt Seiendes, Seiendes präsentiert sich dem ἄνθρωπος immer als ontologisches *Urteil*, — dies kennzeichnet die Eigentümlichkeit jener Bezogenheit.

Die Frage nach dem Ursprung der Ersten Wissenschaft bei Aristoteles muß daher auf dasjenige zielen, *wovon* die σοφία eigentlich σοφία ist. Wenn die σοφία nicht ein Wissen um „Sonne, Mond und Sterne", sondern ein Wissen um Sinn und Notwendigkeit aller Wissenssuche selbst sein soll, wenn sie Einsicht in den systematischen Anfang, in das „Erste" aller Wissenssuche geben soll und sich deswegen selbst als „Erste Wissenschaft" kennzeichnet, dann wird deutlich, daß die Frage nach dem Ursprung der Ersten Wissenschaft (gen. obj.) die Ursprungsfrage der Ersten Wissenschaft (gen. subj.) selbst darstellt.

Ob die so unscheinbare Einleitung in Met. A, cp. 1 und 2, nur weil sie protreptisch ganz allgemein von der Weisheit handele, nicht in das thematische *Zentrum* der Ersten Wissenschaft führt, dieser Frage sind wir in der Rückbesinnung auf den systematischen Gehalt der Frage nach dem Ursprung der Ersten Wissenschaft nachgegangen.

Das philosophische Ingenium eines Aristoteles nötigt uns keineswegs, mit „Spießen und Stangen" auf die Lehrtopoi der Ersten Wissenschaft, der nachmals „Metaphysik" genannten Wissenschaft, draufloszugehen. Erst sehr viel später mußte die Frage nach der systematischen ‚genesis' der Metaphysik durch ein anderes philosophisches Ingenium, durch Immanuel Kant nämlich, neu entdeckt werden. Ob diese Wiederentdeckung der Wiedervergessenheit anheimfällt, liegt an uns.

Ergänzend sei zum Abschluß — mit Blick auf den eingangs genannten Jubilar — eine Frage angerührt, die sich zwar nicht im Horizont eines Denkens wie desjenigen des Aristoteles stellte und stellen konnte, die sich jedoch aus der Systematik der Ursprungserhellung der Ersten Wissenschaft aus der Bezogenheit der Seinsnatur des Menschen zu Seiendem ergibt: Muß nicht die Selbstfesselung des Menschen, indem er schon immer ein Schonwissen von Seiendem hat, als eine produktive Leistung begriffen werden? Und kann ihn etwa die Weisheit davon befreien, immer wieder zu doxischen Weltbildern genötigt zu sein? Oder ergibt sich nicht aus der Natur, der φύσις dieser Weisheit, daß er je epochal seine Bezogenheit zu Seiendem neu bestimmen und auslegen muß, der Mensch also zur kreativen Weltgestaltung von seinem systematischen Anfang her gefordert ist? Muß dann nicht, was wir bisher in platonischer Diktion den doxischen Charakter seiner Bezogenheit zu Seiendem nannten, zu einer *integralen* Funktion seines Selbstverständnisses werden? Denn wie wollten wir uns verstehen, wenn nicht eben aus unserem Bezug zu dem, was wir nur überhaupt „seiend", ὄν, nennen?

So darf ja auch die kosmologische Ordnungsvorstellung des Aristoteles mit ihrem Konzept der Substanz als *auch* der Definition des gegenständlich Seienden, keineswegs mit dem, allen kosmologischen Fragestellungen notwendig sachlich vorgeordneten, Thema der Ersten Wissenschaft selbst verwechselt werden. Und wer wollte bestreiten, daß mit der Auslegung und Gestaltung der Seinssynthesis und damit der Urteilsrelation als einem bloß „einsinnigen Zukommen" von-etwas-zu-etwas eine epochemachende Weltgestalt ihren zeitgeschichtlichen Anfang nahm? Eine epochemachende Weltgestalt auf dem Fundament eines ersten Verständnisses des Wesens des (Seins)Urteils als „etwas-als-etwas", das wir heute als die antike Ineinssetzung der Prädikation mit dem — um sich der nüchternen Sprache moderner Logik zu bedienen — Typus der „einstelligen Prädikation" sehen.

Daß das Philosophieren als höchste θεωρία auch die Form höchster πρᾶξις ist, ergibt sich aus dem Ansatz der aristotelischen Ersten Wissenschaft. Daß sie selbst jedoch unabdingbar *auch* eine Weise der künstlerischen Gestaltung ist, — diese Entdeckung aus neueren Zeiten war noch nicht gemacht, eine Entdeckung, die das Unternehmen einer *jeden* Ersten Wissenschaft auch in ihrer Gefährdung sehen läßt. Denn nach welchen Kriterien wollen wir eine „Erste Wissenschaft" — um mit Friedrich Nietzsche zu sprechen — *erfinden*?

Müssen wir also nicht erneut die Frage nach der Ersten Wissenschaft aufwerfen, nun jedoch so, daß wir nach den Prinzipien fragen, kraft deren sich eine Erste Wissenschaft auch tatsächlich als Erste ausweisen läßt?

Über das Verhältnis der unterschiedlichen Aufweise der βεβαιοτάτη ἀρχή bei Aristoteles, Met. Γ, cp. 3-8

(Περὶ ἣν διαψευσθῆναι ἀδύνατον — scheint dennoch schwierig zu bestimmen)

Die Frage, ob und was denn nun jenes sei, „über welches sich zu täuschen unmöglich ist", gehört zu den Fragen aus dem Bereich der antiken Philosophie. Und weil diese Frage noch immer nicht als erledigt gelten kann, gehört sie auch heute noch zur Philosophie. Damit erweist sich unser Thema als zweifach intrikat: Verwirrend nämlich ist auf der einen Seite die Frage, was Aristoteles unter jenem Gesuchten — und er konnte es nur als Prinzip begreifen — verstanden hat, und verwirrend ist auf der anderen Seite die Frage, was denn jenes nun sachlich bedeutet, was Aristoteles in den unterschiedlichen Aufweisgängen des sog. „sichersten Prinzips" intendierte. Schon die sachliche Differenz dieser Aufweisgänge für jenes Prinzip nötigt uns, das, was Aristoteles intendierte, von dem zu unterscheiden, was uns textlich überliefert ist. Weil also die Frage nach dem sog. „Widerspruchsprinzip" noch heute unterschiedlich verstanden wird, deswegen sind auch in der Literatur zum Thema sachlich-systematisches

Verstehen und textkritische Analyse nach wie vor unentwirrbar verknüpft.[9]

Angesichts der Kürze der Zeit müssen wir notgedrungen wesentliche Zusammenhänge unseres Themas z.B. mit der aristotelischen Wissenschaftslehre in den Analytischen Schriften und mit der aristotelischen Urteilslehre in De interpretatione ausklammern, in welchen Texten unser Prinzip gelegentlich genannt, immer in seiner Gültigkeit vorausgesetzt, nie jedoch selbst thematisch wird. Der Aufweis des Gesuchten als eines Prinzips und der Aufweis dieses Prinzips als des „sichersten Prinzips" findet sich ausschließlich in Met. Γ cp. 3-8. Dennoch müssen wir wenigstens kurz einen Blick auf den unmittelbaren Kontext werfen, in welchem sich Aristoteles genötigt sieht, dieses „sicherste Prinzip" — obwohl wir uns ja angeblich über es nicht täuschen können — auszuweisen, — nämlich Met. Γ, cp. 1 und 2. Mit dieser Vororientierung wollen wir gleichzeitig unseren

9. Verwiesen sei noch einmal auf die in Anm. 5 genannten Arbeiten. Die Einordnung des „Widerspruchsprinzips" in die so hochproblematische und vieldeutige, weil nur selten (insbesondere in der angelsächsisch-philologischen Literatur) selbst näher erläuterte Unterscheidung von „logical/ontological" tradiert im Grunde ein im 19. Jahrhundert gängig gewordenes Problemparadox einer äußerlich verstandenen Erkenntnisrelation und läßt — infolge der von Oehler sog. „Vorrangstellung des Objektiven in der Antike" — dann das „Logische" zur sekundären, weil bloß Folgecharakter tragenden Problemschicht absinken. Die unbedachte Verwendung derart fundamentaler philosophischer Begriffe führt gerade in unserem Kontext zu — zumeist unbemerkten — weitreichenden Folgen. Man wird sich fragen müssen, ob die gängig gewordene Rede von der „Vorrangstellung des Seins gegenüber dem Bewußtsein" in der Antike im Gegensatz zu neuzeitlich-idealistischen Ansätzen sich nicht eben bloß als vereinfachende Umkehrung einer neuzeitlich-alternären Problemlage erweist, die der Antike in dieser Form selbst nicht bekannt war. Was für die antiken Texte (sei es z.B. — mit Blick auf unseren Problemkontext — das parmenideische Lehrgedicht oder Platons Dialog „Sophistes") im Allgemeinen gilt, daß nämlich jeder Fortschritt im Ontologischen ein Fortschritt im Logischen und jeder Fortschritt im Logischen ein Fortschritt im Ontologischen bedeutete, gilt im ausgezeichneten Sinne gerade von Met. Γ, da hier die Bedeutungsunterschiede des Terminus ὄν immer ebenso logische Unterscheidungen darstellen und die logische Unterscheidung von Urteilsfunktionen notwendig die Unterscheidung der mannigfachen Bedeutung des Terminus ὄν erfordern. Oder sollte es Zufall sein, daß hier — wie in Platons Sophistes — die Lehre vom ὄν sich mit der Lehre vom λόγος durchdringt?

Blick für die systematischen Implikationen des Theorems vom „sichersten Prinzip“ schärfen.

Zu Beginn von Γ 3 nimmt Aristoteles die 2. Aporie aus dem Buch B wieder auf, ob es nämlich Sache ein- und derselben Wissenschaft sei, die οὐσία und die ἀξιώματα (die sichersten Prinzipien) zu behandeln, ob es also dieselbe Wissenschaft sei, die die οὐσία und die Prinzipien aller Beweise, des Beweisens als solchen also, die man als die sog. logischen Grundprinzipien zu verstehen sich angewöhnt hat, untersucht. Diese Frage wird sofort bejaht mit folgender Begründung: weil nämlich *die* ἀρχαί, die Aristoteles allein ἀξιώματα nennt, allen ὄντα (τοῖς οὖσιν steht im Text, nicht ταῖς οὐσίαις) „zukommen“, ὑπάρχει, und nicht nur einem bestimmten γένος all dessen, was wir „ὄν“ nennen.

In diesem einen Satz verbirgt sich ein Doppeltes: Unter den vielerlei Arten von Prinzip (auch den Vater — und, wie wir heute sagen würden, auch die Mutter — nennen wir ja Prinzip des Kindes) gibt es solche, die allen, überhaupt und grundsätzlich allen, ὄντα „zukommen“, — diese und nur diese Prinzipien nennen wir ἀξιώματα. Weil Prinzipien nun als Prinzipien Prinzipien von etwas sind, sagt uns Aristoteles also, von was sie die Prinzipien sind, nämlich von *allen* ὄντα. Und bevor wir nun die Frage stellen eben nach dem, *wovon* sie die Prinzipien sind, halten wir fest, daß Aristoteles ganz unspezifisch auch von der *Bezogenheit* dieser Prinzipien auf das, wovon sie die Prinzipien sind, gesprochen hat: sie *kommen* ἅπασι τοῖς οὖσιν *zu*, — Aristoteles verwendet dafür den Terminus „ὑπάρχειν“. Bedenken wir z.B., daß „zweifüßiges Lebewesen zu sein“ dem Sokrates „zukommt“, ὑπάρχει, wird deutlich, weshalb die aristotelische Redeweise, daß die ἀξιώματα allen ὄντα „zukommen“, höchst unspezifisch ist; denn — und damit kommen wir zur Frage, wovon diese Prinzipien die Prinzipien sein sollen — all dasjenige, was wir „ὄν“ nennen, soll ja derart unterschiedlich sein, daß Aristoteles geradezu von den γένη τῶν ὄντων spricht, so daß also die ἀξιώματα, diese obersten Prinzipien, nichts bezeichnen können, was allem ὄν irgendwie *gemeinsam* ist, denn sonst gäbe es ja ein γένος über den γένη τῶν ὄντων.

Wie paßt es daher zusammen, daß Aristoteles auf der einen Seite die Unterschiede zwischen all dem, was wir „ὄν“ nennen, für so grundsätzlich hielt, daß er sagte: τὸ δὲ ὂν λέγεται πολλαχῶς, und daß er dennoch von Prinzipien spricht, die *dieselben* Prinzipien all dieser so unterschiedlichen ὄντα sein sollen (und damit — um es drastisch zu sagen — zuletzt ja wohl das Auseinanderbrechen des Kosmos verhindern sollen)?

Was nennen wir nun alles „ὄν“? Das erörtert Aristoteles zu Beginn von Γ 2: ὄν nennt man nicht nur die οὐσία, sondern auch, was πάθη οὐσίας, ποιότητες, στερήσεις etc. der οὐσία ist, „ὄν“ nennen wir die Verneinung all dessen, was in irgendeiner kategorialen Beziehung zur οὐσία steht, „ὄν“ nennen wir sogar die Verneinung der οὐσία selbst. Prinzipiell also müssen wir all diese Bedeutungen des Terminus „ὄν“ zunächst zweifach einteilen: „ὄν“ nennt man solches, das *anderes* sein kann, also die οὐσία (der wir etwas zu- oder absprechen), und „ὄν“ nennt man all *dasjenige selbst, das* wir der οὐσία zu- oder absprechen, also all die Bestimmtheiten, die einer Sache zu- oder nicht zukommen. Dem Sokrates kommt vieles zu, er kann vieles sein, was ihm aber zukommt, z.B. „weise“, „gerecht“ etc., kann nicht selbst wiederum vieles sein, es muß anderem zukommen. Wem aber sollte Sokrates derart zukommen? Der Unterschied ist daher ein notwendiger, grundsätzlicher, schlicht ein prinzipieller, weil funktioneller: All die ὄντα, die *anderes* sein können, und all die ὄντα, die *das* sind, *was* die einen sind, treten auseinander.

Alle ὄντα, sofern sie nicht die οὐσία bezeichnen, *beziehen* sich also notwendig auf die Bedeutung οὐσία im Terminus „ὄν“. Wie-Beschaffenheit, Vergehen, Mangel etc. ist ja immer Wie-Beschaffenheit, Vergehen, Mangel *von etwas*. (Die umgekehrte Konsequenz übrigens, daß die Bedeutung οὐσία im Terminus „ὄν“ nur Sinn hat *mit Bezug* auf die anderen, zieht Aristoteles bezeichnenderweise nicht.)

Nicht ganz geklärt haben wir noch die Frage, was es bedeuten soll, daß wir auch die ἀποφάσεις ὄντα nennen, seien es ἀποφάσεις dessen, was von der οὐσία alles gesagt wird, seien es ἀποφάσεις der οὐσίαι selbst. Offensichtlich entspricht die Bedeutung ἀπόφασις im wahrhaft vieldeutigen Terminus „ὄν“ in keiner Weise der Bedeutung οὐσία. War also unsere vorhergehende dichotomische Unterscheidung vollständig, müßte diese Bedeutung auf die Seite derjenigen ὄντα zu stehen kommen, die von der οὐσία als deren Bestimmungen ausgesagt werden. Wird also die ἀπόφασις von der οὐσία im *identi-*

schen Sinne ausgesagt wie eine der anderen Bestimmungen? Offensichtlich nicht, da die Verneinung ja das *Zukommen* von-etwas-zu-etwas verneint. Und so müssen wir vermuten: Wenn also das Nicht-zukommen, μὴ ὑπάρχειν, „ὄν" genannt wird, so offensichtlich auch das Zukommen, ὑπάρχειν, das wir in der κατάφασις aussagen.

Und in der Tat scheint hier eine prinzipiell *dritte*, eigenständige Bedeutung des Terminus „ὄν" zu Beginn von Γ 2 angedeutet zu sein, die in Γ 4, 1006 a 30, wieder auftaucht: das absolut gebrauchte εἶναι ἢ μὴ εἶναι, nicht im Sinne des existentialen Seins, das wir Dingen zu- oder absprechen, sondern im Sinne des *kopulativen* Seins, dessen also, wofür Aristoteles so häufig eben den Ausdruck ὑπάρχειν verwendet.

Daß sich Aristoteles dieser Bedeutung des Terminus „ὄν" sehr bewußt ist, zeigt Γ 4 deutlich: Die Bestimmtheit des kopulativen Seins soll zur Folge haben, daß nicht alles sich so und auch nicht so verhalten kann: πρῶτον μὲν οὖν δῆλον ὡς τοῦτό γ' αὐτὸ ἀληθές, ὅτι σημαίνει τὸ ὄνομα τὸ εἶναι ἢ μὴ εἶναι τοδί, ὥστ' οὐκ ἂν πᾶν οὕτως καὶ οὐχ οὕτως ἔχοι, ebd. „Zuerst nun also ist eben dies selbst wahr, daß das Wort ‚sein' und ‚nicht-sein' etwas Bestimmtes bezeichnet, so daß sich nicht alles so und auch nicht so verhalten kann." (Und ausdrücklich sagt Aristoteles in De interpretatione, cp. 3, 16 b 19-25, daß alles substantiale und prädikative Sein eine Sachbedeutung hat, das kopulative Sein hingegen nicht, weil es nur die σύνθεσις des einen zum anderen bezeichnet, und hier benennt er auch das kopulative Sein mit den Wörtern εἶναι und ὄν. Das im zitierten Kontext von Γ 4 häufig von Aristoteles verwendete unscheinbare Wörtchen ἔχοι im Sinne des Sichverhaltens von etwas-als-etwas weist ausdrücklich auf den Bestimmtheitssinn von ὄν hin, dem es kraft des Widerspruchsprinzips unterworfen ist.)

Was hat nun unsere kleine Vororientierung zum Theorem vom „sichersten Prinzip" im Kontext von Γ 2 ergeben: Wir haben uns mittels der aristotelischen Ausführungen die elementarsten, schlechthin unerläßlichen systematischen Unterscheidungen erarbeitet, die sich aus der aristotelischen Problemhinführung zum Theorem vom „sichersten Prinzip" *notwendig* stellten. Das sog. „Widerspruchsprinzip" soll unter all den Prinzipien, die allen ὄντα, jeder nur möglichen Bedeutung des Terminus „ὄν" zukommen, das „sicherste" sein. Es soll sogar noch Prinzip aller übrigen derartiger Prinzipien sein, ἀρχὴ τῶν ἄλλων ἀξιωμάτων, wie es zu Ende von Γ 3 heißt. Es soll also irgendwie Prinzip sein 1) all derjenigen Aussageweisen von „ὄν", die das οὐσία-sein bezeichnen, das substantiale Sein, 2) all derjenigen Aussageweisen von „ὄν", die all das bezeichnen, was der οὐσία — sei es notwendig oder zufällig — zukommt, das prädikative Sein, und 3) all derjenigen Aussageweisen von „ὄν", die immer das Zukommen oder Nichtzukommen selbst von-etwas-zu-etwas bezeichnen, das kopulative Sein, das bloß die σύνθεσις angibt.

Wir können nach dem Bisherigen sagen: der eine Terminus „ὄν" bezeichnet drei Seinsarten, repräsentiert drei Bedeutungsklassen, trägt drei Funktionen. Wie stehen nun diese drei wohlunterschiedenen Seinsarten, Bedeutungsklassen und Funktionen zueinander? Auf diese Frage werden wir zurückkommen.

Wie lautet nun das sicherste Prinzip? 1005 b 19-20 heißt es: τὸ γὰρ αὐτὸ ἅμα ὑπάρχειν τε καὶ μὴ ὑπάρχειν ἀδύνατον τῷ αὐτῷ καὶ κατὰ τὸ αὐτό — „Denn es ist unmöglich, daß dasselbe demselben zugleich und unter derselben Hinsicht zukommt und nicht zukommt" (aus Zeitgründen müssen wir hier die präzisierenden Verständnisbedingungen, auf die Aristoteles anschließend hinweist, thematisch außer acht lassen). In dieser und *nur* in dieser Definition des sichersten Prinzips finden wir *alle drei* Funktionen des Terminus „ὄν" ausdrücklich angesprochen: Dasselbe kann demselben unmöglich unter derselben Hinsicht zugleich zu- und nicht-zukommen. Die übrigen beiden sog. Definitionen in Γ 3 sind weniger Definitionen als vielmehr Konsequenzen: 1005 b 23-25: „denn es ist unmöglich anzunehmen, dasselbe sei und sei nicht, wie einige meinen, daß es Heraklit gesagt habe" und nochmals in fast identischem Wortlaut 1005 b 29-30. Diese beiden Wendungen scheinen weniger deutlich zu sein, da nur von der Unmöglichkeit gesprochen wird, daß dasselbe „sei" und zugleich „nicht-sei". Hier scheinen nur zwei Bedeutungen des Terminus „ὄν" vorzuliegen. Das isoliert gesagte εἶναι scheint nämlich *hier* existentialen Sinn zu haben, und in der Tat hat dies viele Interpreten verwirrt. Und doch bedarf es nur einer geringen Aufmerksamkeit zu sehen, daß — selbst wenn Aristoteles hier vom existentialen Sein spräche — wir es hier dennoch *sachlich* mit dem Verhältnis der *drei* prinzipiell unterschiedenen Bedeutungen des Terminus „ὄν“ zu tun haben: Denn unmöglich ist, daß demselben zugleich Existenz zukommt und nicht-zukommt. Aber weder hat Heraklit — wie wir sehen werden — in den Augen des Aristoteles die irrige Ansicht vertreten, dasselbe sei zugleich existent und nicht-existent, sondern jene, daß dasselbe prädikativ *zugleich etwas* sei und nicht-sei bzw. zugleich dies und ein anderes sei, noch würde sich, selbst wenn dies dennoch der Fall gewesen sein sollte, in der Sache dadurch etwas ändern. Das oberste Prinzip soll ja nicht bloß von *den* ὄντα Prinzip sein, die existent sind, sondern von *allen* ὄντα, also auch z.B. von einem Phantasiegebilde wie dem τραγέλαφος, und sogar noch vom *Irrtum*, denn auch in ihm wird etwas von etwas — wenn auch fälschlicherweise — ausgesagt.

Auf zweifache Weise unternimmt es nun Aristoteles, seine bisher bloß *thetisch* vorgetragene Definition des obersten Prinzips auszuweisen (eine Definition übrigens, die sich eben nicht — und zwar notwendigerweise nicht — in der Angabe von genus proximum und differentia specifica geben läßt, denn wir haben es ja mit einem Prinzip von *allem* zu tun, das also *nicht* in Gattung-Art-Verhältnissen stehend gedacht werden kann).

Die beiden angegebenen und hier nun *kurz* in Erinnerung zu rufenden Textstellen stehen *exemplarisch* für die beiden Weisen, wie Aristoteles jene Thesis in ihrer Geltung auszuweisen sucht.

Wenden wir uns 1006 a 11 bis 1007 b 18 zu:

Ein positiver — d.h. aus noch tieferem Grund geführter — Beweis für unser Prinzip ist zwar unmöglich, denn es ist ja tiefster Grund, höchstes Prinzip, jedoch ein widerlegender Beweis sehr wohl. Dieses ἀποδεῖξαι ἐλεγκτικῶς ist aber auch nur *nötig*, wenn jemand dieses Prinzip bestreiten wollte, und das *faktische* Bestreiten dieses Prinzips ist auch die Basis, von der her jenes Prinzip sich ausweisen läßt; denn wer es bestreitet, setzt es bereits voraus, — gegen meinungslose Pflanzen bräuchte man dieses Prinzip nicht auszuweisen.

In *welchem Sinne* also setzt derjenige, der dieses Prinzip bestreitet, ebendieses voraus?

Der Ausgangspunkt des elenktischen Beweises besteht nun nicht darin, daß man vom anderen verlangt zu sagen, etwas sei oder sei nicht, etwas sei dies oder das, sondern daß man verlangt, daß er *überhaupt* etwas bezeichnet, σημαίνει, sei es für sich selbst oder einen anderen; denn weil man *notwendig* etwas bezeichnen müsse im Reden, indem man im Reden etwas von etwas aussagt, ist das „etwas bezeichnen" unumgängliche Voraussetzung von *allem* λέγειν. Gibt der Gegner dies zu — und wie sollte er es nicht zugeben müssen, da er ja redend etwas verneint, — ist die Beweisführung schon ermöglicht, da nunmehr schon etwas fest bestimmt ist.

Alles Reden setzt also das Bezeichnen voraus, womit schon etwas fest bestimmt wird. Die Begriffe σημαίνειν und ὁρίζεσθαι gehören untrennbar zusammen. Mit Blick auf unsere Vorüberlegungen stellt sich also die Frage, ob sich das σημαίνειν und ὁρίζεσθαι auf alle *drei* Funktionen des Terminus „ὄν" erstreckt oder nur auf *eine* bzw. nur auf *zwei*.

1006 a 31-32 erläutert Aristoteles den Sinn von ἓν σημαίνειν: ἔτι εἰ τὸ ἄνθρωπος σημαίνει ἕν, ἔστω τοῦτο τὸ ζῷον δίπουν — „Und wenn das Wort ‚Mensch' Eines bezeichnet, so wird dies sein ‚zweifüßiges Lebewesen' ". Zwar bezeichnet das Wort ‚Mensch' auch noch vieles andere mehr (z.B. ‚sprachbegabt', ‚vernunftbegabt' etc.), aber doch nicht schlechthin unendlich vieles, da es dann nicht mehr Eines bezeichnete.

Ἓν σημαίνειν, ‚Eines bezeichnen', diese notwendige Voraussetzung der sinnvollen Rede meint also nicht ein ‚Eins' — gewissermaßen einen in sich unterschiedslosen Punkt — zu bezeichnen, sondern ein ‚Eines', das *in sich* sich mannigfaltig *unterscheidet*, *dennoch* aber ein ‚Eines' ist: τοῦτ' ἔσται τὸ ἀνθρώπῳ εἶναι — „und dies wird sein dasjenige, was dem Menschen (insofern er Mensch ist) zukommt zu sein". Der Gedanke ist wichtig: *Weil* ἓν σημαίνειν nicht ‚Eins bezeichnen', sondern ‚ein in sich sich unterscheidendes Eines bezeichnen' meint, wird im ἓν σημαίνειν etwas bestimmt, definiert, umgrenzt: ἤδη γὰρ τι ἔσται ὡρισμένον. Und darum geht es Aristoteles: Dasjenige, wovon die Rede etwas sagt, muß Eines sein, nicht nur dasjenige (καθ' ἑνός, 1006 b 14), *das* dem, wovon die Rede ist, zugesprochen wird; denn im letzteren Sinne kommt dem, *wovon* in der Rede die Rede ist, unendlich Vieles zu, und es ist ja unmöglich, sämtliche Prädikate einer Sache zu durchlaufen (καὶ γὰρ ἀδύνατον ἄπειρά γ' ὄντα τὰ συμβεβηκότα διελθεῖν, 1007 a 14-15).

Das „ἓν σημαίνειν" bezieht sich *hier* also auf die erste, vorzügliche Bedeutung des Terminus „ὄν", auf die erste Funktion des Terminus „ὄν“, die angibt, *wovon* in der Rede die Rede ist. Deswegen und nur eben deswegen heben jene die οὐσία und das τὸ τί ἦν εἶναι auf, die behaupten, daß ‚weiß‘, ‚zweibeinig‘ und alle anderen Prädikate ebenfalls (sachlich haben wir uns hinzuzudenken: im *identischen* Sinne) ‚Eines bezeichneten‘, so daß alles ‚Eines‘ ist und es gar keinen Unterschied gibt zwischen der οὐσία und den συμβεβηκότα, der ersten und der letzten der drei Grundbedeutungen des Terminus „ὄν“. Dann aber wiederum ist sinnvolle Rede unmöglich, da es so kein πρῶτον τὸ καθ' οὗ gibt, kein solches, *von* dem in der Rede die Rede ist.

Halten wir fest: Unser Kurzreferat des 1. Aufweistyps hat gezeigt: Für das sog. „Widerspruchsprinzip“ rekurriert Aristoteles auf dieses Prinzip als auf eine unabdingbare Voraussetzung selbst noch derjenigen, die es bestreiten. Wer etwas bestreitet, λέγει. Notwendig ist alle sinnvolle Rede Rede von und über etwas, κατά τινος. Dasjenige Wort, das jenes, *von dem* in der Rede die Rede sein soll, bezeichnet, muß ‚Eines‘ bezeichnen. Hierauf liegt die aristotelische Intention: die Notwendigkeit des ‚Eines-sein‘ des πρῶτον τὸ καθ' οὗ aller Rede zieht die Notwendigkeit der οὐσία-Funktion im Terminus „ὄν“ nach sich, — nicht umgekehrt(!).

Der Rekurs also auf die *drei* notwendigen Prinzipien aller Rede eröffnet jedoch *seinerseits* allererst den Sinn von οὐσία-sein. Nur unscharf also läßt sich sagen, daß das Widerspruchsprinzip seinen Halt fände in der Lehre von der οὐσία. An keiner Stelle rekurriert hier Aristoteles wie im 2. Aufweistyp auf die *Existenz* von οὐσίαι, von *bestimmten* οὐσίαι, die der Veränderung nämlich nicht unterworfen sind.

Genannt von Aristoteles, jedoch *weder ausgeführt noch in ihrem Zusammenhang* mit dem notwendigen ἕν-sein des πρῶτον τὸ καθ' οὗ wird die *Notwendigkeit* des ἕν-seins des καθ' ἑνός und der Synthesis, die nur das kopulative ‚sein‘ bzw. ‚nicht-sein‘ bezeichnet. Da aber im ersten Aufweistyp das ἕν-sein der οὐσία *nur* entfaltet werden konnte im *Kontext der notwendigen Bezogenheit aller drei Urteilsfunktionen*, muß der gesamte Argumentgang in der Sache als bloß ein Teil eines Ganzen verstanden werden, — soweit er der aristotelischen Intention (Hervorhebung der Bedeutung οὐσία im Terminus „ὄν“) auch Genüge leistet. Dieses *Ganze*, nicht nur die Hervorhebung der

Bedeutung οὐσία im Terminus „ὄν", sondern *das bestimmte Verhältnis* der wechselseitigen Implikation, Exklusion und Explikation *aller drei* prinzipiell unterschiedlichen Grundbedeutungen des Terminus „ὄν" liegt hier, in Met. Γ 3-4, *nicht* vor.

Mit Blick auf die wechselvolle Geschichte des Verständnisses des sog. „Widerspruchsprinzips" müssen wir konstatieren, daß Aristoteles auch hier, in Γ 3-4, nur *eine* Sinnimplikation dieses Prinzips entfaltet.

Wenden wir uns nun dem 2. Aufweistyp zu, den wir exemplarisch in Met. Γ 5, 1010 a 1-37 finden: Aristoteles erörtert schon zu Beginn von Γ 5 die Frage, wie man denn überhaupt zu jener δόξα gelangen konnte, die jenes oberste Prinzip — zumindest implizit — zu bestreiten scheint, indem sie die Ansicht vorträgt, daß alles, was jemand bloß meint, oder alles Erscheinende schon wahr sei. Die argumentative Stoßrichtung gegen Protagoras, Anaxagoras, Demokrit, Empedokles und die Anhänger des Heraklit und Kratylos konzentriert sich notwendig auf den identischen Punkt, der bereits in Γ 4, 1007 b 25-29 genannt war: Wenn dasjenige, *wovon* alle Meinung Meinung ist, nicht selbst *bestimmt* und fest umgrenzt ist, sondern alles zugleich auch das *Entgegengesetzte sein* kann, dann ist das, *wovon* sie da reden, das Unbestimmte, τὸ ἀόριστον; und während sie glauben von Seiendem zu sprechen, sprechen sie in Wahrheit über das μὴ ὄν. 1010 a 1-4 wiederholt Aristoteles das bereits in 1009 a 22-25 Gesagte: Anlaß und Ursprung dieser Ansicht lag darin, daß sie bei der Erforschung der Wahrheit περὶ τῶν ὄντων nur das Sinnliche für ὄντα hielten. Und da sich ja diese φύσις des Sinnlichen ganz in Veränderung befindet, hat jene δόξα zumindest den Schein der Wahrheit. Denn im Sinnlichen liegt die Natur des Unbestimmten, und insofern es dem Vermögen nach Entgegengesetztes sein kann (wenngleich nicht ἐντελεχείᾳ), scheint es *schlechthin* unbestimmt zu sein.

Im Gegensatz nun zum ersten Argument aus Γ 5, 1009 a 30-36, gegen jene Ansicht, daß nämlich die Vertreter jener Ansicht die zweifache Bedeutung von „ὄν", nämlich δυνάμει und ἐντελεχείᾳ ὄν, nicht bedacht hätten, aus welcher Unterscheidung sich die Lösung des Problems ergäbe, heißt es *nun* in 1010 a 32-35, daß man den Vertretern der Ansicht, alles sei in Wahrheit alles (weil es alles prädikativ *sein* könne), daß man ihnen zeigen und sie davon überzeugen müsse, daß es eine *unbewegte Natur geben* müsse, ὅτι γὰρ ἔστιν ἀκίνητός τις φύσις. Und daß Aristoteles hier nicht bloß auf den Unterschied ontologischer Begriffe wie δύναμις und ἐντελέχεια, sondern geradezu auf konkrete, d.h. im Stufenbau des Kosmos topologisch genau verortbare „*Weltstücke*" rekurriert, zeigt der unmittelbar vorangehende Kontext 1010 a 25-32: Wenn die Vertreter jener Ansicht bei dem Sinnlichen selbst nur die geringere Zahl sich so verhalten sehen, daß es sich nämlich verändere, so dehnten sie doch ihre Ansicht auf das ganze Weltall aus, περὶ ὅλου τοῦ οὐρανοῦ. Jedoch bloß der uns umgebende Raum der Sinnenwelt befindet sich allein in beständigem Vergehen und Entstehen, und dieser ist so gut wie gar kein Teil von dem All.

Der letzte Absatz unseres 2. Aufweistyps zeigt deutlich, daß dieser Aufweistyp in Wahrheit zur „Physik" als der Wissenschaft von den Prinzipien des *bewegt* Seienden gehört: Denn — so die aristotelische conclusio ad absurdum der Ansicht jener —, wenn alles zugleich *sein* und *nicht sein* kann, kämen jene eher zu der These, daß alles in Ruhe sei statt sich zu bewegen; denn so gäbe es nichts, wozu als Bestimmten sich alles verändere, da ja bereits schon alles allem zukäme.

Zum Abschluß dieser Kurzskizze des 2. Aufweistyps sei noch auf die m.E. bisher unausgewertete Stelle in 1010 b 18-26 hingewiesen (nachdem sich Aristoteles kurz zuvor Platon zustimmend angeschlossen hatte): Trotz der Relativität der Sinneswahrnehmung, weil demselben einmal etwas als süß und einmal als nicht-süß erscheint, *ist* das Süße doch so, wie es ist, wenn es ist, und hat sich nicht selbst verändert, — hier geht es also nicht um die Unveränderlichkeit einer οὐσία, sondern um die Unveränderlichkeit einer Qualität, eines καθ' ἑνός, eines τι κατά τινος. — Eine denkwürdige Parallele zur inneren Problemlage im 1. Aufweistyp.

Damit kommen wir abschließend zum Verhältnis beider Aufweistypen für das sog. „Widerspruchsprinzip". Geht es im zweiten Aufweistyp um den Aufweis der Existenz von etwas, nämlich einer ἀκίνητός τις φύσις, also eines *Teils* — wenngleich des ungleich größeren Teils — des Kosmos, so geht es im ersten Aufweistyp um die Möglichkeit der „horismetischen Natur von ὄν überhaupt". „Horismetische Natur von ‚ὄν' überhaupt" heißt: Wann immer von ὄν die Rede ist, notwendig und immer erweist sich *das* ὄν, *von dem* die Rede ist, als *bestimmt*, da es ansonsten keine Rede *von etwas* geben könnte. Die Bestimmtheit des Seienden überhaupt ermöglicht die sinnvolle Rede, daß nämlich einem etwas, dem πρῶτον τὸ καθ' οὗ, eine Bestimmtheit zugesprochen werden kann. Der erste Aufweistyp entfaltet die *φύσις* τῶν ὄντων, eine Prinzipienlehre von schlechthin allgemeinem Charakter, — der zweite Aufweistyp sucht die Existenz *bestimmter* οὐσίαι darzulegen. Der erste Aufweistyp, insofern er nicht rekurriert auf verortbare Weltstücke, ist in einem bestimmten Sinne streng reflexiv, der zweite könnte nur insoweit als reflexiv angesehen werden, als er Voraussetzungen in der sinnvollen Rede über bewegt Seiendes explizit macht. Aber nicht einmal diese Argumentfigur wird in 1010 a 1-37 von Aristoteles angedeutet, geschweige denn ausgeführt.

Mußten wir im Kontext des 1. Aufweistyps pointiert von der „Funktion" der Bedeutung οὐσία im Terminus „ὄν" sprechen, so hat man es im zweiten Aufweistyp unter dem Titel οὐσία mit tatsächlichen Weltstücken zu tun, die zwar für die einzelne Bestimmtheit „bewegt" von anderem Prinzip sein mögen, grundsätzlich aber nicht *den* Prinzipcharakter *jener* Prinzipien tragen können, die Aristoteles „ἀξιώματα" nennt. Nur letztere Prinzipien eröffnen sogar — und dies ist der Prüfstein ihrer Universalität — noch die Möglichkeit der Negation sowie des Irrtums, der zwar falschen, dennoch aber sinnvollen Rede.

Für den Gesamtkontext der aristotelischen Wissenschaftslehre mag diese Sachlage die Frage aufwerfen, ob jene Wissenschaft von den ἀξιώματα *überhaupt* noch in dem gradativen Feld der Stufen der theoretischen Wisschenschaften Mathematik, Physik, Theologik ansiedel*bar* ist, wenn sich ihre Prinzipien als von so grundsätzlich anderer Prinzipien*artung* erweisen. Ob Aristoteles die ihm wohlvertraute unterschiedliche Bedeutung des Prinzipbegriffs auch in der ganzen sachlichen *Härte* dieser Unterschiedlichkeit erkannt hat, mag zweifelhaft erscheinen mit Blick auf den jahrhundertealten Streit, ob die πρώτη ἐπιστήμη nun „Theologik" sei oder „allgemeine Prinzipienlehre, allgemeine Ontologie", — besser gesagt: ob sie Wissenschaft sei von *schlechterdings* allgemeinen Prinzipien jeder nur möglichen Bedeutung des Terminus ὄν oder von abschließenden Prinzipien im kosmologisch geordneten Stufenbau des Seienden.

Das problematische Verhältnis der unterschiedlichen Aufweisgänge für jenes Prinzip, περὶ ἣν διαψευσθῆναι ἀδύνατον, spiegelt daher jene alte Problematik wider, was denn zuletzt das Thema der sog. aristotelischen Metaphysik sei. Ob die *letztere* Problematik von der ersteren *abhängig* ist oder umgekehrt und ob man diese Frage selbst primär unter philosophiegeschichtlichem oder sachlich-systematischem Gesichtspunkt zu beantworten hat, scheint eine nicht leicht zu beantwortende Frage zu sein, — eine ebensowenig leicht zu beantwortende Frage zu sein wie diejenige, was denn das aristotelische Prinzip vom zu vermeidenden Widerspruche bei näherem Zusehen nun genau besagt und zwar im Kontext des notwendigen ἕν-seins *aller drei* von einander ebenso unterschiedenen wie einander erfordernden Grundbedeutungen des Terminus „ὄν". Und wenn also diese drei Grundbedeutungen sich ebenso notwendig voneinander unterscheiden wie sie nur mit Bezug aufeinander das sind, was sie sind, wird deutlich, warum der Kosmos ebenso notwendig vielartig wie dennoch Einer ist.

Zum Schluß sei darauf hingewiesen: Erstaunt hat man längst bemerkt, daß dieses so zentrale Lehrstück vom πολλαχῶς λέγεται τὸ ὄν nirgends bei Aristoteles eigentlich *entwickelt* wird, sondern von Beginn an wie ein fester Lehrgehalt in seinen Schriften dasteht. Fragen wir also nach dem sachlichen Ursprung der mannigfaltigen Bedeutung des Terminus „ὄν", so scheint sich diese Frage auf den ersten Blick in zweifacher Weise stellen zu lassen: Stammt das πολλαχῶς vom ὄν selbst oder hat das πολλαχῶς seinen Ursprung in dem, der das ὄν in Rede (ins Urteil) stellt? Müssen wir also fragen: Was ist der Ursprung oder Wer ist der Ursprung der Sachlage, daß das ὄν immer πολλαχῶς ausgesagt wird? Und stehen wir im letzten Falle nicht wieder notwendig vor unserer Eingangsfrage nach der *nur* der φύσις ἀνθρώπων eigentümlichen Bezogenheit auf dasjenige, was der ἄνθρωπος da alles ὄν nennt?

Quellenverzeichnis

Alexander von Aphrodisias: Alexandri Aphrodisiensis in Aristotelis metaphysica commentaria. Ed. M. Hayduck, Berlin 1891

Aristoteles wird zitiert nach:

Bonitz, H. (Hrsg.): Aristotelis Metaphysica I-II. Bonn 1848-49 (Nachdruck Hildesheim 1960)

Ders.: Aristoteles Metaphysik. Reinbek ^{2}1968

Colle, G. (Hrsg.): Aristote, La Métaphysique. Traduction et commentaire, I 1912, II/III 1922, IV 1931

Gohlke, R. (Hrsg.): Zweite Analytik. In: Aristoteles. Die Lehrschriften. II. 28 Teile in 9 Bde. Paderborn 1947-61

Reale, G. (Hrsg.): Aristotele. La Metafisica (Trad., introd., comm.), I-II, Napoli ^{1}1968

Rolfes, E. (Hrsg.): Aristoteles: Organon, Bd. II, ^{2}1948

Ross, W.D. (Hrsg.): Aristotle's Metaphysics I-II, Oxford 1924, ^{3}1953 (Nachdruck 1970)

Ross, W.D. (Hrsg.): Aristotle's prior and posterior Analytics. Oxford 1949

Schwegler, A. (Hrsg.): Die Metaphysik des Aristoteles (Text, Übers., Komm), 4 Bde., Tübingen 1847-48 (Nachdruck Frankfurt/M. 1968 in 2 Bde.)

Seidl, H. (Hrsg.): Aristoteles. Metaphysik, 2 Bde., Hamburg 1980

Tricot, J. (Hrsg.): Aristote. La Métaphysique. 2 Bde., Paris ^{2}1953

Wagner, H. (Hrsg.): Aristoteles. Physik-Vorlesung. Berlin/Darmstadt 1967

Yebra, V.G. (Hrsg.): Aristotelis Metaphysica, Edición trilingüe, Segunda edición revisida, Madrid 1982

Literaturverzeichnis

Apelt, O.: Die Kategorienlehre des Aristoteles. Beitr. z. Gesch. d. griech. Philos., Leipzig 1891

Ders.: Platonische Studien

v. Arnim, H.: Die Entstehung der Gotteslehre des Aristoteles. Wien, 1931

Aubenque, P.: Aristoteles und das Problem der Metaphysik. In: Zeitschrift für philosophische Forschung, Bd. XV, 1961

Ders.: Le problème de l'être chez Aristote. Essai sur la problématique aristotelicienne. Paris 1962, ²1966

Ders.: Les origines de la doctrine de l'analogie de l'être. Sur l'histoire d'un contresenses. In: Les Études philosophiques (1), 1978

Ders. (ed.): Études sur la Métaphysique d'Aristote. Actes du VIᵉ Sympos. Arist., Paris 1979

Bärthlein, K.: Die Transzendentalienlehre der alten Ontologie. Teil I., Berlin 1971

Beeretz, F.L.: Die Aufgabe der ‚Metaphysique' des Aristoteles. In: ΦΙΛΟΣΟΦΙΑ, Athen 1974

Berlinger, R.: Augustins dialogische Metaphysik. Frankfurt/M. 1962

Ders.: Vom Anfang des Philosophierens. Frankfurt/M. 1965

Ders.: Philosophie als Weltwissenschaft. Bd. 1, Amsterdam ²1982, Bd. 2, Amsterdam 1980

Berti, E.: La filosofia del primo Aristotele. Pubblicazzioni della Facolté di Lettere e Filosofia 38, Padova 1962

Bonitz, H.: Index aristotelicus. Secunda editio. Berlin 1870 (unveränd. Nachdruck Graz 1955)

Bonitz, H.: Über die Categorien Aristotelis. Sitz.-Ber. d. Wiener Akad., Phil.-Hist. Classe, X, 1853

Bröcker, W.: Aristoteles. Frankfurt/M. ³1964

Burnet, J. (Hrsg): The Ethics of Aristotle. Edited with an introduction and notes. London 1900 (Neudruck 1973)

Cassirer, E.: Substanzbegriff und Funktionsbegriff. Nachdruck Darmstadt 1980

Düring, I. u. Owen, G.E.L. (eds): Aristotle and Plato in the Mid-fourth Century. Papers of the Symposium Aristotelicum held at Oxford in August 1957, Göteborg 1960

Düring, I.: Aristoteles. Darstellung und Interpretation seines Denkens. Heidelberg 1966

Dudley, J.: Gott und Θεωρία bei Aristoteles. Frankfurt/M. 1981

Elders, L.: Aristote et l'objet de la métaphysique. In: Revue philosophique de Louvain, Bd. 60, 1962, S. 165-183

Flach, W.: Negation und Andersheit. München/Basel 1959

Ders.: ‚Urteil'. In: Handbuch philosophischer Grundbegriffe, Bd. 6, München 1974

Flashar, H.: Platon und Aristoteles im Protreptikos des Iamblichos. In: Archiv für Geschichte der Philosophie 47 (1965)

Ders.: Aristoteles (Zweites Kapitel). In: Grundriß der Geschichte der Philosophie, Bd. 3 (hrsg. v. H. Flashar), Basel/Stuttgart 1983

Fritz, K. v.: Die APXAI in der griechischen Mathematik. In Archiv f. Begriffsgeschichte 1, 1955

Ders.: Die ἐπαγωγή bei Aristoteles. In: Bayer. Akad. d. Wiss., Phil.-Hist. Kl., Sitzungsberichte Jg. 1964, Heft 3

Ders.: Philologische und philosophische Interpretationen philosophischer Texte. In: Ders., Schriften zur griechischen Logik, Bd. 1, Stuttgart/Bad Canstatt 1978

Gaiser, K.: Quellenkritische Probleme der indirekten Platonüberlieferung. In: Idee und Zahl. Studien zur platonischen Philosophie. Abh. Heidelb. Akad. d. Wiss., Phil.-Hist. Kl., 2, 1968

Ders.: Platons ungeschrieben Lehre. Stuttgart ²1968

Gigon, O.: Die Dialoge des Aristoteles. In: Annuaire scientifique de la Faculté de Philosophie de l'Université d'Athène, 2. Période, Tome XXIV, Athen 1973-74

Gohlke, Die Entstehung der aristotelischen Prinzipienlehre. Tübingen 1954

Gomperz, H.: Platons philosophisches System. In: Proceedings of 7th International Congress of Philosophy, Oxford 1930

Hager, F.P. (Hrsg.): Metaphysik und Theologie des Aristoteles. Darmstadt 1969

Happ, H.: Hyle. Studien zum aristotelischen Materiebegriff. Berlin 1971

Heidegger, M.: Sein und Zeit. Tübingen ¹1927, ¹²1972

Ders.: Die Grundprobleme der Phänomenologie. Ges.-Aus. II, 24, Frankfurt/M. 1975

Ders.: Platons Lehre von der Wahrheit. ²Bern 1954

Heinze, M.: Vorlesungen Kants über Metaphysik aus drei Semestern. Leipzig 1894, S. 186 (= Abh. d. Sächs. Akad. d. Wiss. XIV, Nr. VI, Phil.-hist. Kl.)

Heitsch, E.: Platon über die rechte Art zu reden und zu schreiben. In: Akad. d. Wiss. u. Literatur, Abh. d. geistes- u. sozialwiss. Kl., Jg. 1987, Nr. 4

Henrich, D.: Über Kants Entwicklungsgeschichte. In: Philos. Rundschau 13, 1965

Hölscher, U.: Der Sinn von Sein in der älteren griechischen Philosophie. In: Sitzungsberichte der Heidelb. Akad. d. Wiss., Phil.-hist. Kl., Jg. 1976, 3. Abh., Heidelberg 1976 (Kurzfassung in: Die Interpretation in der Altertumswissenschaft, hrsg. v. W. Schmid, 1971)

Jaeger, W.: Aristoteles. Grundlage einer Geschichte seiner Entwicklung. Berlin 1923, ²1955

Kahn, Ch.: The Greek Verb 'to be' and the Concept of Being. In: Foundations of Language, Vol. II, 1966

Ders.: The Verb 'be' and Its Synonyms, Part 6, The Verb 'be' in Ancient Greek, Dordrecht 1973. In: Foundations of Language, Suppl. 16

Ders.: Why Existence does not Emerge as a Distinct Concept in Greek Philosophy. In: Archiv f. Gesch. d. Philos., Bd. 58, 1976

Kapp. E.: ‚Syllogistik'. In: Paulys Real-Encyclopädie der classischen Altertumswissenschaft, Stuttgart 1931, Sp. 1046-1067

Keßler, M.: Aristoteles' Lehre von der Einheit der Definition. In: EPIMELEIA, Bd. 26. München 1976

Kneale, W.C.: Probability and Induction. Oxford 1949

Königshausen, J.-H.: Kants Theorie des Denkens. Amsterdam 1977

Ders.: Zu Kants Dissertation von 1770. In: Perspektiven der Philosophie, Bd. 6, Amsterdam 1980

Ders.: Das Wahrheitsproblem des Aristoteles. In: Perspektiven der Philosophie, Bd. 9, Amsterdam 1983

Ders.: Apriorität des Denkens bei Kant. In: Perspektiven der Philosophie, Bd. 10, Amsterdam 1984

Ders.: Grundsätzliches der platonischen σκέψις von guter Rede und guter Schrift — im Anschluß an Ernst Heitsch, Platon über die rechte Art zu reden und zu schreiben. In: Perspektiven der Philosophie, Bd. 14, Amsterdam 1988

Krämer, H.-J.: Arete bei Platon und Aristoteles. Abh. d. Heidelb. Akad. d. Wiss., Phil.-hist. Kl., 1959, 6

Ders.: Die platonische Akademie und das Problem einer systematischen Interpretation der Philosophie Platons. Kant-Studien 55 (1964)

Ders.: Der Ursprung der Geistmetaphysik. Untersuchungen zur Geschichte des Platonismus zwischen Platon und Plotin. Amsterdam 1964, ²1967

Ders.: Grundfragen der aristotelischen Theologie. In: Theologie und Philosophie 44, 1969

Ders.: Zur geschichtlichen Stellung der aristotelischen Metaphysik. In: Kant-Studien 58 (1969)

Le Blond, J.M.: Logique et méthode. Étude sur la recherche des principes dans la physique Aristotélicienne. Paris 1939

Lee, H.D.P.: Geometrical Method and Aristotle's Account of First Principles. In: The Classical Quarterly, Vol. XXIX, London/New York 1935

Lorenzen, P.: Formale Logik. Berlin 1970

Lugarini, L.: Aristoteles e l'idea della filosofia. Pubblicazzioni dell' Istituto di Storia della filosofia dell' Universitè degli studi di Milano, dirette de Mario dal Pra, Firenze 1961

Łukasiewicz, J.: Über den Satz des Widerspruchs bei Aristoteles. In: Bulletin intern. de l'Acad. des. sc. de Cracovie, Cl. d'Hist. et de Philos., 1911

Meier, H.: Die Syllogistik des Aristoteles. Tübingen 1896-1900

Mansion, A.: Philosophie première, philosophie seconde et métaphysique chez Aristote. In: Revue philosophique de Louvain 56, 1958

Merlan, Ph.: Beiträge zur Geschichte des antiken Platonismus. In: Philologus 89 (1934)

Ders.: Aristotle's Unmoved Movers. In: Tradition 4 (1946)

Ders.: Ὂν ᾗ ὄν und πρώτη οὐσία: Postskript zu einer Besprechung. In: Philos. Rundschau 6 (1959)

Ders.: From Platonism to Neoplatonism. Den Haag [1]1953, [2]1960

Ders.: Besprechung von Krämer, UGM. In: Philos. Rundschau 15 (1967)

Ders.: Zwei Bemerkungen zum aristotelischen Plato. In: Rhein. Mus. III (1968)

Ders.: Metaphysik: Name und Gegenstand. In: The Journal of Hellenistic Studies 77, 1957 (wiederabgedruckt in: Metaphysik und Theologie des Aristoteles, hrsg. v. F.-P. Hager, Darmstadt 1969)

Moreau, J.: Aristote et la verité antéprédicative. In: Aristote et les problèmes de méthode (Symposium aristotelicum), Louvain/Paris 1961

Moreaux, P. (Hrsg.): Aristoteles in der neueren Forschung. Darmstadt 1968

Ders. (Hrsg.): Frühschriften des Aristoteles. Darmstadt 1975

Moser, S.: Metaphysik einst und jetzt. Kritische Untersuchungen zu Begriff und Ansatz der Ontologie. Berlin 1958

Natorp, P.: Thema und Disposition der aristotelischen Metaphysik. In: Philosophische Monatshefte Bd. XXIV. Heidelberg 1888

Oehler, K.: Die Lehre vom noetischen und dianoetischen Denken bei Platon und Aristoteles. In: Zetameta, Monographien zur klass. Altertumswiss., Heft 29, München 1962

Owen, G.E.L.: Logic and metaphysics in some earlier works of Aristotle. In: Aristotle and Plato in the Mid-fourth Century, Göteborg 1960

Owens, J.: The Doctrine of Being in the Aristotelian Metaphysics. A Study in the Greek Background of Medieval Thought. Toronto [1]1950, [2]1963

Patzig, G. Die Entwicklung Begriffs der Usia in der ‚Metaphysik' des Aristoteles. Göttingen 1950

Ders.: Theologie und Ontologie in der ‚Metaphysik' des Aristoteles. Kant-Studien 52 (1960/61)

Prantl, C.: Geschichte der Logik im Abendlande. Bde 1-4, Leipzig 1855-1870. (Nachdruck Darmstadt 1955)

Reale, C.: Il concetto di filosofia prima e l'unità della metafisica di Aristotele. Mailand 1961, [3]1967

Reiners, H.: Die Entstehung und ursprüngliche Bedeutung des Namens Metaphysik. In: Zs. f. philos. Forschung VIII, 1954 (wiederabgedruckt in: Metaphysik und Theologie des Aristoteles, hrsg. v. F.-P. Hager, Darmstadt 1969)

Robin, L.: La théorie platoniciènne des idées et des nombres d'apres Aristote. Étude Historique et Critique. Paris 1908 (Hildesheim 1963)

Ders.: Platon. Paris 1935

Ders. Aristote. Paris 1944

Ders.: La pensée grecque. Paris [5]1962

Roloff, D.: Gottähnlichkeit, Vergöttlichung und Erhöhung zu seligem Leben. Untersuchungen zur Herkunft der platonischen Angleichung an Gott (Untersuchungen zur antiken Literatur und Geschichte, Bd. 4, hrsg. v. H. Dörrie u. P. Moreaux), Berlin 1970

Routila, L.: Die Idee der ersten Philosophie. Untersuchungen zur onto-theologischen Verfassung der Metaphysik des Aristoteles. In: Acta philosophica fennica, Fasc. XXIII, Amsterdam 1969

Schmidt, G.: Nihil veritate antiquius. In Perspektiven der Philosophie, Bd. XIII, Amsterdam 1987

Ders.: Platons Vernunftkritik. Oder die Doppelrolle des Sokrates im Dialog Charmides. Würzburg 1985

Schmitz, H.: Die Ideenlehre des Aristoteles. 3 Bde., Bonn 1986

Schneeweiss, G.: Der Protreptikos des Aristoteles. M.-Dr., Diss. 1966

Scholz, H.: Die Axiomatik der Alten. In: Blätter für deutsche Philosophie IV, 1930

Schrader, W.: Die Erprobung der Mitte. Anmerkungen und Diskurse I. In: Perspektiven der Philosophie, Bd. V, Amsterdam/Hildesheim 1979 (Anmerkungen und Exkurse II, ebd., Bd. VI, 1980; Anmerkungen und Exkurse III, ebd., Bd. VII, 1981)

Dies.: Wie kommt der Gott in das Denken? Ein Problemaufriß. In Perspektiven der Philosophie, Bd. 10, Amsterdam 1984

Dies.: Ob Aristoteles Gott hat beweisen wollen? In: Perspektiven der Philosophie, Bd. 11, Amsterdam 1985, Fortsetzung Bd. 12, 1986 und Bd. 13, 1987

Schüßler, I.: Semantik und Logik. Der elenktische Beweis des Satzes vom Widerspruch. In: K.-H. Volkmann-Schluck zum 60. Geb., Frankfurt/M. 1974

Dies.: Aristoteles. Philosophie und Wissenschaft. Frankfurt/M. 1982

Seidl, H.: Der Begriff des Intellekts (νοῦς) bei Aristoteles im philosophischen Zusammenhang seiner Hauptschriften. Meisenheim a. Glan 1971

Ders.: Beiträge zu Aristoteles' Erkenntnislehre und Metaphysik. Amsterdam 1984

Soleri, G.: Orizzonte della Metafisica Aristotelica. In: Sapienza II, 1958

Solmsen, F.: Die Entwicklung der Aristotelischen Logik und Rhetorik. Berlin 1929

Stenzel, J.: Studien zur Entwicklung der platonischen Dialektik von Sokrates zu Aristoteles. Leipzig ²1931

Ders.: Zahl und Gestalt bei Platon und Aristoteles. Darmstadt ³1959

Strycker, É. de: Notes sur les relations entre la problématique du Sophiste de Platon et celle de la Métaphysique d'Aristote. In: Études sur la Métaphysique d'Aristote du VIᵉ Symposium aristotelicum, Paris 1979

Szlezák, Th.A.: Rezension von H. Happ, Hyle. In: Göttinger Gelehrten Anzeiger 225 (1973)

Ders.: Platon und die Schriftlichkeit der Philosophie. Berlin 1985

Theiler, W.: Die Entstehung der Metaphysik des Aristoteles. In: Mus. Helv. 15 (1958)

Ders.: Einheit und unbegrenzte Zweiheit von Platon bis Plotin. In: Isonomia (1964)

Thielscher, P.: Die relative Chronologie der erhaltenen Schriften des Aristoteles nach den bestimmten Selbstzitaten. In: Philologus 97 (1948)

Trendelenburg, F.A.: De Aristotelis Categoriis. Berlin 1833

Ders.: Geschichte der Kategorienlehre. In: Histor. Beitr. z. Philos., Bd. I, Berlin ²1876

Tugendhat, E.: ΤΙ ΚΑΤΑ ΤΙΝΟΣ. Eine Untersuchung zu Struktur und Ursprung aristotelischer Grundbegriffe. Freiburg/München 1958

Vollrath, E.: Die These der Metaphysik. Wuppertal/Ratingen 1969

Ders.: Studien zur Kategorienlehre des Aristoteles. Ratingen 1969

Vuillemin, J.: De la logique à la théologie; cinque études sur Aristote. Paris 1967

Wagner, H.: Rezensionen von G. Reale u. J. Vuillemin. In: Archiv f. Gesch. d. Philos., Bd. 51, 1969

Ders.: Aristoteles. De interpretatione 3, 19 b 16-25. In: Ders.: Kritische Philo-

sophie. Würzburg 1980 (zuerst erschienen in: Philomates. Studies and Essays in the Humanities in Memory of Philip Merlan, Den Haag 1971)
Ders.: Über das aristotelische πολλαχῶς λέγεται τὸ ὄν. In: Ders.: Kritische Philosophie. Würzburg 1980 (zuerst erschienen in: Kant-Studien 53, 1961/62)
Ders.: Zum Problem des aristotelischen Metaphysikbegriffs. In: Ders.: Kritische Philosophie. Würzburg 1980 (zuerst erschienen in: Philos. Rundschau 7, 1968)
Ders.: Über Kants Satz, das Dasein sei kein Prädikat. In: Ders.: Kritische Philosophie. Würzburg 1980 (zuerst erschienen in: Archiv f. Gesch. d. Philos. 53, 1971)

Wieland, W.: Die aristotelische Physik. Untersuchungen über die Grundlegung der Naturwissenschaft und die sprachlichen Bedingungen der Prinzipienforschung bei Aristoteles. Göttingen 1962, ²1970
Ders.: Das Problem der Prinzipienforschung und die aristotelische Physik. In: Kant-Studien 52, 1960/61

Wilpert, P.: Zwei aristotelische Frühschriften über die Ideenlehre. Regensburg 1949

Wurm, K.: Substanz und Qualität. Berlin 1973

Zeller, E.: Die Philosophie der Griechen in ihrer geschichtlichen Entwicklung. 2. Teil, Neudruck Darmstadt 1963

Zwergl, H.A.: Principium contradictionis. Meisenheim a. Glan 1972

Personenregister